개혁설교의 실제 I

Practice of Reformed Preaching I

허 순 길

개혁설교의 실제 I
Practice of Reformed Preaching I

BY SOON GIL HUR, TH. D
SEMPER REFORMANDA
ⓒ Semper Reformanda 2018

초판 인쇄 / 2018년 8월 15일
초판 발행 / 2018년 9월 1일

저　자 / 허순길
발행인 / 박병준
발행처 / 셈페르 레포르만다
주　소 / 광주광역시 북구 서강로 156, 302동 406호
전　화 / 061-514-7579 / 070-7591-7579 / 010-4734-6570
등록번호 / 제 2014-000007호
등록일 / 2014.8.18.

총　판 / 비전북 / 031-907-3927
주　소 / 경기도 고양시 일산서구 송산로 499-10(덕이동)

도서보급처
광주개혁교회 / 010-8026-9868 / 광주광역시 북구 오치동 966-17번지
옥산개혁교회 / 010-5406-1536 / 경북 경산시 경산로 44길 25(지층)

ⓒ 셈페르 레포르만다 2018
정가 17,000원
ISBN 979-11-953608-0-2　04230
ISBN 979-11-964558-0-4 (세트)　04230

셈페르 레포르만다는
Ecclesia reformata semper est reformanda(개혁된 교회는 항상 개혁한다) 라틴어의 일부 semper reformanda에서 가져왔으며, 세 일치 신조(벨기에 신앙고백서, 하이델베르크 교리문답, 도르트 신조)와 도르트 교회 질서를 채택한 한국개혁교회(Reformed Churches in Korea) 회원들이 개혁신앙과 생활의 증진을 위해서 만든 출판사입니다.

국립중앙도서관 출판예정도서목록(CIP)

개혁 설교의 실제 = Practice of reformed preaching. 1 /
　저자: 허순길. -- 광주 : 셈페르 레포르만다, 2018
　　559p. ; 14.8*22.5cm

ISBN 979-11-953608-0-2 04230 : ₩17000
ISBN 979-11-964558-0-4 (세트) 04230

설교집[說敎集]
기독교[基督敎]

235.2-KDC6
252-DDC23
　　　　　　　　　　　　　　　　CIP2018023795

개혁설교의 실제 I
Practice of Reformed Preaching I

허 순 길

머리말

설교는 기록된 하나님 말씀의 봉사이다. 교회의 주 예수 그리스도는 설교의 방편을 통하여 사람들을 그의 교회로 불러 모으신다. 교회는 설교의 사역을 통해 태어나고 성장하게 되는 것이다. 교회 생활에서 설교는 가장 귀하고 책임 있는 봉사이다.

이 때문에 설교는 아무라도 할 수 있는 것이 아니다. 장로교 웨스트민스터 대요리문답은 "하나님의 말씀은 충분한 은사를 받았을 뿐 아니라, 정식으로 이 직분에 부름을 받은 자만이 설교할 수 있다."라고 밝히고 있다(158 문답). 이 말은 정상적인 신학교육을 받고 교회의 공인을 받은 사람이라야 설교를 할 수 있다는 것이다. 그래서 설교자를 양성하는 신학교가 있다. 그런데 오늘날 상당수 설교자가 신학교육은 설교자로서의 인허를 받기 위한 과정으로만 여기고, 강단에서는 교육받은 신학과는 거리가 먼 (소위) 설교를 하고 있다. "꿩 잡는 것은 매"라는 식의 생각을 가지고, 신학은 묻어 두고 단지 현대인의 관심을 끌 수 있는 내용과 방법을 찾아 (소위) 설교를 하는 실용주의적 경향을 보인다. 그러기에 체험 위주, 성공(번영, 기복) 위주의 설교가 지배를 하고, 지나친 윤리, 모범 위주의 설교가 등장하기도 하는 것이다.

신학은 기록된 하나님 말씀의 봉사를 바르게 하려고 하는 것이다. 그러므로 설교는 모든 신학 분야의 지식을 동원한 "신학적인 작품"이 되어야 한다. 이는 설교가 신학적 논문이 되어야 한다는 말은 아니다. 기록된 하나님의 말씀을 바르게 해석하고 적용하며, 그 내용에는 바른 신학의 향취가 배어 있어야 한다는 말이다. 개혁주의 신학을 한 한국 장로교 상당수 목사의 설교가 그 신학의 특색을 드러내지 못하고 있다는 말을 듣는다. 교회의 간판만 다른 교회와 다를 뿐, 설교의 내용은 다른 교파 목사의 그것과 다르지 않다는 것이다.

개혁주의 신학의 탁월성 중 하나는 '언약'(Covenant)의 강조에 있다. 신구약 성경은 하나의 책으로 언약의 책이다. 성경에서 언약의 하나님은 낙원에서 "여자의 후손"을 약속하시고(창 3:15), 이 후손으로 그의 아들을 보내어 그의 백성을 구원하시고, 그의 재림을 통해 새 하늘과 새 땅, 새 예루살렘이 임하게 함으로(계 21) 그의 언약의 실현에 대한 일관된 역사과정을 보여주신다. 그리고 하나님은 언약을 믿는 자에게 구원을 약속하시고 믿지 않는 자에게 형벌을 선언하심으로 믿음과 회개를 촉구하신다. 설교는 이 언약의 말씀을 신실하게 봉사하는 것이다.

이 언약의 본질적 내용은 죄인들의 구속이다. 그러므로 성경은 구속사(Redemptive History)를 일관된 내용으로 삼고 있다. 구속사는 예수 그리스도의 아버지 하나님이 그의 언약을 따라 그의 백성을 구속하고 새 예루살렘에서 영원히 함께하기 위해 그의 작정을 시행해 가시는 과정을 말한다. 그래서 성경은 서로 무관한 인물과 사건 내용의 기록이 아니고, 그리스도로 말미암은 하나님의 구속과 관련하여 통일성과 일치성을 가지고 있다. 그러므로 설교자는 성경에 나타난 인물이나 사건을 단순한 신앙적, 윤리적 생활의 모범으로만 보지 않고, 거기에서 구속사적 의미를 찾아보는 노력을 해야 한다. 사도 바울은 이스라엘 백성의 광야 생활의 역사 중에 생긴 사건을 통해 신앙생활의 모범과 구속자적 의미의 중요성을 찾았다(고전 10:1~13). 그는 이스라엘이 불순종하여 멸망 당한 것을 후대 교회에 "거울"(6, 11)이 되게 하였다 함으로 경고적 모범으로 해석을 하였고, 광야에서 반석으로부터 생수를 내어 마시게 한 사건을 통해서는 "그 반석은 곧 그리스도"(4)라고 함으로 구속사적 의미를 찾았다. 그러므로 성경을 해석하고 적용하는 개혁주의 설교자는 언약과 구속사에 관심을 가지고 성경을 읽고 해석하고 적용할 줄 알아야 한다. 그리고 장로교회 설교자는 작성한 설교의 내용이 목사로 임직받을 때 서약한 교회의 "신앙고백" 내용과 일치하는지를 살펴야 한다.

 본인은 설교를 출판하는 일에 매우 주저하였다. 그러나 본인이 봉사했던 신학대학원의 졸업생들 상당수가 출판을 요청해 옴으로 이를 수용하기로 했다. 이 책에 담긴 설교는 지난날 본인이 개혁교회(Free Reformed Churches in Australia)에서 목사로 봉사할 때와 고려신학대학원 교수로 봉사할 때 경건회 시간에 한 것들의 모음이다. 강단에서 설교로 봉사는 동역자들에게 조금이라도 참고와 도움이 되고, 이를 읽는 모든 형제자매에게 신령한 유익이 될 수 있기를 바랄 뿐이다.

허 순 길

목 차

머 리 말   4

구약편

1. 모세의 승리의 노래   출애굽기 15:1~2   14

2. 모세와 여호와의 만남   출애굽기 34:5~9   30

3. 모압 땅에서 모세의 죽음   신명기 34:5~6   45

4. 때를 따라 돌봐주시는 하나님   여호수아 5:10~12   60

5. 메로스를 통해 주신 하나님의 교훈   사사기 5:23~24   73

6. 사울의 죽음에 대한 다윗의 애가   사무엘하 1:19   89

7. 하나님과 다윗의 언약의 교제   역대상 17:16~27   108

8. 고난 중에 받는 그리스도인의 위로   시편 119:50   124

9. 교회에 대한 찬송   시편 133:1~3   136

10. 하나님의 완전한 섭리   전도서 3:11   150

11. 개인을 다루시는 여호와 하나님　에스겔 18:1~4　　162

12. 새 다윗으로 그의 백성을 인도하시는 여호와　　178
　　　　　　　　에스겔 34:23-27a

13. 주의 손에서 하나 되는 교회　에스겔 37:19　　196

14. 주의 오심을 위한 기도　하박국 3:2　　211

15. 교회 건설을 위한 힘의 원천　스가랴 4:6　　225

신약편

16. 큰 자이신 메시야 예수 그리스도　누가복음 1:30~33　　240

17. 사가랴 집의 큰 기쁨　누가복음 1:39~45　　252

18. 구원을 위한 심판을 내다보신 그리스도　　266
　　　　　　　　요한복음 12:31~32

19. 우리 구주의 영예로운 장사　마가복음 15:42~47　　282

20. 제자들의 눈을 여신 부활의 주　누가복음 24:30~31　　297

21. 주의 부활로 인한 제자들의 기쁨   313
                누가복음 24:33~35

22. 왕이신 예수님의 승천   마가복음 16:19   329

23. 승천으로 우리 처소를 예비하시는 주 예수   343
                요한복음 14:1~4

24. 복음을 믿는 자에게 주어지는 구원   로마서 1:16~17   358

25. 나사렛 예수라는 이름에 나타난 복음   373
                마가복음 2:23(요한복음 1:46)

26. 생명의 떡을 주시는 주 예수   요한복음 6:1~15   388

27. 아브라함이 누린 신앙의 기쁨   요한복음 8:56   403

28. 격랑 속에서도 안심하는 하나님의 사람   416
                사도행전 27:22~25

29. 하나님의 은혜로운 선택   에베소서 1:4~6   430

30. 그리스도의 사랑을 알기 위한 사도의 기도　　　　445
　　　　　　　　　에베소서 3:17~19

31. 삼위 하나님 안에서 교회의 일치 에베소서 4:3~6　　460

32. 불신에 대한 사도의 경고와 권고 에베소서 3:17~19　477

33. 배교에 대한 사도적 경고　　히브리서 6:4~8　　　494

34. 예배참석을 위한 사도의 권면　히브리서 10:25　　511

35. 주의 강림과 그의 참으심　　베드로후서 3:9　　　526

36. 주의 재림으로 오게 되는 완전한 부활절　　　　542
　　　　　　　　　요한계시록 20:14

책 소개　　　　　　　　　　　　　　　　　　　558

본문에서 인용된 성경은 개역개정 성경입니다.

구약편

1. 모세의 승리의 노래

성경 봉독: 출애굽기 14:26~15:21,
　　　　　요한계시록 15:1~4
설교 본문: 출애굽기 15:1~2

　이때에 모세와 이스라엘 자손이 이 노래로 여호와께 노래하니 일렀으되 "내가 여호와를 찬송하리니 그는 높고 영화로우심이요, 말과 그 탄 자를 바다에 던지셨음이로다. 여호와는 나의 힘이요, 노래시며 나의 구원이시로다. 그는 나의 하나님이시니 내가 그를 찬송할 것이요, 내 아버지의 하나님이시니 내가 그를 높이리로다." (출애굽기 15:1~2)

　친애하는 여러분,

　오늘 우리는 아름다운 모세의 노래를 읽었습니다. 이 노래는 승리의 노래입니다. 특별히 이것은 성경에 기록된 여호와께 노래한 첫 번째의 노래입니다. 이보다 앞서 노아와 그 가족이 홍수 심판에서 구원을 받았을 때 여호와께 감사 찬양을 드렸을 것으로 생각됩니다. 그러나 우리는 성경에서 그것을 찾을 수 없습니다. 아브라함이 100세에 그의 아들, 이삭을 얻고 주 하나님께 감사 찬송을 드렸을 것으로 생각됩니다. 그러나 우리는 그런 기록을 발견할 수 없습니다. 그러므로 이 모세의 노래는 성경에 기록되어 있는 여호와께 노래한 첫 번째의 노래입니다.

이 모세의 노래는 이스라엘 백성들이 홍해를 막 건너와 홍해 동쪽 해변에서 합창한 것입니다. 우리는 그 놀라운 광경을 상상해 볼 수 있습니다. 당시 홍해를 건넌 이스라엘 백성의 수는 여자와 어린이 외에 남자 장정만 60만 명이었습니다. 당시 여자와 어린이를 다 생각하면 이스라엘 백성의 전체 수는 적어도 2백만 명이 되었으리라 생각됩니다.

그러므로 당시 2백만 명의 찬양대가 모세를 따라 하나님을 향해 찬양했다고 볼 수 있습니다. 그 얼마나 놀라운 광경이었겠습니까? 그 찬양은 많은 물소리와 우렛소리와 같았을 것입니다. 15장을 잘 살펴보면 모세가 이끈 남성 찬양대와 아론의 누이 미리암이 이끈 여성 찬양대로 두 찬양대가 있었습니다. 남성 찬양대는 음성으로만 노래했지만, 미리암이 이끄는 여성 찬양대는 소고를 잡고 춤을 추면서 노래했습니다. 실로 놀라운 장관이었을 것으로 여겨집니다.

이 모세의 노래는 단지 지난날의 한 노래로만 생각할 수 없습니다. 모든 시대에 그리스도의 교회에 중요한 의미가 있습니다. 오늘의 본문으로부터 "모세의 승리의 노래"라는 제목으로 복음을 전하려 합니다. 여기 세 가지 요점에 주목하려 합니다. 첫째, 이 승리의 노래를 부른 때, 둘째, 이 승리의 노래의 대상, 셋째, 이 승리의 노래의 깊은 의미입니다.

   1. 이 승리의 노래를 부른 때
   2. 이 승리의 노래의 대상
   3. 이 승리의 노래의 깊은 의미

1. 이 승리의 노래를 부른 때

첫째, 이스라엘 백성이 이 노래를 언제 불렀는지에 대하여 살펴보려 합니다.

전도서에 보면 "범사에 기한이 있고 천하만사가 다 때가 있다."라고 합니다(3:1). 그리고 "울 때가 있고 웃을 때가 있으며 슬퍼할 때가 있고 춤출 때가 있다."라고 했습니다(3:4).

우리 본문 15:1에 "이때에 모세와 이스라엘 자손이 이 노래로 여호와께 노래하니"라고 합니다. 여기 "이때"라는 것은 노래를 부른 때를 가리키고 있습니다. 그럼 이때가 언제였습니까? 15장 바로 앞에 있는 14:30~31의 말씀이 이것을 알려주고 있습니다. "그 날에 여호와께서 이같이 이스라엘을 애굽 사람의 손에서 구원하시매 이스라엘이 바닷가에서 애굽 사람들이 죽어 있는 것을 보았더라. 이스라엘이 여호와께서 애굽 사람들에게 행하신 그 큰 능력을 보았으므로 백성이 여호와를 경외하며 여호와와 그의 종 모세를 믿었더라."

여러분, 이때 모세와 이스라엘 백성이 여호와께 이 노래 불렀습니다. 이 백성은 400년 동안 애굽에서 종살이를 했습니다. 거기에는 노래가 없었습니다. 거기에는 단지 한숨과 탄식, 눈물과 애곡만 있었습니다. 저들이 애굽을 떠나기 전 무교병을 먹고, 마지막 밤 유월절 행사를 했습니다. 그러나 거기에는 긴장만 있었고 노래는 없었습니다.

이스라엘 백성이 종 되었던 집 애굽을 떠났습니다. 처음 숙곳에서 나와 바알스본 맞은편 바닷가에 장막을 쳤습니다. 그러나 거기에서도 아직 노래는 없었습니다. 저들은 애굽인들의 추격을 두려워하고 떨었습니다. 왕 바로는 이스라엘 자손들이 떠났다는 소식을 듣고 가만히 있지 않았습니다. 종들을 잃게 되는 것은 그에게 큰 손실이었기 때문입니다. 바로는 그의 특별 병기 육백 승을 동원했습니다. 애굽 사람들과 바로의 말들, 병거들과 마병과 군대가 다 동원되었습니다. 무서운 장비를 갖춘 애굽 사람들이 이스라엘 사람들을 추격했습니다. 이스라엘 백성은 아직 완전한 구원을 얻지 못했습니다. 그러므로 저들에게 노래가 있을 수 없었습니다.

그럼 언제 이스라엘에게 노래가 있었습니까?
이스라엘 자손이 홍해를 건너고, 바로의 말, 병거, 그 마병들이 다 홍해 바닷물 속에 장사 되고 멸하게 되었을 때입니다. 이때 모세와 이스라엘 자손들이 여호와께 노래했습니다. 저들이 애굽의 무거운 멍에를 벗고, 애굽인의 채찍에서 완전히 벗어난 것을 확실히 알게 되었을 때, 저들은 노래할 수 있었습니다. 이스라엘 백성이 놀라운 구원을 받았습니다. 이제 이들이 어찌 기뻐하며 노래하지 않을 수 있습니까? 저들이 가만히 있었다면 돌들이 소리를 질렀을 것입니다.

친애하는 여러분, 이것은 무엇을 우리에게 가르쳐 주고 있습니까? 우리가 종의 생활을 하는 동안에는 노래할 수 없습니다. 우리가 죄와 사망의 지배 아래 있는 동안에는 노래할 수 없습니다. 애굽은 세상을 상징하고 있습니다. 바로는 사탄을 상징하고 있습니다. 누구나 세상의 종으로 있는 동안에는 참된 노래를 부를 수 없습니다. 사탄의 지배 아래 사는 동안에는 노래할 수 없습니다.

세상에도 노래가 있다고 말할 수 있습니다. 노래라는 것이 있습니다. 한국에는 특유한 가곡이 있고 대중가요가 있습니다. 그러나 세상에 참된 의미의 노래는 없습니다. 세상의 노래 중에 상당수는 탄식하며 슬픔을 노래합니다. 슬픈 노래를 부르면서 인생고를 잊으려 합니다. 세상에는 참된 기쁨이나 행복이 없습니다. 세상 사람들은 이런 노래를 부른 후에는 기쁨을 누리기보다 더욱 허무감에 젖게 됩니다.

참된 노래는 누구에게 있습니까? 이 세상과 사탄의 권세로부터 구원을 받은 하나님의 백성에게만 있습니다. 구원을 받기 전에는 참된 노래가 없습니다. 내가 세상으로부터 구원받은 것을 알 때 참된 노래가 있게 됩니다. 주 예수 그리스도가 나를 죄로부터 구속하셨다는 것을 알 때 참된 노래를 부를 수 있습니다. 예수를 믿음으로 내가 하나님 앞에서 의롭게 되었다는 것을 알 때 참된 노래를 부를 수 있습니다. 내가 예수로 말미암아 하나님의 영원한 자녀로 받아들여 진 것을 알게 될 때, 참된 노래를 부를 수 있습니다. 십자가 위에서 그리스도가 내 모든 죗값을 지불한 사실을 알 때, 우리는 참된 노래를 부를 수 있습니다. 그리스도의 부활로 말미암아 마지막 원수인 죽음이 정복된 것을 알 때, 우리는 참된 노래를 부를 수 있습니다. 예수 그리스도의 십자가와 부활로 원수 사탄이 완전히 패배를 당했다는 것을 알 때, 우리는 참된 노래를 부를 수 있습니다.

친애하는 여러분, 우리는 세상과 죄로부터 구원받은 사실을 알 때 노래하게 됩니다. 우리는 그리스도의 보혈로 구원받은 사람들입니다. 입을 다물고 가만히 있을 수 없습니다. 우리는 매일 구원의 노래를 불러야 합니다.

나아가, 모세와 이스라엘 자손들이 애굽에서 완전히 분리되었을 때, 그들이 노래하게 되었다는 것을 알게 됩니다. 사도 바울이 고린도전서 10:1~2에서 한 말이 주의를 끕니다. "우리 조상들이 다 구름 아래 있고 바다 가운데로 지나며 모세에게 속하여 다 구름과 바다에서 세례를 받고"라고 합니다. 여기서 바울은 이스라엘 백성들이 홍해를 통과한 일을 민족적으로 세례를 받은 것이라고 합니다. 바로와 그의 군대들이 완전히 바다에 빠져 죽었습니다. 이스라엘은 죽음을 통과하고 구원을 얻은 것입니다. 그때 저들은 애굽에서 완전히 분리되고, 구별된 하나님의 백성으로 드러나게 되었습니다.

홍해 바다는 애굽 사람과 이스라엘 백성 사이의 분명한 경계선이 되었습니다. 이로써 이스라엘 백성이 세상과 완전히 구별된 백성이 되었습니다. 이스라엘 백성은 이제 세상에서 구원받은 종족이 되었습니다. 이제 하나님께서 이들에게 나타나시고, 이들 가운데 거하시게 되었습니다.

홍해를 통과한 것은 이스라엘 백성이 죽고 묻히고 새 생명으로 부활하게 된 것에 대한 하나의 상징이었습니다. 그들은 세례를 받은 것입니다. 이로 말미암아 이스라엘은 이제 하나님 앞에서 특수한 백성이 되었습니다. 그래서 저들은 새 노래를 불렀습니다. 하나님은 이사야 선지자를 통해 이사야 43:3에서 이렇게 말씀했습니다. "내가 애굽을 너의 속량물로 … 주었노라." 이스라엘은 은혜의 하나님께서 애굽을 자기들의 대속물로 주신 것을 알았습니다. 그래서 이스라엘은 노래했습니다.

친애하는 여러분, 주 하나님께서 우리를 택하시고 그의 특수한 백성으로 삼으셨습니다. 이것을 알게 될 때 우리에게는 놀라운 기쁨이 있을 수밖에 없습니다. 주 하나님이 "너는 내 것이라."(사 43:1)라고 하시는 말씀을 들을 때, 우리는 기쁜 새 노래를 부르지 않을 수 없습니다. 하나님의 소유가 된 백성 여러분, 매일 기쁜 구원의 노래로 하나님을 찬양하며 사시기 바랍니다.

2. 이 승리의 노래의 대상

둘째로 승리의 노래의 대상이 누구인지를 살펴보게 됩니다.

이 노래는 "내가 여호와를 찬송하리니"라고 시작됩니다. 이 것은 전체 노래의 제목이 됩니다. 이 노래의 대상은 여호와였습니다. 노래 내용 전체가 여호와입니다. 사람에 관해서나 사람의 업적에 관하여는 한마디도 없습니다. 이 승리의 노래를 쭉 읽어 보십시오. 모세나 아론이나 미리암의 이름이 전혀 나타나지 않습니다.

일반적으로 사람들은 어떤 크고 선한 일을 했다고 생각하게 될 때, 자기 이름과 자기가 한 일을 나타내기를 원합니다. 사람들의 인정을 받고 칭찬을 받기를 원합니다. 아론과 미리암이 이스라엘의 구원을 위해 상당히 많은 일을 했습니다. 모세는 이스라엘 자손의 구원을 위해 사용된 큰 도구였습니다. 그는 이스라엘 백성의 해방을 위해 그의 전 생애를 보냈습니다.

모세가 우리 본문이 있는 노래를 지었음이 틀림없습니다. 그러나 모세는 이 노래 속에 그의 이름과 업적을 전혀 나타내고 있지 않습니다. 이 노래 속에 이런 흔적을 전혀 발견할 수 없습니다. 이 노래는 여호와가 모든 것입니다. 이 노래에서 모세는 말했습니다. "내가 여호와를 찬송하리니 그는 높고 영화로우심이요, 말과 그 탄 자를 바다에 던지셨음이로다. 여호와는 나의 힘이요, … 나의 구원이시로다."

모세는 위대한 지도자였습니다. 그러나 그는 여호와 뒤로 자신을 완전히 감추었습니다. 그는 여호와만을 드러냅니다. 여호와만 드러내고 여호와만 찬양하는 모세의 모습을 보십시오.

1. 모세의 승리의 노래

홍해의 물을 가를 때, 그는 지팡이를 들고, 손을 바다 위로 내밀었습니다. 이때 바다가 갈라지고 이스라엘 자손들이 홍해를 육지 같이 건넜습니다. 물론 모세는 하나님의 명령대로 한 것입니다. 그렇지만 지팡이를 들고 손을 바다 위로 내민 것은 모세였습니다. 그러나 그는 자신의 한 일에 관하여는 한마디도 언급하지 않습니다. 6절, 12절에서 모세는 이렇게 말합니다. "여호와여, 주의 오른손이 권능으로 영광을 나타내시니이다. 여호와여 주의 오른손이 원수를 부수시니이다. 주께서 오른손을 드신즉 땅이 그들을 삼켰나이다."

모세의 손은 아무것도 아니었습니다. 모세가 스스로 백번 오른손을 폈던들 홍해가 갈라질 턱이 없습니다. 모세는 자신이 아무것도 아님을 잘 알았습니다. 모세에게 여호와는 모든 것의 모든 것이었습니다.

여호와 하나님이 그의 오른손을 바다 위로 내밀었습니다. 그때 바다가 갈라졌습니다. 여호와께서 그의 손을 바다로 내밀었을 때 바다의 흐름이 회복되었습니다. 실제 모세는 이 노래에서 이렇게 말하고 있습니다. "이스라엘 자손의 구원을 위해 모세가 큰일을 했다고 절대 생각하지 말라. 여호와께서 스스로 이 일을 행하셨다. 이스라엘 자손들의 구원은 전적으로 여호와께서 하신 일이니라." 2절 끝에서 그는 말합니다. "내가 그를 높이리로다."

형제자매 여러분, 우리는 이 승리의 노래에서 "오직 여호와께서 우리를 구원하신다."라는 것을 배워야 합니다. 우리의 구원은 오직 여호와의 사역입니다. 우리는 이 노래에서 하나님의 백성이 가져야 할 겸손을 배워야 합니다. 우리는 교회 안에서 종종 우리의 공로를 내세우기를 원합니다. 우리가 인정을 받고 칭찬을 받기 원합니다. 무슨 이름이라도 하나 갖기를 원합니다. 종종 명예 때문에 시험을 받게 됩니다. 우리는 조심해야 합니다.

여러분, 혹 교회를 위해 큰일을 했다고 생각하십니까? 시험 받지 않아야 합니다. 교회를 위해 내가 했다는 것이 있다면 주께서 하신 것입니다. "여호와가 나의 힘이요, 능력이시니 그가 모든 것을 하셨다."라고 해야 합니다. 진실한 하나님의 종들은 다 겸손했습니다. 저들은 결코 자신이 영광을 받지 않았습니다. 그들은 모든 영광을 여호와 하나님께 돌렸습니다.

우리 개혁교회, 장로교회의 터를 놓은 존 칼뱅은 위대한 개혁자였습니다. 그는 전 생애를 하나님 교회의 개혁을 위해 바쳤습니다. 제네바시를 영원한 왕이신 여호와의 주권이 행사되는 하나님의 도시로 만들었습니다. 이 제네바를 방문하고 3년 동안 칼뱅의 영향을 받은 존 녹스는 "사도 시대 이후 가장 완전한 그리스도인의 학교가 여기 있다."라고 까지 말했습니다. 그런데 이런 칼뱅이 별세하기 바로 전 남긴 유언에서 이렇게 말했습니다. "주께서 제게 그를 섬길 은혜를 주셨습니다. 저는 나의 구원의 모든 근거가 되는 여호와의 선택하심 외에 어떤 소망이나 피난처도 가지고 있지 않습니다. 저는 저를 위해 그리스도 예수 안에서 그가 예비하신 은혜를 품고 있습니다."

여러분, 그는 주님과 하나님의 교회를 위해 많은 일을 했습니다. 그러나 그는 이것을 조금도 나타내지 않았습니다. 그의 마음속에 하나님의 은혜만 품었습니다. 그는 은혜로우신 하나님으로부터 모든 것을 기대했습니다.

그는 죽은 후에도 사람들에게 칭찬받기를 원하지 않았습니다. 그는 이렇게 유언했습니다. "내가 죽은 후에 나의 몸은 복된 부활의 날을 기다리게 일반적인 방법으로 묻히기를 원합니다." 그의 장례에 수많은 사람이 참석했지만, 그의 유언을 따라 장례 예식은 제네바의 일반 시민과 꼭 같이했습니다. 그의 무덤에서 그의 업적을 말하거나 찬송하는 것도 허락되지 않았습니다. 얼마 후 그의 묘지를 찾아간 사람들이 그 무덤을 찾을 수가 없었습니다. 그는 사람들에게 영광 받는 것을 두려워했습니다. 그에게는 여호와 하나님이 모든 것의 모든 것이었습니다. 모든 영광을 하나님께만 돌리기 원했습니다(SOLI DEO GLORIA). 그는 모세와 같은 신앙과 겸손을 가졌습니다.

그러면, 여러분, 우리는 어떻게 해야 할까요? 하나님께만 영광 돌리는 생활을 해야 하지 않겠습니까? 바울은 로마서 11:36에 이렇게 고백했습니다. "만물이 주에게서 나오고 주로 말미암고 주에게로 돌아감이라. 그에게 영광이 세세에 있을지어다."

친애하는 여러분, 주 하나님께만 영원히 영광 돌리는 삶을 사시기 바랍니다.

3. 이 승리의 노래의 깊은 의미

셋째로 이 노래의 깊은 뜻에 관하여 주목하게 됩니다.

모세의 노래는 모세와 이스라엘 자손들이 바로의 군대가 홍해에서 완전히 멸한 것을 보았을 때 불렀습니다. 여호와의 승리가 완전히 나타났습니다. 이스라엘 자손들이 구원을 받은 것이 확실했습니다. 이때 저들은 이 노래를 불렀습니다. 이후 이 노래는 지난날의 역사에서 확고한 자리를 차지했습니다.

그런데 이 노래의 의미는 지난날의 그때에만 제한되어 있지 않습니다. 이 노래는 주님의 교회에 영원한 의미가 있습니다. 여호와의 종 모세는 이때 이스라엘 백성이 애굽에서 구원받게 된 것만을 보지 않았습니다. 그는 이 구원을 통해 앞으로 하나님께서 약속하신 모든 것이 성취될 것을 내다보았습니다. 모세는 이 사건에서 먼 미래에 올 주님의 교회의 궁극적인 승리도 미리 내다보았습니다. 이것은 무엇을 말하는 것입니까?

먼저, 모세는 이스라엘 백성이 하나님께서 일찍이 아브라함에게 약속된 가나안 땅을 얻게 될 것이라는 확신을 하게 되었습니다. 이방인들인 에돔 족속, 모압 족속과 가나안의 모든 주민에게 대한 미래의 승리를 믿게 되었습니다.

특별히 15절부터 17절을 보십시오. "에돔 두령들이 놀라고 모압 영웅이 떨림에 잡히며 가나안 주민이 다 낙담하나이다. … 주께서 백성을 인도하사 그들을 주의 기업의 산에 심으시리이다."라고 노래합니다.

　홍해에서 애굽의 바로의 세력을 멸하시고 이스라엘을 구원하신 전능하신 여호와께서 아브라함과 이삭과 야곱에게 언약하신 가나안 땅을 정복하게 해 주실 것을 굳게 믿게 된 것입니다. 현재의 승리는 모세에게 미래의 승리를 보장해 주는 것이었습니다. 그는 미래에 대한 확고한 믿음을 갖게 되었습니다. 히브리서 11:1에 "믿음은 바라는 것들의 실상이요, 보지 못하는 것들의 증거"라고 했습니다.

　그런데, 모세는 홍해에서 이루어진 사건을 통해 이 세상의 가나안 정복에 대한 하나님의 언약이 성취될 것만을 믿었을까요? 그는 그 이상을 내다보고 믿었습니다.

　그것이 무엇입니까? 홍해에서의 역사적인 여호와의 승리에서 모세는 마지막 날 주 하나님 교회의 최후 승리도 내다보았습니다. 바로와 애굽인들에 대한 승리는 말세에 나타날 적그리스도와 그의 권세에 대한 여호와의 승리를 앞서 보여주는 그림자였던 것입니다.

　바로와 애굽인들은 적그리스도와 그의 권세에 대한 상징이었습니다. 모세는 바로와 애굽 군대를 완전히 멸하신 그 전능하신 여호와께서 말세에 적그리스도와 그의 권세를 완전히 멸하실 것을 내다보았습니다. 그래서 모세는 역사의 종말에 여호와께서 최후의 승리를 가져올 것이고 그의 백성을 사탄의 권세로부터 영원히 구원하시고 다스릴 것을 내다보고 믿었던 것입니다. 그러므로 그는 18절에 "여호와께서 영원무궁하도록 다스리시도다."라고 함으로 여호와의 영원한 왕권의 승리를 노래했습니다.

요한계시록 15장에서 앞으로 우리에게 나타날 하늘의 승리의 교회가 "하나님의 종 모세, 어린 양의 노래"를 부르게 될 것을 알게 됩니다. "짐승과 그의 우상과 그의 이름의 수를 이기고 벗어난 자들이 유리 바다 가에 서서 하나님의 거문고를 가지고 하나님의 종 모세의 노래, 어린 양의 노래를 불러 이르되 주 하나님 곧 전능하신 이시여, 하시는 일이 크고 놀라우시도다. 만국의 왕이시여, 주의 길이 의롭고 참되시도다. 주여, 누가 주의 이름을 두려워하지 아니하며 영화롭게 하지 아니하오리이까!"(계 15:2~4)

이 세상 마지막 심판 때에 짐승으로 상징된 여호와 하나님의 모든 원수가 그의 진노로 완전히 멸망하게 될 것입니다. 그때 하늘의 승리한 교회가 이런 모세의 노래를 부르게 되는 것으로 나타나 있습니다. 이것은 놀라운 뜻을 가집니다.

지난날 이스라엘 백성이 애굽을 떠나기 전날 밤 유월절 어린 양을 잡아 그 피를 문 인방과 문설주에 뿌렸습니다. 하나님의 사자가 이것을 보고 이스라엘 사람들의 집을 넘어감으로 애굽 사람들의 장자들을 칠 때 구원을 받았습니다. 이 유월절 어린 양은 오실 구주를 예표했습니다. 이 어린양이 홍해에서 애굽의 바로의 군대로부터 승리를 가져왔습니다. 말일에도 그 어린양이 적그리스도에 대한 승리를 가져오실 것입니다. 그래서 미래에 하늘의 교회가 노래하게 될 노래가 하나님의 종 모세의 노래, 어린양의 노래라 불립니다.

이로써 우리는 이 세상에 있는 현재 교회와 앞으로 올 하늘의 교회, 곧 천상의 승리의 교회가 하나인 것을 알게 됩니다. 양 교회가 다 같은 어린양, 같은 여호와로 말미암아 다스림을 받고 구원을 받기 때문입니다.

친애하는 여러분, 이 땅 위에서 참된 주의 교회에 속한 사람들은 바로 하늘의 승리의 교회에 속해 있습니다. 우리는 현재 이 세상의 교회에 살고 있습니다. 그러나 우리는 멀리 하늘의 승리한 교회를 바라보고 살아갑니다. 이런 특권 때문에 우리는 이따금 짐승 곧 마귀와 적그리스도와 그의 권세에 의해 공격을 당합니다. 그래서 수난과 수욕을 당하기도 합니다. 그러나 앞으로 어느 날 짐승 마귀, 적그리스도의 세력은 개선자이신 어린 양에 의해 완전히 파멸될 것입니다. 그래서 우리는 이 세상에서 "여호와는 나의 힘이요, 노래"라는 모세의 노래를 부르게 될 것입니다.

우리는 앞으로 오게 될 최후의 승리를 바라보고 믿습니다. 우리는 이스라엘 자손보다 이 승리를 더 확고하게 믿습니다. 그 근거가 무엇입니까? 원수들에 의해 십자가에 못 박혀 죽었으나 죽음의 권세를 이기시고 일어나신 어린양 예수 그리스도의 승리를 우리는 잘 알고 있기 때문입니다.

친애하는 여러분, 우리가 이 세상에서 참된 주의 교회에 속해 있으면 영원한 하늘의 승리의 교회에 속해 있습니다. 우리의 영원한 미래는 확보되어 있습니다. 짐승 곧 마귀와 그의 권세의 공격을 받을지라도 물러서지 마시기 바랍니다. 매일 선한 싸움을 싸우시기 바랍니다. 그러면 멀지 않은 앞날에 하늘의 승리의 교회에서 모세의 노래를 모든 하나님의 백성과 함께 기쁨으로 부르게 될 것입니다. 아멘.

2. 모세와 여호와의 만남

성경 봉독: 출애굽기 33:17~34:9
설교 본문: 출애굽기 34:5~9

여호와께서 구름 가운데에 강림하사 그와 함께 거기 서서 여호와의 이름을 선포하실새 여호와께서 그의 앞으로 지나시며 선포하시되 "여호와라. 여호와라. 자비롭고 은혜롭고 노하기를 더디하고 인자와 진실이 많은 하나님이라. 인자를 천대까지 베풀며 악과 과실과 죄를 용서하리라. 그러나 벌을 면제하지는 아니하고 아버지의 악행을 자손 삼사 대까지 보응하리라."모세가 급히 땅에 엎드려 경배하며 이르되 "주여, 내가 주께 은총을 입었거든 원하건대 주는 우리와 동행하옵소서. 이는 목이 뻣뻣한 백성이니이다. 우리의 악과 죄를 사하시고 우리를 주의 기업으로 삼으소서."(출애굽기 34:5~9)

친애하는 여러분,

오늘의 설교 본문은 여호와께서 은혜로운 언약의 말씀을 주신 시내 산으로 우리를 인도합니다. 여기서 우리는 자비로우신 여호와 하나님을 만나게 될 뿐 아니라, 이스라엘 백성의 큰 죄도 보게 됩니다.

출애굽기 32장에 보면 모세가 주의 계명을 받기 위해 시내 산에 올라갔습니다. 하지만 그는 40일을 지나도 내려오지 않았습니다. 이때 이스라엘 백성은 그가 내려올 때까지 참고 기다리지 못했습니다. 그가 내려옴이 더디자 저들은 자기들을 인도할 금송아지 우상을 만들어 섬겼습니다. 산에서 내려와 이것을 본 모세는 크게 노하여 십계명이 새겨진 두 돌 판을 던져 깨뜨렸습니다.

이스라엘 백성들이 금송아지 우상을 만들어 섬김으로 하나님 앞에 큰 죄를 범했습니다. 이때 여호와 하나님은 이 범죄한 백성을 멸하려 하셨습니다. 이 순간에 모세가 중재에 나섰습니다. 그는 우리의 중보자 주 예수 그리스도의 그림자입니다.

모세는 여호와 하나님과 그의 백성 사이에 서서 그의 백성 이스라엘을 위해 빌었습니다. "이 백성이 자기들을 위하여 금 신을 만들었사오니, 큰 죄를 범하였나이다. 그러나 이제 그들의 죄를 사하시옵소서. 그렇지 아니하시오면 원하건대 주께서 기록하신 책에서 내 이름을 지워 버려 주옵소서."(출 32:31~32) 여호와 하나님은 그의 백성을 아끼시고 은혜롭게 그의 기도를 들어 주셨습니다.

여호와 하나님은 모세에게 다시 처음 것과 같은 돌판 둘을 만들라 하시고, 그것을 가지고 시내 산에 올라오라고 명령하셨습니다. 모세가 시내 산에 오르니 여호와 하나님은 이스라엘의 중보자요, 대표자인 모세에게 강림하셨습니다.

오늘의 설교 본문은 여호와 하나님이 강림하셔서 시내 산에 다시 올라온 모세를 만난 사실을 알려주고 있습니다. 이 시간 "모세와 여호와의 만남"이란 제목으로 복음을 전하고 듣고자 합니다. 여기서 우리는 두 가지 요점을 생각하려 합니다. 첫째, 하나님 편에서 모세와 만남, 둘째, 모세의 편에서 하나님과 만남입니다.

1. 하나님 편에서 모세와 만남
2. 모세의 편에서 하나님과 만남

1. 하나님 편에서 모세와 만남

첫째로 하나님 편에서 모세를 만난 사실에 주목하려 합니다.

34:5에서 "여호와께서 구름 가운데에 강림하사"라고 합니다. 이는 여호와의 강림에 대한 매우 소박한 표현입니다. 모세는 여호와의 강림의 사실에 관하여 세밀하게 알려주고 있지 않습니다. 그는 이 사실을 가능한 한 단순하게 나타내려 하고 있습니다. 우리는 이보다 훨씬 더 세밀하게 알기를 원합니다. 그럼 모세는 여호와의 강림에 관하여 왜 이렇게 단순하게 기록하고 있을까요? 이유가 있습니다. 모세는 그가 본 것을 충분히 기술할 수 없었기 때문입니다.

우리는 여기에서 사도 바울이 그가 경험한 신비한 일에 관한 사실을 어떻게 기술했는지를 생각해 보게 됩니다. 고린도후서

12장에서 그는 셋째 하늘에 이끌려 올라간 경험을 알려주고 있습니다. 그는 신비하고 놀라운 경험을 했겠지만, 단순히 이렇게만 말했습니다. "낙원으로 이끌려가서 말로 표현할 수 없는 말을 들었으니 사람이 가히 이르지 못할 말이로다."(4절) 그러니 모세도 "가히 이르지 못할" 영광을 보았던 것입니다. 그 영광을 말로 표현할 수 없었습니다.

주께서는 거기 구름 가운데 강림하셨습니다. 그의 임재의 영광이 가려져 있었습니다. 모세는 뒤에 반영된 여호와의 영광만 보았습니다. 그렇지만 그의 영광은 너무 압도적이었습니다. 그래서 옛 언약의 중보자인 모세는 반석 틈에 숨었습니다. 다만 여호와의 손이 그를 덮어 하나님을 만날 수 있었습니다(33:22~23).

이것이 우리가 하나님을 만날 때 취하게 되는 모습입니다. 이 모습이 이스라엘 백성의 생활에서 분명히 나타났었습니다. 회막을 생각해 보십시오. 그의 백성 가운데 계시는 여호와는 회막의 지성소 은밀한 곳에 계셨습니다. 지성소는 창문이 없는 캄캄한 곳이었습니다. 하나님의 실재는 신비 가운데 가려져 있었습니다. 이스라엘 백성은 신비하고 영광스러운 하나님의 실재를 볼 수 없었습니다.

오늘날 하나님은 그리스도로 말미암아 자신을 우리에게 나타내고 계십니다. 그러므로 우리는 그의 가리어진 신비 앞에 서 있습니다. 하나님이 예수 그리스도 안에서 육신으로 나타나셨습니다. 그는 고운 모양도 없고 풍채도 없이 나타나셨습니다(사 53:2). 현재 우리는 주 하나님을 거울로 보는 것 같이 희미하게 보고 있습니다. 우리는 여호와의 임재를 상세히 기술할 수 없습니다. "여호와께서 구름 가운데에 강림하사" 이것으로 충분합니다. 우리는 하나님이 우리에게 주시는 지식의 한도로 만족해야 합니다.

모세는 그가 본 것을 서술하는데 매우 소박했습니다. 그러나 그가 들은 것을 말할 때는 훨씬 더 분명하게 알려줍니다. 모세는 구름 가운데 강림하시는 여호와를 보았을 뿐 아니라, 그 여호와의 음성을 들었습니다. 여호와는 말씀으로 그의 백성을 찾아오십니다. 이 세상에서 우리는 하늘의 것을 보는 것으로 살지 않습니다. 우리는 하늘 하나님의 말씀을 들음으로 살게 됩니다. 그래서 모세는 시내 산에서 하나님의 음성을 들었습니다.

여호와는 모세 앞으로 지나가시며 선포하셨습니다. "여호와라. 여호와라. 자비롭고 은혜롭고 노하기를 더디하고 인자와 진실이 많은 하나님이라. 인자를 천대까지 베풀며 악과 과실과 죄를 용서하리라. 그러나 벌을 면제하지는 아니하고 아버지의 악행을 자손 삼사 대까지 보응하리라."(34:6~7) 이것이 여호와 자신에 관한 선포였습니다.

여호와는 전에 이와 같은 분으로 자신을 분명하게 나타내신 적이 없었습니다. 이제 여호와는 이런 분명한 언어로 말씀하셨습니다. 이 선포된 말씀으로부터 우리는 하나님의 은혜와 공의에 관하여 알 수 있게 됩니다.

우리는 이제 이 말씀을 다 다룰 수 없습니다. 이 말씀은 하나님 자신의 입에서 나온 것입니다. 이 말씀은 너무 부요하고 압도적이기 때문에 사람이 하나하나 해석하기가 어렵습니다. 우리는 단지 경외하는 마음으로 이 말씀에 귀를 기울이며 어느 정도 이해하게 될 뿐입니다.

여기서 하나님의 이름을 "여호와라. 여호와라." 두 번 듣게 됩니다. 이것은 매우 중요한 뜻이 있습니다. 여호와는 언약 하나님의 성호입니다. 이 이름은 스스로 계시는 분이요, 결코 변하지 않으시는 분이라는 의미를 담고 있습니다. 그런고로 이 만남에서 하나님은 실상 이렇게 말씀하시고 계십니다. "나는 자존자이다. 나는 신실하고 약속한 것을 변함없이 지키는 자이다"라는 것입니다. "여호와라. 여호와라." 반복 선포하는 것은 언약에 절대 신실하신 분이심을 강조하는 것입니다.

그리고 6절 끝에서는 "하나님이라."라고 합니다. 여호와라는 그의 이름에 다른 이름을 더하고 있습니다. 이 하나님이라는 이름은 권능의 뜻을 가진 성호입니다. 곧 이 성호는 그가 원하는 것을 무엇이든 할 수 있고, 줄 수 있는 전능하신 분이라는 사실을 알리는 것입니다. 이 하나님의 이름의 선포는 크게 위로를 주는 것이었습니다.

그런 다음에 하나님은 그의 백성에 대해 자비롭고 은혜로우신 하나님으로 자신을 나타내어 주십니다. 그는 실상 이렇게 말씀하십니다. "나는 죄인들에게 자비롭고 은혜롭고 노하기를 더디하는 하나님이다. 나는 나의 사랑하는 자들에게 인자와 진실함이 많은 하나님이다. 나는 천대까지 인자를 베푸는 하나님이다. 나는 나의 아들 안에서 악과 과실과 죄를 용서하는 하나님이다."

여러분, 이 얼마나 놀라운 하나님이십니까? 우리는 이것을 하나님의 입으로부터 듣습니다. 그래서 다윗은 시편 103편에서 하나님을 이렇게 찬양했습니다. "내 영혼아, 여호와를 송축하며 그의 모든 은택을 잊지 말지어다. … 여호와는 긍휼이 많으시고 은혜로우시며 노하기를 더디 하시고 인자하심이 풍부하시도다."

그러나 여러분, 우리 하나님 여호와는 계속해서 더 말씀하셨습니다. 사람들은 일반적으로 하나님의 은혜롭고 자비로우신 음성만 듣기를 좋아합니다. 하지만 하나님은 그의 공의를 무시하지 않습니다. 그래서 하나님은 그의 거룩함을 공표하심으로 이스라엘 백성이 죄 가운데 빠져 살아서는 안 된다고 하십니다.

여호와는 그의 백성에게 경고하십니다. 그의 경고의 음성은 같은 사랑과 자비에서 오는 음성입니다. 여호와는 말씀하십니다. "내가 회개하는 너희는 용서하나, 회개하지 않는 죄인들에게는 무죄하다고 하지 않으며 나의 공의를 지킬 것이다."라고 말씀하십니다. 곧 하나님은 율법에 계시된 대로 아비의 악을 자손 삼사 대까지 보응하리라고 하십니다. 하나님은 이미 그가 주신 열 가지 언약의 말씀에서 "나 여호와 너의 하나님은 질투하는 하나님인즉 나를 미워하는 자의 죄를 갚되 아비로부터 아들에게로 삼사 대까지 이르게 하리라."라고 하셨습니다 (20:5). 여호와는 실상 여기에서 이미 모세에게 주신 언약의 십계명의 둘째 계명의 말씀을 반복하셨습니다. 이는 이스라엘 백성이 우상숭배의 죄를 범했기 때문입니다.

그런데 여기 말씀은 둘째 계명에 주신 말씀과 상당한 차이가 있습니다. 둘째 계명에서는 "나 너의 하나님 여호와는 질투하는 하나님인 즉 …"하시고 죄의 형벌에 대한 위협이 먼저 옵니다. 그러나 여기에서는 은혜의 메시지가 먼저 오고 있습니다. 왜 여호와는 이렇게 은혜의 메시지를 먼저 주실까요? 여호와 하나님은 먼저 이스라엘 백성을 위로하시고, 하나님의 자비에 대한 확신을 주시기를 원하셨습니다. 하지만 여호와는 회개하지 않는 죄인들에게 저주의 문제를 그냥 내버려 두지 않으십니다. 죄를 회개하는 자들에 대한 위로와 그의 자비에 대한 확신을 주신 후, 회개하지 않는 자들에게 그의 저주를 선포하셨습니다. 여호와 하나님께는 은혜가 먼저입니다. 그러나 은혜를 거절하고 멸시하는 자들에게 여호와는 노하실 수 있는 질투하는 하나님이심을 보여주고 계십니다.

그러므로 여러분, 여호와를 만나기 위해 올 때 우리는 우리 자신을 살펴야 합니다. 하나님의 자비함과 거룩함을 멸시하는 자들에게는 화가 있기 때문입니다.

그러나 하나님은 모세에게 말씀하신 위협 속에도 그의 자비를 나타내고 계십니다. 하나님은 노하기를 더디하신다는 것을 보여줍니다. 7절에서 그의 인자하심은 천대까지 베풀므로 그의 사랑은 무한하지만, 그의 심판에 있어서는 자여손 삼사 대까지 이르리라고 말씀하십니다. 그래서 하나님은 시내 산에서 놀라운 은혜의 계시로 마감합니다. 여호와는 그의 백성을 끝없이 징계하지 않으십니다. 그는 우리를 징계하시되 우리의 악을 따라 하지 않습니다. 그의 백성에 대한 하나님의 노하심에는 끝이 있습니다. 이사야 54:8에서 여호와께서 말씀하십니다. "내가 넘치는 진노로 내 얼굴을 네게서 잠시 가리웠으나 영원한 자비로 너를 긍휼히 여기리라. 네 구속자 여호와께서 말씀하셨느니라."

이것이 시내 산에서 하나님이 모세와의 만남에서 주신 복음입니다. 우리는 새 언약에서 같은 복음을 그리스도 안에서 가지고 있습니다. 우리 여호와 하나님은 그리스도 안에서 신실하신 언약의 하나님으로 나타나 주셨습니다. 그리스도의 완전한 제물로 여호와는 우리에게 그의 은혜로우시고 자비로우심을 나타내셨습니다. 그리스도 안에서 여호와는 노하기를 더디하십니다. 그의 중보자의 사역을 통해 항상 우리의 허물과 죄악을 사해 주십니다.

친애하는 여러분, 여호와를 만나시기를 원하십니까? 죄 사함이라는 문을 통해서만 여호와에게 올 수 있습니다. 그를 만날 수 있습니다. 그리스도 예수께서 우리를 위해 십자가에 죽으심으로 우리의 죗값을 다 지불하셨습니다. 하지만 하나님은 죄인을 무죄하다고 보시지 않습니다. 여호와의 거룩함은 우리에게 겸손을 요구합니다. 우리가 하나님 앞에 죄인인 줄 알고, 회개하며 나아 올 때 여호와는 언제나 그리스도 안에서 자비롭고 은혜로운 하나님으로 우리를 만나 주십니다.

2. 모세의 편에서 하나님과 만남

둘째, 모세의 편에서 하나님과 만남에 대하여 살펴봅니다.

모세가 하나님을 만나게 된 사실에서 우리는 하나님을 바르게 만나는 길을 배우게 됩니다. 하나님의 사람 모세는 여호와의 계시와 그의 복음에 크게 압도당했습니다. 그래서 그는 어떤 말도 할 수 없었습니다. 8절은 이렇게 말합니다. "모세가 급히 땅에 엎드려 경배하며" 하나님 영광의 후광이 황홀했습니다. 후광을 보고 옛 언약의 중보자 모세는 그의 하나님께 엎드려 경배했습니다.

여러분, 경배가 첫째입니다. 무엇보다 하나님은 이것을 요구하십니다. 거룩하신 하나님은 그의 백성들에게 경외하는 마음, 깊은 겸손을 요구하십니다. 하나님은 위대하십니다. 우리는 보잘것없습니다. 하나님은 거룩하십니다. 우리는 죄인입니다. 하나님은 전능하십니다. 우리는 무능합니다. 하나님은 의로우십니다. 우리는 불의합니다. 그래서 모세와 같은 위대한 분도 여호와 앞에 경외함으로 엎드려 경배했습니다.

우리가 하나님과 만나기를 원할 때 하나님이 요구하는 것이 바로 이것입니다. 우리가 하나님을 만나러 올 때 왜 우리가 이런 겸손한 경배의 몸가짐을 가져야 합니까? 그리스도 안에 나타난 하나님의 사랑이 놀랍기 때문입니다. 하나님을 만나 경배하러 올 때 우리는 습관에 젖어 예사롭게 나올 때가 많습니다. 모세가 하나님 앞에 엎드려 경배한 것을 보십시오. "모세가 급히 땅에 엎드려 경배"했다고 합니다. 우리도 교회에 성도들과 함께 경배드릴 때 이런 태도로 나아와야 합니다.

모세는 여호와 앞에 엎드려 경배했을 뿐 아니라, 나아가 여호와 앞에 기도했습니다. 그의 기도는 8절에 이렇게 적혀 있습니다. "주여, 내가 주께 은총을 입었거든 원하건대 주는 우리와 동행하옵소서. 이는 목이 뻣뻣한 백성이니이다. 우리의 악과 죄를 사하시고 우리를 주의 기업으로 삼으소서." 이는 정말 놀라운 기도입니다.

이 기도에 나타난 말마다 사랑으로 가득합니다. 하나님에 대한 사랑과 그의 백성에 대한 사랑으로 가득합니다. 이로써 우리는 모세가 온 하나님의 집에서 충성된 종이라는 것을 알게 됩니다. 모세는 옛 언약의 참된 중보자로서 이스라엘 온 백성을 그의 마음속에 품고 살았습니다.

그는 "주여 우리와 동행하옵소서."라고 간구합니다. 이는 곧 "우리와 동행해 주옵소서! 당신의 백성, 우리를 떠나지 마옵소서!"라고 간구하는 것입니다.

"우리의 악과 죄를 사하여 주옵소서." "우리를 여호와의 기업으로 삼으소서." 이는 곧 "언약의 하나님! 이 허물 많은 백성에게 자비를 베푸소서. 하나님의 영원한 소유로 삼으소서." 하고 간구하는 것입니다.

이 모세의 기도를 살펴보면 모세는 자신을 다른 이스라엘 백성보다 조금도 낫거나 의롭다고 여기지 않고 있습니다. 이는 주목할만합니다. 모세는 저들의 악과 죄를 사하여 달라고 기도하지 않습니다. 그는 "우리의 악과 죄를 사하시옵소서."라고 기도합니다. 그는 저들을 주의 기업으로 삼으소서 하지 않습니다. "우리를 주의 기업으로 삼으소서."라고 기도합니다. 모세는 이스라엘 백성과 하나 됨을 나타내고 있습니다. 그는 그 백성의 악과 죄를 자기의 악과 죄로 보고 있습니다. 이로써 우리는 그의 백성의 불의를 담당하신 위대한 중보자 예수 그리스도의 그림자인 중보자 모세의 소리를 듣게 됩니다.

모세가 어떻게 이런 기도를 드리게 됩니까? 하나님이 여호와라는 그의 이름을 반포하시고 그의 자비를 나타내셨기 때문입니다. "여호와라. 여호와라. 자비롭고 은혜롭고 노하기를 더디하고 인자와 진실이 많은 하나님이라."라고 하셨기 때문입니다. 중재자인 모세는 주 하나님이 스스로 하신 말씀 곧 자비롭고 은혜로우신 하나님을 굳게 붙들었습니다. 그리고 신실하신 언약의 하나님께 나아가 그를 피난처로 삼았습니다.

이때 모세는 기도에서 "이는 목이 곧은 백성이니이다."라고 합니다. 이는 달리 "목이 곧은 백성이지만"으로 번역될 수 있습니다. 이 말이 우리에게 좀 이상하게 들리게 됩니다. 왜냐하면, 출애굽기 33:3에 따르면 여호와께서 일찍이 "나는 너희와 함께 올라가지 아니하리니 너희는 목이 곧은 백성인즉" 하셨기 때문입니다.

그런데도 모세가 어떻게 이렇게 "목이 곧은 백성"을 위해 감히 기도하게 되었을까요? 모세는 이 사실을 잘 알기 때문에 기도하는 것입니다. 말하자면, "여호와여, 이 백성이 목이 곧은 백성인 것이 옳습니다. 정말 이스라엘은 목이 곧은 백성입니다. 하지만 이들이 이렇게 악하고 허물진 백성이기 때문에, 여호와 하나님 없이 살 수 없습니다. 여호와께서 저들 중에 행하지 않으시면, 저들은 더욱 죄 가운데 빠져 전혀 미래를 갖지 못할 것입니다. 여호와께서 우리를 사하시고 우리 중에 계시고 우리와 함께 올라가 주옵소서. 우리로 주의 기업으로 삼아 주소서."라고 기도한 것입니다.

그러면 이런 마지막 모세의 기도가 계속 필요했습니까? 여호와는 그의 백성과 이미 언약을 맺으셨습니다. 그의 언약은 영원히 확고합니다. 하나님의 언약은 조금도 의심할 필요가 없습니다. 하나님의 언약은 확실히 하나님 편에서 확고합니다.

그러나 여러분, 백성의 편에는 언제나 불신이 있습니다. 이스라엘 백성은 금송아지 우상을 만든 죄를 범함으로 하나님의 언약을 파기했습니다. 이스라엘 백성의 불순종이 하나님의 노를 초래했습니다. 이것이 모세가 이스라엘 백성을 위해 기도하게 된 이유입니다. 우리로 주의 기업을 삼으소서! 은혜로우신 아버지, 우리의 악과 죄를 제거해 주시고, 우리를 여호와의 소유로 삼으소서. 모세는 이렇게 간구했습니다.

여호와는 이 간구를 들어 주셨습니다. 여호와는 은혜롭고 자비로우신 것을 증명해 주셨습니다. 10절에서 여호와는 이렇게 말씀하시기 때문입니다. "보라. 내가 언약을 세우나니, 곧 내가 아직 온 땅 아무 국민에게도 행치 아니한 이적을 너희 전체 백성 앞에 행할 것이라." 이로써 여호와는 온 세상, 온 민족의 구원을 위해 이스라엘 백성을 그의 유업으로 삼으시기로 약속하셨습니다.

백성들은 언약을 파기했습니다. 그러나 하나님은 언약에 신실하십니다. 여호와는 언약을 지키셨습니다. 여호와는 은혜롭게 모세의 중보 기도를 들어 주셨습니다. 모세는 완전한 화해를 가져왔습니다. 모세는 우리를 위해 하나님과 만남을 가능하게 한 예수 그리스도의 그림자였습니다.

하지만, 모세는 불완전했습니다. 그래서 하나님의 아들 예수 그리스도의 봉사가 필요했습니다. 그가 우리를 위해 죄로 삼으신 바 되고, 우리의 죗값을 다 지불하셨습니다. 그가 나타나 하나님 아버지를 우리에게 보여주셨습니다. 그가 하나님 아버지 오른편에 항상 있는 자비로운 대제사장이 되어 우리를 위한 중재자로 나타나 주셨습니다.

이제 우리는 예수 그리스도를 우리의 구주로 알고 있습니다. 하나님 아버지 보좌 우편에 계셔서 우리를 위해 기도하는 분으로 알고 있습니다. 그는 모세 이상입니다. 그는 우리에게 아버지께 나아가는 길을 여셨기 때문입니다.

여러분, 우리가 어떻게 여호와께 나와 그를 만날 수 있습니까? 엎드려 경배하는 겸손을 가지고 그에게 나와야 합니다. 주여, 은혜로 저를 받아 주옵소서. 우리 중에 행하시옵소서. 우리의 악과 죄악을 용서하시옵소서. 우리로 주의 기업이 되게 하소서.

주 우리 하나님은 죄인을 무죄하다고 보지 않으십니다. 그는 질투하는 하나님이십니다. 그러나 그는 회개하는 죄인들을 받으시는 자비로우신 하나님입니다. 그러므로 우리는 우리의 죄를 회개하고 은혜로운 그의 품에 안겨야 합니다. 그러면 그의 풍요한 자비를 즐기며 살게 될 것입니다. 아멘.

3. 모압 땅에서 모세의 죽음

성경 봉독: 신명기 34:1~12
설교 본문: 신명기 34:5~6

이에 여호와의 종 모세가 여호와의 말씀대로 모압 땅에서 죽어 벳브올 맞은편 모압 땅에 있는 골짜기에 장사되었고 오늘까지 그의 묻힌 곳을 아는 자가 없느니라.(신명기 34:5~6)

친애하는 여러분,

모세는 위대한 선지자였습니다. 그 후 그와 같은 큰 선지자가 일어난 일이 없습니다. 여호와는 그와 대면하여 말씀하셨습니다. 우리 본문 5절은 그를 "여호와의 종"이라고 합니다. 그는 여호와의 종으로 부르심을 받아 특별한 사명을 지게 되었습니다. 그는 이스라엘 백성을 종 된 집, 애굽에서 인도해 내었습니다. 민수기 12:7에 여호와는 모세를 "내 종"이라고 친히 말씀하셨습니다. 이것은 그에게 놀라운 영광이었습니다.

히브리서 기자는 3:2에서 모세가 하나님의 온 집에서 충성했다고 합니다. 그는 하나님의 집에서 자기 사명을 다하기 위해 평생 노력했습니다. 이스라엘 백성을 약속의 땅, 가나안으로 인도하는 것이 그의 평생의 사명이었습니다. 이점에 있어서 모세는 그의 백성을 더 나은 가나안으로 인도하러 오시는 메시야 예수 그리스도의 표상이었습니다. 그런고로 히브리서 기자는 3:5~6에서 이렇게 말합니다. "모세는 장래에 말할 것을 증언하기 위하여 하나님의 온 집에서 종으로서 신실하였고 그리스도는 하나님의 집 맡은 아들로 충성하였다."라고 했습니다.

본문에서 우리는 이스라엘을 종의 집에서 구원하여 가나안으로 인도하려던 하나님의 종 모세가 모압 땅에서 외롭게 죽고 그의 무덤의 흔적도 남기지 않은 역사를 읽게 됩니다. 이것은 우리를 더 무서운 종의 생활에서 구원하여 더 나은 가나안으로 인도하신 우리 구주 예수 그리스도의 다른 죽음과 비교를 하게 합니다. 모세는 하나님의 온 집에서 종으로 충성했다면, 예수 그리스도는 하나님의 온 집에서 아들로 충성하셨습니다.

이제 "모압 땅에서 모세의 죽음"이란 제목으로 우리 주 예수 그리스도의 복음을 전하려 합니다. 여기서 다음 세 요점, 첫째, 여호와의 종, 모세의 죽음, 둘째, 모압 땅에서 그의 죽음, 셋째, 알려지지 않은 그의 묘에 관하여 생각하려 합니다.

1. 여호와의 종, 모세의 죽음
2. 모압 땅에서 그의 죽음
3. 알려지지 않은 그의 묘

1. 여호와의 종, 모세의 죽음

첫째, "여호와의 종" 모세의 죽음에 관하여 생각을 하게 됩니다.

본문 5절은 "여호와의 종 모세가 여호와의 말씀대로 모압 땅에서 죽어"라고 합니다. 사람은 다 죽습니다. 히브리서 9:27에 "한번 죽는 것은 사람에게 정해진 것"이라고 했습니다. 예외가 없습니다. 우리는 다 죽음의 문을 통과하게 되어 있습니다. 이에 대해 누구도 의심하지 않습니다. 죽음은 생명의 그림자입니다. 생명이 있는 곳에 죽음이 따르고 있습니다. 세상에서 생명과 죽음은 늘 연관되어 있습니다. 죽음이 있으면 생명이 있었다는 것이 됩니다. 생명이 있는 곳에 죽음이 있습니다. 그래서 여호와의 종 모세가 죽었습니다.

다윗의 아들 왕 솔로몬은 많은 지혜로운 말을 남겼습니다. 전도서 1:4에 "한 세대는 가고 한 세대는 오되 땅은 영원히 있도다."라고 했습니다. 땅은 여전히 있으나 세대는 갑니다. 하나님의 음성이 들렸던 쓸쓸한 광야는 여전히 그대로 있습니다. 그러나 모세와 애굽에서 나온 이스라엘 자손들은 사라졌습니다. 디베랴 바다는 아직 푸르게 출렁입니다. 그러나 예수님의 말씀을 듣기 위해 모였던 무리는 다 사라졌습니다. 모든 사람이 그들의 조상이 간 길로 가버렸기 때문입니다. 그래서 여호와의 종 모세도 죽었습니다.

우리 성경 본문 5절은 "여호와의 종 모세가 여호와의 말씀대로 죽었다."라고 합니다. 매우 인상적인 말입니다. 이 세상에서 우리의 생명은 하나님의 뜻에 달려 있습니다. 아무도 하나님이 정하신 때 보다 일찍 죽거나 늦게 죽는 일이 없습니다. 물론 하나님이 우리가 죽을 때를 정해 놓았다 해서 우리는 무책임하게 살아서는 안 됩니다. 하나님이 주신 때를 하나님의 나라를 위해 효과 있게 봉사하기 위해서는 건강에도 유의하고 살아야 합니다.

그러나 우리의 생명은 전적으로 하나님의 손에 달려 있습니다. 그는 우리를 이 세상에 태어나게 하셨습니다. 그의 뜻을 따라 이곳에 자리를 정해 주시고, 일하게 하시며, 살게 하셨습니다. 이 하나님은 가장 합당하다고 생각하는 때에 우리를 데려가십니다. 우리는 우연한 죽음, 너무 이른 죽음 등을 이야기 하는 일이 있습니다. 이것은 사람의 생각입니다. 사실 아무 의미가 없습니다.

죽음은 결코 우연히 오는 것은 아닙니다. 우리가 우연이라고 생각하는 것은 다 하나님께서 정하신 것입니다. 우리는 하나님의 뜻을 따라 이 세상에 올뿐 아니라, 그의 뜻을 따라 이 세상을 떠나게 됩니다. 하나님께서 기뻐하실 때 우리에게 생명을 주시고, 그가 선택하시는 날 취하여 가십니다. 하나님은 우리 생명에 대한 주권자이십니다.

이제 모세의 경우를 살펴보시기 바랍니다. 그는 어릴 때 애굽의 바로의 궁에서 호화로운 생활을 즐겼습니다. 그러나 그는 자신이 애굽의 공주의 아들이 아니고, 아브라함과 이삭과 야곱의 집에 속한 이스라엘 자손임을 잘 알았습니다. 그래서 그는 "하나님의 백성과 함께 고난 받기를 잠시 죄악의 낙을 누리는 것보다 더 좋아" 했습니다. "그리스도를 위하여 받는 수모를 애굽의 모든 보화보다 더 큰 재물로 여겨" 고난의 길을 택했습니다(히 11:24~28).

그 후 그는 하나님의 백성을 위해 살고 일했습니다. 그는 하나님의 백성을 애굽의 종 된 생활에서 인도해 내었습니다. 40년 동안 이스라엘 백성을 광야를 통해 약속된 가나안 땅을 향해 인도했습니다. 그는 기쁠 때나 슬플 때나, 승리할 때나 패배를 겪을 때나 여호와와 함께했습니다.

그는 드디어 약속의 땅의 접경까지 왔습니다. 이제 그의 개인적인 소원은 오랫동안 해 온 일을 잘 마치는 것이었습니다. 이스라엘 백성이 안전하게 약속의 땅에 이르게 되고 거기 정착하는 것을 보는 것이 그의 간절한 소원이었습니다. 하지만 그의 소원은 성취되지 않았습니다. 왜냐하면, 약속의 땅에 들어가는 것이 그에게는 허락되지 않았기 때문입니다.

이유가 어디에 있었습니까? 그가 이제 너무 늙어 이 백성을 가나안 땅으로 인도할 처지에 있지 않았기 때문입니까? 성경은 본문 7절에 "모세가 죽을 때 나이 백이십 세였으나 그의 눈이 흐리지 아니하였고 기력이 쇠하지 아니하였더라."라고 합니다. 그러니 인간적으로 말하면 아직 죽기에는 이른 처지에 있었습니다.

그러나 여러분, 모세는 이미 전에 하나님께 "네가 비록 내가 이스라엘 자손에게 주는 땅을 맞은편에서 바라보기는 하려니와 그리로 들어가지는 못하리라."라는 말씀을 들은 적이 있습니다(신 32:52). 이때 그는 이 하나님의 말씀에 불평하지 아니했습니다. 그는 용기와 신념을 가지고 그의 죽음에 임했습니다. 이것이 여호와의 종이 보인 신비한 모습이었습니다.

모세가 어떻게 아무 불평 없이 하나님의 뜻을 받아들일 수 있었을까요? 그 신비는 무엇이었을까요? 모세는 그의 일이 완성된 것으로 보지 않았습니다. 하지만, 그는 결코 그의 일이 실패한 것으로 보지 않았습니다. 그가 이루지 못한 일은 그의 일을 계승할 여호수아에 의해 완성될 것을 믿었습니다. 그는 떠나지만, 하나님의 일은 계속될 것을 믿었습니다. 그러므로 모세는 용기와 신뢰로 죽음에 임하게 되었습니다.

나아가, 모세는 자신이 하나님의 집의 단순한 종인 것을 알았습니다. 그는 하나님의 백성을 더 좋은 가나안의 그림자인 이 땅의 가나안을 향해 인도했습니다. 그는 하나님의 집에서 충성하는 하나님의 아들이 오셔서 그의 백성을 더 나은 가나안으로 인도할 것을 알고 믿었습니다. 열린 영적 눈을 가지고 이를 바라보게 되었을 때 모세는 기쁨으로 죽음에 임할 수 있었습니다.

친애하는 여러분, 이제 우리는 모세가 용기와 소망을 가지고 죽음에 임하게 된 신비를 이해하게 됩니다. 이것이 바로 하나님의 자녀들이 하나님의 부름을 받을 때 용기와 소망을 가지고 죽음에 임하게 되는 신비입니다.

2. 모압 땅에서 그의 죽음

둘째, 모세가 모압 땅에서 죽은 사실을 생각하게 됩니다.

우리 본문이 "여호와의 종 모세가 … 모압 땅에서 죽었다." 라고 합니다. 모세의 때가 다했습니다. 모압 평지에서 그는 먼저 백성을 한 번 더 격려하고 복을 빌었습니다. 그런 다음 그는 하나님의 인도를 받아 비스가 산꼭대기에 올랐습니다. 그는 굽은 산길을 따라 높이 혼자 올라갔습니다. 이스라엘 백성이 그가 오르는 모습을 지켜보았습니다. 그는 이제 비스가 산꼭대기에 섰습니다. 하나님은 거기서 약속의 땅 가나안을 건너보게 하셨습니다. 멀리 길르앗 땅과 단까지 보였습니다. 모세는 하나님께서 그의 백성에게 주시기로 약속한 넓은 땅을 바라보았습니다. 지평선 멀리 뻗어 있는 약속의 땅을 바라보았습니다. 그는 약속의 땅을 그의 눈으로 멀리 보았습니다. 이는 그가 오랫동안 간절하게 사모했던 땅입니다. 이 땅은 여호와께서 그의 조상 아브라함과 이삭과 야곱에게 약속한 땅입니다.

그러나 여러분, 모세는 이 땅에 들어가는 것이 허락되지 않았습니다. 이제 그는 약속의 땅 바로 건너편에서 죽어야 합니다. 우리 본문은 "여호와의 종 모세가 … 모압 땅에 죽어"라고 함으로 이 사실을 강조하고 있습니다.

왜 그가 약속의 땅에 들어가는 것이 허락되지 않았습니까? 그 이유는 민수기 20:10~12과 신명기 32:50~51에서 발견하게 됩니다. 신 광야 가데스의 므리바에서 백성들이 물이 없어 모세를 원망했을 때, 하나님은 모세와 아론에게 "반석에게 명령하여 물을 내라."라고 하셨습니다. 그러나 이때 모세와 아론은 반석 앞에 백성을 모으고 격노한 가운데 "반역한 너희여, 들으라. 우리가 너희를 위하여 이 반석에서 물을 내랴!"하고 그의 손을 들어 그의 지팡이로 반석을 두 번 쳐서 물을 내게 했던 것입니다. 하나님은 이 행위에 대하여 "내 거룩함을 나타내지 않았다."라고 하시고 저들이 백성을 가나안 땅으로 인도해 들이지 못할 것이라 하셨던 것입니다.

모세는 당시 불만하고 거역하는 백성에 대한 분노 속에서 자신이 단지 하나님의 손에 있는 도구인 것을 잠시 잊었던 것입니다. 그는 "우리가 너희를 위하여 이 반석에서 물을 내랴!"라고 하며 반석에 명하지 않고 손을 들어 지팡이로 반석을 쳤습니다. 이것이 그의 생애에 있어서 하나의 큰 실수였습니다. 그 결과 하나님의 준엄한 심판을 받은 것입니다.

혹 여러분은 "이 세상의 많은 지도자가 범한 죄와 비교하면 그것은 지극히 작은 실수였는데 지나친 벌이 아니었는가?"라고 말할 수 있습니다. 이에 대한 합당한 답을 주기란 쉽지 않습니다. 그러나 거기에 하나님께서 우리에게 가르치시는 큰 진리가 있는 줄 믿습니다.

모세는 구약시대에 하나님의 율법의 대표자였습니다. 그는 하나님의 입에서 하나님의 율법을 받은 분이었습니다. 그는 이스라엘 백성들에게 하나님의 율법을 준 사람이었습니다. 율법을 전해 준 사람으로 "범죄한 자는 죽으리라."라고 선언했습니다. 이런 율법을 선언한 그가 범죄 했습니다. 그래서 그는 자신의 입술로 선언한 율법의 엄한 성격을 스스로 보여주어야 했습니다. 그래서 그는 가나안에 들어가는 것이 허락되지 않았습니다.

물론 거기에는 다른 사람들을 가르치기 위한 목적도 있었을 줄 압니다. 하나님은 그의 백성에게 한 번 범한 죄가 이 세상에서 품어 온 소망에 먹구름을 가져올 수 있다는 것을 보이려 했을 수 있습니다. 하나님의 말씀에 대한 불순종의 한 행위의 결과가 한 사람의 생애 전체에 미칠 수 있다는 것을 가르치려 했을 수 있습니다.

우리는 우리 주변에서 이런 경우를 더러 볼 수 있습니다. 이로 말미암아 하나님은 우리가 죄를 회개할 때 용서는 받지만, 그 결과는 우리의 삶에 큰 흔적을 남긴다는 것을 가르치시기를 원하신 줄로 믿습니다. 우리가 죄를 고백하고 회개할 때 용서를 받습니다. 동이 서에서 먼 것 같이 우리 죄가 지워집니다.

그러나 다윗이 범죄하고 회개했을 때 나단이 그에게 한 말을 우리는 기억합니다. 나단은 다윗에게 "여호와께서도 당신의 죄를 사하셨나니, 당신이 죽지 아니하려니와 이 일로 말미암아 여호와의 원수가 크게 비방할 거리를 얻게 하였으니 당신이 낳은 아이가 반드시 죽으리이다."라고 했습니다(삼하 12:13~14). 그리고 "칼이 네 집에서 영원토록 떠나지 아니하리라."라고도 하였습니다(삼하 12:10).

이런 교훈들이 하나님께서 모세의 죄를 벌하게 된 데 포함이 될 수 있습니다. 그러나 하나님께서 그 죄를 벌한 중요한 목적은 하나님의 법을 따라 죗값은 사망이란 사실을 그의 백성들에게 보여주는 것이었습니다. 하나님은 공의로우십니다. 그는 하나님께 범죄했기 때문에 약속의 땅 가나안에 들어가지 못하게 되었습니다.

하나님의 율법을 전하여 준 그가 하나님의 법에 따라 심판을 받고 분명한 예를 보여주어야 했습니다. 그는 가나안 땅의 바로 문턱에서, 가나안의 접경 바로 밖에서 죽어야 했습니다. 죄인은 성문 밖에서 죽어야 한다는 것을 보여주었습니다.

그러면 모세의 생애는 전적으로 실패한 생애입니까? 그렇지는 않습니다. 그는 우리가 할 수 없는 모습을 보임으로 그의 의무를 다했습니다. 할 수 없는 우리를 위해 율법을 이루신 그리스도에게 우리를 인도하여 의지하게 함으로 그의 의무를 다했습니다.

이제 그리스도에게로 돌아가 그의 죽음을 생각해 보게 됩니다. 모세가 율법을 전해 주었다면, 예수 그리스도는 그 율법을 이루셨습니다. 그는 또 성 밖에서 죽었습니다. 그러나 그는 자기의 죄 때문에 죽지 않고 우리의 죄 때문에 죽었습니다. 그리스도의 죽음은 우리의 죗값이었습니다. 그는 그의 죽음으로 우리의 모든 죗값을 지불했습니다. 그 결과 그는 죄로부터 우리를 구원했습니다. 그래서 모세는 우리의 율법 선생이요 인도자이지만, 그리스도는 율법을 이루신 분이요 우리의 구주입니다.

3. 알려지지 않은 그의 묘

끝으로 모세의 알려지지 않은 무덤에 관하여 생각하게 됩니다.

우리 본문 6절에 모세는 "모압 땅에 있는 골짜기에 장사되었고 오늘까지 그의 묻힌 곳을 아는 자가 없느니라."라고 합니다. 누가 모세를 장사했을까요? 모세는 비스가 산꼭대기까지 혼자 올라가 거기서 죽었습니다. 본문에 어느 분도 거기 올라가 모세의 시신을 찾아 장사지냈다는 말이 없습니다. 만일 장사지낸 어떤 사람이 있었다면 성경은 "오늘까지 그의 묻힌 곳을 아는 자가 없느니라."라고 하지 않았을 것입니다. 그런고로 모세를 장사한 분은 하나님이었음에 틀림이 없습니다. 여호와 하나님께서 친히 그의 종 모세를 장사지냈습니다.

왜 하나님이 친히 그를 장사지냈을까요? 하나님은 그의 충성된 종에 대해서도 죄에 대한 그의 거룩한 진노를 나타내셨습니다. 하지만 그의 공의를 만족시킨 후에 여호와는 그의 죽음에서 하나님의 온 집에서 충성해 온 종으로 모든 사람 앞에서 구별해 주시고 영화롭게 하기를 원하셨습니다. 그래서 하나님이 친히 그를 매장하셨습니다. 이는 이 땅에 태어나 산 사람에게 큰 영광이었습니다. 그러면 이것이 하나님께서 이 충성된 종 모세에게 베푸신 모든 것이었을 까요? 우리는 그 이상의 것을 보게 됩니다.

하나님은 그의 종 모세를 에녹과 엘리야와 같은 범위에 두기를 기뻐하셨습니다. 우리 본문은 말합니다. "모압 땅에 있는 골짜기에 장사되었고 오늘까지 그의 묻힌 곳을 아는 자가 없느니라." 어떤 사람들은 하나님이 그의 무덤을 숨긴 것은 혹 사람들이 그 무덤을 알면 우상숭배의 대상이 될까 하여 이를 방지하기 위함이었을 것이라고 합니다. 그러나 성경을 살펴보면 이스라엘 백성들이 크게 타락했을 때 바알이나 아세라 같은 이방 신을 섬기는 일은 있었지만, 무덤에 찾아가 경배하거나 시신을 섬긴 일은 결코 없었습니다. 그러면 무덤을 숨긴 하나님의 뜻을 다른 데서 찾아야 합니다.

사람들이 시신을 매장하는 것은 부패하여 흙으로 돌아가도록 하기 위해서입니다. 그러나 모세의 시신은 흙으로 돌아가도록 사람들이 매장하게 버려두지 않았습니다. 하나님은 모세의 시신이 썩어 흙으로 돌아가게 하는 것을 원하지 않았기 때문에 친히 매장하셨던 것으로 믿게 됩니다. 그 결과 언제 그 일이 일어났는지 알 수 없지만, 여호와는 그를 죽은 자로부터 일으켜 에녹과 엘리야처럼 더 나은 가나안으로 데려가신 것으로 믿게 됩니다. 우리가 어떻게 이렇게 믿을 수 있을까요? 신약 두 곳에 있는 말씀이 이런 해석을 할 수 있게 해 줍니다.

첫째, 마태복음 17장에 기록되어 있는 소위 변화산 위의 광경입니다. 예수님이 베드로와 야고보와 요한, 제자 셋을 데리시고 따로 높은 산에 올라가셔서 영광스럽게 변화된 모습을 보이시고 모세와 엘리야와 말씀하시는 것을 보였습니다. 성경에 따르면 엘리야는 죽음을 보지 않고 하늘로 올리어 갔습니다. 열왕기하 2:11에 "불수레와 불말들이 두 사람(엘리야와 엘리사)을 갈라놓고 엘리야가 회오리바람으로 하늘로 올라가더라."라고 기록되어 있습니다. 엘리야는 죽음을 보지 않고 육체를 가지고 승천했습니다. 예수님은 모세와 죽음을 보지 않고 하늘에 오른 엘리야와 만나 이야기했습니다. 그러므로 모세는 죽음에서 일으킴을 받아 하늘로 간 것이 틀림없습니다.

그다음으로 유다서 9절의 말씀입니다. 거기 "천사장 미가엘이 모세의 시체에 관하여 마귀와 다투어 변론"했다는 말씀을 읽게 됩니다. 유다는 이 이야기를 유대인들 세계의 전설에서 인용한 것이 틀림없습니다. 물론 전설이란 다 믿을 수는 없습니다. 그러나 어떤 전설은 역사적 사실을 그대로 전해 줍니다. 성령의 감화를 받은 종, 야고보의 형제 유다는 이 역사적 전설이 사실이었기 때문에 성경에 옮겨 놓은 줄로 압니다.

"사망의 권세를 가진" 마귀는 천사장 미가엘이 여호와의 뜻을 따라 모세의 시체를 하늘로 취하여 가려 할 때 그것을 빼앗기기를 원하지 않았던 것입니다. 그래서 마귀는 천사장 미가엘에게 다툼을 일으켰던 것입니다.

어떠하든 여러분, 모세는 썩음을 보지 않았습니다. 그의 시신은 하나님이 하늘로 취하여 가셨습니다. 그는 더 나은 가나안, 영광 중에 있는 조상에게로 돌아가게 되었습니다(신 32:50). 모세는 사망의 정복자인 그리스도의 그림자요, 모형이었습니다. 그래서 모세는 부활 승천함으로 그 묘를 아는 자가 없게 되었습니다. 놀라운 신비입니다.

이제 다른 무덤인 그리스도의 무덤으로 돌아가 봅니다. 아리마대 요셉이 그리스도의 시신을 장사지냈습니다. 그러나 하나님의 전능하신 손이 그 무덤을 열었습니다. 돌문이 열렸습니다. 그 무덤이 부활하신 생명의 주를 선포했습니다. 그리스도께서 다시 일어나셨습니다. 그는 죽음을 정복했습니다. 그래서 예수 그리스도는 모세보다 더 위대하십니다. 그는 우리에게 열린 무덤을 남기셨기 때문입니다.

그래서 우리는 그리스도 예수 안에서 즐거워합니다. 사도 바울과 함께 외칩니다. "사망아, 너의 승리가 어디 있느냐? 사망아, 네가 쏘는 것이 어디 있느냐? … 우리 주 예수 그리스도로 말미암아 우리에게 승리를 주시는 하나님께 감사하리로다."(고전 15:55, 57)

친애하는 여러분, 하나님의 집에서 충성하던 종 모세가 무덤에서 일으킴을 받아 더 나은 가나안에 들어갔습니다. 모세보다 위대한 우리 주 예수 그리스도, 하나님의 집에서 아들로 충성한 우리 주 예수 그리스도는 우리를 위해 죽음을 정복하고 하늘로 올라가셨습니다.

그 결과 이제 죽음은 우리에게 더 나은 하늘의 가나안에 들어가는 관문이 되었습니다. 그러므로 사도 바울이 말한 대로 이제 우리에게 "사는 것이 그리스도니 죽는 것도 유익"이 되었습니다. 아멘.

4. 때를 따라 돌봐주시는 하나님

성경 봉독: 출애굽기 16장
설교 본문: 여호수아 5:10~12

또 이스라엘 자손들이 길갈에 진 쳤고 그달 십사일 저녁에는 여리고 평지에서 유월절을 지켰으며, 유월절 이튿날에 그 땅의 소산물을 먹되 그 날에 무교병과 볶은 곡식을 먹었더라. 또 그 땅의 소산물을 먹은 다음 날에 만나가 그쳤으니 이스라엘 사람들이 다시는 만나를 얻지 못하였고 그 해에 가나안 땅의 소출을 먹었더라. (여호수아 5:10~12)

친애하는 여러분,

오늘 우리는 추수 감사절을 지킵니다. 도시에 사는 여러분 대부분은 농업에 종사하고 있지 않습니다. 도시의 청소년들은 농사와 추수에 대하여 잘 모릅니다. 그런데 왜 우리는 이날을 지키며 감사해야 합니까? 우리 모두의 의식주 생활은 농업과 밀접한 관계가 있습니다. 농사철이 되어 비가 오지 않을 때는 농촌에서 농사를 짓는 사람들만 염려하지 않았습니다. 농촌 도시 모든 사람이 함께 염려하게 됩니다. 비가 오지 않으면 당장 채솟값이 오르고 모두가 생활에 위협을 느낍니다. 그런데 심한 가뭄은 비가 내림으로 단번에 해결됩니다.

비를 내리는 일은 사람의 힘으로 되는 일이 아닙니다. 제가 호주에 있을 때 오랫동안 가뭄이 들어 사람들이 과학의 힘을 빌려 비를 만들어 보려고 애를 쓰는 것을 보았습니다. 비행기로 화학약품을 공중에 뿌렸습니다. 현대과학은 사람이 달과 별까지 여행할 정도로 발전했습니다. 그러나 비를 내리는 일은 할 수 없었습니다. 그것은 하나님만 하시는 일이었습니다. 하나님이 비를 내려 주시니 가뭄 때문에 염려하던 모든 사람의 얼굴이 펴지게 되었습니다.

여러분 가운데 대부분은 농사 외에 다른 직업에 종사하고 있습니다. 하나님이 일할 기회를 주시므로 나와 내 가족이 땅에서 나는 것을 사서 먹고, 입고, 거처를 가지고 살 수 있게 하셨습니다. 우리는 또한 이것을 하나님께 감사하게 됩니다.

우리는 죄로 말미암아 가시와 엉겅퀴가 가득한 광야 같은 세상을 살아가고 있습니다. 그런데 하나님은 이런 세상에 사는 그의 백성을 언제나 돌보아 오셨습니다. 오늘도 그의 백성인 저와 여러분을 돌보고 계십니다. 오늘 추수 감사절을 지키면서 여호수아 5:10~12의 말씀을 통해 하나님이 자기 백성을 때를 따라 돌봐주신다는 복음을 듣고자 합니다. 우리는 하나님이 옛날 자기 백성인 이스라엘 백성을 어떻게 돌봐주셨는지를 여기서 살펴보게 됩니다. 그리고 오늘도 그 같은 하나님이 우리를 어떻게 돌봐주시는지를 알게 됩니다. 하나님은 우리를 돌봐주시고 계신다는 사실을 알게 될 때 우리는 그에게 감사와 찬양을 올리게 됩니다.

이제 본문을 통해 "때를 따라 우리를 돌봐주시는 하나님"이란 제목으로 복음을 전하려 합니다.

본문의 내용은 다음 세 가지 요지의 진리를 전해 주고 있습니다. 첫째, 하나님은 기적적인 방법으로 우리를 돌봐주십니다. 둘째, 하나님은 일반적인 방법으로 우리를 돌봐주십니다. 셋째, 하나님은 변함없이 우리를 돌봐주십니다.

 1. **하나님은 기적적인 방법으로 우리를 돌봐주십니다.**
 2. **하나님은 일반적인 방법으로 우리를 돌봐주십니다.**
 3. **하나님은 변함없이 우리를 돌봐주십니다.**

1. 하나님은 기적적인 방법으로 우리를 돌봐주십니다.

첫째, 하나님은 어떤 때 기적적인 방법으로 자기 백성을 돌봐주시는 사실을 보게 됩니다.

우리 하나님은 살아 계시는 하나님이십니다. 그는 우리가 사는 환경을 잘 알고 계십니다. 그는 우리의 머리카락도 다 세시는 전능하시고 전지하신 분이십니다. 그래서 그는 우리의 환경을 따라 모든 필요한 것을 공급해 주십니다. 우리는 이 사실을 이스라엘 역사에서 잘 보게 됩니다.

 이스라엘 백성이 약 삼천오백 년 전 종 되었던 집 애굽에서 기적적으로 해방을 얻어 나오게 되었습니다. 홍해를 마른 땅처럼 건넜습니다. 이것은 자기들의 힘이 아니었습니다. 하나님께서 초자연적으로 간섭하셔서 된 일입니다. 애굽에서 나온 지 두 달 보름이 되던 날에 신 광야에 진을 치게 되었습니다(출 16장). 이곳은 광야입니다. 이들이 애굽에서 떠날 때 가지고 왔던 모든 식물이 떨어졌습니다. 먹을 음식이 없었습니다. 그래서 이들은 지도자 모세를 원망했습니다. "우리가 애굽 땅에서 고기 가마 곁에 앉아 있던 때와 떡을 배불리 먹던 때에 여호와의 손에 죽었더라면 좋았을 것을 너희가 이 광야로 우리를 인도해 내어 이 온 회중이 주려 죽게 하는도다."라고 불평했습니다. 이스라엘 백성은 하나님이 주신 해방의 은혜를 벌써 잊었습니다. 하나님이 보여주신 그 능력과 은혜를 빨리도 잊어버렸습니다.

 그러나 하나님은 자비로우셨습니다. 모세에게 말씀했습니다. "보라. 내가 너희를 위하여 하늘에서 양식을 비같이 내리리니 백성이 나가서 일용할 것을 날마다 거둘 것이라." 하나님은 약속하신 대로 매일 아침 만나를 비같이 내려 주셨습니다. 이 만나는 희고 맛은 꿀 섞은 과자와 같았습니다(출 16:31). 그리고 밤에는 많은 메추라기를 보내주셨습니다. 그래서 이들은 만나와 메추라기 고기를 풍성하게 먹고 살았습니다.

그런데 여러분, 하나님은 인간이 불평하니 이에 못 이겨 이런 것을 주셨을까요? 물론 아닙니다. 하나님은 절대 주권을 가지신 분입니다. 하나님은 모든 하시는 일에 동기와 목적을 가지고 계십니다. 하나님은 일찍이 이들의 조상인 아브라함과 이삭과 야곱에게 이 백성을 가나안으로 인도하겠다고 약속하셨습니다. 하나님은 신실하십니다. 이 백성이 광야에서 주려 죽으면 그 약속이 이루어질 수 없습니다. 하나님은 이들이 농사를 지을 수 없는 광야에 있는 사실을 잘 알고 있습니다. 이들이 굶어 죽는 것은 하나님의 뜻이 아닙니다. 그래서 하나님은 이들에게 만나를 주신 것입니다.

하나님의 백성인 이스라엘 역사에서 이런 일이 종종 있었습니다. 엘리야가 아합왕의 박해를 피해서 숨어 있을 때 굶어 죽을 지경에 들게 되었습니다. 이때 하나님은 이 종의 환경을 잘 아셨습니다. 하늘을 나는 까마귀를 시켜 음식을 그에게 날라주어 먹고 살도록 했습니다. 사렙다 과부를 보십시오. 흉년에 심히 어려운 형편에 있었습니다. 그러나 그녀는 이런 가운데서도 하나님의 종 엘리야를 극진히 대접했습니다. 그 결과 하나님은 그 종이 그녀와 함께 있는 동안 밀가루와 기름을 기적적으로 생겨나게 하여 풍성하게 지내게 했습니다.

하나님은 필요할 때 기적적으로 그의 백성을 돌보십니다. 여러분, 그의 백성이 어려울 때 기적적인 방법으로 돌보시는 분이 누구입니까? 그는 우리 주 예수 그리스도의 아버지 하나님입니다. 하나님 아버지는 그의 아들 예수 그리스도를 통해 우리를 언제나 사랑하시고 돌봐주십니다. 우리 주 예수님은 이천 년 전 이 세상에 오셨을 때 비로소 있게 된 분이 아닙니다. 그는 영원하신 하나님의 아들입니다. 하나님 아버지는 그의 아들이 이 땅에 오기 전, 이미 그의 아들을 통해 광야에 사는 이스라엘 백성을 돌보아 주셨습니다.

여러분, 우리는 광야 같은 세상에 살고 있습니다. 우리는 이 세상에서 우리 힘으로는 식생활을 해결할 수 없는 때를 맞을 수 있습니다. 갑자기 일자리를 잃었기 때문에 생활에 위협을 당할 때가 있습니다. 사업에 실패함으로 살아가기 막연한 때가 있습니다. 오늘날, 산업사회의 조종으로 직장을 잃고, 생활의 위협을 느끼는 분들이 많습니다. 그래서 일자리 확보를 요구하며 데모(demonstration)나 파업을 합니다. 이스라엘 백성들이 먹을 것이 없으므로 불평한 것과 유사한 일이 일어나고 있습니다.

그러나 예수 그리스도의 사람들은 세상 사람들과는 달라야 합니다. 하나님을 의지할 줄 알아야 합니다. 우리는 떡으로만 살 수 없습니다. 하나님의 입에서 나오는 말씀으로 살게 됩니다(신 8:1~4). 우리 하나님은 살아 계십니다. 하나님은 비상한 환경에서는 기적적인 방법으로 우리를 돌봐주십니다.

친애하는 여러분, 어떤 난관 속에서도 하나님을 의지하시기 바랍니다. 하나님은 전능하십니다. 우리는 "전능하사 천지를 만드신 하나님 아버지를 내가 믿사오며 …"라고 신앙고백을 합니다. 하나님은 예전에만 그의 백성에게 전능하신 분으로 나타나신 것이 아닙니다. 그는 지금도 그의 백성에게 전능하신 분으로 나타나십니다. 우리 주 예수 그리스도의 아버지이신 전능하신 하나님을 항상 의지하고 사시기 바랍니다. 그는 어떤 환경 가운데서도 그의 아들 예수 그리스도를 통해 돌봐주실 것입니다.

2. 하나님은 일반적인 방법으로 우리를 돌봐주십니다.

둘째, 하나님은 그의 백성을 일반적인 방법으로 돌봐주신다는 사실을 알게 됩니다.

우리 본문은 "그 땅의 소산물을 먹은 다음 날에 만나가 그쳤다."라고 합니다. 하나님은 이스라엘 백성이 40년 동안 광야 생활을 할 때는 하늘에서 만나를 내려 주셔서 먹고 살게 했습니다. 그래서 이스라엘은 40년 동안 이적으로 살았습니다. 그런데 이제 약속의 땅 가나안에 도착했습니다. 본문은 이스라엘 자손들이 가나안 땅에 있는 여리고 평지에서 유월절을 지켰다고 합니다. 가나안은 광야와는 달리 농사를 지을 수 있는 땅입니다. 젖과 꿀이 흐르는 땅입니다. 이제 이상 더 이스라엘 백성은 이적의 방법으로 만나를 먹고 살 필요가 없게 되었습니다. 이제 농장에서 나오는 곡식을 먹고 살 수 있게 된 것입니다. 이스라엘 백성이 가나안에 들어와 그 땅의 소산을 먹은 다음 날에 만나는 더이상 내리지 않았습니다.

하나님이 그의 백성을 이적으로 돌보시는 때가 있었습니다. 이제 그 시대가 지나간 것입니다. 이제 하나님은 새로운 방법으로 그의 백성을 돌보십니다. 광야에서 이적으로 함께 해 주신 하나님은 이제 들에서, 일터에서 그의 백성과 함께해 주신다는 것을 보여주셨습니다.

이스라엘 백성들이 가나안 땅에 들어와서 보고 배운 것이 무엇입니까? 광야에서 만나를 주신 하나님이, 젖과 꿀이 흐르는 가나안 땅에서는 농사를 통해 먹을 것을 주시는 하나님이라는 사실을 배우게 된 것입니다. 곧, 이스라엘 백성들은 초자연적인 이적 속에서만 하나님이 계시지 않고 조용한 자연 속에서도, 농장에서도 계신다는 것을 배우게 된 것입니다. 주 하나님은 필요한 때에는 비상한 방법으로 그의 백성을 돌봐주십니다. 그런데 같은 하나님이 평상시에는 일반적인 방법으로 그의 백성을 돌보십니다.

여기서 혹 여러분 중에는 광야에서 하나님이 하늘에서 주시는 만나를 먹고 산 생활이 얼마나 행복했을까? 생각할지도 모릅니다. 이적을 보고, 이적 속에 사는 생활이 일반적인 방법으로 사는 생활보다 영적으로 수준 높은 생활이라고 생각할지도 모릅니다. 그런데 여러분, 저런 이적 속에 사는 생활을 부러워하지 마시기 바랍니다. 그 생활이 영적으로 하나님 앞에서 사는 수준 높은 영적 생활이 결코 아닙니다. 우리의 일반 생활 속에서 하나님의 돌보심을 보고 사는 생활이 영적으로 더욱 수준 높은 생활입니다.

하나님은 광야에서 만나를 주심으로 하나님은 필요할 때 이적을 통해 이스라엘을 돌봐주시는 하나님이심을 가르쳐 주셨습니다. 이제 가나안에서는 땅을 파고, 씨를 뿌리고, 추수할 땅을 주셨습니다. 이들은 이제 하나님은 곡식을 자라게 하시고, 열매를 맺게 하신다는 것을 알게 되었습니다. 가나안에서 이들은 더이상 이적 속에서 하나님을 보지 않게 되었습니다. 자연 속에서 하나님의 전능하시고 자비로우신 손을 보게 된 것입니다. 그들은 평상시의 생활 속에서 하나님이 함께하심을 본 것입니다. 이것은 영적으로 수준 높은 생활입니다.

여러분, 하나님은 강물이 갈라지는 이적이 일어나는 요단강에만 계시지 않습니다. 고요히 흐르는 시내에도 계십니다. 우리 하나님은 만나가 내리는 광야에만 계시지 않습니다. 우리가 땅을 파고, 씨를 뿌리고, 열매를 거두는 농장에도 하나님은 계십니다. 하나님은 우렛소리와 번갯불이 번쩍이는 시내산에만 계시는 것이 아닙니다. 우리가 일하는 직장, 공장, 병원, 학교, 시장에도, 우리가 밥을 짓는 주방에도 계십니다. 하나님은 주님이 오병이어로 오천 명을 먹이시던 게네사렛 언덕에만 계시지 않습니다. 우리 가족들, 할아버지와 할머니, 아버지와 어머니, 아들들과 딸들, 손자들과 손녀들이 식탁에 둘러앉아 감사 기도하고, 어머니가 정성껏 지은 음식을 나누는 그 자리에도 하나님은 계십니다.

여러분, 하나님은 우리의 일반적인 생활, 평범한 생활 속에도 함께 계십니다. 남편이 날마다 직장에 갔다가 무사히 돌아옵니다. 자녀들이 날마다 학교에 갔다가 안전하게 돌아옵니다. 이런 평범한 일상생활 속에 하나님이 함께 계십니다. 여러분에게 직장을 주신 분이 누구입니까? 부모와 처자를 돌볼 수 있게 이익을 주시는 분, 월급을 주시는 분이 누구입니까? 궁극적으로 하나님이십니다. 누가 기후를 조절하고, 비를 주고, 곡식을 자라게 하고, 추수하게 하십니까? 하나님입니다.

여러분, 우리가 날마다 밟고 다니며, 일하는 이 세계는 우리 구주 예수 그리스도의 아버지 하나님의 세계입니다. 이 세계는 우리 주 예수 그리스도가 권세를 가지고 다스리는 세계입니다. 그는 "하늘과 땅의 모든 권세를 내게 주셨으니 …"라고 하셨습니다. 그러므로 이 세계는 우리 하나님의 세계요, 우리 구주 예수 그리스도의 세계입니다. 그분이 우리에게 소득을 주시고, 열매를 주셨습니다. 이 하나님께 감사하시기 바랍니다.

3. 하나님은 변함없이 우리를 돌봐주십니다.

셋째, 우리 하나님은 그의 백성을 변함없이 돌봐주신다는 것을 알게 됩니다.

이스라엘 백성은 40년 동안 만나를 먹고 살았습니다. 그래서 저들은 아마 만나가 없으면 살 수 없을 것으로 생각했을 것입니다. 이스라엘 백성이 애굽을 떠날 때 그 수가 2백만 명이 넘었습니다. 그런데 그때 출발한 사람들 가운데 여호수아와 갈렙 두 사람만 가나안 땅에 들어오게 되었습니다. 다른 사람들은 모두 광야에서 출생한 사람들, 곧 이스라엘의 2세들입니다. 이들이 세상에 태어난 후 식물로서 즐긴 것은 만나와 메추라기뿐이었습니다. 이들은 날 때부터 만나와 메추라기를 먹었습니다. 밀이나 보리는 그들의 식물이 아니었습니다. 만나는 이들에게 없어서는 안 될 식물이었습니다.

그런데 여러분, 이들이 이제 요단강을 건너 가나안 땅에 들어왔습니다. 길갈에 장막을 쳤습니다. 이 가나안 땅에서 첫 밤을 보내고, 이튿날 아침에 만나를 거두기 위해 밖에 나갔습니다. 깜짝 놀랄 수밖에 없었습니다. 어찌 된 일입니까? 이상 더 만나가 보이지 않았습니다. 얼마나 놀랐겠습니까? 하나님의 백성 이스라엘은 이제 굶어 죽어야 합니까? 아닙니다.

이들이 눈을 들어 멀리 바라보았습니다. 아침 햇빛에 황금물결을 이루고 있는 곡식 밭을 보게 된 것입니다. 그곳에 살던 가나안 사람들이 농사를 지어 추수 때가 되었지만, 이스라엘 백성이 들어온다는 소식을 듣고 간담이 서늘하여 모든 것을 버려두고 다 도망을 가버린 것입니다.

여호수아 5장 1절에 이렇게 기록되어 있습니다. "요단 서쪽의 아모리 사람의 모든 왕들과 해변의 가나안 사람의 모든 왕들이 여호와께서 요단 물을 이스라엘 자손들 앞에서 말리시고 우리를 건너게 하셨음을 듣고 마음이 녹았고 이스라엘 자손들 때문에 정신을 잃었더라." 가나안 사람들이 혼비백산하여 달아났습니다.

여기 하나님께서 자기 백성을 돌보시는 놀라운 다른 방법이 나타났습니다. 하나님은 자기 백성을 돌보시는 하나의 방법을 거두어 가셨을 때, 다른 방법을 준비하셨습니다. 만나가 그쳤을 때, 들의 곡식을 주셨습니다.

사랑하는 여러분, 여러분이 하시는 사업에 어려움이 있습니까? 직장생활에 불안을 느끼고 계십니까? 오늘까지 이렇게 살아왔으나 앞으로는 어떻게 살아야 할까 염려됩니까? 지나치게 염려하지 마시기 바랍니다. 우리 하나님은 살아 계십니다. 그가 돌보시는 방법은 변할 수 있습니다. 그러나 하나님이 그의 아들 우리 주 예수 그리스도 안에서 우리를 돌봐주시는 사랑은 변하지 않습니다.

우리가 이제까지 생계수단으로 여겨온 것이 갑자기 사라질 수 있습니다. 그러나 믿음으로 앞을 내다보고 걸어가시기 바랍니다. 오늘날 40대가 제일 안정을 찾지 못한다고 합니다. 그래서 스트레스를 받아 사망률도 높다고 합니다. 우리 주 예수 그리스도의 아버지 하나님을 모신 신자는 달라야 합니다. 건강이 위험할 정도로 스트레스를 받는 것은 불신입니다.

하나님은 하나의 생계의 수단을 거두어 가셨을 때, 다른 생계의 수단을 주셨습니다. 이스라엘은 만나를 잃었습니다. 그러나 하나님이 약속한 가나안 땅, 기름진 땅을 얻었습니다. 거기서 나는 곡식을 얻었습니다. 그러므로 하나님의 자녀는 어떤 처지에서도 절망하지 않습니다. 언제나 믿음과 소망을 가지고 기쁨으로 살아가게 됩니다.

4. 때를 따라 돌봐주시는 하나님

친애하는 여러분, 하나님은 지난날 어떤 때 여러분에게 이적을 보이며, 초자연적인 방법으로 돌보신 때가 있었습니다. 하나님은 오늘도 여러분과 여러분의 가정을 돌보고 계십니다. 일반적인 방법으로 돌보고 계십니다. 앞으로도 여러분을 변함없이 돌보아 주실 것입니다. 초자연적인 돌봄이 필요할 때는 그렇게 돌보아 주실 것입니다. 하나님은 그의 독생자를 아끼지 아니하시고 주시기까지 우리를 사랑했습니다. 이렇게 우리를 사랑하신 하나님이 우리에게 필요한 모든 것을 주시지 않겠습니까? 이 하나님이 돌보아 주실 것을 믿고 매일 살아가시기 바랍니다.

여러분, 올해에도 이제까지 나와 내 가족의 필요한 모든 것을 주신 하나님께 감사합시다. 매일 뉴스를 들으면 이 나라 백성은 작은 자부터 큰 자까지 부패해 있다는 것을 알게 됩니다. 그러나 하나님은 이런 죄악에 빠진 민족에게 진노를 아직 쏟으시지 않으셨습니다. 우리는 이를 하나님께 감사합시다. 범죄한 이스라엘에게 3년 6개월 동안 비를 주시지 않으셨던 하나님이 이 나라, 이 백성에게는 단비를 주신 것을 감사합시다. 듣는 대로 북한에는 올해에도 80만 톤 이상의 식량이 부족하다고 합니다. 그러나 하나님은 남한의 우리에게는 쓰고도 남는 추수를 하게 하셨습니다. 그리스도 안에서 우리를 사랑해 주시고 변함없이 돌봐주신 우리 주 예수 그리스도의 아버지 하나님의 은혜와 사랑을 오늘도 크게 감사하고, 매일 찬미의 노래를 부르며 기쁘게 순례의 길을 걸어가시기 바랍니다. 아멘.

5. 메로스를 통해 주신 하나님의 교훈

성경 봉독: 사사기 4:1~24, 5:19~24
설교 본문: 사사기 5:23~24

여호와의 사자의 말씀에 "메로스를 저주하라. 너희가 거듭거듭 그 주민들을 저주할 것은 그들이 와서 여호와를 돕지 아니하며, 여호와를 도와 용사를 치지 아니함이니라." 하시도다. 겐 사람 헤벨의 아내 야엘은 다른 여인들보다 복을 받을 것이니, 장막에 있는 여인들보다 더욱 복을 받을 것이로다.(사사기 5:23~24)

친애하는 여러분,

오늘 설교 본문은 여선지자 드보라가 부른 승리의 노래 일부분입니다. 이 노래는 성경에 있는 아름다운 노래 가운데 하나입니다. 여선지자 드보라는 가나안의 왕 야빈에 대한 이스라엘의 승리를 노래했습니다.

야빈은 팔레스타인 북부 하솔이란 곳에서 다스린 왕이었습니다. 큰 군대를 가지고 있었습니다. 그 군대 장관은 시스라였습니다. 그는 철병거 구백 승을 가졌습니다. 강력한 군대를 가진 왕 야빈은 이스라엘의 군대를 파괴하기 위해 올라왔습니다. 그러나 하나님은 이들을 이스라엘에게 넘겨주셨습니다. 이스라엘 백성에게 야빈과 싸우는 것은 거룩한 싸움이었습니다. 여호와께서 이스라엘을 위해 싸우셨고 이스라엘은 승리를 얻었습니다.

이 노래의 마지막은 군대 장관 시스라의 죽음에 대해 알려줍니다. 이 군대 장관을 죽인 사람은 야엘이라는 여자였습니다. 군대 장관 시스라의 어머니는 그의 아들이 돌아오는 것을 헛되이 기다리고 있었습니다.

우리 본문에 메로스라는 곳과 그곳 주민들에 대한 저주를 선언하는 내용이 있습니다. 그런데 메로스라는 지역 이름은 성경에서 단지 이곳에만 나오고 다른 데서 발견되지 않습니다. 이곳은 갈릴리 지방, 나사렛에서 멀지 않은 곳에 있는 마을이었던 것으로 생각됩니다. 야빈과 이스라엘이 싸울 때 전쟁 지역 안에 있었던 것입니다. 그런데 성경은 이곳에 대하여 더 말하지 않습니다. 메로스라는 곳은 지도에도 나타나지 않습니다.

드보라가 하나님의 명령을 따라 메로스에 선언한 저주를 읽어 볼 때, 전쟁에서 메로스 지방과 그 주민이 여호와를 위해 별 관심을 두지 않았다는 것을 알 수 있습니다. 메로스는 이스라엘에 속했습니다. 그곳에 사는 사람은 모두 아브라함의 자손인 언약의 자녀입니다. 그러나 거룩한 전쟁에서 물러나 이 전쟁을 방관하고 있었습니다.

이와는 반대로 이 전쟁에서 한 이방 여자의 행위가 우리의 눈길을 끕니다. 평범한 가정주부인 헤벨의 아내 야엘이 야빈 왕의 군대장관 시스라를 죽였습니다. 여기서 우리는 매우 대조적인 현상을 보게 됩니다. 메로스는 저주를 받고 야엘은 복을 받습니다. 메로스의 주민인 이스라엘 백성은 저주를 받고, 이방 여인인 야엘이 축복받는 것을 보게 됩니다.

그런데 저주받은 곳인 메로스가 우리의 관심을 끕니다. 메로스라는 곳은 이상 더 존재하지 않습니다. 그곳이 사라진 것은 하나님의 저주에 따른 것입니다. 메로스라는 곳은 역사의 무대로부터 사라져 버렸습니다. 이 메로스의 역사는 주님의 교회를 위해 오늘도 매우 현실적입니다. 그 마을은 역사의 무대에서 사라져 버렸습니다.

그러나 여러분, 영적 의미로 메로스는 언제나 존재합니다. 우리 시대에도 존재하고 있습니다. 메로스의 주민도 증가하고 있습니다. 메로스는 저주받은 도시로 결국 망했다는 사실을 우리는 알아야 합니다. 우리 여호와 하나님은 메로스의 역사를 통하여 모든 시대의 그의 백성에게 이것을 가르치시기 원합니다.

이제 "메로스의 역사를 통해 그의 교회에 주신 계시"라는 제목으로 우리 주 예수 그리스도의 복음을 전하려 합니다. 다음 세 요점을 생각하려고 합니다. 첫째, 복 받은 도시 메로스, 둘째, 믿음 없는 메로스 주민의 행위, 셋째, 하나님의 저주입니다.

1. 복 받은 도시 메로스
2. 믿음 없는 메로스 주민의 행위
3. 하나님의 저주

1. 복 받은 도시 메로스

첫째, 메로스라는 도시는 복 받은 사람들이 사는 곳이었다는 것을 생각하게 됩니다.

우리가 여호수아와 사사기를 읽을 때 이 두 책의 내용은 매우 대조적이라 생각이 듭니다. 여호수아서는 아름다운 이야기를 많이 들려줍니다. 요단강을 육지같이 건넙니다. 싸우지 않고 여리고 성을 무너뜨립니다. 이스라엘 백성이 가나안 땅을 정복해가는 놀라운 역사를 보여줍니다. 이스라엘 백성은 여호수아의 인도로 가나안을 정복해갑니다. 여호와는 이적적인 방법으로 이스라엘 백성에게 약속된 땅을 차지하게 하셨습니다.

여호수아서 마지막 장인 24장에서 아름다운 장면이 나타납니다. 여호수아가 세겜에서 이스라엘 백성을 모으고 하나님의 말씀을 전하고 다짐을 받았습니다. 이때 이스라엘 백성들은 열렬하게 여호와를 섬기겠다고 응답했습니다. 21절에서 "우리가 여호와를 섬기겠나이다." 하고 24절에서도 "우리 하나님 여호와를 우리가 섬기고 그의 목소리를 우리가 청종하리이다."라고 응답했습니다.

그러나 이후 바로 계속되는 역사서인 사사기에서 발견되는 이스라엘의 역사는 여호수아서의 내용과는 매우 다릅니다. 이 책은 정복한 가나안 땅에서의 이스라엘 백성의 생활을 보여줍니다. 가나안 땅에 들어와 자리 잡고 산 그들의 생활은 여호와께 실망을 가져다주고 있습니다. 이 책에서 우리는 이스라엘이 여호와의 목전에서 악을 행하였다는 말과 여호와는 그의 백성 이스라엘을 다른 백성의 손에 넘겨주었다는 말을 반복해서 읽게 됩니다.

예를 들면 사사기 4:1~2에 이런 말씀이 있습니다. "에훗이 죽으니 이스라엘 자손이 또 여호와의 목전에 악을 행하매, 여호와께서 하솔에서 통치하는 가나안 왕 야빈의 손에 그들을 파셨으니 …"라고 합니다. 6:1에 "이스라엘 자손이 또 여호와의 목전에 악을 행하였으므로 여호와께서 칠 년 동안 그들을 미디안의 손에 넘겨주시니 …"라고 합니다.

사사 시대는 신약교회 시대의 암흑시대였던 중세 시대와 비교할 수 있습니다. 그런데 그런 어두운 시대에도 하나님의 백성이 완전히 없어지지 않았습니다. 이것은 단지 언약을 지키시는 하나님의 신실하심 때문입니다. 사사기에서 우리는 하나님 백성의 죄와 하나님의 은혜에 관해서 알게 됩니다.

하나님은 그의 백성의 구원이 필요할 때마다 사사를 일으켰습니다. 사사는 왕도 아니고 제사장도 아니었습니다. 저들은 실제 선지자도 아니었습니다. 사사는 비상한 시대에 하나님이 일으키신 비상한 은사(카리스마)를 가진 이스라엘의 지도자들이었습니다.

사사기 3:31에서 사사 삼갈이 소 모는 막대기로 블레셋 사람 육백 명을 죽이고 이스라엘을 구원했다는 역사를 읽을 수 있습니다. 그런데 이런 기적적인 구원은 일개 농부인 삼갈에게서 온 것이 아니었고, 여호와 하나님에게서 온 것이었습니다.

우리 본문에 여선지자 드보라가 사사로 등장합니다. 오늘날 여 목사 직분을 세워야 한다고 주장하는 사람들은 예외 없이 드보라의 경우를 들고 있습니다. 그러나 우리는 여 사사의 출현은 그 시대의 징조였다는 것을 알아야 합니다. 이 사실은 그 악한 시대를 정죄하는 의미가 있습니다. 하나님은 여 사사를 일으키심으로 그 시대 사람들에게 하나님은 여자를 통해서도 승리를 가져오고, 그의 백성을 구원할 수 있다는 것을 보여주셨습니다.

드보라의 시대는 심각했습니다. 사사기 4:1에 보면 "에훗이 죽으니 후에 이스라엘 자손이 또 여호와의 목전에 악을 행했다."라고 합니다. 그래서 여호와는 그의 백성을 가나안 왕 야빈의 손에 넘겨주었습니다. 그 결과 이스라엘은 야빈의 군대 장관 시스라에게 짓밟히고 학대를 받았습니다. 야빈 왕은 철병거 구백 대를 가지고, 20년 동안 이스라엘 백성을 학대했다고 사사기 4:3은 알려줍니다. 그래서 사사기 5:6에 보면 야빈 왕 군대의 학대 때문에 행인들이 대로로 다니지 못하므로 대로가 비었고 오솔길로 다녔다고 합니다.

그러나 여호와는 이런 학대에서 이스라엘을 구원해 주셨습니다. 드보라가 하나님의 말씀을 받고 바락을 불렀습니다. 그녀는 바락에게 납달리 자손과 스불론 자손 만 명을 거느리고 다볼 산으로 가라고 명령했습니다.

야빈의 군대 장관 시스라가 바락이 만 명을 거느리고 다볼 산으로 올라왔다는 소식을 들었습니다. 이때 시스라는 철 병거 구백 대와 그와 함께한 모든 자를 동원하여 다볼 산 주변에 진을 쳤습니다. 승리는 분명히 시스라에게 있는 것 같이 보였습니다. 누가 감히 철 병거 구백 대를 당해 내겠습니까?

시스라가 진을 쳤을 때 드보라가 바락에게 명령했습니다. 드보라는 "일어나라. 이는 여호와께서 시스라를 네 손에 넘겨주신 날이라. 여호와께서 네 앞서 나가지 아니하시느냐?"(4:14)라고 말했습니다. 이날 시스라는 바락에게 완전히 패배를 당했습니다. 바락은 승리를 거두었습니다. 이는 인간의 승리가 아니고, 여호와의 승리였습니다. 4:15에서 이렇게 말합니다. "여호와께서 바락 앞에서 시스라와 그의 모든 병거와 그의 온 군대를 칼날로 혼란에 빠지게 하시매 시스라가 병거에서 내려 걸어서 도망한지라."

드보라의 노래로부터도 그것이 여호와의 승리였음을 우리는 잘 알게 됩니다. 5:20~21에 "별들이 하늘에서부터 싸우되 그들이 다니는 길에서 시스라와 싸웠도다. 기손 강은 그 무리를 표류시켰으니, 이 기손 강은 옛 강이라. 내 영혼아, 네가 힘 있는 자를 밟았도다."라고 합니다.

"별들이 하늘에서부터 싸우되"라는 말씀은 하나의 시적인 표현입니다. 아마도 거기에 우레, 번개, 우박을 동반한 무서운 폭풍이 있었던 것으로 보입니다. 공포에 질린 원수들이 기손 강을 건너 도망치려 했을 때, 철병거의 바퀴들이 급류에 휩쓸렸던 것입니다. 여호와께서 장대비를 내려 물이 갑자기 불어 원수들이 물에 빠져 떠내려가 멸하게 된 것 같습니다. 시스라는 병거에서 내려 도보로 도망하여 야엘의 장막에서 피난처를 찾다가, 야엘의 손에 죽임을 당했습니다.

이스라엘의 저 위대한 승리는 지난날 홍해에서 있었던 바로의 군대에 대한 이스라엘의 승리와 같았습니다. 홍해에서나 기손 강에서나 승리는 이스라엘의 승리였습니다. 하지만 그것은 실상 여호와의 승리였습니다. 여호와의 계획이 있었습니다. 여호와께로부터 폭풍과 혼돈이 일어났습니다. 여호와께부터 원수들의 죽음이 있었습니다.

하지만 여러분, 하나님은 그의 승리를 위해 사람을 사용하십니다. 여호와는 그의 백성을 부르시고 원수와 싸울 것을 명령하십니다. 우리가 해야 할 일은 여호와의 싸움에 직접 나아가는 것입니다. 우리가 나아가면 여호와께서 친히 싸우십니다.

여호와는 우리를 부르시고 우리가 원수와 싸우도록 명령하십니다. 이 거룩한 싸움에 여호와께서 언제나 우리를 앞서 나아가십니다. 그의 나라를 위한 거룩한 전쟁에 여호와는 언제나 우리를 앞서 행하십니다. 하지만 여호와는 언제나 우리에게 원수와 싸우라고 명령을 하십니다.

이 지상에 있는 주님의 교회는 승리의 교회입니다. 주께서 이미 승리하셨습니다. 그러나 하나님 백성의 싸움은 아직 끝나지 않았습니다. 그래서 우리는 원수와 싸우도록 부름을 받았습니다. 사도 바울은 디모데에게 말했습니다. "내 아들아, 그러므로 너는 그리스도 예수 안에 있는 은혜 가운데서 강하고 … 너는 그리스도 예수의 좋은 병사로 나와 함께 고난을 받으라."라고 했습니다(딤후 2:1~3).

모든 그리스도인은 그리스도의 병사입니다. 우리는 그리스도의 병사로 선한 싸움을 싸우기 위해 부름을 받았습니다. 이런 의미에서 땅 위에 있는 주님의 교회는 또한 싸우는 교회입니다. 이 싸움에서 우리 주 예수 그리스도가 싸우시고, 그가 우리를 위해 승리를 거두십니다. 그러나 예수 그리스도는 그를 위해 싸우도록 우리를 부르십니다. 그러므로 우리는 그의 부르심에 적극적으로 응답하고 선한 싸움을 싸워야 합니다. 그러면 주께서 우리를 위해 싸워주십니다. 우리를 승리의 증거자로 만들고, 승리의 기쁨을 누리게 하실 것입니다.

메로스라는 곳은 여호와의 승리의 땅 안에 있었습니다. 메로스의 시민들은 영광스러운 승리를 보았습니다. 저들은 바락 편의 사람들이 시스라의 철 병거에 대항하여 개선의 전진을 하는 것을 보았습니다. 저들은 바락과 같은 하나님의 언약 백성에 속했습니다.

저들은 납달리와 스불론의 사람들과 함께 거룩한 전쟁에 가담해야 했습니다. 하나님은 메로스와 그 주민에게 얼마나 영광스러운 자리를 주었습니까? 거룩한 전쟁에 가담한다는 것은 저들에게 놀라운 특권입니다. 여호와의 승리의 증인이 된다는 것은 놀라운 일입니다. 그러나 이런 축복된 땅에서 메로스와 그 주민들은 무엇을 했습니까? 다음에서 이것을 봅시다.

2. 믿음 없는 메로스 주민의 행위

둘째, 믿음 없는 메로스에 주목을 하게 됩니다.

메로스는 여호와의 전쟁에 참여하지 않았습니다. 우리 본문 23절은 말합니다. "여호와의 사자의 말씀에 메로스를 저주하라. 너희가 거듭 거듭 그 주민들을 저주할 것은 그들이 와서 여호와를 돕지 아니하며, 여호와를 도와 용사를 치지 아니함이니라."라고 합니다.

이 본문은 매우 신중한 문제에 관하여 말하고 있습니다. 메로스와 그 주민들은 그들의 형제와 공동의 원수에 대하여 싸우기 원하지 않았습니다. 싸우기 위해 나타나지 않았습니다.

메로스의 심각한 죄가 무엇이었습니까? 메로스는 전쟁 지역에 있었습니다. 여호와께서 메로스를 돕기 위해 오셨습니다. 여호와는 그곳 주민인 자기 언약의 백성을 구하기 위해 오셨습니다. 여호와의 능력으로 메로스에 대한 야빈 왕의 학대가 끝나게 되었습니다.

메로스는 눈으로 이 승리를 보았습니다. 메로스는 원수들이 어떻게 급히 도망했는지를 보았습니다. 메로스 주민들은 그들의 눈으로 언약의 하나님이 그의 백성에게 얼마나 신실한지를 잘 보았습니다. 자기들의 죄악에도 불구하고 여호와 하나님은 그의 신실성을 그의 백성에게 보여주셨습니다. 그들을 구원하심으로 여호와는 그의 무한한 은혜를 그들에게 나타내셨습니다.

그러나 여러분, 메로스와 그 주민들은 여호와 하나님의 은혜로운 역사에 관심을 두지 않았습니다. 저들은 저들의 형제와 함께 바락을 따르지 않았습니다. 저들의 형제는 적을 향하여 진격하고 있었습니다. 그러나 저들은 여호와를 돕기 위해 나서지 않았습니다. 물론 여호와는 승리를 위해 저들의 도움이 필요하지 않습니다. 여호와는 단지 저들이 그의 은혜에 대한 반응을 보기 원하셨습니다. 그러나 저들은 뒤에 물러나 있었습니다.

이는 무엇을 의미합니까? 여호와 하나님께 어떤 감사한 마음도 나타내지 않은 것을 의미합니다. 자기 형제들이 원수를 추격하고 있을 때 저들은 뒷짐만 지고 서 있었습니다. 저들은 전쟁에서 전적으로 물러나 있었습니다. 이것은 무엇을 의미합니까? 형제에 대한 배반을 의미한 것입니다. 이런 무관심한 태도가 드보라와 바락을 노하게 하였습니다. 무엇보다 이것은 여호와의 사자를 노하게 했습니다. 여호와는 드보라로 하여금 메로스를 저주하게 하셨습니다.

여러분, 왜 메로스와 그 주민들이 거룩한 전쟁을 멀리했을까요? 왜 저들이 여호와를 돕기 위해 나오지 않았을까요? 저들이 거룩한 전쟁에 관심이 없었기 때문입니다. 이것은 하나님의 나라에 대한 불신에서 왔습니다. 이것은 지난날에 여호와께서 그들과 그들의 조상들에게 행하신 은혜로운 일을 무시한 데서 왔습니다.

이는 또 하나님의 선택의 사랑을 무시한 데서 왔습니다. 하나님은 여러 백성 가운데서 이스라엘 백성과 그들의 조상을 특별한 백성으로 택해 주셨습니다. 그들의 조상의 역사는 하나님의 이적적인 사역과 위대한 구원의 역사였습니다.

지난날 역사에 나타난 하나님이 하신 일에 대해 무관심한 사람들은 현재 하나님이 행하시는 은혜로운 사역을 생각하지 않습니다. 하나님의 사랑과 신실하심을 더욱 잘 알기 위해 우리는 교회사에 대한 지식을 가져야 합니다. 우리는 하나님의 구원역사와 교회사를 우리 자녀에게 가르쳐야 합니다. 이것은 우리 모두에게 해당합니다. 여러분은 스스로 하나님의 놀라운 약속을 가진 언약의 자녀인 것을 알고 있습니까?

여러분은 특권을 가진 하나님의 백성에 속합니다. 여러분의 과거 역사는 하나님의 은혜와 축복의 역사였습니다. 여러분이 이 역사를 볼 때 그의 놀라운 사랑에 어떻게 응답해야 할지를 알게 될 것입니다. 그리고 그리스도를 위해 마귀를 대적해 싸우는 거룩한 전쟁에 가담하게 될 것입니다.

메로스는 이런 영적 통찰력을 갖지 못했습니다. 메로스의 주민들은 언약의 하나님에 대한 믿음을 갖지 않았습니다. 저들은 하나님의 나라 문제에 있어서 무관심했습니다. 저들은 거룩한 전쟁에서 여호와를 돕기 위해 오지 않았습니다. 저들은 사실상 팥죽 한 그릇 때문에 그의 장자권을 판 에서의 길을 택했습니다. 저들은 하나님 나라의 일과 하나님의 언약에 관심이 없었습니다. 여기 메로스 주민들의 큰 죄가 있습니다.

여러분, 메로스는 단순히 한 과거의 역사가 아닙니다. 메로스는 모든 시대에 존재하고 있습니다. 오늘날도 교회 생활에 관심이 사라져가고 있습니다. 지난날에 교회와 세상을 구별하고 신자와 불신자를 구별할 줄 알던 분들이 점차 그 구별을 무시하고 있습니다. 세상과 불신자와 짝이 되어가고 있습니다. 많은 신자가 그들의 생활에서 차츰 세상에 양보하고 있습니다. 이로써 메로스 도시가 오늘 우리 가운데 확장되어 가고 있습니다.

3. 하나님의 저주

셋째, 메로스에 대한 하나님의 저주에 주목하게 됩니다.

우리 본문 23절은 메로스에 대한 하나님의 무서운 진노의 말씀이 선포되는 것을 읽게 됩니다. "메로스를 저주하라. 너희가 거듭 거듭 그 주민들을 저주할 이유는 그들이 와서 여호와를 돕지 아니하며, 여호와를 도와 용사를 치지 아니함이니라."라고 합니다.

여호와는 메로스 주민들이 여호와의 거룩한 싸움에 가담하기를 바랐습니다. 여호와는 그들을 구별된 백성으로 삼으셨기 때문입니다. 여호와는 승리를 위해 그들의 도움이 필요하지 않았습니다. 그들의 도움 없이 승리하실 수 있습니다. 그러나 여호와는 그들이 원수들과 싸움에 동반자가 되어 주기를 바랐습니다. 그러나 메로스 주민들은 전쟁을 외면했습니다.

그런데 여러분, 이스라엘 백성의 일부인 메로스 주민과는 대조적으로 야엘이라는 이방 여인이 전쟁에 협력하고 원수들의 군대 장관인 시스라를 죽였습니다. 그래서 메로스는 저주를 받고 야엘이 복을 받게 됩니다. 여기서 우리는 회개하지 않은 도시에 대해 선언하신 예수님의 말씀을 생각하게 됩니다. 주 예수님은 "내가 진실로 너희에게 이르노니 심판 날에 소돔과 고모라 땅이 그 성보다 견디기 쉬우리라."라고 하셨습니다(마 10:15).

여호와는 메로스를 저주하셨습니다. 여호와는 언약의 백성으로서의 특권을 외면하고 거룩한 전쟁에 여호와를 도우러 오지 않은 메로스 주민들을 저주했습니다. 이것은 언약의 하나님의 저주였습니다. 여호와의 저주는 공허한 것이 아닙니다.

메로스는 어디에 있습니까? 오늘 아무도 그 자리를 모릅니다. 지도에서 완전히 사라졌습니다. 여호와 하나님은 자기를 무시하는 자를 무시하십니다. 여호와 하나님은 자기를 멸시하는 자를 멸시하십니다.

왜 그렇습니까? 여호와 하나님은 그의 백성에게 인정받기를 원하시기 때문입니다. 여러분, 메로스와 그 주민들이 여호와로 말미암아 저주받은 사실을 기억하시기 바랍니다.

메로스 성읍은 오늘 우리에게 하나의 심각한 경고를 합니다. 모든 시대의 교회에 대한 경고입니다. 저기 메로스가 있습니다. 하나님의 언약을 무시하는 사람들은 저 메로스 도시의 주민들입니다. 친애하는 여러분, 저 도시에 여러분의 이름을 등록하지 마시기 바랍니다.

이제 우리가 그리스도의 병사인지 스스로 살펴봅시다. 우리가 우리의 원수인 마귀와 이 세상과 싸우고 있는지를 살펴봅시다. 우리가 우리 육신의 욕망과 싸움에 가담하고 있는지를 스스로 살펴봅시다. 여러분은 또 여러분의 형제자매들과 함께 거룩한 전쟁에 가담하고 있습니까?

메로스 주민처럼 되지 마시기 바랍니다. 파괴적인 비참한 결과는 언제나 아주 작은 탈선으로부터 시작됩니다. 전쟁에 무관심하게 서 있는 것은 거역의 결과를 가져옵니다. 거역은 여호와의 저주를 초래합니다. 여호와께 영원한 거절을 당하게 됩니다. 주 예수님은 이런 자들에게 "저주를 받은 자들아, 나를 떠나 마귀와 그 사자들을 위하여 예비된 영원한 불에 들어가라."라고 하십니다(마 25:41).

친애하는 여러분, 메로스는 우리에게 붉은 경고의 신호입니다. 메로스 주민은 여호와를 돕기 위해 오지 않았기 때문에 저주받은 성읍이 되었습니다.

하나님의 말씀은 저주라는 말로 끝나지 않습니다. 성경으로부터 우리는 예수 그리스도께서 지신 저주를 압니다. 십자가의 죽음은 하나님의 저주를 의미했습니다. 예수 그리스도는 우리를 위해 저주를 받은 자로 십자가에 달렸습니다. 그는 우리 죄 때문에 아버지로 말미암아 잊어버림을 당했습니다.

메로스에 그대로 남아 있는 자는 누구나 멸망을 받을 것입니다. 그러나 골고다 십자가를 기억하고 회개하며 언약의 하나님께 오는 자는 다 구원을 받게 됩니다. 주 예수께서 저주를 감당해 주셨기 때문입니다. 회개하는 자들에게 주님은 이상 더 범죄하지 말라고 말씀하십니다.

여러분, 우리 그리스도인들은 선한 군사가 되어야 합니다. 바락과 그의 군대와 함께 선한 싸움을 싸워야 합니다. 하나님의 나라를 위해 마귀의 세력에 대항하여 싸워야 합니다. 그러면 어느 날 예수 그리스도께서 우리에게 말씀하실 것입니다. "잘 하였도다. 착하고 충성된 종아, 네가 적은 일에 충성하였으매 내가 많은 것으로 네게 맡기리니, 네 주인의 즐거움에 참여할지어다."(마 25:21, 23) 아멘.

6. 사울의 죽음에 대한 다윗의 애가

성경 봉독: 사무엘상 31:1~13, 사무엘하 1:11~27
설교 본문: 사무엘하 1:19

이스라엘아, 네 영광이 산 위에서 죽임을 당하였도다. 오호라 두 용사가 엎드러졌도다.(사무엘하 1:19)

친애하는 여러분,

사무엘하 1장에 있는 다윗의 애가는 구약에 있는 가장 아름다운 송시 가운데 하나입니다. 이것은 죽은 분을 위한 애가입니다. 이 애가는 깊고 거룩한 마음에서 나오는 고상한 정서와 가엾게 여기는 마음으로 가득 차 있습니다. 매우 주목할 만한 것은 이 애가를 지은 분이 지난날에 죽은 자에게 계속 박해와 생명의 위협을 받아왔다는 사실에 있습니다.

사무엘서 저자는 이 애가가 야셀의 책에 기록된 것이라고 합니다. '야셀'이라는 말은 '정직한 자'란 뜻입니다. 정말 이 노래는 정직한 자의 책에 들어갈 만합니다. 왜냐하면, 다윗은 하나님의 기름 부음 받은 왕과 그의 참된 친구 요나단의 죽음을 진심으로 슬퍼하고 있기 때문입니다. 왕 사울이 그를 끊임없이 미워하고 죽이려 했지만, 다윗은 결코 그에 대한 증오의 표시를 보인 적이 없습니다.

사울의 죽음으로 다윗은 마침내 그의 추격에서 벗어나게 되었습니다. 이제 그에게는 왕위에 오르는 길이 열렸습니다. 하지만 그는 어떤 기쁜 기색을 나타내지 않았습니다. 그는 단지 하나님이 기름 부으신 왕과 그의 친구를 잃게 된 것을 슬퍼하고 있습니다.

우리 본문을 보십시오. 다윗은 사울이 죽었을 때도 그를 이스라엘의 영광과 이스라엘의 용사로 보고 있습니다. 그는 이렇게 말합니다. "이스라엘아, 네 영광이 산 위에서 죽임을 당하였도다. 오호라, 두 용사가 엎드러졌도다." 둘째 문장은 다른 나라 번역에는 "어찌 두 용사가 엎드러졌는가!"라고 되어 있습니다.

사울이 계속 다윗을 해치려 했지만, 다윗에게 이 사울은 언제나 하나님의 기름 부음 받은 왕이었습니다. 다윗은 어떤 환경 중에서도 그를 하나님의 기름 부음 받은 왕으로 보았습니다. 사울이 심한 잘못을 그에게 행하고 그를 박해했던 때에도 다윗은 사울을 하나님의 기름 부음 받은 왕으로 생각했습니다. 다윗은 결코 그의 손을 내밀어 사울 왕을 해치려 하지 않았습니다.

다윗이 사울 왕을 계속 존경했다는 사실은 아말렉 청년이 자기가 사울을 죽였다고 거짓말하면서 나타났을 때 보인 반응에서도 잘 나타났습니다. 사무엘하 1:14~15을 보십시오. 다윗은 그 청년에게 이렇게 말합니다. "네가 어찌하여 손을 들어 여호와의 기름 부음 받은 자 죽이기를 두려워하지 아니하였느냐? … 네 피가 네 머리로 돌아갈지어다. 네 입이 네게 대하여 증언하기를 내가 여호와의 기름 부음 받은 자를 죽였노라 함이니라." 이때 다윗의 청년 중 한 분이 사울에 관해 거짓말한 아말렉 청년을 쳐 죽였습니다. 다윗은 정말 신실한 사람이었습니다.

오늘 본문에서 이 다윗의 애가를 사울의 종말과 연관하여 생각하면서 복음을 들으려 합니다. 이제 "하나님의 기름 부음 받은 왕의 죽음에 애가를 지은 하나님의 기름 부음 받은 종"이라는 제목으로 복음을 전하려 합니다. 다음 세 가지 요점을 들어 전하고자 합니다. 첫째, 지옥에서 메아리친 애가, 둘째, 이 땅에서 불린 애가, 셋째, 하늘에서 찬양으로 변한 애가입니다.

1. 지옥에서 메아리친 애가
2. 이 땅에서 불린 애가
3. 하늘에서 찬양으로 변한 애가

1. 지옥에서 메아리친 애가

첫째, 이 애가가 지옥에서 어떻게 메아리쳤을까를 생각해 봅니다.

다윗은 하나님의 기름 부음 받은 왕 사울이 죽었을 때 이를 슬퍼합니다. 그는 "이스라엘아 네 영광이 산 위에서 죽임을 당하였도다. 어찌 두 용사가 엎드러졌는가!"라고 합니다. 다윗은 이 애가로 왕 사울과 그의 친구 요나단을 잃은 정직한 그의 감정을 나타내고 있습니다.

이로써 다윗은 또한 이스라엘의 실제 역사 가운데 가장 비참한 사건 중 하나를 노래하고 있습니다. 곧 자기의 아들들과 군대를 몰락으로 이끈 이스라엘의 첫 번째 왕, 사울의 종말에 관해 노래하고 있습니다. 따라서 다윗은 큰 슬픔을 노래하고 있습니다.

하지만 이와는 정반대로 이 사건으로 지옥에 있었을 애가에 대한 메아리를 상상해 보게 됩니다. 지옥은 하나님의 나라가 몰락되기를 원합니다. 하나님의 사람들이 망하기를 원합니다. 그러므로 지옥에서 이 애가는 승리의 노래로 울려 퍼졌을 것이 틀림없습니다. 왜냐하면, 하나님의 기름 부음 받은 왕이 비참하게 죽었기 때문입니다. 이 지옥에 있었을 메아리를 생각할 때 슬프지 않을 수 없습니다.

사울의 종말은 정말 하나님의 백성을 슬프게 했습니다. 사무엘상 마지막 장인 31장에 사울의 비참한 최후에 관한 생생한 이야기가 기록되어 있습니다. 그는 비참한 최후를 남겼습니다. 블레셋 군대와 싸움에서 상처를 입은 그는 스스로 자기 칼 위에 엎드러져 죽었습니다. 다시 말하면 그는 자결했습니다.

여기서 어떤 분은 그의 비극적인 이 종말을 위대한 영웅의 행위로 보려고 합니다. 왜냐하면, 그는 할례받지 않은 자들에게 죽임을 당하는 모욕을 피하려고 자기 칼을 취하고 그 위에 엎드러져 자살했기 때문입니다. 저들은 이렇게 말합니다. "사울은 이스라엘을 위해 싸운 왕이다. 다윗이 그의 죽음을 슬퍼하는 애가를 짓지 않았는가? 다윗은 그를 이스라엘의 영광과 용사로 부르고 있지 않은가? 다윗은 사울에 대한 어떤 정죄도 하지 않았다. 다윗은 단지 사울의 죽음을 슬퍼하고 있지 않은가?"라고 말합니다. 이런 분은 사울을 동정적인 눈으로만 보려고 합니다. 그의 비극적인 종말을 위대한 영웅적인 행위로 보려고 합니다.

그러나 사울의 생애를 잘 살펴볼 때 그를 영웅으로 볼 수 없습니다. 그의 종말의 행위를 영웅적인 것으로 평가할 수 없습니다. 저 처참한 종말은 그가 걸어온 삶의 결과였습니다. 사울의 생애에는 우리가 잘 이해할 수 없는 수수께끼가 있습니다. 예레미야가 그의 애가 4:1에 이렇게 말한 것이 있습니다. "슬프다. 어찌 그리 금이 빛을 잃고 순금이 변질하였으며." 순금이 빛을 잃고 변한다는 것은 참으로 이해하기 어려운 일입니다.

그런데 이런 사실이 사울의 경우에 분명히 나타났습니다. 사울의 시작은 매우 아름다웠습니다. 사무엘상 9:2에 사울은 "준수한 소년이라. 이스라엘 자손 중에 그보다 더 준수한 자가 없고 키는 모든 백성보다 어깨 위만큼 더 컸더라."라고 했습니다. 그는 또한 매우 겸손했습니다. 그가 처음 사무엘의 영접을 받고 찬사를 듣게 되었을 때 아주 겸손하게 말했습니다. "나는 이스라엘 지파의 가장 작은 지파 베냐민 사람이 아니니이까? 또 나의 가족은 베냐민 지파 모든 가족 중에 가장 미약하지 아니하니이까?"라고 했습니다(삼상 9:21).

사울은 겸손했지만 젊은 사자처럼 용감했습니다. 여호와께서 이 사람을 이스라엘의 첫 번째 왕으로 기름을 부으시고 영적인 은사를 주셨습니다. 그래서 그는 예언도 하고 수많은 원수를 이길 수도 있었습니다.

그러나 여러분, 순금이 변했습니다. 속히도 변해 버렸습니다. 사무엘상 13:1에 의하면 그가 이스라엘을 다스린 지 2년 만에 그는 변해 버렸습니다. 성령의 역사와 하나님의 은혜를 맛본 그가 변해 버렸습니다.

사울의 참모습을 알기 위해 그의 생애를 간략하게 살펴보는 것은 도움이 됩니다. 사울이 하나님께서 자기를 기뻐하지 않으신다는 사실을 언제 알게 되었을까요?

사무엘상 13장을 보면 그가 하나님의 종 사무엘을 기다리지 않고 블레셋 사람들을 대항하여 싸우러 나갔을 때였습니다.

나아가 사울은 하나님의 종 사무엘을 기다리지 않고 하나님의 법을 어기면서 스스로 번제를 드렸습니다. 이것이 작은 일처럼 보입니다. 그러나 이것은 그에게 영적으로 심각한 문제가 있음을 말해 주고 있습니다.

사울은 하나님의 법을 떠나 모든 일을 자기 마음대로 하기 시작했습니다. 하나님의 인도를 원하지 않았습니다. 하나님의 뜻을 묻지 않았습니다. 이것을 보신 하나님은 그에게 정죄를 선언하셨습니다. 사무엘은 사울에게 "왕의 나라가 길지 못할 것이라. 여호와께서 왕에게 명령하신 바를 왕이 지키지 아니하였으므로 여호와께서 그의 마음에 맞는 사람을 구하여 여호와께서 그를 그의 백성의 지도자로 삼으셨느니라."라고 선언했습니다(삼상 13:14).

여러분, 이것은 그의 왕위가 그의 자손에게 이어지지 않게 될 것을 알린 것입니다. 그렇지만 아직 이것이 하나님께서 사울을 완전히 버리신 것을 의미한 것은 아니었습니다. 그는 아직 회개할 수 있습니다. 그가 회개하고 하나님께 돌아오면 아직 구원받을 수 있습니다. 그러나 사울은 그가 들어선 죄악의 길로 한 걸음 더 나아갔습니다.

그의 둘째 번의 고의적 행위는 그의 아들 요나단이 그의 명령을 어겼다고 해서 그를 죽이려 결심한 데 있었습니다(삼하 14:44~45).

하나님께 대한 사울의 불순종이 가장 심각하게 나타난 것은

6. 사울의 죽음에 대한 다윗의 애가

그가 아말렉과 전쟁에서 하나님의 명령을 거절한 때였습니다. 그가 하나님의 명령을 거스르고 아말렉 왕 아각을 사로잡고, 양과 소와 약대 등을 남기게 되었습니다. 이들을 남긴 것은 하나님께 제사하기 위함이라고 그는 변명했습니다. 이때 하나님은 그에게 경고하시고 심각한 형벌을 선언하셨습니다. 하나님의 종 사무엘은 하나님의 뜻을 이렇게 알리고 선언했습니다.

"여호와께서 번제와 다른 제사를 그의 목소리를 청종하는 것을 좋아하심 같이 좋아하시겠나이까? 순종이 제사보다 낫고 듣는 것이 숫양의 기름보다 나으니, 이는 거역하는 것은 점치는 죄와 같고 완고한 것은 사신 우상에게 절하는 죄와 같음이라. 왕이 여호와의 말씀을 버렸으므로 여호와께서도 왕을 버려 왕이 되지 못하게 하셨나이다."(삼상 15:22~23)

하지만 사울은 하나님의 이 모든 경고를 무시했습니다. 그는 짐짓 더 불순종의 길로 나아갔습니다. 그는 언제나 모든 것을 자기 수중에 넣고, 모든 일을 스스로 결정하기를 원했습니다. 이제 그는 어쩌다가 실수해서 죄를 짓는 그런 사람이 아니었습니다. 자신의 기본적인 생활의 스타일이 그렇게 되어버렸습니다. 그는 이제 하나님의 명령에 언제나 "아니오"하고 거역하며 행동하는 부패한 자연인의 모습을 드러내었습니다.

순금이 변한다는 것은 이해하기 어려운 일입니다. 그러나 이런 일이 일어났습니다. 준수하고 겸손하고 신실한 사람 사울이 변해버린 것입니다. 그는 지난날 한때 새 사람의 모습을 보였습니다. 그러나 그 모습은 사라졌습니다. 옛 사람의 모습이 나타나게 되었습니다. 이때 사울은 스스로 자신의 원수가 되었습니다. 그는 마지막으로 스스로 자기 칼 위에 엎드려져 자기를 죽이는 자살을 했기 때문입니다.

여러분, 누구든 하나님에게서 등을 돌릴 때 자살행위를 하는 것입니다. 하나님의 은혜를 무시할 때 자살행위를 하는 것입니다. 하나님의 말씀을 거절할 때 영적으로 자살행위를 하는 것입니다. 사울은 길보아 산에서 자살했습니다. 이것은 그의 점차적인 영적 자살행위의 최종 결과였습니다. 그가 스스로 자기 칼 위에 엎드려졌을 때 그것이 결코 영웅적 행위가 아니었습니다. 통탄할만한 자살이었습니다.

그런데 여러분, 이것은 갑자기 일어난 일이 아닙니다. 그의 오랜 영적 자살이 앞서 있었습니다. 그는 옛 사람을 죽이고 새 사람으로 사는 삶을 살지 못했습니다. 그는 새 사람의 성품을 가지고 사는 삶을 거절했습니다. 여러분, 누구나 성령께서 마음에 심어주신 새 삶의 원리를 거절할 수 있습니다.

여러분, 혹 이런 생각을 가질 수 있습니다. 사울이 하나님의 선택받은 자가 아니었는가? 저렇게 타락할 수가 있는가? 우리는 이것을 알아야 합니다. 하나님의 선택을 받는 것과 버림당하게 되는 것은 인간의 책임을 배제하지 않습니다. 사울은 확실히 성령으로 말미암은 하나님의 은혜를 받았습니다. 하늘의 은사를 맛보았습니다. 그러나 그는 하나님의 은혜의 역사를 거절했습니다. 사람에게는 이것이 가능합니다. 사람이 성령의 역사를 소멸할 수 있습니다. 그래서 데살로니가전서 5:19에 "성령을 소멸하지 말라."라고 했습니다.

주 예수께서 주신 경고의 말씀에서도 우리는 이 같은 사실을 발견하게 됩니다. 마태복음 7:22~23에서 주님은 이렇게 말씀하셨습니다. "그 날에 많은 사람이 나더러 이르되 주여, 주여, 우리가 주의 이름으로 선지자 노릇 하며 주의 이름으로 귀신을 쫓아내며 주의 이름으로 많은 권능을 행하지 아니하였나이까 하리니 그때에 내가 그들에게 밝히 말하되 내가 너희를 도무지 알지 못하니 불법을 행하는 자들아 내게서 떠나가라 하리라."

또 히브리서 6:4~6의 말씀이 이 진리를 잘 알려주고 있습니다. "한 번 빛을 받고 하늘의 은사를 맛보고 성령에 참여한 바 되고 … 타락한 자들은 다시 새롭게 하여 회개하게 할 수 없나니, 이는 그들이 하나님의 아들을 다시 십자가에 못 박아 드러내 놓고 욕되게 함이라."

이 말씀은 단순한 경고가 아닙니다. 순금이 변할 수 있다는 것을 분명하게 알려 줍니다. 이것을 우리는 사울의 경우에서 확인하게 됩니다. 사울은 결코 피할 수 없는 한 운명의 비극적 희생자가 아닙니다. 그는 자신의 타락에 대하여 전적인 책임이 있습니다. 하나님은 사울 자신의 행위 때문에 그를 거절하셨습니다.

하나님은 누구도 멸망 받는 것을 원하지 않으십니다. 하나님은 가룟 유다도 멸망 받는 것을 원하지 않으셨습니다. 그러나 저들은 구원받기를 원하지 않았습니다. 사울은 하나님의 종에서 하나님의 원수로 변했습니다. 동시에 그는 자신에게 원수가 되어버렸습니다.

하나님께 등을 돌리는 자마다 자신에게 폭력을 행사하게 되는 것입니다. 사울은 자신의 원수가 되어, 자신의 손에 죽게 됩니다. 자살은 인간 자율의 자연적인 결과입니다. 하나님의 뜻을 떠나 자기의 뜻을 따르게 된 생활의 결과입니다.

이로 말미암아 사울은 사실상 지옥에 떨어졌습니다. 그는 이스라엘의 영광이요, 용사였습니다. 하나님의 택하심을 입고 기름 부음 받은 왕이었습니다. 그러나 그는 하나님으로부터 거절을 당하고 버림을 받은 자가 되었습니다.

이것은 우리에게 신비한 일입니다. 주 예수께서 요한복음 6:70에 그의 열두 제자들에게 하신 말씀을 우리는 잘 이해하기 어렵습니다. 예수님은 이렇게 말씀했습니다. "내가 너희 열둘을 택하지 아니하였느냐? 그러나 너희 중에 한 사람은 마귀니라." 어찌 순금이 변했는지! 순금이 변할 수 있습니다.

"어찌 용사가 엎드러졌는고!" 다윗의 이 애가는 지옥에서 메아리친 것으로 생각됩니다. 지옥은 이것을 기쁨의 노래로 받아들였음이 틀림없습니다. 이스라엘의 영광과 용사인 사울이

6. 사울의 죽음에 대한 다윗의 애가

사탄의 전리품이 되어버렸기 때문입니다. 사울은 사탄의 한 전리품으로 지옥으로 이끌려갔습니다. 지옥에는 회개하지 않고 마귀에게 사로잡혀 오는 모든 죄인을 환영합니다. 지옥은 이런 회개하지 않은 죄인들을 기뻐합니다.

또 이 세상에 있는 하나님의 원수요, 하나님의 백성의 원수들인 블레셋 사람들에게도 기쁨이 있습니다. 사무엘상 31:8에 보면 사울이 자살한 그 이튿날 블레셋 사람들이 죽은 자들을 벗기려고 옵니다. 저들은 기쁨으로 길보아 산에서 사울과 그 세 아들이 죽은 것을 봅니다. 저들은 사울의 머리를 베고 그 갑옷을 벗기고 자기들의 신당과 백성에게 전파하기 위하여 그것을 블레셋 사람의 땅 사방에 보냅니다. 사울 왕의 갑옷은 여신의 신전인 아스다롯 집에 두고, 그 머리는 다곤의 신전에 답니다(대상 10:10). 그리고 그 시체는 벧산 성벽에 못을 박습니다(삼상 31:10).

저것이 하나님의 자녀들이 타락할 때, 하나님의 대적들이 누리는 기쁨입니다. 사무엘서 저자는 사무엘상 31:9에 블레셋 사람들이 "사울의 머리를 베고 그의 갑옷을 벗기고 자기들의 신당과 백성에게 알리기 위하여 그것을 블레셋 사람들의 땅 사방에 보내고"라고 기록하고 있습니다. 이것은 정말 놀랄 일입니다.

"이스라엘의 영광이 죽임을 당했도다." 이것이 지옥에서 전파되는 복음입니다. "이스라엘의 용사가 엎드러졌도다." 이것이 지옥에 전파되는 기쁜 소식입니다. 이 얼마나 비참한 소식입니까? 마귀가 기쁜 소식을 사방에 알립니다. 하나님의 언약의 자녀들이 타락했다는 기쁜 소식을 알립니다. 마귀와 지옥은 이 소식을 기뻐합니다.

"어찌 이스라엘의 용사가 엎드러졌는고!" 이것이 우리에게는 이상하게 들립니다. 그러나 이것은 실제 일어나게 되는 심각한 문제입니다. 세례받은 자녀가 은혜의 하나님에게서 떠나면, 그는 지옥에 기쁜 소식을 주게 됩니다. 예수 그리스도를 통해 하늘의 은사를 맛본 자녀가 그 은사를 무시하면, 그는 마귀와 지옥에 큰 기쁜 소식을 주게 됩니다.

여러분, 우리가 어찌 지옥에 기회를 줄 수 있습니까? 우리가 지옥이 "이스라엘의 영광이 죽임을 당하였다.", "용사가 엎드러졌도다." 하고 기뻐하지 않게 해야 합니다.

친애하는 여러분, 예수 그리스도 안에서 여호와께 피하시기 바랍니다. 지옥의 권세를 이길 힘을 언제나 거기서 발견하시기 바랍니다.

2. 이 땅에서 불린 애가

둘째, 이 땅에서 불린 애가에 주목하게 됩니다.

지옥이 기뻐 외친다는 것은 우리를 소름 끼치게 만듭니다. 저 외침은 다윗과 이스라엘 백성도 떨게 하였습니다. 다윗은

18절에 이렇게 말합니다. "그것을 유다 족속에게 가르치라." 정말 모든 하나님의 자녀들은 이 애가를 통해 배워야 합니다. 이 슬픈 노래는 하나님의 백성이 참으로 배우고 기억할 가치가 있습니다.

노래의 내용을 살펴보십시오. 다윗은 순간도 자신을 생각하지 않습니다. 그는 사울의 죽음으로 이제 쫓겨 다니던 방랑 생활이 끝났다고도 생각하지 않습니다. 다윗의 생각은 단지 길보아 산에 있습니다. 그의 생각은 죽은 하나님의 기름 부음 받은 왕 사울과 그의 친구 요나단에게 있습니다. 그는 지난날에 사울이 그에게 가한 해나 부당한 일에 관하여 한 마디도 말하지 않습니다.

다윗은 단지 죽은 자들에 대한 깊은 슬픔만 나타내고 있습니다. 사울은 아직도 다윗에게 하나님의 기름 부음 받은 왕입니다. 한때 하나님의 백성은 그에게 큰 기대를 걸었습니다. 그러나 이제 하나님의 백성은 그에 대해 큰 실망을 하게 되었습니다. "어찌 두 용사가 엎드러졌는고!" 다윗은 자기의 슬픔에 대해서만 말하고 있습니다.

여러분, 여기서 다윗은 하나님의 자녀요, 백성으로서의 참된 모습을 보여줍니다. 우리는 하나님의 대적들이 무너질 때 기뻐하지 않아야 합니다. 하나님의 자녀를 타락으로 이끌고 몰락을 가져온 적들이 무너질 때 기뻐하지 않아야 합니다.

여러분, 혹 하나님의 자녀로 인정된 자들이 타락하고 망할 수 있을까에 대해 의문을 갖는 분이 있습니까? 타락하고 망할 수 있습니다. 우리는 세례 받은 자녀들이 타락하고 망할 수 있다는 것을 우리 주변에 일어난 일들을 통해 알고 있습니다. 그들이 한때 하나님의 자녀로 받아들여졌고 세례로 자녀의 인을 받았습니다. 그러나 이들 가운데 어떤 사람들은 타락하게 되고 망하게 됨을 봅니다.

예수님께서 이렇게 말씀하신 적이 있습니다. "나라의 본 자손들은 바깥 어두운데 쫓겨나 거기서 울며 이를 갈게 되리라."(마 8:12) 여러분, 이것은 무서운 현실입니다. 하나님의 자녀로 인정된 자들이 망하는 것을 보고 어찌 기뻐할 수 있습니까? 교회에서 세례를 받음으로 형제자매 된 분들이 타락하게 될 때 어찌 무관심하거나 무정하게 말할 수 있겠습니까? 우리는 슬퍼할 수밖에 없습니다.

"용사가 엎드려졌도다." 어찌 기름 부음 받은 자, 곧 세례를 받은 자가 엎드러지게 됩니까? 우리가 이해하기 어려운 일입니다. 예수님이 가룟 유다에 대해 말씀한 것을 우리는 기억합니다. "그 사람은 차라리 태어나지 아니하였더라면 제게 좋을 뻔하였느라."(마 26:24) 이는 예수님이 가룟 유다 때문에 얼마나 큰 아픔을 가지셨던가를 우리에게 알려줍니다.

예수님은 멸망하는 자들에 대하여 슬퍼하십니다. 그는 잃어버린 자들을 찾아 구원하러 오셨기 때문입니다. 어찌하여 용사들이 엎드러졌는고! 주님은 구원하기를 원하십니다. 주님은 자기에게 피하는 모든 자를 구원하십니다.

우리 하나님은 사울의 죽음을 기뻐하지 않았습니다. 그는 그의 자녀 가운데 한 사람도 망하는 것을 기뻐하지 않았습니다. 그는 언제나 우리가 그에게로 돌아와 살기를 원하십니다. 우리가 멸망을 받게 되면, 이는 순전히 우리의 불신 때문입니다. 우리가 회개하지 않기 때문입니다. 죄인은 자기 자신으로 말미암아 죽게 되는 것입니다. 어찌하여 용사들이 엎드러졌는고!

다윗은 이스라엘의 영광이요, 용사인 사울의 죽음을 슬퍼했습니다. 유대 백성이 그를 슬퍼했습니다. 왜냐하면, 그가 하나님을 순종하지 않고 자기 길로 달려갔기 때문입니다. 그가 회개하지 않고 자신의 길로 달려갔기 때문입니다. "이스라엘아, 너의 영광이 산 위에서 죽임을 당하였도다. 어찌 용사들이 엎드러졌는고!"

3. 하늘에서 찬양으로 변한 애가

셋째, 하늘에서 찬양으로 변하는 애가를 생각해 봅니다.

다윗의 애가는 이 땅에서 불렸을 뿐이 아닙니다. 그것은 또 천사들이 있는 하늘에서도 불렸을 것으로 생각합니다. 하나님이 이 애가에 새로운 내용을 주심으로 이것이 하늘에서 찬양이 될 수 있습니다.

하나님은 길보아 산에서 지난날에 자기로 말미암아 기름 부음 받은 이스라엘의 첫 왕 사울을 보셨습니다. 이제 그 왕이 벧산 성벽에 못 박혀 있는 것을 보십니다. 이 왕은 하나님으로부터 버림을 받고 저주를 받았습니다. 이제 하나님의 대적들이 승리했다는 소식이 블레셋 사람들의 온 땅에 알려지게 되었습니다. 하나님의 기름 부음 받은 자에 대한 처참한 종말에 대한 소식이 블레셋 사람들의 온 땅에 알려지게 되었습니다.

이 일이 있은 지 수백 년 후에 선지자 이사야가 여호와의 종에 관한 소식을 전하게 된 것을 우리는 듣게 됩니다. 여호와의 기름 부음 받은 종이 앞으로 높임을 받게 될 것이지만, 먼저 심한 멸시를 받는다는 소식을 전합니다. 멸시를 당한 자가 높임을 받게 된다는 것은 믿기 어렵게 들립니다.

이사야 선지자는 이사야 53장에 이런 소식을 전합니다. "그는 멸시를 받아 사람들에게 버림받았으며, 간고를 많이 겪었으며, 질고를 아는 자라. … 그가 찔림은 우리의 허물 때문이요, 그가 상함은 우리의 죄악 때문이라. … 그가 자기 영혼의 수고한 것을 보고 만족하게 여길 것이라. 나의 의로운 종이 자기 지식으로 많은 사람을 의롭게 하며, 또 그들의 죄악을 친히 담당하리로다."(3~11)

이사야 선지자가 그 소식을 전한 수백 년 후에 "여호와의 종" 예수 그리스도께서 친히 이 세상에 오셔서 말씀하셨습니다. "인자가 장차 사람들의 손에 넘겨져 죽임을 당하고 제삼일에 살아나리라."(마 17:22~23)

6. 사울의 죽음에 대한 다윗의 애가

여러분, 갈보리 언덕에서 십자가에 못 박히신 그분 예수 그리스도는 길보아에서 죽은 사울과 정반대 편에 있습니다. 이 두 분의 죽음 사이에는 무한한 차이가 있습니다.

사울은 오시게 될 주 예수 그리스도의 모형이 전혀 아니었습니다. 그는 그리스도와 정반대되는 모형이었습니다. 거기 조금 닮은 점은 있습니다. 이방인들인 블레셋 사람들이 이스라엘의 왕을 벧산 성벽에 못을 박았습니다. 벧산 벽에 달린 사울은 하나님께 저주를 받았습니다. 예수님도 이방인들인 로마 병정들에 의해 멸시를 받고 십자가에 못 박혔습니다. 이방인 빌라도가 십자가 위에다 "유대인들의 왕"이라고 썼습니다.

저기 두 이스라엘 왕이 있습니다. 하나님께서 기름 부음 받은 두 왕이 있습니다. 그들은 다 못 박혀 달렸습니다. 사울 왕은 벧산 성벽에, 예수님은 골고다 언덕 나무 십자가에 달려 있습니다. 그런데 이 두 왕 사이에는 무한한 거리의 차이가 있습니다.

이스라엘의 첫 왕, 사울의 종말은 자살에 의한 것입니다. 이로 말미암아 사울은 그의 자녀와 백성을 비참한 세계로 이끌고 갔습니다. 그는 자신을 구원할 수 없었고 어떤 다른 사람도 구원할 수 없었습니다.

그러나 예수 그리스도의 종말은 자살행위가 아닙니다. 많은 사람을 위한 자기희생이었습니다. 이로 말미암아 예수 그리스도는 자신과 그의 백성을 구원하고 그의 백성을 낙원의 영광으로 인도했습니다. 그는 십자가 위에서 그 옆에 달린 한 강도가 회개하며 "예수여, 당신의 나라에 임하실 때에 나를 생각하소서."라고 했을 때 "오늘 네가 나와 함께 낙원에 있으리라."라고 하셨습니다(눅 23:42~43).

사울의 죽음은 구원을 가져오지 못했습니다. 사울의 죽음은 하나님의 은혜를 거절하는 모든 자에 대한 큰 경고였습니다. 그러나 예수님의 죽음은 그를 믿는 모든 사람에게 영원한 구원을 가져 왔습니다. 그러므로 하늘은 골고다의 십자가를 기뻐했습니다. 용사가 엎드러졌습니다. 예수는 실로 무덤에 묻혔고 지옥의 고통을 당하셨습니다. 그러나 이는 일어나기 위해서였습니다. 그래서 하늘에서는 슬픈 노래가 불리지 않았습니다. 하나님을 향한 찬양의 노래가 불렸습니다. "오! 이스라엘아, 네 영광이 산 위에서 죽임을 당하였도다. 용사가 엎드러졌도다!" 이 주의 찬송이 하늘에서 크게 울려 퍼졌습니다.

여러분, 골고다의 십자가로 나아가 피하시기 바랍니다. 예수 그리스도 안에서 구원의 은혜를 즐기시기 바랍니다. "이스라엘아, 네 영광이 산 위에서 죽임을 당하였도다."이것이 하늘에서 불리는 기쁜 찬양입니다. 이것이 또한 이 땅에서 예수 그리스도로 말미암아 구원받아 살고 있는 우리의 기쁜 찬송이기도 합니다. 아멘.

7. 하나님과 다윗의 언약의 교제

성경 봉독: 역대상 17:1~15
설교 본문: 역대상 17:16~27

다윗 왕이 여호와 앞에 들어가 앉아서 이르되 "여호와 하나님이여, 나는 누구이오며, 내 집은 무엇이기에 나에게 이에 이르게 하셨나이까? 하나님이여, 주께서 이것을 오히려 작게 여기시고 또 종의 집에 대하여 먼 장래까지 말씀하셨사오니, 여호와 하나님이여, 나를 존귀한 자들 같이 여기셨나이다. 주께서 주의 종에게 베푸신 영예에 대하여 이 다윗이 다시 주께 무슨 말을 하오리이까? 주께서는 주의 종을 아시나이다. 여호와여, 주께서 주의 종을 위하여 주의 뜻대로 이 모든 큰 일을 행하사 이 모든 큰 일을 알게 하셨나이다. 여호와여, 우리 귀로 들은 대로는 주와 같은 이가 없고 주 외에는 하나님이 없나이다. 땅의 어느 한 나라가 주의 백성 이스라엘과 같으리이까? 하나님이 자기 백성을 구속하시려고 나가사 크고 두려운 일로 말미암아 이름을 얻으시고 애굽에서 구속하신 자기 백성 앞에서 모든 민족을 쫓아내셨사오며, 주께서 주의 백성 이스라엘을 영원히 주의 백성으로 삼으셨사오니, 여호와여, 주께서 그들의 하나님이 되셨나이다. 여호와여, 이제 주의 종과 그의 집에 대하여 말씀하신 것을 영원히 견고하게 하시며 말씀하신 대로 행하사 견고하게 하시고 사람에게 영원히 주의 이름을 높여 이르기를 만군의 여호와는 이스라엘의 하나님, 곧 이스라엘에게 하나님이시라 하게 하시며 주의 종 다윗의 왕조가 주 앞에서 견고히 서게 하옵소서. 나의 하나님이여, 주께서 종을 위하여 왕조를 세우실 것을 이미 듣게 하셨으므로 주의 종이 주 앞에서 이 기도로 간구할 마음이 생겼나이다. 여호와여, 오직 주는 하나님이시라. 주께서 이 좋은 것으로 주의 종에게 허락하시고 이제 주께서 종의 왕조에 복을 주사 주 앞에 영원히 두시기를 기뻐하시나이다. 여호와여 주께서 복을 주셨사오니, 이 복을 영원히 누리리이다."하니라.(역대상 17:16~27)

친애하는 여러분,

교제는 아름다운 것입니다. 교제가 없는 사람은 외롭습니다. 친구와 교제, 가족 간의 교제는 다 아름답습니다. 그런데 이것은 다 인간 상호 간의 교제입니다. 이 교제보다 훨씬 고상하고 아름다운 교제가 있습니다. 그것은 주 하나님과 교제입니다. 인간 상호 간의 교제가 아름답다고 한다면 여호와 하나님과의 교제는 이와 비교할 수 없이 아름답고 복됩니다.

성경은 하나님과 교제를 가르쳐 주는 책입니다. 우리는 범죄하고 타락한 아담의 자손으로 하나님과 교제할 자격을 잃었습니다. 우리는 가장 귀한 것을 잃었습니다. 하지만 은혜의 하나님은 우리에게 그리스도 예수로 말미암아 하나님과 교제할 수 있는 새로운 길을 열어 주셨습니다. 하나님은 그의 독생자를 일찍 그와 우리 사이의 중보자와 구주로 세워주시고 하나님과 교제할 수 있는 길을 터 주셨습니다.

달리 말하면 하나님은 그리스도 안에서 교제에 대한 약속을 우리에게 해주셨습니다. 하나님은 우리가 가진 어떤 선한 것을 보셨기 때문에 이 약속을 해주신 것은 아닙니다. 우리는 하나님 앞에 선하게 보일 수 있는 어떤 것도 갖지 못한 죄인들이었습니다. 그런데 하나님은 그의 주권적인 은혜로 우리에게 이런 놀라운 교제의 언약을 주셨습니다. 그래서 이것을 "은혜의 언약"이라고 부르게 됩니다.

하나님의 은혜 언약이 없었던들 낙원은 우리에게 영원히 닫혀 있었을 것입니다. 하나님과 교제는 영원히 불가능했을 것입니다. 그런데 하나님께서 그리스도 안에서 은혜의 언약을 해 주심으로 그와 교제할 수 있게 되었습니다. 낙원의 문도 열리게 되었습니다.

성경은 이 은혜 언약에 근거해서 하나님과 아름다운 교제에 관한 사례들을 많이 알려 주고 있습니다. 하나님의 언약에 근거한 가장 아름다운 교제 중 하나가 오늘의 설교 본문에 나타나 있습니다.

이제 "여호와 하나님과 다윗의 아름다운 교제"라는 제목으로 우리 주 예수 그리스도의 복음을 전하려 합니다. 다음 세 가지 점을 생각하려 합니다. 첫째, 여호와를 위해 집을 지으려는 다윗의 뜻, 둘째, 다윗을 위하여 집을 세우시려는 여호와의 뜻, 셋째, 여호와의 뜻에 대한 다윗의 반응입니다.

1. 여호와를 위해 집을 지으려는 다윗의 뜻
2. 다윗을 위하여 집을 세우시려는 여호와의 뜻
3. 여호와의 뜻에 대한 다윗의 반응

1. 여호와를 위해 집을 지으려는 다윗의 뜻

첫째, 여호와의 집을 지으려는 다윗의 뜻을 생각하게 됩니다.

본문에서 하나님과 다윗 간의 아름다운 교제를 보게 됩니다. 언제 이 교제가 있었을까요? 그것은 17:1이 알려 줍니다. "다윗이 그의 궁전에 거주할 때에"라고 합니다. 다윗은 그때 백향목 궁전에 살고 있었습니다. 그가 백향목 궁전으로 들어가게 된 것이 어느 때인가는 확실히 알려지지 않습니다. 그의 왕정 초기는 아니었을 것입니다. 왜냐하면, 그때에는 사방에 대적이 많아 백향목 궁전을 지을 환경이 되어 있지 않았습니다. 역대상 17장과 병행이 되는 내용을 보여주는 사무엘하 7장 1절은 이렇게 말합니다. "여호와께서 주위의 모든 원수를 무찌르사 왕으로 궁에 평안히 살게 하신 때에"라고 합니다.

그리고 다윗이 백향목 궁전에 거하게 된 때는 여호와 하나님의 법궤를 예루살렘으로 옮겨 온 후였습니다. 법궤를 옮겨 온 일은 앞 장인 역대상 16장에 기록되어 있습니다.

나아가, 이 하나님과 아름다운 교제가 있었던 때는 다윗이 밧세바와 관계하여 범죄하기 전이었던 것으로 보입니다. 그러니까 솔로몬이 태어나기 전이었을 것입니다. 왜냐하면, 밧세바와 그런 심각한 죄를 범한 후에 그가 여호와를 위해 집을 짓고자 하는 소원을 가졌을 것이라고는 생각할 수 없기 때문입니다.

그러므로 그때는 여호와께서 자신에게 주신 축복을 크게 느꼈을 때였던 것으로 생각됩니다. 곧 주위의 원수를 파하고 그의 왕좌가 확고하게 되었을 때이었을 것으로 보입니다.

이때 다윗은 여호와의 축복에 관하여 깊이 생각을 하게 되었습니다. 그는 여호와와의 언약 관계를 알았습니다. 여호와는 약속된 메시야를 통해 축복하시는 하나님이심을 알았습니다. 여호와는 그의 주가 되십니다. 그는 여호와의 축복에 싸여 있습니다. 현재 그는 백향목으로 지은 아름다운 궁전에 살고 있습니다. 이 모든 것에서 그는 여호와의 축복의 손길을 깊이 느꼈습니다.

이제 그는 자기 궁전과 여호와의 집을 비교해 보았습니다. 여호와 앞에 죄송스러움을 느끼게 되었습니다. 중심으로 여호와의 집을 지어야겠다는 생각을 품게 되었습니다. 그래서 선지자 나단에게 "나는 백향목 궁에 거주하거늘 여호와의 언약궤는 휘장 아래에 있습니다."라고 했습니다. 다윗은 이 사실을 매우 심각하게 여겼습니다. 이런 상태로 그냥 지날 수 없다고 생각했습니다.

다윗은 여호와의 집을 건축해야 하겠다는 자기의 뜻을 암시적으로 밝혔습니다. 그는 이것을 바로 말하지 않았습니다. 선지자에게 물어 여호와의 뜻을 알기를 원했습니다. 여호와로 말미암아 왕으로 세움을 받은 다윗은 여호와의 말씀을 따라 살기를 원했습니다. 그는 선지자로부터 하나님의 지시를 받기 원했습니다.

이제 다윗에게 한 가지가 확실해졌습니다. 언약궤는 하나님이 현존하시는 집을 상징했습니다. 자기는 화려한 백향목 궁전에 살고 있고, 여호와의 언약궤는 보잘것없는 휘장 밑에 있습니다. 이런 일이 더 오래 계속되어서는 안 되겠다고 생각했습니다. 그래서 그는 선지자 나단에게 "이를 어떻게 하면 좋겠습니까?"라는 뜻으로 물었던 것입니다.

여러분, 우리도 여호와께서 주신 많은 축복을 생각해야 합니다. 현재 우리도 하나님 앞에 어떻게 살고 있는지 이따금 깊이 생각해 보아야 합니다. 다윗은 여호와께서 자신에게 주신 축복과 자신이 여호와 앞에 사는 모습에 대해 깊이 생각했습니다. 이것이 그에게 여호와 하나님과 더욱 깊은 교제를 할 기회가 되었습니다.

오늘날 우리는 여호와께서 주신 큰 축복을 누리며 살고 있습니다. 여호와께서 나에게 건강을 주셨습니다. 생활에 번영을 누리게 하셨습니다. 이 만큼 성공하게도 하셨습니다. 우리는 실상 죄인들입니다. 많은 허물이 있습니다. 하나님께 사랑받을 자격이 없습니다. 그런데도 하나님은 우리를 불러 주셨습니다. 그의 교회와 나라를 위해 봉사하도록 기회를 주셨습니다. 하지만 우리는 때때로 불충하고 게을렀습니다.

그런데 이 모든 축복이 웬일입니까? 여호와는 우리에게 복을 부어주셨습니다. 우리는 백향목 집에 살고 있습니다. 우리는 여호와께 물어야 합니다. "여호와 하나님, 저에게 무엇을 원하십니까?"

다윗은 선지자 나단을 통해 여호와의 뜻을 알기 원했습니다. 나단은 대답했습니다. "하나님이 왕과 함께 계시니 마음에 있는 바를 모두 행하소서." 이 대답은 선지자가 아니라, 일반인 누구나 할 수 있는 답처럼 들립니다. 이것이 우리의 주목을 끌게 됩니다. 신중하게 하나님의 뜻을 묻지 않고 답하고 있는 것처럼 들립니다. 그가 말한 "하나님이 함께하시니"라는 말은 옳습니다. 다윗은 하나님의 마음에 합한 사람이었고 하나님께서 함께했기 때문입니다.

그러나 "마음에 있는 바를 모두 행하십시오."라는 말은 "생각하는 대로 다 하십시오."라는 말같이 들립니다. 이것은 하나님의 뜻을 묻지 않고 인간 자기 스스로 한 말임이 분명합니다. 그는 하나님께 이에 관하여 들은 적이 없습니다. 다시 말하면 여호와의 집을 건축하는 일에 관하여 하나님께 들은 일이 없습니다. 우리는 종종 하나님의 말씀만 전해야 할 종들이 하나님의 말씀이 아닌 자기 말을 전하는 일이 있는 것을 보게 됩니다. 이것은 큰 잘못입니다.

다윗과 선지자 나단의 대화 후에 여호와께서 밤중에 이상 가운데 나단에게 나타나셨습니다. 다윗에게 이 말을 전하라고 하시며 말씀하셨습니다.

"너는 내가 거할 집을 건축하지 말라. 내가 이스라엘을 애굽에서 올라오게 한 날부터 오늘까지 집에 있지 아니하고 오직 이 장막과 저 장막에 있으며 이 성막과 저 성막에 있었나니, 이스라엘 무리와 더불어 가는 모든 곳에서 내가 내 백성을 먹이라고 명령한 이스라엘 어느 사사에게 내가 말하기를 너희가 어찌하여 내 백향목 집을 건축하지 아니하였느냐고 말하였느냐?"(4~6절)

이 말씀은 다윗에게 이런 뜻으로 하신 말씀인 줄 압니다. "너는 내 집을 건축하지 말라. 나와의 교제는 크고 굉장한 집에 있지 않다. 나는 백향목 집에 거하기보다 가난한 마음을 가진 자, 상한 마음을 가진 자와 함께 하기를 원한다. 나는 나를 의지하고 나와 교제하기를 원하는 자들과 함께하기를 기뻐한다. 다윗아, 내가 네 마음을 안다. 나는 장막에 거하는데 너는 백향목 궁에 거함으로 부끄럽게 생각하고 있음을 잘 안다. 그러나 백향목 집을 나는 원하지 않는다."

여러분, 여러분의 생활에서 이 다윗과 같이 여호와와 교제하고 있습니까? 여러분도 "내가 여호와로부터 이렇게 많은 축복을 받았지만, 그와 그의 나라를 위해 별로 한 것이 없다."라고 고백하고 있습니까? 이런 고백을 하게 될 때 주님과의 교제는 더욱 친밀하고 깊어지게 됩니다.

2. 다윗을 위하여 집을 세우시려는 여호와의 뜻

둘째, 다윗을 위해 집을 세우시려는 하나님의 뜻에 대하여 주목하게 됩니다.

다윗이 여호와의 집을 건축하려는 아름다운 뜻을 가지고 여호와 앞에 나타났습니다. 이때 여호와는 지난날에 그와 함께해 주셨음을 분명하게 보여주셨습니다. 여호와는 선지자 나단을 통해 다윗에게 말씀하십니다. "내가 너를 목장, 곧 양 떼를 따라다니던 데에서 데려다가 내 백성 이스라엘의 주권자로 삼고, 네가 어디로 가든지 내가 너와 함께 있어 네 모든 대적을 네 앞에서 멸하였다."(7~8절)라고 하십니다. 이것은 지난날에 여호와께서 다윗과 함께하셨던 일을 말씀하신 것입니다.

나아가, 여호와는 미래에도 다윗과 함께하시고 그의 왕좌를 축복하시고, 그의 백성을 축복해 주실 것을 말씀하십니다. 8~10절에서 "네가 어디로 가든지 내가 너와 함께 있어 … 세상에서 존귀한 자들의 이름 같은 이름을 네게 만들어 주리라. 내가 또 내 백성 이스라엘을 위하여 한 곳을 정하여 그들을 심고 그들이 그곳에 거주하면서 다시는 옮겨가지 아니하게 하며 악한 사람들에게 전과 같이 그들을 해치지 못하게 하여 … 또 네 모든 대적으로 네게 복종하게 하리라."라고 하십니다. 이것은 앞으로 대적들을 파하고 다윗에게 평화스러운 환경을 만들어 주시겠다는 약속입니다.

이어 11~12절에서 가장 중요한 말씀을 주십니다. "네 생명의 연한이 차서 네가 조상들에게로 돌아가면 내가 네 뒤에 네 씨, 곧 네 아들 중 하나를 세우고 그 나라를 견고하게 하리니, 그는 나를 위하여 집을 건축할 것이요, 나는 그의 왕위를 영원히 견고하게 하리라."라고 하셨습니다.

여러분, 여기서 다윗의 씨를 세워 그가 "여호와를 위하여 집을 건축할 것"이라고 하셨습니다. 그런데 이 집은 예루살렘에 세울 성전을 가리키고 있지 않습니다. 다윗의 아들 솔로몬이 뒤에 성전을 건축했습니다. 그러나 여호와는 다윗의 씨, 곧 그의 아들 중 하나가 세울 집이 성전이라고 하지 않습니다. 여호와는 다윗의 씨를 통해 한 집을 세우고 그 위를 영원히 견고하게 하실 것을 약속하십니다. 곧 다윗 자손의 왕위를 영원히 견고하게 하리라고 하십니다(12, 14절).

여러분, 여기서 우리는 놀라운 메시야에 대한 복음이 선포되는 것을 듣게 됩니다. 다윗의 집, 다윗 계통의 왕권이 영원히 세워질 것이라는 복음입니다. 곧, 다윗 계통의 왕위가 다윗의 자손, 메시야 예수 그리스도로 말미암아 영원히 이어질 것을 선포하고 있습니다.

다윗에게 은혜의 언약이 이전 어느 때보다 확실하게 나타났습니다. 여호와 하나님은 메시야 예수 그리스도 안에서 그의 백성을 위해 은혜 언약을 맺으셨습니다. 여호와 하나님은 에덴에서 이미 우리 조상 아담 하와와 은혜 언약을 맺으셨습니다. 여자의 후손이 뱀의 머리를 상하게 할 것이라고 약속하셨습니다(창 3:15). 이는 메시야에 대한 하나님의 언약이었습니다. 아브라함에게 그의 씨를 통해 천하 만민이 복을 받을 것이라고 했습니다(창 12:3, 17:4~5). 다시 메시야에 대한 언약이었습니다. 에스겔 선지자는 이것을 "영원한 언약"이라고 했습니다(겔 37:26). 이 영원한 언약은 마침내 다윗의 씨인 예수 그리스도 안에서 확실히 성취될 것을 여기에서 선포하고 있습니다.

여러분, 우리가 성경을 읽을 때 그리스도를 잃으면 하나님과 은혜 언약의 교제를 잃게 됩니다. 다윗의 계통의 왕들인 솔로몬이나 모든 왕은 그리스도의 모형이었습니다. 거기에 그리스도의 모형이 나타났습니다. 그러나 우리는 모형을 높이 보거나 자랑해서는 안 됩니다. 모형 속에 있는 그리스도를 높이고 자랑해야 합니다. 우리가 모형을 자랑하고 그리스도를 모형에서 떼어내지 않아야 합니다. 모형을 자랑할 때 은혜의 언약을 잃게 되고 여호와 하나님과 언약의 교제를 할 수 없습니다.

그다음 세대에 이것이 사실로 나타났습니다. 곧 이스라엘이 두 왕국으로 분열되었습니다. 유다 왕국 백성은 솔로몬의 위대함에 매혹되었습니다. 그 결과 여호와 하나님과 언약적 관계를 등한하였습니다. 두 지파로 이루어진 남쪽 유다 왕국은 여호와께서 다윗을 위해 집을 세울 것이라는 약속을 잠시 기억했습니다. 하지만 그 기억은 오래 계속되지 않았습니다. 유다 왕국이 여호와와의 언약적 교제를 잃게 되었을 때, 저들은 방황하게 되었고, 바벨론에 포로로 잡혀가게 되었습니다.

하지만 여호와 하나님은 언약에 신실하셔서 다윗에게 하신 약속을 거두지 않으셨습니다. "이새의 줄기에서 한 싹이 나게" 하셨습니다(사 11:1). 여호와는 그의 백성 가운데 그가 거할 집을 세우셨습니다.

여러분, 우리는 여호와께서 다윗의 자손, 그리스도 예수 안에서 다윗을 위해 지으신 집이 다윗의 아들 솔로몬이 주를 위해 지은 성전보다 훨씬 의미가 크다는 것을 알아야 합니다. 하나님은 성전의 지성소 안의 속죄소에 계셨습니다. 그러나 이것은 단지 여호와께서 그리스도 안에서 그의 백성 가운데 거하신다는 일시적 상징일뿐이었습니다. 하나님과 사람의 아름다운 교제는 약속된 그리스도와의 교제를 통해 이루어지고 즐기게 됩니다.

여러분, 우리가 여호와를 위해 집을 지을 수 없습니다. 우리가 지을 수 있다고 생각하면 위험한 길에 떨어지게 됩니다. 이스라엘을 보십시오. 이스라엘 백성은 거대하고 아름다운 성전을 지었습니다. 이를 크게 생각하고 자랑했습니다. 나아가 하나님의 백성이 된 것을 자랑했습니다. 다른 민족을 무시했습니다. 그 결과 저들은 이방인들의 빛이 되는 특권을 잃고 말았습니다. 이 땅에서의 축복을 잃고 말았습니다. 우리는 주의 집을 짓기에 합당하지 못한 죄인들이라는 것을 알아야 합니다. 여호와께서 친히 우리를 위해 집을 지으신다는 약속을 믿고 살아야 합니다.

이스라엘 백성에게 성전은 하나님이 그의 백성 가운데 계신다는 데 대한 단순한 하나의 상징이었습니다. 이스라엘의 남은 백성만, 곧 극소수만 이것을 이해하고 성전을 드나들었습니다. 누가복음 2장의 기록에 의하면 여선지자 안나와 시몬 같은 남은 백성만 메시야의 약속의 성취를 기다렸습니다. 그 결과 그들의 눈이 구주 예수를 직접 보게 되고, 메시야를 통해 하나님의 은혜를 노래할 수 있었습니다. 저들은 확실히 여호와 하나님과 은혜의 교제를 즐겼습니다. 하나님의 은혜 언약을 믿고, 하나님과 즐겨온 교제가 저들에게 메시야를 만나는 참된 생활의 기쁨을 가져오게 했습니다.

3. 여호와의 뜻에 대한 다윗의 반응

끝으로 하나님의 약속에 대한 다윗의 반응을 살펴보게 됩니다.

나단이 다윗에게 하나님의 말씀을 전해 주었을 때 다윗은 여호와의 성막에 있는 언약궤 앞에 나아가 여호와 앞에 앉았습니다(16절). 다윗은 여호와 하나님과 밀접한 교제에 들어갔습니다. 그는 즉시 여호와를 위해 집을 건축할 뜻을 버렸습니다.

그는 하나님 앞에 겸허하게 이렇게 말합니다. "여호와 하나님이여, 나는 누구이오며, 내 집은 무엇이기에 나에게 이에 이르게 하셨나이까?"라고 합니다(16절). 여러분, 여기 여호와 하나님과 다윗 사이의 아름다운 교제가 나타납니다. 여기 아름다운 언약의 교제가 있습니다. 다윗은 여호와께서 주신 축복을 충분히 헤아릴 수 없었습니다. 단순한 초장의 목동이 왕이 되었습니다.

다윗은 나아가 말합니다. "하나님이여, 주께서 이것을 오히려 작게 여기시고 또 종의 집에 대하여 먼 장래까지 말씀하셨습니다."(17절) 이 말은 "하나님께서 저의 집의 먼 장래의 후손까지 내다보시고 마침내 약속하신 메시야가 저의 집을 통해 오게 되는 놀라운 복까지 알게 하셨습니다."라고 하는 뜻입니다.

그래서 그는 말합니다. "주께서 주의 종에게 베푸신 영예에 대하여 이 다윗이 다시 주께 무슨 말을 하오리이까? 주께서는 주의 종을 아시나이다. … 여호와여 우리가 귀로 들은 대로는 주와 같은 이가 없고 주 외에는 하나님이 없나이다. 땅의 어느 한 나라가 주의 백성 이스라엘과 같으리이까? … 주께서 주의 백성 이스라엘을 영원히 주의 백성으로 삼으셨사오니, 여호와여, 주께서 그들의 하나님이 되셨나이다."(18~22절)

여러분, 여기 다윗은 자신의 선행을 자랑한 바리새인처럼 하나님 앞에 나타나지 않습니다. 다윗은 "여호와여, 제가 여호와를 위해 집을 지을 생각을 하는 것을 아시고 기뻐하실 줄 아나이다."라고 말하지 않았습니다. 그는 하나님 앞에서 자신의 어떤 선한 것을 보지도 않고 나타내지도 않습니다. 자신의 선행을 통해 하나님께 어떤 좋은 것을 바라지도 않습니다. 그와 자기 후손의 미래가 있다면, 이스라엘에게 가장 아름다운 미래가 있다면, 이는 자신이나 이스라엘 백성의 공로에 있다고 생각하지 않았습니다. 단지 하나님의 언약의 신실성에 있다고 생각했습니다.

그 결과 그는 23~24절의 기도에서 이렇게 하나님만 높이고 영광을 돌립니다. "여호와여, 이제 주의 종과 그의 집에 대하여 말씀하신 것을 영원히 견고하게 하시며, 말씀하신 대로 행하사 견고하게 하시고, 사람에게 영원히 주의 이름을 높여 이르기를 만군의 여호와는 이스라엘의 하나님, 곧 이스라엘에게 하나님이시라 하게 하소서."라고 했습니다.

여기서 다윗은 "나와 나의 후손을 주의 말씀을 따라 위대하게 만드시며, 나의 왕국이 영원히 서게 하소서."라고 기도하지 않았습니다. 그는 "주의 말씀하신 것을 영원히 견고하게 하옵소서. 주의 이름이 영원히 높여지게 하소서."라고 기도했습니다.

여러분, 여호와 하나님과 아름다운 언약적인 교제를 즐기기 원하십니까? 이 다윗의 기도를 기억하시기 바랍니다. 우리가 여호와의 언약을 기억하고 그 앞에 겸손하면 풍요한 은혜를 받아 누리게 됩니다.

여호와 하나님은 교회 안에 그가 거하실 집을 세우셨습니다. 여호와는 우리 안에 그가 거하실 집을 세우셨습니다. 그는 성령으로 우리 안에, 교회 안에 그의 거하실 집을 세워 가십니다. 우리가 여호와의 이름으로 함께 모일 때마다, 그는 우리 안에 그의 집을 세워 가십니다. 여호와 앞에 나타날 때마다 겸손하고 그의 이름만 높이시기 바랍니다.

  우리를 어두운 가운데서 불러내어 그의 놀라운 빛의 세계로 이끌어내시고, 왕 같은 제사장과 거룩한 나라와 그의 소유된 백성으로 삼으신 은혜의 여호와 하나님께 언제나 감사와 영광을 돌리시기 바랍니다(벧전 2:9). 그러면 주 하나님과 더욱 깊은 언약의 교제를 즐기며 세상이 알지 못하는 큰 은혜를 즐기게 될 것입니다. 아멘.

8. 고난 중에 받는 그리스도인의 위로

성경 봉독: 시편 43:1 시편 119:49~56
설교 본문: 시편 119:50

이 말씀은 나의 고난 중의 위로라 주의 말씀이 나를 살리셨기 때문이니이다.(시편 119:50)

친애하는 여러분,

우리는 고난이 많은 세상에 살고 있습니다. 우리는 현대 인류 역사상 가장 풍요하고 편리한 시대에 살고 있습니다. 의학 기술이 크게 발달하고 수많은 건강식품이 개발되어 사람들의 평균수명은 많이 연장되었습니다. 그러나 가난과 병과 죽음은 피할 길이 없습니다. 세상을 살아가는 데는 예기치 않은 여러 고난을 만나게 됩니다. 아무도 고난을 피할 수 없습니다.

고난은 악인에게만 오는 것이 아니고, 경건한 자들에게도 옵니다. 시편 32:10에 "악인에게는 많은 슬픔이 있다."라고 하고 시편 34:19에는 "의인에게 고난이 많다."라고도 했습니다. 이것은 우리가 일반적으로 인정하고 경험하는 평범한 진리입니다.

그리스도인들이 이 세상에 사는 동안 고난에서 제외되지 않습니다. 죄와 영원한 저주에서 구원받았습니다. 그러나 고난에서는 구원받지 않았습니다. 그리스도인도 병을 앓고, 슬픈 일을 당하며, 가난에 시달리고 박해도 받습니다. 그러므로 그리스도인이 된 우리는 고난에 당면했을 때 이것을 이길 용기를 가져야 합니다.

이제 본문을 중심으로 "고난 중에 받는 그리스도인들의 위로"라는 제목으로 우리 주 예수 그리스도의 복음을 들으려고 합니다. 이 본문에서 첫째, 그리스도인의 고난, 둘째, 그리스도인의 위로의 유일성, 셋째, 그리스도인의 위로의 근거에 주목하려고 합니다.

1. 그리스도인의 고난
2. 그리스도인의 위로의 유일성
3. 그리스도인의 위로의 근거

1. 그리스도인의 고난

첫째, 그리스도인의 고난에 관해 생각하게 됩니다.

이미 이야기한 대로 그리스도인들이 이 세상에서 죄에서 구원받았으나 고난에서 구원받지는 않았습니다. 시편 119편의 저자는 고난 중에 이 시를 지었습니다. 우리 본문이 "이 말씀은 나의 고난 중에 위로라."라고 합니다. 저자는 "나의 고난"이라고 말합니다. 그런데 이 저자가 누구인지 우리는 잘 모릅니다. 시편 중의 많은 부분이 다윗이 지은 것이지만 저자가 분명하지 않은 시편도 상당히 있습니다.

어떤 학자들은 바벨론 포로 생활에서 돌아온 에스라라고 생각하고, 다른 학자들은 마카비 시대에 있었던 한 저명한 이스라엘 사람이라고 하며, 또 다른 분들은 다윗일 것이라고 합니다. 그런데 우리가 이 말씀을 하나님의 말씀으로 믿는 한, 저자가 누구냐 하는 문제는 큰 상관이 없습니다.

중요한 것은 이 저자는 매우 경건한 분이었다는 것입니다. 그는 하나님의 이름을 두려워하고 그의 계명을 지극히 사랑하는 사람이었습니다. 10절에서 그는 "내가 전심으로 주를 찾았사오니 …"라고 합니다. 11절에서는 "주의 말씀을 내 마음에 두었나이다."라고 합니다. 그는 또 하나님의 계명의 공적인 선포자였습니다. 13절에서 그는 "주의 입의 모든 규례들을 나의 입술로 선포하였으며"라고 합니다. 이런 신실하고 경건한 분이 고난을 당했습니다. 그는 "이 말씀은 나의 고난 중에 위로라."라고 합니다. 그는 아마도 배교적 환경 속에 살았던 것 같습니다. 그는 하나님을 멸시하는 자들, 특별히 권력을 가진 자들에 의해 박해를 받았습니다. 23절에서 그는 "고관들도 앉아서 나를 비방하였사오나"라고 합니다. 161절에서는 "고관들이 거짓으로 나를 핍박하"였다고 합니다. 그는 악한 자들의 무리에게 어려움을 당했습니다. 61절에서 "악인들의 줄이 내게 두루 얽혔을지라도"라고 합니다.

그의 고난은 매우 심각하였습니다. 그래서 그는 죽음을 기다렸습니다. 109절에서 그는 "나의 생명이 항상 위기에 있사오나"라고 합니다. 그의 정신적인 고난도 참기 어려웠습니다. 그래서 그는 28절에서 "나의 영혼이 눌림으로 말미암아 녹사오니"라고 합니다.

그러면 여러분, 이처럼 경건한 사람이 어떻게 저런 고난을 겪을 수가 있습니까? 성경은 우리에게 단지 이렇게 답하고 있습니다. "너희는 죄로부터 구원받고 하늘나라의 시민이 되었으나, 이 세상 고난에서 면제되지는 않았다."라고 합니다.

이것이 주님 교회의 역사입니다. 우리가 이 세상에서 거룩한 길을 걸어가려 하면, 원수들이 놓은 걸림돌이 있기 마련입니다. 우리가 신실하게 살려고 하는 만큼 어려움을 당하게 됩니다. 의인 아벨이 죄인 가인에게 들에서 죽임을 당했습니다. 그 이후 역사는 하나님의 백성은 고난 중에 사는 백성이라는 것을 증거했습니다.

여러분, 믿음으로 살고 고난을 겪지 않은 분을 성경에서 발견할 수 있습니까? 아무도 없습니다. 아벨, 셋, 에녹, 노아, 아브라함 모두는 하나님 앞에서 신실한 분들이었습니다. 그런데 이들은 다 많은 고난을 겪었습니다. 다윗은 하나님의 마음에 합한 사람이었습니다. 그러나 그는 하나님의 손에 채찍을 받았을 뿐만 아니라, 많은 고난도 받았습니다. 욥은 하나님 앞에서 순전하고 정직하여 하나님을 경외하며 악에서 떠난 사람이 었습니다(욥 1:1). 그러나 그가 얼마나 많은 고난을 받았는지 우리는 잘 알고 있습니다. 욥 시대에 있었던 그 사단은 오늘도 "땅을 두루 돌아 여기저기 다니"고 있습니다(욥 1:7). 그래서 하나님의 백성은 이 세상에서 고난을 받습니다.

우리 주 예수 그리스도도 제자들에게 많은 고난이 따를 것을 미리 말씀해 주셨습니다. "그 때에 사람들이 너희를 환난에 넘겨주겠으며, 너희를 죽이리니, 너희가 내 이름 때문에 모든 민족에게 미움을 받으리라."(마 24:9) 그는 또 말씀하셨습니다. "세상에서는 너희가 환난을 당하나 담대하라. 내가 세상을 이기었노라."(요 16:33) 주의 모든 제자가 환난과 핍박을 당했습니다. 역사가 알려주는 대로 주님의 제자 중 한 사람도 고난 없이 지내지 않았습니다. 베드로와 같은 주의 종은 십자가에 못박혀 죽었습니다. 수많은 종이 감옥에서 고난을 받았습니다. 교회개혁시대에는 수많은 종이 화형을 당하는 수난을 겪었습니다. 그래서 사도 바울은 아시아 여러 교회를 방문하면서 "우리가 하나님의 나라에 들어가려면 많은 환난을 겪어야 할 것이라."라고 했습니다(행 14:22).

그러므로 여러분, 우리가 하나님의 자녀로 고난을 받을 때 이상하게 생각하지 마시기 바랍니다. 오히려 세상에서 고난을 겪지 않고 편하게만 지내면 이를 이상하게 생각해야 합니다. 우리가 오늘 같은 속화된 사회에서 늘 환영을 받고 산다면 이상한 일입니다. 우리가 세상에서 멸시받고, 무시당하고, 박해

받을 때 기뻐해야 합니다. 주께서 우리를 받아 주시고 상을 주실 것이기 때문입니다. 요한계시록 7장을 보십시오. 그는 이상 중에 십사만 사천 명을 보았습니다. 그들이 하나님의 보좌 앞과 어린 양 앞에 섰는데 모두 흰옷을 입고 종려 가지를 들고 "찬송과 영광과 지혜와 감사와 존귀와 권능과 힘이 우리 하나님께 세세토록 있을지어다. 아멘." 하고 찬송했습니다. "이 흰옷 입은 자들이 누구며, 또 어디서 왔느냐?"라고 물었습니다. 이때 장로 중 하나가 대답했습니다. "이는 큰 환난에서 나오는 자들인데 어린 양의 피에 그 옷을 씻어 희게 하였느니라."라고 했습니다. 그들은 구속받은 모든 사람을 상징하고 있습니다. 환난과 고난은 구속받은 하나님의 백성에게 이상한 것이 아닙니다. 하나님의 백성은 많은 환난을 통해 하나님 나라에 들어가게 됩니다.

친애하는 여러분, 그리스도를 믿는 믿음 때문에 이 세상 사회에서 멸시와 모욕과 어려움을 당하면 하나님 나라 백성임을 알고 기뻐하시기 바랍니다.

2. 그리스도인의 위로의 유일성

둘째, 그리스도인이 고난 중에 받는 위로는 독특한 것입니다.

우리 그리스도인들이 고난 중에 아무 위로 없이 버림을 받고 있다면 참기 어려운 일입니다. 그러나 우리에게는 위로가 있습니다. 이 위로는 비길 데 없는 것입니다. 시편 119편의 저자는

"이 말씀은 나의 고난 중에 위로라."라고 합니다. 이 말 속에는 세상 다른 사람들이 받는 위로와는 전혀 다른 위로라는 뜻이 포함되어 있습니다. 세상 사람들이 고난 가운데 있을 때 어떤 위로를 찾습니다. 술을 좋아하는 사람은 어려운 일을 당할 때 술잔을 듭니다. 잠언 31:6에 "독주는 죽게 된 자에게, 포도주는 마음에 근심하는 자에게"라는 말이 있습니다. 술을 벌컥벌컥 마시면서 "이 술이 나의 고난 중에 위로라."라고 합니다. 어떤 분은 나이트클럽 같은 분주한 곳에 가서 위로를 구합니다. 어떤 사람은 영화관을 찾기도 하고 또 어떤 사람은 여행을 가기도 합니다. 그들은 "이것이 나의 고난 중에 위로라."라고 합니다. 그러나 이런 것들이 참 위로가 되지 못합니다. 거기에는 참된 위로가 없습니다. 잠시 괴로움을 잊을 뿐입니다.

그러면 참된 그리스도인은 고난 중에 있을 때 어디에서 위로를 찾습니까? 세상 사람들이 이런 것, 저런 것을 말할 때 참된 그리스도고들은 하나님의 말씀을 들고, "이 말씀이 나의 위로라."하면서 나서게 됩니다. 참된 그리스도인은 이를 부끄러워하지 않습니다. 세상 사람들이 이런저런 것에서 위로를 찾는다고 말할 때 그리스도인은 모든 것에 우선하여 분명하게 그의 위로를 제시합니다. 그리스도인은 성경을 펴고 기쁘게 "이 말씀이 고난 중에 나의 위로라."라고 외칩니다.

친애하는 여러분, 고난 중에 있을 때, 어려움을 당할 때 여러분은 이렇게 말할 수 있습니까? 여러분이 그리스도의 이름 때문에 세상에서 멸시를 받거나 어려움을 당할 때 성경을 펴고 "이 말씀이 나의 고난 중에 위로라."라고 할 수 있습니까? 병이나 슬픔 때문에 어려움을 당할 때 모든 다른 것을 제치고 성경을 펴고 "이 말씀이 나의 고난 중에 위로라."라고 할 수 있습니까?

성경에는 고난 중에 있는 그리스도인에게 특별한 위로가 있습니다. 이 시편의 저자는 고난 중에 하나님의 말씀을 유일한 위로로 확신하고 있습니다. 그 이유는 무엇입니까? 그는 "주의 말씀이 나를 살리셨기 때문이라."라고 말합니다. 하나님의 말씀은 살리는 능력이 있으므로 그는 그 말씀에서 위로를 얻습니다. 성경은 단순히 글자가 아닙니다. 우리는 성경을 단순히 수백 페이지 종이로 된 책으로 보지 않습니다, 그 책 속에 있는 살아있는 하나님의 말씀을 보게 됩니다. 성령이 이 말씀을 가지고 우리 마음에 역사합니다. 그래서 우리는 말씀으로 살아가게 됩니다.

이 시편의 경건한 저자는 하나님의 말씀에서 체험적인 지식을 가지고 있습니다. 그는 지난날 말씀으로 새 생명을 얻은 체험이 있습니다. 그래서 그는 하나님께서 영적인 죽음에서 자기를 어떻게 그의 말씀으로 살렸는지를 기억하고 그는 동일한 말씀이 고난 중에서 자기를 살려 줄 것을 믿고 있습니다. 고난의 날에 그는 성경을 펴고 그 속에서 살리는 영이 역사할 것을 믿으며 위로와 격려를 받습니다.

친애하는 여러분, 어떤 어려움과 고난을 겪든지 하나님의 말씀으로 돌아가 말씀을 펴시기 바랍니다. 말씀 외에 어떤 것에서도 위로를 구하지 마시기 바랍니다. 하나님의 말씀이 하나님의 자녀에게는 유일한 위로의 원천입니다.

3. 그리스도인의 위로의 근거

끝으로 그리스도인의 위로의 근거가 무엇인지를 보게 됩니다.

앞서 고난 중의 그리스도인의 위로가 무엇인지를 말했습니다. 그것은 하나님의 말씀이었습니다. '그러면 그리스도인의 위로의 근거에 관해 무엇을 더 말할 필요가 있냐? 그것은 곧 하나님의 말씀이 아니냐?' 라고 물을 수 있습니다. 그렇습니다. 그러나 이것을 더 구체적으로 살펴볼 필요가 있습니다. 왜냐하면, 우리 본문 말씀이 특별한 점을 강조하고 있기 때문입니다.

저자는 "이 말씀은 나의 고난 중에 위로라."라고 합니다. 그러면 "이 말씀"은 어떤 말씀을 가리키고 있습니까? 이는 앞 절, 곧 49절의 말씀과 관련이 있습니다. "주의 종에게 하신 말씀을 기억하소서. 주께서 내게 소망을 가지게 하셨나이다." 하는 말씀입니다. 이 말씀은 이렇게 달리 번역될 수 있습니다. "주의 종에게 하신 약속을 기억하소서. 그 약속으로 내게 소망을 갖게 하셨습니다."

"이 말씀은" 여호와의 약속을 가리키고 있습니다. 그래서 50절 말씀은 이렇게 달리 표현할 수 있습니다. "주의 약속이

나의 고난 중에 위로입니다." 그러면 이제 문제는 이 저자를 위한 하나님의 약속이 무엇인가 하는 것입니다. 고난의 때에 하나님의 자녀에 대한 하나님의 약속이 무엇입니까? 이 세상에 사는 동안 하나님의 자녀에게 고난이 없을 것이라는 약속이 없습니다. 그러나 하나님은 고난 중에 도와주실 것을 약속해 주셨습니다. 하나님은 고난 중에 우리와 함께해 주실 것을 약속해 주셨습니다.

이사야 43:2을 보십시오. 주 하나님께서 이스라엘 백성에게 "내가 물 가운데서 너를 구원할 것이요, 불에서도 너를 구원하리라." 하지 않으셨습니다. 그는 "네가 물 가운데로 지날 때에 내가 함께 할 것이라. 강을 건널 때에 물이 너를 침몰하지 못할 것이며, 네가 불 가운데로 지날 때에 타지도 아니할 것이요, 불꽃이 너를 사르지도 못하리니, … 두려워하지 말라. 내가 너와 함께 하노라."라고 말씀하셨습니다.

달리 말하면, 주 여호와는 "이스라엘아, 네가 물 가운데 지날 때, 네가 불 가운데 행할 때 내가 너희와 함께할 것이다."라고 말씀하신 것입니다. 이 말씀은 주 여호와의 확실한 언약이라고 할 수 있습니다. 그는 참으로 불 가운데서 그의 언약의 자녀와 함께 계셨습니다. 바벨론에서 세 신실한 청년 사드락, 메삭, 아벳느고는 이방 신에게 경배하는 것을 거절했습니다. 이 때문에 그들은 불붙는 풀무불 속에 던져졌습니다. 그런데 그 풀무불 속에서 주 여호와께서 저들과 함께 계셨습니다. 느부갓네살 왕이 세 사람을 풀무불 속에 던졌는데 거기 네 사람이 있는 것을 보았습니다. 느부갓네살 왕은 말했습니다. "우리가 결박하여 불 가운데에 던진 자는 세 사람이 아니었느냐? … 내가 보니 결박되지 아니한 네 사람이 불 가운데로 다니는데 상하지도 아니하였고 그 넷째의 모양은 신들의 아들과 같도다."라고 했습니다. 신들의 아들과 같은 넷째 사람은 누구입니까? 그는 주 여호와였습니다. 그는 신의 아들 같은 분이었습니다. 신의 아들 같은 분이 불 가운데 있는 그 신실한 자녀들과 함께 있었습니다. 그는 불 가운데서 저들을 보호했습니다. 그가 곧 주 하나님 메시야였습니다.

이 시편의 저자는 고난 중에 위로의 근거를 가졌습니다. 즉 그 근거는 주 여호와의 약속입니다. "두려워 말라. 불 가운데 행할 때에 내가 너희와 함께하리라." 그래서 시편의 저자는 "이 말씀이 고난 중에 나의 위로라"라고 합니다. 주 여호와가 고난 중에 우리와 함께한다면 두려울 것이 어디 있겠습니까? 하나님의 아들 메시야가 우리와 함께한다면 풀무불도 두려울 것이 없습니다. 죽음도 두려울 것이 없습니다.

친애하는 형제자매 여러분, 우리는 여호와 하나님께 같은 약속을 받았습니다. 예수 그리스도는 승천하시기 바로 전에 다시 우리에게 약속하셨습니다. "볼지어다. 내가 세상 끝날까지 너희와 항상 함께 있으리라."(마 28:20) 오늘날까지 수많은 하나님의 자녀가 이 약속을 근거로 많은 고난과 심한 박해를 견디었습니다. 주께서 그들과 함께하셨습니다. 주의 많은 종이 죽임을 당했습니다. 환란, 곤고, 핍박, 기근, 적신, 칼에 위협을 받앗습니다. 그러나 그들은 패배하지 않았습니다. 약속에 신실하신 주께서 그들과 함께해 주셨습니다. 그래서 그들은 이 모든 일에 그들을 사랑하는 자들로 말미암아 넉넉히 이겼습니다.

친애하는 여러분, 고난 중에 함께 해 주시겠다는 주님의 약속을 믿고, 약속 속에 살아가고 계십니까? 여러분이 당하는 모든 고난 중에 주께서 함께해 주심을 믿고 계십니까? 병들거나 외로울 때 주께서 함께해 주심을 믿습니까? "이 말씀은 나의 고난 중에 위로라."라고 말할 수 있습니까?

시편 기자는 55절에 "여호와여, 내가 밤에 주의 이름을 기억하고 주의 법을 지켰나이다."라고 합니다. 여기 밤은 무슨 뜻일까요? 51절에서 54절까지를 살펴보면 세상에서 교만한 자로부터 조롱을 당하고, 악인의 공격을 받으며, 나그네처럼 외로움을 겪으며 살아온 것을 의미합니다. 이 시편의 저자는 밤과 같은 생활 속에서도 주의 약속의 말씀으로 위로를 받았습니다.

친애하는 형제자매 여러분, 고난 중에 여러분과 저의 위로는 주 하나님의 약속의 말씀입니다. 어려움을 당할 때마다 하나님의 말씀으로 돌아가시기 바랍니다. 세상이 가시가 없는 장미꽃을 가져오리라 기대하지 마시기 바랍니다. 주 여호와께서 함께하시겠다는 말씀의 약속을 믿고 살아가시기 바랍니다. 그러면 모든 고난, 모든 어려움을 정복하고 할렐루야 노래하며 주 하나님의 통치의 놀라운 세계를 즐기게 될 것입니다. 아멘.

9. 교회에 대한 찬송

성경 봉독: 시편 133
설교 본문: 시편 133:1~3

보라! 형제가 연합하여 동거함이 어찌 그리 선하고 아름다운고, 머리에 있는 보배로운 기름이 수염, 곧 아론의 수염에 흘러서 그의 옷깃까지 내림 같고 헐몬의 이슬이 시온의 산들에 내림 같도다. 거기서 여호와께서 복을 명령하셨나니, 곧 영생이로다.(시편 133:1~3)

친애하는 여러분,

우리는 주일 예배 때마다 적어도 한 번은 사도신경으로 우리 신앙을 고백합니다. 그 내용 가운데는 교회에 대한 신앙고백이 있습니다. 우리는 "거룩한 공교회와 성도의 교제"를 믿는다고 고백합니다. "거룩한 공교회" 바로 다음에 "성도의 교제"라는 말이 있습니다. 이 "성도의 교제"란 교회에 대한 다른 표현입니다. 교회는 성령 안에서 성도들이 나누는 교제 공동체입니다.

이 교회는 신약시대에 비로소 생긴 것이 아닙니다. 에덴에서부터 이미 있었습니다. 우리 조상 아담 하와가 하나님께 뱀의 머리를 상하게 할 "여자의 후손"을 약속받은 때부터 교회는 이미 있었습니다. 다시 말하면 우리 조상 아담과 하와가 약속된 메시야의 약속을 믿고 산 때부터 교회는 이미 이 세상에 존재했습니다.

"여자의 후손"인 메시야는 그때부터 역사 세계에서 그의 백성을 모으기 시작하셨습니다. 그래서 구약시대에 오실 메시야를 믿고 산 이스라엘 백성은 이미 그 시대의 예수 그리스도께 속해 있었습니다.

신약시대의 우리는 약속대로 이 세상에 오셔서 뱀의 머리를 상하게 한 메시야 예수 그리스도를 믿고 있습니다. 그는 이 세상에 오셔서 마귀의 권세를 깨뜨리고 그 권세에서 우리를 구원하셨습니다. 그 후 그는 승천하여 하나님 우편에 앉아 계십니다.

그러므로 구약시대 교회나 신약시대 교회는 두 개의 나누어진 교회가 아니고, 하나의 주 예수 그리스도의 교회입니다.

시편 133편은 이 아름다운 교회에 대해 노래하고 있습니다. 이 노래는 구약시대에 살던 교회 성도들의 교제에 대한 기쁨을 노래하고 있습니다. 그런데 이 노래는 성도들의 교제 이상의 것을 포함하고 있습니다. 하나님 아버지께서 그의 아들 주 예수 그리스도를 통하여 그의 백성을 교제의 공동체로 모으시는 일에 관하여 노래하고 있습니다.

오늘 이 시편으로부터 "주님의 교회에 대한 다윗의 노래"라는 제목으로 복음을 전하려 합니다. 이 노래는 다음 세 가지 내용을 노래하고 있습니다. 첫째, 다윗은 주께서 교회를 모으시는 일에 관하여 노래합니다. 둘째, 다윗은 성령으로 말미암은 동거함에 관하여 노래합니다. 셋째, 다윗은 여호와 하나님께서 시온에 복을 명하신 것을 생각하고 노래합니다.

   1. 교회를 모으시는 일에 관하여
   2. 성령으로 말미암은 동거에 관하여
   3. 시온의 복을 명하신 것에 관하여

1. 교회를 모으시는 일에 관하여

첫째, 다윗은 주께서 교회를 모으시는 일에 관하여 노래하고 있습니다.

시편 120편에서 134편까지의 열다섯 개 시편은 하나의 제목에 속한 시편들을 모아 놓은 것입니다. 이 열다섯 편의 시편에는 모두 "성전에 올라가는 노래"라는 제목이 붙여져 있습니다. 그래서 이 시편들을 '순례자의 노래'라고도 부릅니다.

이스라엘 백성은 매년 세 번씩 지존하신 하나님의 성전이 있는 예루살렘에 올라갔습니다. 이때 이스라엘 백성은 여러 날 모여 하나님 앞에 드리는 예배가 있었습니다. 이에 대하여 주의 성령의 감화를 받은 다윗은 크게 기뻐했습니다. 그는 "형제가 연합하여 동거함이 어찌 그리 선하고 아름다운고!"라고 노래했습니다. 여기 연합이란 사방에 흩어져 살던 하나님의 백성들이 함께 모이게 된 것을 의미했습니다.

그런데 여기서 다윗은 주의 백성이 함께 모이는 것뿐 아니라, 동거하는 일에 대해 기뻐하고 있습니다. 동거하는 것은 함께 모인 후에 나타나는 일입니다. 그래서 먼저 하나님의 백성이 모여 연합하는 것을 생각하게 됩니다.

이스라엘 백성은 이스라엘 온 땅에 흩어져 살았습니다. 하지만 저들은 그들의 명절이 되면 모든 지역에서 예루살렘으로 모여들었습니다. 이스라엘의 남자들이 다 모여들었습니다. 이것은 그들의 의무였습니다. 이때 그들의 아내도 함께 왔습니다.

다윗이 여기 '형제'라고 말할 때, 남자들만을 가리킨 것으로 오해하지 않아야 합니다. 형제인 이 남자들은 가족의 대표를 가리키고 있습니다. 그래서 여기 '형제'라는 말은 남자들뿐 아니라, 여호와를 하나님 아버지로 부르는 부인들과 자녀 모두를 포함하는 말입니다.

다윗 시대에 이스라엘 백성들은 아직 두 왕국으로 분열되어 있지 않았습니다. 정치적으로 하나의 왕국에 속해 있었습니다. 저들은 한 야곱의 자녀들로 연합되어 있었습니다. 그러나 다윗이 성령의 감화를 받고 이 노래를 하게 된 것은 민족적인 연합의 아름다움이 첫째 이유는 아니었습니다. 그가 노래한 가장 주요한 이유는 모든 이스라엘 백성이 여호와 하나님의 백성으로 함께 모일 수 있다는 데 있었습니다. 다시 말하면 주 하나님의 교회로 연합하여 함께 모일 수 있다는 데 있었습니다.

민족적인 연합이 아름다운 것은 틀림없습니다. 그러나 이보다 더 아름다운 것이 있습니다. 온 민족이 여호와를 경배하려는 하나의 마음을 가지고 연합하여 모이게 될 때, 이것이 더 선하고 아름다운 것이 됩니다. 오늘 우리 한국은 남북으로 분단되어 하나의 민족이 나뉘어 살고 있습니다. 그래서 많은 사람이 남북의 분단시대가 속히 끝나고 온 민족이 하나가 되어 사는 날을 고대하고 원하고 있습니다. 하지만 민족이 단순히 하나가 된다는 사실 자체가 참으로 선하고 아름다운 것은 아닙니다. 민족이 형식상 하나가 된다 해도 내적으로는 분열되는 경우가 얼마든지 있을 수 있기 때문입니다.

하나님 앞에 참으로 선하고 아름다운 것은 단순한 민족적 연합이 아닙니다. 하나님의 백성으로서의 연합입니다. 주의 성령의 인도를 받아 주의 교회로 모이지 않은 곳에 선하고 아름다운 참된 연합은 없습니다.

미국이나 호주 등의 나라는 다민족 국가입니다. 민족적인 연합은 없는 나라입니다. 그러나 50여 년 전까지는 이 나라에 민족적인 연합은 없었지만, 대부분 국민이 여러 나라에서 온 주 예수를 믿는 하나님의 백성이었기 때문에 신앙적인 연합이 있었습니다. 그래서 그 연합이 선하고 아름다웠습니다. 그러나 이들 나라에 신앙이 다른 이슬람교도와 힌두교도 등 여러 이 교도가 대거 들어옴으로 말미암아 선하고 아름다운 연합은 사라지게 되었습니다. 이슬람 극단주의자들로 말미암아 연합이 사라지고 불안이 찾아들게 되었습니다. 미국이나 호주뿐 아니라, 영국과 유럽 여러 나라도 다양한 종교의 나라가 되면서 선하고 아름다운 연합을 잃고 있습니다.

여기 '형제'라는 말을 우리는 영적 의미로 이해해야 합니다. 이는 교회를 가리킵니다. 시편 133편에서 다윗은 거기 하나님의 교회가 있음을 기뻐했습니다. 그 시대에 예루살렘은 12지파로 이루어진 이스라엘 교회의 중심이었습니다. 명절 때마다 저들은 함께 모였습니다. 그 모임은 하나님의 백성의 모임이었기 때문에 선하고 아름다웠습니다. 그러나 솔로몬 후에 그 연합은 북국 이스라엘과 남국 유다로 분열되어 사라지게 되었습니다.

분열은 하나님 앞에서 선하고 아름다운 것이 못됩니다. 교회 안에 종종 내분이 있는 것을 보게 됩니다. 이것은 하나님 앞에 선하고 아름다운 것이 못됩니다. 그리스도인들은 참된 믿음 안에서 연합되고 하나 되도록 노력해야 합니다.

우리 주님은 그의 교회가 하나가 되는 것을 보기 원하십니다. 그래서 그는 십자가 수난을 앞두시고 마지막 밤 그의 제자들이 하나 되기 원하셔서 이렇게 기도했습니다. "아버지께서 내 안에, 내가 아버지 안에 있는 것 같이 그들도 다 하나가 되어 우리 안에 있게 하사 세상으로 아버지께서 나를 보내신 것

을 믿게 하옵소서."(요 17:21)

주께서는 형제자매가 연합하고 하나 되는 것을 원하십니다. 하나님의 백성 된 우리가 하나님 앞에서 그가 원하시는 연합을 무시하면 선하고 아름답지 못하게 됩니다. "형제가 연합하여 동거함이 어찌 그리 선하고 아름다운고!"

친애하는 여러분, 혹 우리 교회 안에 보이는 혹은 보이지 않는 내분이 있다면 치유되어야 합니다. 그래서 우리는 우리 교회가 주님 앞에 선하고 아름다운 교회가 되게 하여 주옵소서 기도하여야 합니다. 거기에 참으로 선함과 아름다움이 있고, 여호와의 축복이 있을 것이기 때문입니다.

2. 성령으로 말미암은 동거에 관하여

둘째, 다윗은 주의 백성이 성령으로 말미암아 동거함을 생각하며 노래하고 있습니다.

주님의 교회에서 무엇이 형제자매를 연합하여 동거하게 만듭니까? 오늘날 많은 사람은 사랑이라고 합니다. 물론 사랑이 연합을 위해 매우 중요한 요소입니다. 그러나 그것이 가장 중요한 요인은 아닙니다.

여기 다윗은 형제들이 연합하여 동거하게 되는 요인을 두 가지 상징적인 표현을 사용하며 노래하고 있습니다. 2절과 3절입니다. "머리에 있는 보배로운 기름이 수염, 곧 아론의 수염에 흘러서 그 옷깃까지 내림 같고, 헐몬의 이슬이 시온의 산들에 내림 같도다."라고 합니다.

본문을 잘 살펴보면 눈길을 끄는 표현이 있습니다. "내림"이라는 표현이 두 번 사용되고 있습니다. 첫째 표현은 보배로운 기름이 아론의 머리에서 그의 수염으로 흘러내릴 뿐 아니라, 그 기름이 그의 제사장의 긴 옷의 옷깃까지 쭉 흘러내리고 있음을 말하고 있습니다. 이것은 아론이 대제사장으로 기름 부음을 받아 세움을 입었을 때를 생각하고 말한 것입니다. 그리고 다음의 표현은 헐몬 산의 이슬이 시온의 산들에 내림을 말하고 있습니다.

이 표현들은 무엇을 의미하고 있을까요? 형제자매들이 이 세상에서 하나님의 백성이 연합하여 동거하게 되는 요인은 위로부터 오는 하나님의 은혜라는 사실을 가리키고 있습니다. 다시 말하면, 하나님의 백성이 교회로 모여 연합하고 동거하게 됩니다. 이것은 사람이 하는 일이 아니고, 위에 계시는 주 여호와 하나님이 하시는 일이라는 것입니다. 교회가 연합하여 동거하게 되는 것은 주 하나님께서 내려주시는 은혜의 결과입니다.

여호와 하나님은 그의 성령을 내려보내 주심으로 교회가 연합하여 동거하게 하십니다. 제사장 아론의 머리에 부은 기름이 그의 수염에 흘러서 그의 옷까지 내림 같다고 할 때 이를 가리키고 있습니다. 구약시대에 제사장, 선지자, 왕을 세울 때 기름을 부어 세웠습니다. 이것은 직분자들에게 성령을 내려주시는 것을 상징했습니다.

그러므로 기름이 아론의 수염에 흘러서 그의 옷깃까지 내림 같다고 하는 것은 주께서 위로부터 성령을 내려주셔서 하나님 백성의 연합과 동거가 이루어지게 된다는 것입니다. 사도 요한이 요한일서 2:27에 모든 성도에게는 "주께 받은 바 기름 부음"이 있다고 했습니다. 모든 성도는 이 세상에서 주께 봉사하기 위해 기름 부음을 받았습니다. 모든 성도는 주께 봉사하기 위해 성령을 받았습니다. 그래서 베드로전서 2:9에서 성도는 왕 같은 제사장들이라고 했습니다.

여러분, 우리가 하나님의 백성으로 연합하고 동거하게 되는 것은 위로부터 오는 하나님 아버지와 아들 예수 그리스도의 영인 성령의 은혜 때문입니다. 우리가 연합하여 동거하게 되는 것은 우리가 서로 가지고 있는 매력 때문이 아닙니다. 우리는 모두 주변 사람들의 매력을 끌 만한 아름다운 것들을 가지고 있지 못합니다. 우리가 연합하여 동거하게 되는 것은 모두 같은 생각을 하고 있기 때문도 아닙니다. 우리가 모두 같은 생각을 가질 수 없습니다. 우리의 참된 연합과 동거는 위로부터 내려오시는 성령님이 우리 각 사람 안에서 역사하시지 않고는 불가능합니다. 그리스도의 교회 안에서 연합하고 동거하게 하는 힘은 위로부터 오는 성부 하나님과 성자 하나님의 영이신 성령의 은혜에 있습니다. 그래서 사도 바울은 에베소 교회 성도들에게 "성령이 하나 되게 하신 것을 힘써 지키라."라고 했습니다(엡 4:3).

나아가, 우리는 이슬의 상징에서 교회가 연합하여 동거하게 되는 요인을 한층 더 이해하게 됩니다. 본문은 "헐몬의 이슬이 시온의 산들에 내림 같도다."라고 합니다. 이스라엘 땅에는 이슬이 매우 중요합니다. 이스라엘에서는 여름이 되면 여러 달 동안 비가 오지 않습니다. 그래서 이스라엘에는 여름에 초목이 비가 아닌 이슬을 받고야 자라게 됩니다.

그러면 이슬은 어디서 올까요? 헐몬산입니다. 이 산은 예루살렘으로부터 북쪽으로 약 90km 떨어져 있습니다. 이 산의 높이는 해발 약 2,800m 됩니다. 그래서 산정에는 언제나 눈이 덮여 있습니다. 낮에 햇빛을 받아 눈이 녹게 되고, 저녁이면 이것이 헐몬산 주변의 낮은 산에 이슬이 되어 내립니다. 그 이슬은 시온의 산들에도 내립니다. 그래서 시온의 산들에 있는 모든 초목이 자라게 됩니다. 그 이슬이 매일 내리게 되어 초목이 자라고 꽃이 핍니다.

이 상징에서 우리는 같은 진리를 깨닫게 됩니다. 성부 하나님과 성자 그리스도의 영인 성령이 주의 교회에 내립니다. 하루도 건너뛰는 일이 없이 내립니다. 교회 회중 가운데 누구도 건너뛰는 일이 없습니다. 우리에게는 충만한 성령이 약속되어 있습니다. 요한복음 7:37~38에서 주 예수님은 "누구든지 목마르거든 내게로 와서 마시라. 나를 믿는 자는 그 배에서 생수의 강이 흘러나오리라."라고 말씀하셨습니다. 사도 요한은 바로 이 말씀을 해석하여 39절에서 "이는 그를 믿는 자들이 받을 성령을 가리켜 말씀하신 것이라."라고 했습니다.

이 성령은 오순절 이후에 교회에 충만하게 내렸습니다. 주의 성령은 시온에, 주의 교회에, 우리 각 사람에게 매일 내리고 있습니다. 그래서 교회에는 성령으로 말미암아 선하고 아름다운 교제가 있게 됩니다.

여러분, 주의 성령으로 말미암아 시온에서 동거하는 것이 얼마나 선하고 아름답습니까? 다시 말하면, 그리스도의 교회에서 그의 영으로 말미암아 동거하는 것이 얼마나 선하고 아름답습니까? 주의 교회를 떠나는 분이 혹 있습니다. 이는 선하고 아름다운 세계를 떠나는 것입니다. 생명의 길에서 떠나는 것입니다. 생명을 잃고 비참한 사망의 길에 들어서는 것입니다.

친애하는 여러분, 여러분의 자녀들과 여러분이 주 예수 그리스도의 교회에 항상 머물러 생명의 은혜를 함께 누리도록 노력하며 기도하시기 바랍니다.

3. 시온의 복을 명하신 것에 관하여

끝으로 다윗은 여호와 하나님께서 시온에 복을 명하신 것을 생각하고 노래합니다.

주의 성령은 다윗을 이 말로 노래하게 합니다. "거기서 여호와께서 복을 명령하셨나니, 곧 영생이로다." 주의 백성이 교회로 모여 동거합니다. 계속해서 동거합니다. 이것은 선하고 아름다운 일입니다. 그러면 동거의 원인은 무엇입니까? 사랑입니까? 사랑이 중요한 것은 틀림이 없습니다. 그러나 본문에서 우리는 사랑이라는 말을 찾을 수 없습니다.

본문은 "거기서 여호와께서 복을 명하셨나니"라고 합니다. "여호와께서 복을 명하신다." 이 말이 무슨 뜻일까요?

죄가 세상에 들어왔습니다. 그 결과 하나님의 저주가 이 세상에 들어왔습니다. 죄가 지배하는 이 세상에는 고통과 죽음만 지배하였습니다. 그러나 그리스도께서 이 세상을 구원하기 위해 오셨습니다. 우리가 죄에서 구원을 받는다는 것은 모든 복 가운데 가장 큰 복입니다. 어디에서 이 복을 발견하게 됩니까? 이 복은 주 예수 그리스도의 교회에서 발견하게 됩니다.

이 세상은 저주와 죽음이 지배하는 참으로 비참한 곳입니다. 그런데 이런 비참한 세상에서 생명이 죽지 않고, 날마다 새로워지는 곳이 한 곳 있습니다. 그곳이 교회입니다. 거기 영생을 위한 주의 명령이 있습니다. 여러분, 거기서 생명, 영생을 발견하게 됩니다.

여호와는 교회에서 복을 주십니다. 여호와는 그의 백성에게 복을 부어주십니다. 이는 그의 주권적 행위입니다. 교회에서 여호와는 복을 명하십니다. 복을 선언하십니다.

그래서 구약시대부터 하나님은 그의 종들에게 그의 백성을 위해 복을 선언하게 하셨습니다. 민수기 6:24~26에 하나님은 아론에게 그의 백성에게 이렇게 축복할 것을 명하셨습니다. "여호와는 네게 복을 주시고 너를 지키시기를 원하며, 여호와는 그의 얼굴을 네게 비추사 은혜 베푸시기를 원하며, 여호와는 그 얼굴을 네게로 향하여 드사 평강 주시기를 원하노라."

신약시대에 주의 종 바울이 교회에 글을 써 보낼 때마다 끝부분에 항상 축복을 선언했습니다. 고린도후서 13:13에 이렇게 선언했습니다. "주 예수 그리스도의 은혜와 하나님의 사랑과 성령의 교통하심이 너희 무리와 함께 있을지어다." 이것은 주의 종이 하는 복의 선언입니다. 그래서 오늘도 교회에서는 그의 말씀을 전하는 종은 예배를 아론의 축도나 바울의 축도를 함으로 마칩니다. 축도는 삼위 하나님의 축복에 대한 선언적 기도입니다.

여호와는 일찍부터 복을 선언하셨습니다. 선언은 명령입니다. 하나님의 명이란 어떤 것입니까? 하나님의 명령은 절대적입니다. 하나님이 명한 것은 무엇이든 확실합니다. 아무도 그것을 취소할 수 없습니다. 어떤 능력도 그것을 무효로 만들 수 없습니다. 이것은 여호와의 명령은 언제나 결과를 가져온다는 것을 의미합니다. 시온에서, 교회에서 여호와는 모든 복 중의 복인 생명, 영생을 선언하십니다. 명하십니다. 교회에서만 여호와는 영생을 주십니다.

그러므로 여러분, 그리스도의 교회에 들어와야 합니다. 그리스도 교회에 속한 참된 신자가 되어야 합니다. 교회 안에 머물러야 합니다. 교회 밖에는 구원이 없습니다. 교회 밖에는 영생에 대한 선언이 없습니다. 여호와는 모든 사람이 교회에 나와 영원한 생명을 얻도록 명하고 계십니다.

　오늘 여기 형제자매 여러분이 교회로 연합하여 모여 하늘의 복을 즐기고 있습니다. 형제자매들이 연합하여 동거함은 참으로 선하고 아름다운 것입니다. 그래서 다윗은 시편 122편 성전에 올라가는 노래에서 이렇게 노래했습니다.

　"사람이 내게 말하기를 여호와의 집에 올라가자 할 때에 내가 기뻐하였도다. 예루살렘아, 우리 발이 네 성문 안에 섰도다!"

　친애하는 형제자매 여러분, 항상 주의 교회를 사랑하고 사모하시기 바랍니다. 주의 교회에서 연합하여 동거하시기 바랍니다. 그러면 여호와 하나님께서 복 중의 복, 생명의 복, 영생을 명하시고 축복하실 것입니다. 아멘.

10. 하나님의 완전한 섭리

성경 봉독: 전도서 1:1~11, 3:1~15
설교 본문: 전도서 3:11

> 하나님이 모든 것을 지으시되 때를 따라 아름답게 하셨고 또 사람들에게는 영원을 사모하는 마음을 주셨느니라. 그러나 하나님이 하시는 일의 시종을 사람으로 측량할 수 없게 하셨도다.(전도서 3:11)

친애하는 여러분,

우리는 다시 새해를 맞으며 하나님의 집에 모여 예배를 드립니다. 이제 지난날을 뒤돌아보고 앞날을 내다볼 때입니다. 지난 한 해 동안 국가적으로 국제적으로 많은 일이 일어났습니다. 우리 개인과 가정과 교회 생활에도 크고 작은 일들이 많이 일어났습니다. 어떤 일들은 우리에게 아름다운 기억을 남겼습니다. 다른 어떤 일들은 유감스럽게 기억되기도 합니다. 어떤 일들은 기뻤고, 다른 일들은 슬펐습니다. 어떤 일들은 매우 성공적이었고, 다른 일들은 성공적이지 못했습니다. 여러분 가운데는 지난해에 큰 소망과 기대를 하고 출발하신 분이 있었을 줄 압니다. 그러나 사람의 관점으로 볼 때 실망스러운 한 해였을 수 있습니다. 또 여러분 중에는 침울한 전망을 하고 지난해를 출발하신 분들도 있을 줄 압니다. 그러나 반대로 매우 성공적인 해였을 수 있습니다.

이 모든 일에 대하여 여러분은 어떻게 생각하십니까? 불신자들은 인간의 노력이 성공을 가져왔다고도 하고, 행운이 따랐다고도 하고 혹은 불운이 따랐다고도 말할 것입니다.

그러나 하나님의 백성인 우리는 믿음의 눈으로 지난해를 뒤돌아보게 됩니다. 성공과 기쁨의 때가 있었는가 하면 많은 노력에도 불구하고 실패하고 침울해한 때도 있었습니다. 그러나 이 모든 일은 우연히 일어나지 않았습니다. 모든 일은 하나님의 섭리 가운데서 일어났습니다. 이 세상에서 하나님이 모르시고 일어나는 일은 없습니다. 시간 세계에 일어나는 모든 일은 하나님의 무한한 지혜와 영원한 작정으로부터 일어납니다. 그래서 우리는 지난해 모든 일을 감사함으로 뒤돌아보고 신뢰 속에 새해를 내다보아야 합니다.

이제 본문에서 "그리스도 안에서의 하나님의 완전한 섭리"라는 제목으로 우리 주 예수 그리스도의 복음을 전하려 합니다.

다음 세 가지 요점을 생각하게 됩니다. 첫째, 하나님의 완전한 작정, 둘째, 작정의 신비를 이해하는 은사, 셋째, 믿음으로서의 승리입니다.

> 1. 하나님의 완전한 작정
> 2. 작정의 신비를 이해하는 은사
> 3. 믿음으로서의 승리

1. 하나님의 완전한 작정

첫째, 하나님의 완전한 작정에 관하여 생각하게 됩니다.

우리가 전도서 1장을 읽을 때, 전도자는 세상의 모든 것을 매우 비관적이고 허무하게 보고 말하는 듯 느끼게 됩니다. 세상에 있는 모든 것이 헛되고, 아무 뜻도 없는 것처럼 보고 말하는 것 같습니다. 그러나 주의를 기울여 잘 읽어보면 그렇게 말한 참된 의미를 이해할 수 있습니다.

얼핏 볼 때 세상 모든 것이 헛되고 무의미하게 보입니다. 믿음 없이 하나님의 뜻에 순종하지 않고 살 때, 이 세상에 일어나는 모든 것이 헛되고 뜻 없이 보인다는 것입니다. 주 하나님의 뜻을 모르고 사는 사람들에게는 모든 것이 다 헛되고 무의미하게만 보입니다. 하지만 모든 것을 믿음으로 이해하게 될 때 의미가 있다는 것입니다.

세상에 모든 것은 덧없어 보입니다. 사람이 나고 죽습니다. 꽃이 아침에 피어 아름다움을 보이나 저녁에는 시들어 사라져 버립니다. 한 나라가 한때에 일어나 큰 힘을 자랑합니다. 그러나 얼마 후에는 무너지고 사라집니다. 세상에 있는 모든 것은 변합니다. 부패합니다. 그래서 모든 것이 헛되고 무의미하게 보입니다. 불신자의 눈에는 모든 것이 이렇게만 보입니다.

그러나 하나님의 자녀는 이 세상에서 일어나는 모든 것 속에서 하나님의 다스리시는 손을 보게 됩니다. 그래서 하나님의 자녀에게는 어떤 것도 무의미한 것이 없습니다. 어떤 것도 우연히 일어나는 일이 없습니다. 모든 것이 하나님의 섭리 가운데서 일어납니다. 하나님은 무한한 지혜를 가지고 계십니다. 모든 것은 이 하나님의 무한한 지혜에 의해 작정 됩니다. 그래서 모든 것은 하나님의 작정을 따라 일어납니다. 그러므로 모든 것은 자기 때에 일어나는 것입니다.

전도서 3장 1절에서 8절까지 때라는 말이 28번이나 발견됩니다. "범사에 기한이 있고 천하만사가 다 때가 있나니 날 때가 있고 죽을 때가 있으며 심을 때가 있고 심은 것을 뽑을 때가 있다."라고 합니다.

모든 것은 하나님이 정하신 자기 때를 가지고 있습니다. 날 때가 있습니다. 날 때를 하나님이 정하십니다. 또 죽을 때가 있습니다. 하나님이 죽을 때를 정하셨습니다. 사람이 자기가 태어나는 일과 죽는 일을 지배할 수 없습니다. 하나님이 그 모든 것을 작정하셨습니다. 슬퍼할 때가 있고 춤출 때가 있습니다. 인간의 고통은 우연히 오지 않습니다. 이것도 무한한 지혜의 하나님에 의해 정해져 있습니다.

어떤 것은 얼핏 볼 때 매우 불행하고 슬프게 보입니다. 그러나 믿음의 눈으로 볼 때 모든 것은 아름답고 완전합니다. 왜냐하면, 모든 것이 무한한 지혜의 하나님에 의해 정해진 것이기 때문입니다. 그래서 전도자는 우리의 오늘 본문에서 "하나님이 모든 것을 지으시되 때를 따라 아름답게 하셨다."라고 했습니다.

하나님이 지으신 모든 것은 아름답습니다. 창세기에서 우리는 하나님이 지으신 모든 것이 좋았다는 말씀을 읽게 됩니다. 창세기 1:31에 이렇게 기록되어 있습니다. "하나님이 그 지으신 모든 것을 보시니 보시기에 심히 좋았더라." 이 말씀은 창조에만 제한되지 않습니다.

이 말씀은 하나님께서 시간 세계에서 행하시는 모든 것에 적용됩니다. 하나님이 하시는 것은 무엇이든지 심히 좋습니다. 우리는 이것을 믿어야 합니다. 여러분 중 어떤 분에게는 지난해가 성공적인 해였을 줄 믿습니다. 그러나 다른 분들에게는 고통스러운 해였을 수도 있습니다. 여러분 가운데 어떤 분은 경제적인 어려움을 겪었습니다. 하지만 여러분이 하나님은 내게 좋지 않았다고 말할 수 있습니까? 신앙이 있다면, 지나온 모든 어려움에도 불구하고 하나님은 내게 좋으셨다고 말하게 될 것입니다. 모든 것은 나의 유익을 위해 하나님께서 정하신 것이기 때문입니다. 하나님의 참된 자녀들은 하나님은 언제나 내게 심히 좋으셨다고 고백하게 됩니다.

여러분, 우리는 모든 것이 일어난 때와 장소를 아름답다고 해야 합니다. 모든 것에 대한 때와 장소는 무한한 지혜를 가지신 하나님께서 정하신 것입니다. 아브라함을 생각해 보십시오. 하나님이 그에게 아들을 약속하셨습니다. 그런데 하나님은 그가 99세가 되기까지 아들을 주시지 않았습니다. 왜 하나님은 이렇게 나이가 많을 때까지 약속된 아들을 주시지 않았습니까? 답은 단순합니다. 모든 것은 하나님이 정하신 때가 있습니다. 이렇게 고령에 하나님의 약속이 이루어진 것은 그 때를 따라 아름다웠습니다.

몇 년 후 하나님께서 아브라함에게 비상한 요구를 하십니다. 정말 어려운 요구였습니다. 네 사랑하는 아들, 이삭을 모리아 산에서 제물로 드리라고 하셨습니다. 이것은 참으로 순종하기 매우 어려운 요구입니다. 아버지인 아브라함에게는 틀림없이 슬픔이 있었고 눈물이 있었습니다. 그러나 그는 그 요구를 시행했습니다. 어떤 일이 일어났습니까? 하나님께서 그 아들 대신에 다른 제물을 준비하셨습니다. 하나님은 때를 따라 모든 것을 아름답게 하셨습니다.

요셉의 경우를 생각해 보십시오. 그는 자기의 형제에 의해 외국인에게 팔렸습니다. 실상 그의 형제는 근거 없이 그를 미위했습니다. 그가 종으로 외국인에 의해 끌려가게 되었을 때, 그는 슬픔의 사람이었습니다. 그의 마음은 억울하고 찢어지는 것 같았을 것입니다. 그런데 이 모든 일의 결과는 어떠했습니까? 그로 말미암아 언약의 가정, 야곱의 가족이 흉년 때에 보호를 받게 되었습니다. 그 결과 하나님은 슬픔의 때를 아름답게 하셨습니다.

여러분, 우리는 이 진리를 기억해야 합니다. "하나님은 때를 따라 모든 것을 아름답게 하신다." 하나님의 작정 섭리에 관하여 의심하지 않아야 합니다. 모든 것은 하나님에 의해 작정 되어 있고, 그 정한 때를 따라 일어납니다. 하나님이 하시는 일은 무엇이든 좋고 아름답습니다. 모든 것은 그의 영광과 우리의 유익을 위한 것이기 때문입니다.

2. 작정의 신비를 이해하는 은사

둘째, 이 하나님의 작정의 신비를 이해하는 하나님의 은사에 관하여 생각하겠습니다.

하나님의 작정에 관하여 하나님 외에는 아무도 모릅니다. 모든 것은 하나님이 정하셨습니다. 하나님께서 그의 무한한 지혜로 그때를 정해 놓으셨습니다. 아무도 하나님의 작정의 지혜를 헤아릴 수 없습니다. 아무도 하나님의 작정의 깊은 뜻을 파고들 수 없습니다.

그러면 하나님의 작정을 우리는 전혀 모릅니까? 정말 우리는 하나님의 작정에 관해서 모릅니다. 내가 언제 죽을지 모릅니다. 내일 내게 무슨 일이 일어날는지 모릅니다. 아무도 내일 세상에 어떤 일이 일어날지 모릅니다.

하지만 여러분, 하나님은 우리가 아무것도 모르는 캄캄한 어둠 속에 버려두시지 않았습니다. 하나님께서는 우리를 그의 형상을 따라 지으셨습니다. 우리는 우리 속에 하나님의 형상이 있습니다. 그래서 우리는 동물이나 식물처럼 단지 하늘 아래 피조물에만 속해 있지 않습니다. 우리는 본질적으로 하늘의 영역에 속해 있습니다. 그래서 우리는 이 세상에 속한 일시적인 것으로만 만족하지 않습니다. 먹고 마시는 것으로만 만족하지 않습니다. 해 아래 있는 세상 것으로만 만족하지 않습니다. 이들 이상인 것 곧, 하늘에 있는 것을 찾고 있습니다.

우리 본문은 "하나님이 … 사람들에게는 영원을 사모하는 마음을 주셨느니라."라고 합니다. 이 말씀은 하나님이 인간에게 단순히 불멸의 성격을 주셨다는 것이 아닙니다. 이것은 하나님께서 우리 인간의 마음속에 영원하고 초자연적인 것을 사모하는 충동을 주셨다는 것입니다. 사람은 마음속에 일시적인 것을 넘어 영원한 것을 향해 나아가고자 하는 충동이 있습니다. 사람은 일시적인 것으로 만족할 수 없는 존재입니다. 만일 누가 일시적인 것으로 만족하고 있다면 그는 아직 동물의 수준에 살고 있음을 가리키고 있습니다. 사람은 일시적인 것 이상을 사모합니다.

10. 하나님의 완전한 섭리

사람은 영원에 속한 것을 알기 원합니다. 사람은 개인적인 생활, 공동체 생활에서 일어나는 것들을 관찰합니다. 이것들이 왜 일어났는지 이유를 알려 합니다. 사람은 과학적, 물리적 이유만으로 만족하지 않습니다. 전쟁이 일어납니다. 거기 정치적, 사회적 이유가 반드시 있습니다. 세상에 지진, 홍수, 가뭄 등의 재해가 일어납니다. 이에 대한 지질학적 기상학적 이유가 있습니다. 요사이 일산화탄소 문제를 많이 말하고, 엘니뇨 현상의 심각성을 말합니다. 어떤 분이 병이 걸립니다. 병리학적 설명이 있을 것입니다. 그러나 사람은 이런 이유와 설명만으로 만족하지 않습니다. 이들은 모두 이차적 이유이기 때문입니다. 사람은 이보다 훨씬 높고 깊은 이유를 찾습니다. 제일의 근본적인 이유를 알기를 원합니다.

하나님이 모든 것을 작정하시고 정하셨습니다. 우리는 하나님의 작정의 깊이를 알기 원합니다. 하나님께서 우리 마음속에 영원을 사모하는 마음을 주셨기 때문입니다. 그러나 우리 본문의 하반절은 이렇게 말합니다. "그러나 하나님이 하시는 일의 시종을 사람으로 측량할 수 없게 하셨도다." 그럼 우리는 계속 호기심 속에서만 살아야 합니까?

3. 믿음으로서의 승리

셋째, 우리는 예수 그리스도를 믿는 믿음 안에서 이 문제 해결하고 개가를 부릅니다.

사람은 영원히 하나님의 작정에 대한 호기심만 가지고 살고 있지 않습니다. 단순히 하나님의 작정을 알기를 바라다 죽지 않습니다. 우리는 주 예수 그리스도를 믿는 믿음 가운데 우리에게 나타난 것으로 만족하며 살게 됩니다. 하나님은 그의 모든 뜻을 예수 그리스도를 통해 우리에게 나타내어 주셨습니다.

하나님께서 그의 아들 안에서 나타내신 가장 중요한 것이 무엇일까요? 하나님께서 우리를 죄와 죽음의 세계로부터 구원하신다는 사실입니다. 이것은 의심할 수 없습니다. 하나님이 세상을 사랑하사 그의 독생자를 주셨습니다. 그의 독생자 안에서 우리는 하나님의 작정, 우리의 구원에 대한 지식을 얻습니다. 하나님은 우리를 사랑하십니다. 하나님은 우리를 구원하십니다. 우리를 구원하기 위해 하나님은 그의 독생자를 십자가에 죽게 하셨습니다. 이것이 우리를 향한 하나님의 작정에 대한 가장 중요한 지식입니다.

그러면 이제 우리는 무엇을 알게 됩니까? 모든 것이 우리 구원을 위해 작정된 것임을 알게 됩니다. 세상 역사의 전 과정은 그의 백성의 구원을 위해 작정 되었습니다. 달리 말하면 세상 전 역사의 진행이 주님의 교회를 위해 작정 되었습니다. 인간 타락의 순간으로부터 전 역사의 진로는 하나님의 백성, 곧 그의 교회의 구원을 위해 다스려져 왔습니다. 여자의 후손 메시야 예수 그리스도가 오는 길을 위해 하나님은 전 세계의 역사를 이끌어 오셨습니다. 전 세계의 역사는 하나님의 언약 성취를 위한 것이었습니다.

아브라함의 자손 보존을 위해 하나님은 역사를 이끌어 오셨습니다. 하나님은 이사야를 통해 이사야 43:3에 이렇게 말씀하셨습니다. "대저 나는 여호와 네 하나님이요, 이스라엘의 거룩한 이요, 네 구원자임이라. 내가 애굽을 너의 속량물로, 구스와 스바를 너를 대신하여 주었노라." 하나님은 그의 백성의 구원을 위해 모든 나라의 흥망성쇠를 작정하셨습니다.

드디어 하나님은 우리 구원을 위해 그의 독생자를 주셨습니다. 그렇다면 하나님께서 우리를 위해 모든 것을 주시지 않겠습니까? 모든 것은 우리의 구원을 위해 일어나는 것입니다.

우리 그리스도인들은 이런 놀라운 지식을 가지고 있습니다. "하나님이 우리의 구원을 위해, 나의 구원을 위해 모든 것을 작정하셨다." 영고성쇠, 기쁨이나 슬픔, 건강이나 병, 모두가 우연히 생기지 않고 하나님의 선한 섭리에 의해서 일어납니다. 그래서 그리스도인들은 전도자 솔로몬과 함께 "하나님이 모든 것을 때를 따라 아름답게 하셨다."라고 말하게 됩니다.

그 결과 그리스도인들은 번영의 때나 역경의 때나 언제든지 평안을 잃지 않고 위로를 얻습니다. 그리스도인들은 언제나 기쁨과 소망 가운데 살아갑니다. 결코, 절망에 떨어지지 않습니다. 그리스도인도 사람이기에 때로 의기소침하고 낙망할 수 있습니다. 그러나 그리스도인들은 믿음으로 "내 영혼아, 네가 어찌하여 낙심하며 어찌하여 내 속에서 불안해 하는가 너는 하나님께 소망을 두라."라고 하며 새 힘을 얻습니다(시 42:5). 그리스도인들은 용기를 얻고 모든 어려운 환경을 극복해 갑니다.

이런 그리스도인들은 모든 재난 속에서도 인내합니다. 예수 그리스도 안에서 하나님 아버지의 사랑이 모든 악을 나의 구원에 유익 되게 하실 것을 믿기 때문입니다.

그러므로 예수 그리스도를 구원의 주로 모신 사람은 복이 있습니다. 우리가 예수 그리스도를 믿는 믿음을 가질 때, 우리는 미래에 대한 자신감을 가지고 살게 됩니다. 한 해가 가고 다른 해가 옵니다. 다음 해에 어떤 일이 일어날 것인지 내게 숨겨져 있습니다. 그러나 한 가지 확실한 것이 있습니다. 지난해에 주 하나님은 번영의 때나 역경의 때나 우리와 함께해 주셨습니다. 같은 주 하나님이 새해에도 우리와 함께해 주실 것입니다. 주 하나님은 모든 것을 때를 따라 아름답게 하실 것입니다. 정말 우리에게 해를 주는 일은 결코 없을 것입니다. 주 하나님이 그리스도 안에서 우리의 구원을 위해 모든 것을 주관하시기 때문입니다.

친애하는 여러분, 주 예수 그리스도를 구주로, 친구로, 인도자로 언제나 모시고 살기 바랍니다. 그러면 사망이나 생명이나, 현재 일이나 장래 일이나, 능력이나, 높음이나 깊음이나, 모든 것이 여러분의 것이 될 것입니다. 여러분은 그리스도의 것이요, 그리스도는 하나님의 것입니다. 아멘.

11. 개인을 다루시는 여호와 하나님

성경 봉독: 에스겔 18:1~32
설교 본문: 에스겔 18:1~4

또 여호와의 말씀이 내게 임하여 이르시되 "너희가 이스라엘 땅에 관한 속담에 이르기를 아버지가 신 포도를 먹었으므로 그의 아들의 이가 시다고 함은 어찌 됨이냐? 주 여호와의 말씀이니라. 내가 나의 삶을 두고 맹세하노니, 너희가 이스라엘 가운데에서 다시는 이 속담을 쓰지 못하게 되리라. 모든 영혼이 다 내게 속한지라. 아버지의 영혼이 내게 속함 같이 그의 아들의 영혼도 내게 속하였나니, 범죄하는 그 영혼은 죽으리라."(에스겔 18:1~4)

친애하는 여러분,

하나님의 말씀은 언제나 진리입니다. 그래서 하나님의 말씀은 기록된 그대로 받아들여야 합니다. 그리고 우리는 하나님의 말씀을 바르게 해석해야 합니다. 역사를 돌아보면 하나님의 말씀을 그대로 받아들이지 않은 일이 많이 있었습니다. 하나님의 말씀을 잘못 해석하는 일도 있었습니다. 이 잘못된 해석이 무서운 결과를 가져온 것을 우리는 역사에서 자주 보게 됩니다.

옛날 예수님께서 이 세상에 오셨을 때 유대인들이 하나님의 말씀을 그대로 받아들이지 않았습니다. 또 잘못 해석했습니다. 그 결과 유대인들이 오신 메시야를 거절하고, 십자가에 못 박도록 로마인들에게 넘겨주었습니다. 오늘날까지도 유대인들 대부분은 예수 그리스도가 약속된 메시야인 것을 부인하고 있습니다. 지금도 다른 메시야를 기다리고 있습니다. 이 세상에는 잘못된 교리보다 더 불행하고 파괴적인 것이 없습니다.

한국 교회에서 지난 1950년대에 일어났던 박태선의 전도관, 오늘 세계적으로 퍼져 있는 문선명의 통일교 등 이단들은 성경을 잘못 보고 잘못 해석하는 것이 얼마나 파괴적인지를 잘 알려 주고 있습니다.

성경을 잘못 이해하는 것 가운데 가장 일반적인 것은 성경 한 절, 혹은 한 부분의 말씀을 성경 전체의 관련 속에서 이해하지 않고 따로 떼어 내어 그것이 절대적인 진리인 것으로 생각하고 주장하는 것입니다. 신구약 성경 66권은 실상 예수 그리스도를 전해 주는 하나의 책이요, 하나의 복음입니다. 그러므로 한 구절 한 구절을 성경 전체와 관련하여 이해해야 합니다.

오늘 우리는 오늘의 본문을 통해 성경이 가르치는 진리를 어떻게 바르게 이해할 것인가 함께 살피려 합니다. 이스라엘 백성은 조상의 죄가 그 자손에게 미친다는 것을 하나님의 말씀에서 잘 알았습니다. 그런데 저들은 이 말씀을 개인적인 책임과 관련하여 이해하지를 않았습니다. 그래서 저들은 자기들이 당하는 모든 고통의 원인을 조상들의 죄에 다 돌렸습니다. 그 결과 자신들의 죄를 인정하지 않았습니다. 여호와 하나님은 이 잘못된 생각을 선지자 에스겔을 통해 교정해 주시기를 원하셨습니다.

이제 본문으로부터 "개인을 다루시는 여호와 하나님"이라는 제목으로 주의 복음을 전하려 합니다. 여기에서 생각할 세 가지 요점이 있습니다. 첫째, 환란 속에 사는 이스라엘 백성의 변명, 둘째, 개인을 상대하시는 하나님, 셋째, 하나님의 공정한 통치에 대해서입니다.

1. 환란 속에 사는 이스라엘 백성의 변명
2. 개인을 상대하시는 하나님
3. 하나님의 공정한 통치

1. 환란 속에 사는 이스라엘 백성의 변명

첫째, 본문에서 우리는 이스라엘 백성이 환난 중에서 자기들 죄에 대해 변명하는 것을 듣게 됩니다.

에스겔 선지자가 예언하던 시대에 이스라엘 사람들 사이에 속담이 있었습니다. 본문 2절에 있는 대로 "아버지가 신 포도를 먹었으므로 그의 아들의 이가 시다."라는 것이었습니다. 이는 곧 "조상이 죄를 범했기 때문에 후손들이 어려움을 당한다."라는 뜻을 나타낸 것입니다. 이런 속담이 언제 생겼는지 알려지지 않습니다. 하여간 이 속담이 온 이스라엘 백성 가운데 유행했습니다. 그 시대에 바벨론에 포로로 잡혀간 분들이나, 예루살렘에 남아 있는 모든 사람 가운데 이 속담이 유행했습니다.

에스겔이 예언한 같은 시대에 선지자 예레미야가 예루살렘에서 예언했습니다. 예레미야 31:29에 보면 그도 같은 속담에 관하여 말하면서 에스겔과 같은 경고를 하고 있습니다. 그는 "그때에 그들이 말하기를 다시는 아버지가 신 포도를 먹었으므로 아들들의 이가 시다 하지 아니하리라."라고 했습니다.

이 속담은 아마도 이스라엘이 민족적으로 환난을 겪고 있었을 때 생겨난 것으로 보입니다. 특별히 요시야 왕 이후에 유다 왕국의 모든 왕이 하나님 앞에 계속 불충하고 악을 행하였습니다. 따라서 그의 백성들도 악을 행하게 되었습니다. 성경은 그 시대의 모든 왕에 관하여 한결같이 이렇게 말하고 있습니다. "그의 조상들의 모든 행위대로 여호와 보시기에 악을 행하였더라."(왕하 23:32, 37, 24:19 등)

당시 백성의 종교적, 도덕적 생활이 심히 타락하고 부패했습니다. 곳곳마다 우상숭배가 유행했습니다. 간음이 성행했습니다. 부한 자들이 궁핍한 자를 학대했습니다. 가진 자들이 빚진

자의 전당물을 억지로 빼앗는 일이 있었습니다.

이 모든 일이 민족적인 재난을 불러 왔습니다. 남방에 있는 애굽 나라의 바로 느고가 유다 왕국을 침범하고 봉토로 만들었습니다. 오래지 않아 북방으로부터 바벨론의 느부갓네살이 유다 왕국을 침범했습니다. 그는 예루살렘에 있는 귀족 대부분을 바벨론으로 포로로 사로잡아 갔습니다. 이로 인해 예루살렘에는 가난한 서민들만 남게 되었습니다. 그래서 이스라엘 백성이 예루살렘과 이국땅 바벨론에 나뉘어 살게 되었습니다.

이로써 하나님의 언약 백성인 이스라엘 백성이 외국의 침략으로 큰 재난을 겪고 고생하게 되었습니다. 이때 "아버지가 신 포도를 먹었으므로 그의 아들의 이가 시다."라는 속담이 유행하게 되었던 것으로 보입니다.

이제 여호와 하나님께서 선지자들을 통해 이런 속담을 쓰지 말도록 그의 백성에게 명령하셨습니다. 실상 이 속담은 보편적인 진리를 담고 있습니다. 성경은 이 진리를 일찍부터 가르쳐 왔습니다. 그런데 왜 하나님은 지난날에 보편적인 진리로 주셨던 것을 이제 사용하지 못하게 하실까요?

여러분, 성경이 이 진리를 가르치고 있는 것은 분명합니다. 부모와 자녀들 사이에는 불가분의 연대 관계가 있습니다. 인류의 첫 조상인 아담과 그의 후손인 전 인류 사이에는 불가분의 연대 관계가 있습니다. 우리 조상이 범죄했기 때문에 우리는 다 그 원죄를 타고 났습니다. 우리는 모두 아담의 죄 가운데서 잉태되고 태어났습니다. 아비의 죄가 자녀에게 이르게 된다는 것은 일반적 진리입니다. 하나님은 제2계명에서 "나 네 하나님 여호와는 질투하는 하나님인즉 나를 미워하는 자의 죄를 갚되 아버지로부터 아들에게로 삼사 대까지 이르게"할 것이라 선언하셨습니다.

예레미야 선지자가 당시 유행하던 속담을 금하면서도, 같은 진리에 관하여 말한 것을 주목하게 됩니다. 예레미야 32:18에서 이렇게 말합니다. "주는 은혜를 천만인에게 베푸시며 아버지의 죄악을 그 후손의 품에 갚으시오니 크고 능력 있으신 하나님이시요, 이름은 만군의 여호와시니이다." 예레미야는 또 15:4에서 "유다 왕 히스기야의 아들 므낫세가 예루살렘에 행한 것으로 말미암아 내가 그들을 세계 여러 민족 가운데에 흩으리라."라는 하나님의 말씀을 전합니다.

신약 복음서에서도 주 예수께서 같은 진리의 말씀을 하셨습니다. 마가복음 23:35~36에서 "의인 아벨의 피로부터 성전과 제단 사이에서 너희가 죽인 바라갸의 아들 사가랴의 피까지 땅 위에서 흘린 의로운 피가 다 너희에게 돌아가리라. 내가 진실로 너희에게 이르노니 이것이 다 이 세대에 돌아가리라."라고 하셨습니다.

자녀가 아버지의 죄 때문에 어려움을 당하는 것은 사실입니다. 아버지와 그의 자녀 사이에는 떨어질 수 없는 연대 관계가 있습니다. 하나님이 말씀하신 것은 누구도 부인할 수 없습니다. 또 자녀가 그들의 아버지의 죄를 따르고, 신 열매를 먹게 되는 것도 사실입니다.

 자녀가 부모의 죄를 별스럽게 여기지 않은 경우들이 있습니다. 예를 들어 봅니다. 주일 성수를 하지 않는 부모가 있습니다. 부도덕한 생활을 하는 부모가 있습니다. 이런 부모의 자녀는 이런 죄들을 심각하게 여기지 않게 됩니다. 죄를 죄로 보지 않게 되는 것입니다. 따라서 저들은 그들의 부모의 생활을 본보고 따르게 됩니다. 그 결과 저들은 죄악 된 생활의 쓴 결과를 마침내 맞게 됩니다.

 여러분, 이 속담이 진리를 포함하고 있는데도 불구하고 왜 하나님은 이제 이 속담을 사용하는 것을 금하고 계십니까? 하나님의 뜻이 변한 것입니까? 하나님의 뜻은 결코 변할 수 없습니다. 하나님의 뜻은 영원히 변함이 없습니다. 하나님이 말씀하신 것은 영원히 그대로입니다. 부모와 자녀 간의 연대 관계는 확실합니다. 우리가 충분히 이해 못 해도 그것은 확실합니다.

 그러면 왜 하나님은 이 속담을 더 못쓰게 명령하셨을까요? 거기에는 분명한 이유가 있습니다. 당시 이스라엘 백성이 자기들의 죄를 변명하기 위해 이 속담을 사용했기 때문입니다. 그들이 자기들이 당하고 있는 고통의 원인을 조상의 죄에서만 찾았기 때문입니다. 그들이 외국 바벨론의 세력에 의해 침범을 당하고 모든 것을 잃었습니다. 외국에 포로로 잡혀 왔습니다. 민족적인 재난을 당했습니다. 예루살렘 성이 파괴되었습니다.

이런 재난의 때에 이스라엘 백성은 현재 자기 자신들의 죄를 보지 않았습니다. 그들은 모든 책임을 조상들에게만 돌렸습니다. 그들은 스스로 의로운척했습니다. 조상들만 탓했습니다. 저들은 자기들 죄를 회개하지 않았습니다. 그래서 여호와 하나님은 "너희가 다시는 이 속담을 쓰지 말라."라고 하셨습니다.

자기가 저지른 잘못을 다른 사람에게 떠넘기는 것이 부패한 죄인의 습성입니다. 우리 조상 아담이 제일 먼저 그러했습니다. 하나님께서 아담에게 "내가 네게 먹지 말라 명한 그 나무 열매를 네가 먹었느냐?"라고 물으셨습니다(창 3:11). 이때 아담은 "하나님이 주셔서 나와 함께 있게 하신 여자 그가 그 나무 열매를 내게 주므로 내가 먹었나이다."하고 대답했습니다(창 3:12). 아담은 자기 자신의 책임을 하와에게 돌렸습니다. 또 "하나님이 주셔서 나와 함께 있게 하신 여자"라고 말함으로 자신의 책임을 하나님에게도 돌렸습니다.

아담의 자녀인 우리도 이따금 하와와 같은 태도를 보입니다. 어떤 고통이나 재난을 당할 때 어디 책임을 지울까 궁리하는 일이 있습니다. 어떤 때는 "그것은 불가피한 일이었다." 혹은 "그것은 자연적인 결과였다. 어떻게 할 수 없었다."라고도 합니다. 자녀들 가운데는 자기가 잘못했을 때 부모가 자기를 잘못 키운 탓이라고 하며 부모에게 책임을 돌리는 일도 있습니다. 심할 때는 하나님을 원망하기도 합니다.

오늘 많은 사람이 자기 죄를 보지 않습니다. 그래서 자기의 죄에 대해 슬퍼하거나 회개하는 일이 별로 없습니다. 죄를 심각하게 여기지 않습니다. 죄를 오히려 평범한 것으로 여깁니다.

죄 문제에 대한 태도에 있어서 에스겔 시대의 이스라엘 백성과 오늘날의 사람들 사이에 본질적인 차이가 없습니다. 우리는 어지간한 잘못은 죄로 보지 않는 악한 시대에 살고 있습니다. 자신의 죄를 심각하게 여기지 않는 악한 시대에 살고 있습니다.

여러분, "아버지가 신 포도를 먹었으므로 그의 아들의 이가 시다"라는 잠언을 여러분도 사용하지 않기 바랍니다. 어떤 환경에서든지 우리는 나 자신의 죄를 결코 남에게 지우지 않아야 합니다. 여러분은 모두 하나님 앞에서 여러분 자신의 죄에 대해 언제나 책임을 지고 심각하게 여기는 생활을 하시기 바랍니다.

2. 개인을 상대하시는 하나님

둘째로 하나님은 개인을 상대하고 다루신다는 사실을 알려줍니다.

하나님께서 이스라엘 백성에게 이 잠언을 사용하지 말라고 명령하실 때는 이유가 있었습니다. 우리 본문 4절이 그 이유를 알려주고 있습니다. 하나님은 "모든 영혼이 다 내게 속한지라. 아버지의 영혼이 내게 속함 같이 그의 아들의 영혼도 내게 속하였다."라고 합니다.

하나님이 "모든 영혼이 내게 속했다."라고 말씀하시는 것은 근본적인 사실입니다. 모든 영혼은 하나님께 속해 있습니다. 하나님께서 모든 영혼을 창조하셨습니다. 그래서 모든 영혼은 하나님과 직접적인 관계를 맺고 있습니다. 아버지의 영혼과 그의 아들의 영혼은 하나님 앞에서 각각 개인적으로 책임 있는 존재입니다. 하나님은 아버지와 그의 아들에게 꼭 같이 상대하십니다. 하나님은 아버지와 밀접한 관계를 맺은 것처럼, 그의 아들에게도 밀접한 관계를 맺고 계십니다. 하나님은 각 영혼과 직접 관계하십니다. 하나님은 여러분 각인의 영혼과 직접 관계하시고 계십니다.

물론 아버지와 그의 자녀 사이에는 분명한 연대 관계가 있습니다. 그러나 이 연대 관계 때문에 하나님 앞에서 개인의 책임이 면제되는 것은 결코 아닙니다. 하나님은 각 개인에게 책임을 묻습니다. 그래서 각 영혼은 하나님 앞에서 행한 일에 대한 책임을 져야 합니다.

연대 관계와 개인의 책임은 서로 모순되지 않습니다. 율법책 신명기 5:9의 율법에서 "나를 미워하는 자의 죄를 갚되 아버지로부터 아들에게로 삼사 대까지 이르게 하거니와"라고 말씀하신 같은 하나님이, 같은 율법책 신명기 24:16에서 이렇게 말씀하십니다. "아버지는 그 자식들로 말미암아 죽임을 당하지 않을 것이요 자식들은 그 아버지로 말미암아 죽임을 당하지 않을 것이니 각 사람은 자기 죄로 말미암아 죽임을 당할 것이니라." 앞의 말씀과 뒤의 말씀이 서로 모순되는 것처럼 보입니다. 그러나 서로 전혀 모순되지 않습니다. 혹 인간에게는 모순되게 들리나 하나님께는 그렇지 않습니다. 하나님은 "범죄하는 그 영혼이 죽으리라."라고 말씀하십니다.

그러므로 우리는 우리의 죄와 허물을 다른 사람들에게 결코 넘겨서는 안 됩니다. 내 죄의 짐을 다른 사람에게 결코 지울 수 없습니다. 죽는 영혼은 자기 죄 때문에 죽습니다. 결코, 다른 분의 죄 때문에 죽지 않습니다. 우리는 우리의 죄를 변명하지 말아야 합니다. 하나님 앞에서 우리 자신의 죄를 책임질 줄 알아야 합니다.

하나님은 각 개인을 다루십니다. 범죄하는 그 영혼이 죽습니다. 여호와 하나님은 5절에서 18절까지 좋은 본을 알려 주십니다.

먼저 하나님은 5절에서 9절까지 의로운 사람의 경우를 듭니다. 이 사람은 그 시대에 지배하는 죄에서 떠나 살았습니다. 시대마다 그 시대를 지배하는 특수한 죄가 있습니다. 에스겔 시대의 특수한 죄는 우상숭배, 이웃의 아내를 더럽히는 일, 가난한 사람의 것을 억지로 탈취하는 일(고리대금), 가난한 자를 학대하는 것 등이었습니다. 이 의로운 사람은 경건하게 살고 그 시대의 지배적인 죄로부터 더럽힘을 당하지 않았습니다. 하나님의 법과 의를 따라 살며 하나님의 영광을 나타내었습니다. 이 사람에 대하여 9절은 "그는 의인이니 반드시 살리라. 나 주 여호와의 말씀이니라."라고 하십니다.

다음으로, 여호와 하나님은 10절에서 13절까지 이 의로운 사람의 아들 경우를 듭니다. 그의 아들은 아버지와 아주 다르게 소개되고 있습니다. 아들은 폭력을 행사하고 살인하는 자였습니다. 그의 생활이 아버지와는 정반대였습니다. 그 시대에 지배적인 죄로 자신을 더럽혔습니다. 산 위에서 우상숭배를 하고, 이웃의 아내를 더럽혔습니다. 가난한 자를 무시하고 학대했습니다. 하나님의 계명을 따라 살지 않고 하나님의 영광을 위해 살지 않았습니다. 여호와는 이런 아들에 대하여 무엇이라 말씀하셨습니까? 13절은 이렇게 말합니다. "이 모든 가증한 일을 행하였은즉 반드시 죽을지라. 자기의 피가 자기에게로 돌아가리라."

아버지의 의가 아들을 도울 수 없었습니다. 그 아들은 자기가 행한 일에 대하여 하나님 앞에서 책임을 져야 합니다. 그 아들이 범죄했으니 자기 죄 때문에 죽어야 합니다.

나아가, 여호와 하나님은 이 죄인의 아들, 곧 제3세대의 경우를 14절에서 17절까지 보여줍니다. 이 아들은 그의 아버지의 모든 죄를 보고 크게 슬퍼했습니다. 그는 자기 아버지가 범한 모든 죄를 미워했습니다. 그는 거룩하게 살고 하나님의 영광을 위해 살았습니다. 그 결과 17절에서 "이 사람은 그의 아버지의 죄악으로 죽지 아니하고 반드시 살리라."라고 했습니다. 그의 아버지는 죄 때문에 죽었지만, 이 아들은 거룩한 생활을 택했기 때문에 구원을 받게 된다고 합니다.

11. 개인을 다루시는 여호와 하나님

친애하는 여러분, 에스겔 선지자의 이 설명이 분명한 교훈을 주고 있지 않습니까? 모든 사람은 각기 개인적으로 하나님 앞에서 자기가 행한 것에 대한 책임을 지게 됩니다. "범죄하는 그 영혼은 죽을 것입니다."

20절에 결론의 말씀이 있습니다. "범죄하는 그 영혼은 죽을지라. 아들은 아버지의 죄악을 담당하지 아니할 것이요, 아버지는 아들의 죄악을 담당하지 아니하리니, 의인의 공의도 자기에게로 돌아가고, 악인의 악도 자기에게로 돌아가리라."

그런데 여러분 그리스도인들(언약의 백성) 가운데 종종 오해가 있습니다. 어떤 분들은 태생 신자요, 유아세례도 받았기 때문에 어떻게 살든지 자동으로 구원받게 될 것으로 믿고 있습니다. 이것은 매우 위험한 생각입니다. 믿는 부모에게서 출생한 것은 큰 축복입니다. 세례를 받음으로 언약의 백성으로 그리스도 안에서 죄의 용서와 영생에 대한 놀라운 약속을 받았습니다. 큰 축복입니다.

그러나 여러분, 이것을 잊지 않아야 합니다. 하나님의 약속하신 축복은 언약하신 하나님의 요구를 따라 살 때 여러분의 몫이 됩니다. 곧 하나님의 말씀에 순종하고 살 때 하나님이 약속한 복을 얻어 누릴 수 있습니다. 하나님의 요구는 매우 개인적입니다.

죄의 용서와 영생에 대한 약속을 가지신 여러분, 하나님 앞에서 어떻게 살고 있습니까? 여러분이 행한 일에 대하여 하나님 앞에서 개인적인 책임을 져야 한다는 사실을 기억하시기 바랍니다. "범죄하는 그 영혼은 죽으리라." 의로운 영혼만 반드시 살게 될 것입니다.

3. 하나님의 공정한 통치

끝으로, 여호와 하나님의 공정한 통치에 관하여 알려줍니다.

하나님의 통치는 공의롭고 공평합니다. 여호와 하나님은 공의를 집행하실 때 사람들처럼 협상하는 일이 없습니다. 그의 통치에 따르면 "범죄하는 그 영혼은 죽으리라.", "의로운 영혼은 반드시 살리라." 하는 것입니다.

이제 우리의 물음은 "이 땅 위에 의로운 사람이 있느냐"하는 것입니다. 우리 가운데 누구도 "나는 의인이다"하고 말할 수 없습니다. 바울 사도는 "의인은 없나니 하나도 없다."라고 했습니다(롬 3:10). 우리는 모두 죄인입니다. 그럼 우리는 다 죽어야 합니까? 하나님은 23절에서 말씀하십니다. "주 여호와의 말씀이니라. 내가 어찌 악인이 죽는 것을 조금인들 기뻐하랴!" 32절에서 "죽을 자가 죽는 것도 내가 기뻐하지 아니하노니"라고 하십니다. 우리 여호와 하나님은 자비로우십니다.

그래서 여호와 하나님은 회개를 통한 생명의 길을 열어 주셨습니다. 하나님은 21절에서 "악인이 만일 그가 행한 모든 죄에서 돌이켜 떠나 내 모든 율례를 지키고 정의와 공의를 행하면 반드시 살고 죽지 아니할 것이라."라고 하십니다. 이어 하나님은 22절에 회개하고 죄에서 떠날 때 "그 범죄한 것이 하나도 기억함이 되지 아니하리니 그가 행한 공의로 살리라."라고 하십니다.

동시에 여호와는 24절에서 경고하십니다. "만일 의인이 돌이켜 그 공의에서 떠나 범죄하고 악인이 행하는 모든 가증한 일대로 행하면 살겠느냐 그가 행한 공의로운 일은 하나도 기억함이 되지 아니하리니 그가 그 범한 허물과 그 지은 죄로 죽으리라."

여러분, 하나님은 자비로우시고 공의로우십니다. 하나님이 정하신 길은 단순합니다. 생명의 길과 사망의 길이 있습니다. 생명의 길이란 무엇을 의미합니까? 모든 죄에서 떠나 하나님이 주신 계명을 따라 걷는 것입니다. 사망의 길은 무엇을 가리킵니까? 하나님의 법을 떠나 죄 가운데 걸어가는 것입니다. 그래서 여호와 하나님은 이스라엘 백성에게 이 두 길 중에 어느 길을 택하여 걸어갈 것인지 결단을 요구하고 계십니다.

여호와 하나님은 자비롭게 "내가 어찌 악인이 죽는 것을 조금인들 기뻐하랴!"라고(23절) 하시고 "너희는 너희가 범한 모든 죄악을 버리고 마음과 영을 새롭게 할지어다. 이스라엘 족속아, 너희가 어찌하여 죽고자 하느냐?"라고(31절) 말씀하십니다.

이제 우리에게 주는 마지막 교훈은 이것입니다. 죄를 떠나는 것이 생명의 길이라는 것입니다. 그럼 우리가 스스로 죄악의 길을 완전히 떠날 수 있습니까? 부패성 때문에 이는 불가능합니다. 우리의 마음은 죄를 즐기는 본성을 가지고 있습니다.

그러면 왜 하나님은 우리에게 불가능한 것을 요구하십니까? 이로써 여호와 하나님은 우리가 불가능한 우리 자신을 발견하게 하십니다. 그리고 하나님께 전적으로 의지하도록 하십니다. "천부여, 의지 없어서 손들고 옵니다. 주 나를 외면하시면 나 어디 가리까?" 우리가 우리 자신이 무능함과 무력함을 알게 될 때, 우리는 겸손하게 됩니다. 하나님의 도우심과 축복만 의지하게 됩니다.

여호와 하나님은 옛 이스라엘 백성에게 불가능한 것을 요구하심으로 그들이 오시는 메시야를 사모하게 했습니다. 그리스도 예수 안에서만 우리가 새 힘을 얻을 수 있고 구원을 얻을 수 있기 때문입니다. 무능한 우리가 예수 그리스도로 말미암아 모든 것을 할 수 있습니다. 예수 그리스도로 말미암아 우리가 죄의 길을 떠날 수 있고, 승리의 생활을 할 수 있습니다.

친애하는 형제자매 여러분, 언제나 나 자신이 무능함과 무력함을 알고 그리스도를 의지하시기 바랍니다. 그래서 그리스도로 말미암아 항상 죄를 이기는 승리의 생활을 하시기 바랍니다. 아멘.

12. 새 다윗으로 그의 백성을 인도하시는 여호와

성경 봉독: 에스겔 34:1-10
설교 본문: 에스겔 34:23-27a

내가 한 목자를 그들 위에 세워 먹이게 하리니, 그는 내 종 다윗이라. 그가 그들을 먹이고 그들의 목자가 될지라. 나 여호와는 그들의 하나님이 되고 내 종 다윗은 그들 중에 왕이 되리라. 나 여호와의 말이니라. 내가 또 그들과 화평의 언약을 맺고 악한 짐승을 그 땅에서 그치게 하리니, 그들이 빈 들에 평안히 거하며 수풀 가운데에서 잘지라. 내가 그들에게 복을 내리고 내 산 사방에 복을 내리며 때를 따라 소낙비를 내리되 복된 소낙비를 내리리라. 그리한즉 밭에 나무가 열매를 맺으며 땅이 그 소산을 내리니 그들이 그 땅에서 평안할지라.(에스겔 34:23~27a)

친애하는 형제자매 여러분,

오늘 이 땅에 있는 교회가 외적으로 많이 분열된 것처럼 보입니다. 교회당 건물들 앞에 서로 다른 이름의 간판이 달린 것을 보게 되기 때문입니다. 하지만 교회는 본질적으로 각기 다른 간판을 달고 있는 건물이 아닙니다. 교회는 믿는 자들의 모임입니다. 여러 이름을 가진 다른 교회가 있는 것을 볼 때 하나의 교회가 분열된 것처럼 보입니다. 그래서 사람들이 교회가 하나 되어야 한다고 하고, 하나 되는 운동을 하고 있습니다. 피상적으로 볼 때 이해가 갑니다.

그러나 여러분, 모두 같은 이름의 간판을 달고 기구적으로 하나가 되고 하나처럼 보이는 것이 가장 중요하지 않습니다. 교회는 교회의 왕이신 예수 그리스도의 말씀에 순종하여 사는 데서 하나가 되어야 합니다. 기구적으로 하나가 된다고 해도 왕이신 그리스도의 말씀에 대한 순종이 없으면 아무 의미가 없습니다. 그리고 교회가 하나가 되는 것은 인간의 노력으로 이루어지는 것이 아닙니다. 선한 목자 되신 주 예수 그리스도께서 이루시는 일입니다.

우리 본문의 말씀은 이스라엘의 하나님이 새 다윗을 세워 그의 언약의 백성을 인도하실 것을 알려주고 있습니다. 이 시간, 본문 말씀으로부터 "새 다윗으로 그의 백성을 인도하시는 여호와 하나님"이라는 제목으로 복음을 전하려 합니다. 이 본문이 포함하고 있는 다음 세 가지 점에 주목하려 합니다. 첫째,

한 목자와 한 언약의 백성, 둘째, 언약 백성의 안전, 셋째, 언약 백성의 만족에 관해서입니다.

1. 한 목자와 한 언약의 백성
2. 언약 백성의 안전
3. 언약 백성의 만족

1. 한 목자와 한 언약의 백성

첫째, 우리 본문은 한 목자와 한 언약 백성에 관하여 말씀하고 있습니다.

여호와 우리 하나님은 B.C. 6세기에 바벨론에서 포로 생활을 하는 그의 백성 이스라엘에게 에스겔의 입을 통해 이런 약속의 말씀을 주십니다. "내가 한 목자를 그들의 위에 세워 먹이게 하리니 그는 내 종 다윗이라. 그가 그들을 먹이고 그들의 목자가 될지라."(23절) 우리는 이 약속의 말씀을 에스겔 34장의 머리 부분에서 이미 하신 말씀에 비추어 이해해야 합니다.

거기서 여호와 하나님은 이스라엘의 악한 목자들에 대해 큰 노를 나타내십니다. 여호와는 이렇게 말씀하십니다. "자기만 먹는 이스라엘 목자들은 화 있을진저! 목자들이 양 떼를 먹이는 것이 마땅하지 아니하냐? 너희가 살진 양을 잡아 그 기름을 먹으며 그 털을 입되 양 떼는 먹이지 아니하는도다."(2절b~3절)

목자는 양을 먹여야 합니다. 그것이 사명입니다. 하지만 당시 목자들은 양을 먹이지 않고 자기 유익을 위해 양을 이용만 했습니다. 살진 양을 골라잡아 자기 배만 채웠습니다. 양 떼를 먹이지는 않았습니다. 더 나아가 말씀합니다. "내 양 떼가 모든 산과 높은 멧부리에 마다 유리되었고 내 양 떼가 온 지면에 흩어졌으되 찾고 찾는 자가 없었도다."(6절)

이것은 다 무엇을 의미하고 있습니까? 이스라엘의 지도자들이 자기들의 유익을 위해 백성 곧, 양 떼를 이용할 뿐이고, 도무지 돌보지는 않았다는 것입니다. 하나님은 일찍부터 그의 언약 백성을 돌보고 인도하기 위해 왕과 제사장 등을 세웠습니다. 그러나 저들이 자기의 의무를 성실하게 이행하지 않았습니다. 저들은 받은 사명을 잊었습니다. 도리어 그의 백성을 이용하기만 했습니다.

이러한 환경에서 여호와 하나님은 선지자 에스겔을 통해 이스라엘 백성에게 아름다운 약속의 예언을 주십니다. "내가 한 목자를 그들의 위에 세워 먹이게 하리니, 그는 내 종 다윗이라. 그가 그들을 먹이고 그들의 목자가 되리라."(23절)

여러분, 이 말씀은 무슨 뜻입니까? 하나님이 이미 세상을 떠난 다윗을 다시 이 세상에 돌아오게 하여 그의 백성을 돌보게 하시겠다는 뜻일까요? 물론 아닙니다. 다윗은 오래전에 세상을 떠나 조상들이 간 길로 갔습니다. 이 예언은 단지 지난날에 다윗이 이스라엘 교회에서 중요한 자리를 차지하였고, 그의 백성을 하나님의 언약의 길로 충성스럽게 인도했다는 것을

12. 새 다윗으로 그의 백성을 인도하시는 여호와

기억하게 합니다. 지난날 다윗은 여호와의 언약 백성을 앞으로 오실 메시야를 믿는 신앙의 길로 인도했습니다. 다윗은 종종 오실 메시야에 대하여 예언했던 사실을 우리는 잘 압니다.

다윗이 남긴 시편 110편을 보면 그는 오시는 메시야의 왕적 영광에 관하여 예언했습니다. 2절에서 "여호와께서 시온에서부터 주의 권능의 규를 내보내시리니, 주는 원수들 중에서 다스리소서!"라고 했습니다(3절 참조).

다윗은 이렇게 확실하게 오시는 메시야에 관한 신앙을 가지고 있었습니다. 그의 백성을 메시야를 기다리는 구원의 길로 인도했습니다. 다윗은 양 떼를 잘 먹임으로 자기 사명을 충실히 이행한 선한 왕이요, 목자였습니다.

이제 선지자 에스겔은 여호와가 보내시는 새 다윗이 온다고 우리 본문 23절에 예언합니다. "내가 한 목자를 그들 위에 세워 먹이게 하리니 그는 내 종 다윗이라." 악한 목자들이 양들을 해치고 자기만족을 위해 이용하는 환경에서 선지자 에스겔은 "새 다윗이 온다."라고 예언합니다. 옛날에 살았던 다윗처럼 양 떼를 잘 먹이고 인도할 선한 목자가 온다고 예언합니다.

여러분, 이 에스겔의 예언이 이천 년 전 우리 주 예수 그리스도께서 이 세상에 오심으로 성취되었습니다. 이 세상에 오신 주 예수님은 친히 "나는 선한 목자라."라고 말씀하셨습니다(요 10:14).

예수 그리스도께서 이 세상에 오셨을 때도 이스라엘에 많은 악한 목자들이 있었습니다. 바리새인들과 서기관들은 이스라엘 백성을 잘못된 길로 인도했습니다. 그들은 거짓 목자들이었습니다. 이스라엘 백성은 거짓 목자들 아래에서 견디기 어려운 무거운 짐을 지고 고생했습니다. 이스라엘 백성은 율법뿐 아니라, 바리새인들과 서기관들이 만든 수많은 법을 지킴으로 무거운 멍에를 메고 살아야 했습니다.

그때 선한 목자 예수님이 오셔서 말씀하셨습니다. "수고하고 무거운 짐 진 자들아, 다 내게로 오라. 내가 너희를 쉬게 하리라."(마 11:28) 그리고 또 말씀하셨습니다. "나는 선한 목자라. 선한 목자는 양들을 위하여 목숨을 버리느니라."(요 10:11)

나아가, 선한 목자 예수님은 또 말씀하셨습니다. "인자가 온 것은 섬김을 받으려 함이 아니라, 도리어 섬기려 하고 자기 목숨을 많은 사람의 대속물로 주려 함이니라."(막 10:45) 정말 예수 그리스도는 에스겔 선지자가 예언한 선한 목자였습니다.

친애하는 여러분, 여호와는 에스겔 선지자를 통해 "내가 한 목자를 그들 위에 세워"라고 말씀하심으로 "한 목자"를 강조하셨습니다. 이것은 이 장 첫머리에 복수로 "목자들"이라고 말한 것과 크게 대조가 됩니다.

왜 이스라엘은 "한 목자"를 가져야 합니까? 이는 당시 이스라엘이 분열된 현실을 생각하게 합니다. 솔로몬 왕 이후에 이스라엘이 두 왕국으로 분열되었습니다. 본질적으로 이스라엘

12. 새 다윗으로 그의 백성을 인도하시는 여호와

은 하나의 백성이었습니다. 여호와께서 하나의 백성을 종 되었던 애굽에서 이끌어내셨습니다. 그 하나의 백성을 광야를 통해 인도하셨습니다. 그 하나의 백성을 가나안 땅에 정착하게 했습니다. 왕 다윗과 솔로몬 시대에 성소를 중심으로 사는 오직 하나의 백성이 있었습니다.

그러나 이 하나의 백성이 하나의 백성으로 계속되지 못했습니다. 그 이유는 어디에 있습니까? 왕 솔로몬이 말년에 여호와 앞에서 그의 왕적 사명을 등한했기 때문입니다. 그가 말년에 이방 여인들과 결혼했습니다. 이 이방 여인들을 통해 이방 신들을 들여왔습니다. 솔로몬은 그의 백성을 여호와의 길로 인도할 사명을 성실하게 이행하지 않았습니다. 그 결과는 무엇입니까? 이스라엘 백성들은 르호보암과 여로보암에 의해 분열되고 말았습니다. 북 이스라엘 왕국, 남 유다 왕국, 두 왕국으로 분열되어 버렸습니다. 분열은 그대로 진행되고 치유되지 않았습니다.

이 분열된 두 왕국은 후에 다 무너지고 이방 나라에 포로로 잡혀가게 되었습니다. 먼저 열 부족의 왕국인 북방 왕국 이스라엘이 주전 722년에, 140년 후에는 두 부족의 왕국인 남방 유다 왕국이 포로로 잡혀가게 되었습니다. 그 결과 한 무리였던 양 떼가 흩어지게 되었습니다. 하나의 백성이 흩어지게 되었습니다.

하나의 백성이 분열되고 흩어진 슬픈 환경에서 선지자 에스겔은 여호와 하나님께 받은 아름다운 미래에 대하여 예언합니다. "내가 한 목자를 그들 위에 세우리라." 이것은 분열되고 흩어진 백성이 한 목자 아래 하나의 백성으로 하나 됨이 회복될 것이라는 말씀입니다. 분열에 끝이 온다는 말씀입니다. 한 목자에 의해 한 떼의 양이 있게 될 것이라는 말씀입니다.

여호와 하나님은 약속하십니다. "너희들이 분열되어 있으나 어느 날 너희들은 다윗의 시대처럼 한 목자를 갖게 될 것이다." 이 예언은 곧 "한 목자, 한 백성"에 관해 예언한 것입니다. 이스라엘 백성의 분열이 치유되고 하나 됨이 회복되리라는 것입니다.

여러분, 새 다윗, 선한 목자가 오심으로 하나 됨이 회복되었습니다. 새 다윗 예수 그리스도가 이 세상에 탄생하셨을 때 일어난 일을 생각해 보십시오. 누가복음 2장을 살펴보시기 바랍니다. 거기 두 사람이 나타납니다. 두 부족 왕국인 유다에 속했던 시므온이란 사람이 나타납니다. 그는 성전에서 마리아에게서 난 아기 예수를 안고 큰 기쁨으로 하나님을 찬송했습니다. 그다음으로 북방 10지파 왕국에 속한 아셀 지파의 바누엘의 딸 안나가 나타납니다. 안나가 같은 성전에서 하나님께 감사하고, 예루살렘의 구속을 바라는 모든 사람에게 이 아기 예수에 대하여 알렸습니다. 각기 다른 왕국에 속했던 이들이 선한 목자 예수 그리스도를 영접했습니다.

이후 분열되어 사방에 흩어졌던 언약의 백성이 한 백성으로 모이게 되었습니다. 사도행전 2장에 나타나는 오순절 사건을 보게 됩니다. 주의 성령이 부어졌을 때 많은 언어와 종족으로 나누어졌던 백성들이 예수를 구주로 믿었습니다. 저들은 한 믿음으로 하나가 되었습니다. 믿는 유대인들과 헬라인들이 하나의 새로운 교회 공동체를 이루었습니다. 한 목자 예수 그리스도의 구원의 말씀이 전해지고, 이 말씀이 믿음으로 받아들여 지는 곳에는 어디든지 하나의 백성이 생겨났습니다.

친애하는 여러분, 한 목자 아래 하나의 양 떼, 이것은 인간의 지혜와 노력이 이루어 내지 못합니다. 오늘날 분열된 교회에 관하여 많은 사람이 심한 비판을 합니다. 우리 주변의 수많은 이단을 포함한 종파를 볼 때 이해는 갑니다.

그러나 에스겔의 예언이 성취된 이후 그리스도의 교회는 결코 분열되어 있지 않았습니다. 그리스도 예수 안에서 교회는 하나가 되어 있습니다. 개혁교회의 신조는 "우리는 참 그리스도인들의 거룩한 회중이요, 모임인 하나의 보편적 세계적 교회가 있음을 믿는다."라고 고백하고 있습니다(벨기에 신앙고백 제27항). 주의 복음이 순수하게 전해지고, 주의 계명이 신실하게 지켜지는 곳마다 하나의 보편 교회가 나타납니다.

루터와 칼뱅이 나타나 로마 교회와 싸웠을 때, 교회에 분열을 일으키지 않았습니다. 개혁자들은 한 분 선한 목자의 말씀에 순종하기 위해 싸웠던 것입니다. 그래서 그들은 결코 교회의 하나 됨을 파괴하지 않았습니다. 그리스도의 교회를 하나

되는 길로 인도하였습니다. 그리스도의 교회가 거짓 교리를 용납하고 복음을 순수하게 지키지 않을 때, 그 교회는 이상 더 그리스도의 교회가 아닙니다. 그 교회는 에스겔이 예언하고, 선한 목자가 이루신 하나의 교회로부터 떠났습니다.

그러므로 우리는 주의 말씀에 충실한지 살펴야 합니다. 혹 우리가 주의 말씀에서 벗어나고 있지 않은지 항상 살펴야 합니다. 주의 말씀을 그대로 전하고 그 말씀을 그대로 순종하고 살아야 합니다.

우리는 교회가 분열되어 있다고 말하지 않아야 합니다. 그리스도 안에서 하나 됨을 발견하는 교회는 분열되어 있지 않습니다. 개혁자들은 결코 교회를 분열하지 않았습니다. 교회가 선한 목자의 말씀을 순종하고 사는 한 그 교회는 하나의 보편 교회에 속해 있습니다.

그리스도가 교회의 유일한 머리이십니다. 그리스도가 교회의 중심에 서 계십니다. 그리스도 안에서 교회는 하나입니다. 우리 교회가 주변에 있는 다른 여러 교회에 비교해 작습니다. 그렇지만 아무리 작아도 한 목자이신 그리스도의 말씀에 충실하는 한 하나의 보편 교회에서 떠나지 않습니다. 참된 복음이 전파되고 사도적 신앙이 보존되는 한, 하나의 보편 교회 속에 있습니다.

여러분, 거짓된 교회 일치 운동이 기승을 부리는 때에, 이 사실이 참된 진리, 참된 신앙을 찾는 자들에게 큰 위로가 됩니다.

선한 목자 되신 예수 그리스도께서 "각 족속과 방언과 백성과 나라 가운데서 사람들을 피로 사서" 그의 양 무리를 모으시고, 한 무리로 만드시며 푸른 초장으로 인도하십니다(계 5:9). 양은 목자 없이 살아남을 수 없습니다. 그래서 선지자 에스겔은 여호와의 말씀으로 예언했습니다. "내가 한 목자를 그들 위에 세워 먹이게 하리니, 그는 내 종 다윗이라. 그가 그들을 먹이고 그들의 목자가 될지라." 다윗의 자손 주 예수 그리스도가 우리의 유일하고 참된 목자이십니다.

2. 언약 백성의 안전

둘째로 언약 백성의 안전에 관한 말씀을 듣게 됩니다.

우리 본문 25절에서 여호와는 "내가 또 그들과 화평의 언약을 맺겠다."라고 말씀하십니다. 이 언약에는 양 무리의 안전이 확보되어 있음을 보여줍니다. 계속 우리는 여호와께서 주시는 말씀을 듣습니다. "악한 짐승을 그 땅에서 그치게 하리니 그들이 빈 들에 평안히 거하며 수풀 가운데에서 잘지라."라고 합니다.

가나안 땅에서 목자들은 이따금 자기 양을 보호하기 위해 거친 짐승들과 싸웠습니다. 삼손이 그의 부모와 함께 딤나의 포도원에 이르렀을 때 젊은 사자가 으르렁거리며 나타났습니다. 이때 삼손은 그 젊은 사자를 염소 새끼를 찢음같이 찢어 죽였습니다. 이 이야기를 우리는 사사기 14:5~6에서 읽을 수 있습니다. 다윗이 어릴 때 아버지의 양 떼를 지키다 사자나 곰이 이따금 나타났습니다. 사자가 양 떼의 새끼를 해치려 할 때 다윗은 그 수염을 잡고 쳐서 죽였다고 합니다. 우리는 그 이야기를 사무엘상 17:34~35에서 읽을 수 있습니다. 그 시대에 가나안의 들짐승은 매우 위험했습니다. 그래서 들에 장막을 치고 지나는 생활에는 위험이 항상 따랐습니다.

그러나 선지자 에스겔은 이런 악한 짐승 때문에 두려워하는 시대의 끝이 올 것을 예언하고 있습니다. 여호와는 본문 25절 하반절에 "악한 짐승을 그 땅에서 그치게 하리니 그들이 빈 들에 평안히 거하며 수풀 가운데에서 잘지라."라고 하십니다. 이는 여호와께서 그의 백성에게 안전과 보호를 약속하시는 말씀입니다.

여호와는 그의 양 무리를 모든 위험에서 보호하십니다. 이 세상에 악한 세력이 날뛰고 있습니다. 그러나 그리스도의 교회가 이 악한 세력에 의해 결코 압도를 당하거나 파멸하지 않을 것입니다. 주의 양 떼에 속한 모든 양에게 이것은 사실입니다. 교회에 속한 신자 한 사람, 한 사람에게 이것은 사실입니다.

우리 주변의 현실을 볼 때, 이것이 사실이 아닌 것처럼 보이기도 합니다. 이 세상에는 고통을 당하고 있는 그리스도인이 많이 있습니다. 그리스도 안에 사는 신자들이 각종 어려움과 병과 재난과 슬픔을 당하는 것을 보게 됩니다. 이 세상으로부터 박해를 받기도 합니다. 하나님의 백성에게 많은 고통이 있습니다. 오늘 이집트, 시리아, 이란 등에서 믿는 사람들이 큰 박해를 받고 있습니다. 칼뱅과 같은 신실한 종에게도 많은 슬픔과 고통이 있었습니다. 그는 어린 자녀 셋을 얻었으나 모두 어릴 때 잃었습니다. 자신은 수많은 병을 앓았습니다. 늦게야 가정을 가졌지만, 그의 아내는 10년을 함께 하지 못하고 세상을 떠났습니다. 얼마나 인간적으로 슬프고 고통스러운 일이었겠습니까?

그러나 여러분, 참된 그리스도인에게는 예수 그리스도 안에 안전이 보장되어 있습니다. 믿는 자들에게는 선한 목자가 되신 예수 그리스도 안에 참된 안전이 확보되어 있습니다. 육체적 고통을 당하였던 사도 바울을 보십시오. 그는 자기 육체에 가시가 있었습니다. 육체적인 병이 있었다는 것입니다. 이 때문에 그는 많은 고통을 당했습니다. 그래서 그는 이 고통에서 벗어나기 위해 간절히 기도했습니다. 그렇지만 고통에서 자유를 얻지 못했습니다.

그러면 사도 바울은 전혀 위로받지 못하고 평안을 얻지 못했습니까? 아닙니다. 그는 자기의 연약함 가운데서 하나님의 큰 은혜와 능력을 체험했습니다. 그래서 그는 이렇게 말했습니다. "내가 그리스도를 위하여 약한 것들과 … 기뻐하노니 이는 내가 약한 그 때에 강함이라."(고후 12:10)

여러분, 믿음이 없이는 우리가 저런 위로와 기쁨을 즐길 수 없습니다. 믿음이 없으면 이 세상에서 어려움을 당할 때 괴로움과 탄식만 하게 됩니다. 믿음으로 그리스도를 모시고 사는 사람만 안전을 누리고 보호를 받게 됩니다.

여기서 우리가 한 가지 경계해야 할 것이 있습니다. 우리는 어떤 경우에도 안전을 확보하고 있다고 생각하지 않아야 합니다. 우리에게는 어떤 경우에도 전혀 위험이 없다고 말하지 않아야 합니다. 어떤 경우에도 악한 자 사탄이 주의 양 떼에 속한 나를 해치지 못할 것이라고 말하지 않아야 합니다.

여러분, 믿음으로 주의 말씀을 굳게 붙들고 살지 않을 때 안전은 확보되지 않습니다. 흐릿하고 절제 없는 생활을 할 때 안전은 확보되지 않습니다. 우리가 여호와 앞에서 성실하게 살지 않을 때 안전은 확보되지 않습니다. 그러므로 우리는 사도 바울을 통해 주신 말씀처럼 "모든 것 위에 믿음의 방패를 가지고 이로써 능히 악한 자의 모든 불화살을 소멸하고 구원의 투구와 성령의 검, 곧 하나님의 말씀을 가져야" 합니다(엡 6:16~17). 이런 영적 무장을 함으로 우리는 악한 대적과 싸우고 이겨 안전을 확보할 수 있습니다. 우리 시대에 위험은 증가하고 있습니다. 적그리스도의 세력은 더욱 강해지고 있습니다.

하지만 여러분, 우리에게는 선한 목자가 있습니다. 우리가 신실하게 그의 말씀을 순종하고, 그를 붙들고 살 때 그는 우리를 지켜 주실 것입니다. 예수 그리스도 안에 우리의 안전이 있습니다. 이 믿음으로 이 세상에서 용기를 가지고 매일의 사명의 길을 걸어가시기 바랍니다.

"내가 … 악한 짐승을 그 땅에서 그치게 하리니, 그들이 빈 들에 평안히 거하며 수풀 가운데에서 잘지라." 예수 그리스도 안에 우리의 안전이 있습니다. 조만간, 주께서 다시 오시는 날, 악한 세력, 죄인들의 세력은 이 지상에서 다 사라질 것입니다. 경건하지 못한 자들은 자취를 감추게 될 것입니다. 우리를 미혹하는 마귀가 불과 유황불 속으로 영원히 사라질 것입니다. 그리스도 안에서 의롭다 함을 얻은 자들만 사는 새 세계가 올 것입니다. 거기에서 우리의 안전은 영원히 확보될 것입니다.

3. 언약 백성의 만족

끝으로 언약 백성의 만족에 대한 말씀을 듣게 됩니다.

선지자 에스겔의 예언에서 우리는 계속 이런 말씀을 읽게 됩니다. "내가 그들에게 복을 내리고 내 산 사방에 복을 내리며 때를 따라 소낙비를 내리되 복된 소낙비를 내리리라. 그리한즉 밭에 나무가 열매를 맺으며 땅이 그 소산을 내리니, 그들이 그 땅에서 평안할지라. 내가 그들의 멍에의 나무를 꺾고 그들을 종으로 삼은 자의 손에서 그들을 건져낸 후에 내가 여호와인 줄을 그들이 알"것이라고 합니다(26~27절).

이 예언의 말씀은 먼저 여호와께서 그의 언약 백성을 이방 포로 생활에서 해방을 주시고, 그들에게 무거운 멍에를 지웠던 자들의 손에서 구원해 주실 것을 알려 주십니다.

나아가, 이 예언의 말씀은 오래전 이스라엘 백성에게 주신 레위기 26장의 말씀을 돌이켜 생각하게 합니다. 거기에 여호와는 이스라엘 백성들에게 "내가 너희의 멍에의 빗장을 부수고 너희를 바로 서서 걷게 하였느니라."라고 하셨습니다(레 26:13). 이 말씀을 하심으로 하나님은 그들을 애굽의 노예 생활에서 구원하신 후에 언약의 축복과 언약의 저주에 관하여 말씀하신 것을 기억하게 하십니다.

여호와 하나님은 레위기 26:9에 "내가 너희와 함께 한 내 언약을 이행하리라."라고 하시고, 14~20절에서 이렇게 말씀하십니다. "너희가 내게 청종치 아니하여 … 나의 모든 계명을 준행하지 아니하며 내 언약을 배반할진대 내가 이같이 너희에게 행하리니 … 너희 파종한 것은 헛되리니 너희의 대적이 그것을 먹을 것임이며 … 하늘을 철과 같게 하며 너희 땅을 놋과 같게 하리니 … 땅은 그 산물을 내지 아니하고 땅의 나무는 그 열매를 맺지 아니하리라."

그렇지만 레위기 26:3~5에서 이렇게 말합니다. "그러나 너희가 내 규례와 계명을 준행하면 내가 너희에게 철따라 비를 주리니 땅은 그 산물을 내고 밭의 나무는 열매를 맺으리라. … 너희가 음식을 배불리 먹고 너희의 땅에 안전하게 거주하리라."

이렇게 여호와는 하나님의 언약을 지키는 자들에게 풍성한 땅의 약속을 하셨습니다. 기쁨과 평강을 누리게 되는 만족한 생활을 약속하셨습니다. 여호와 하나님이 주신 언약의 말씀을 따라 충실히 사는 사람들은 그가 돌봐 주시기 때문에 부족함이 없게 될 것을 말씀하셨습니다.

실제 이스라엘 백성들은 바벨론의 포로 생활에서 구원을 받았습니다. 고국에 돌아왔습니다. 그럼 그들은 약속된 큰 복을 누리게 되었습니까? 아닙니다. 그들은 기쁨과 평강을 누리는 생활을 결코 즐기지 못했습니다. 이유는 어디에 있습니까? 그들이 여호와의 언약의 말씀에 따라 신실하게 살지 않았기 때문입니다. 오신 메시야를 거절했기 때문입니다. 오늘까지도 이스라엘 백성은 늘 위협과 불안 속에 살아가고 있습니다.

그러면 에스겔 선지자의 예언은 언제 완전하게 성취될까요? 선한 목자 예수 그리스도께서 다시 오시는 그 날 성취됩니다. 예수 그리스도는 새 다윗이요, 다윗의 근본이요 다윗의 아들입니다. 그가 다시 오시는 날 우리는 새 다윗인 예수 그리스도 안에서 모든 만족을 발견하게 될 것입니다. 그를 믿는 자는 그 날에 그가 부어주시는 복을 누리며 "여호와는 나의 목자시니, 내가 부족함이 없으리로다."라고 노래하게 될 것입니다.

우리의 선한 목자, 예수 그리스도가 악한 자에게 포로 되었던 우리를 구원해 주셨습니다. 그가 우리를 구원의 땅으로 인도해 주시고, 축복의 소낙비가 쏟아지는 아름다운 땅으로 인도하여 주셨습니다. 우리는 이 세상에서 이미 여호와께서 약속하신 넘치는 기쁨을 즐기고 있습니다.

우리는 우리 주 예수 그리스도가 다시 오시는 날을 내다보고 있습니다. 어린 양이 오심으로 베풀어질 혼인 잔치의 날을 바라보고 살고 있습니다. 거기서 우리는 우리 주 예수 그리스도의 아버지의 나라에서 그와 함께 영원히 즐기게 될 것입니다. 거기 우레 같은 할렐루야 합창이 들릴 것이고, 거기서 우리가 영원히 여호와를 찬양하게 될 것입니다. 아멘.

13. 주의 손에서 하나 되는 교회

성경 봉독: 에스겔 37:15~23
설교 본문: 에스겔 37:19

너는 곧 이르기를 주 여호와께서 이같이 말씀하시기를 내가 에브라임의 손에 있는 바 요셉과 그 짝 이스라엘 지파들의 막대기를 가져다가 유다의 막대기에 붙여서 한 막대기가 되게 한즉 내 손에서 하나가 되리라 하셨다 하고(에스겔 37:19)

친애하는 여러분,

오늘 교회일치운동이 국내적으로나 국제적으로 중요한 문제가 되었습니다. 다른 여러 교회 간의 일치를 추구하는 운동이 있고 조직이 있습니다. 저들은 한결같이 "교회는 그리스도 안에서 하나"라는 기치를 내겁니다.

이런 아름다운 표제에도 불구하고 대부분이 잘못된 일치를 추구하고 있습니다. 왜냐하면, 저들 대부분이 하나의 외적인 기구적 일치를 위해 복음의 진리를 등한시하고 있기 때문입니다.

세계에 있는 여러 교회는 각기 다른 역사적인 배경과 신조가 있습니다. 이런 교회들이 어떻게 하나가 될 수 있을까요? 그 답은 하나님의 말씀에서 얻을 수밖에 없습니다.

우리는 본문 19절 끝에서 "내 손에서 하나가 되리라."라는 말씀을 발견하게 됩니다. 교회의 참된 일치는 인간의 노력으로 되는 것이 아니고, 여호와의 축복으로 되는 것입니다.

이제 본문으로부터 "여호와의 손에서 하나가 되는 교회"라는 제목으로 우리 주 예수 그리스도의 복음을 전하려 합니다. 이에 첫째, 하나가 되는 백성에 관하여, 둘째, 교회가 하나 되는 방법에 관하여, 셋째, 교회가 하나 되는 목적에 관해 복음을 들으려 합니다.

1. 하나가 되는 백성
2. 교회가 하나 되는 방법
3. 교회가 하나 되는 목적

1. 하나가 되는 백성

첫째, 하나가 되는 백성이 누구냐 하는 것을 생각하려 합니다.

여호와 하나님이 선지자 에스겔에게 이상 중에 나타나셔서 말씀합니다. "너는 막대기 하나를 가지라."(16절) 이 막대기는 나무 막대기로 목자가 가진 막대기일 것으로 생각됩니다. 여호와는 이어 말씀하십니다. "그 막대기 위에 유다와 그 짝 이스라엘 자손이라 쓰라."라고 하십니다. 계속 말씀하십니다. "또 다른 막대 하나를 가지고 그 위에 에브라임의 막대기, 곧 요셉과 그 짝 이스라엘 온 족속이라 쓰라."라고 하셨습니다.

이것은 한편으로 남방 왕국인 유다와 북방 왕국인 이스라엘 자녀와 관련됩니다. 달리 말하면 이는 두 지파에 속한 베냐민과 시므온과 유다에 충실했던 레위 족속에 관련됩니다. 그리고 다른 편으로는 에브라임과 관련됩니다. 달리 말하면 북방 왕국을 이룬 열 지파에 관련됩니다. 요셉은 그의 두 아들인 에브라임과 므낫세, 에브라임 편에 있는 모든 다른 족속을 포괄해서 말하는 것입니다.

그래서 여기 두 막대기는 두 왕국을 가리키고 있습니다. 두 왕국은 원래 여호와 하나님의 하나의 언약 백성에 속해 있었습니다. 곧 두 왕국은 구약 시대에 하나의 교회에 속해 있었습니다. 그러나 저들이 두 왕국으로 분열되었습니다. 원래 하나의 언약 백성, 하나의 언약 교회가 있었습니다. 에스겔이 본 이상에 있어서 중요한 강조는 여기에 있습니다. 이 이상에서 눈길을 끄는 것은 나라가 남북으로 분열되고 서로 나라가 다른데도 불구하고 두 막대기가 다 하나의 공통된 이름, 이스라엘 자손, 이스라엘 온 족속이라는 이름을 쓰라고 하는 것입니다.

두 나라의 공통된 이름은 이스라엘입니다. 이것은 언약 백성의 이름입니다. 이 이름은 하나님의 언약 안에서 하나라는 것을 가리키고 있습니다. 거기 두 막대기가 있습니다. 그러나 그들은 하나입니다. 유다와 에브라임이 외형적으로는 분열되어 있습니다. 그러나 저들은 아브라함을 같은 조상으로 가지고 있으므로 서로 연대 관계를 이루고 있습니다. 거기에 분열이 있었습니다. 그러나 저들은 근본적으로는 하나입니다.

여호와는 두 나라를 하나로 만들 수 있습니다. 달리 말하면, 여호와는 나누어져 있는 두 교회를 하나로 만들 수 있습니다. 밖으로 보아서는 두 교회이지만, 본질적으로는 하나의 교회가 있기 때문입니다. 그런데 이 교회들이 하나 되는 것은 인간의 노력으로 되는 것이 아닙니다. 하나님 은혜의 역사입니다.

거기 두 개의 막대기가 있습니다. 그렇지만 각 막대기에는 이스라엘이란 같은 이름이 쓰여 있습니다. 거기에는 주께서 주신 내적인 영적 연관 관계가 있습니다. 그래서 교회는 가능한 한 사랑의 끈으로 연관된 아름다움을 밖으로 분명하게 드러내야 합니다.

그런데 여기 막대기는 더 많은 것을 알려 줍니다. 두 막대기가 있습니다. 분열이 되어 있습니다. 어떻게 분열이 일어났습니까? 주께서는 하나의 백성인 이스라엘을 종 되었던 집, 애굽에서 구원하셨습니다. 큰 목자이신 그는 이 하나인 양 무리를 가나안 땅으로 인도했습니다. 주께서는 그 한 백성을 다윗과 솔로몬 아래서 큰 부와 영광을 누리게 하셨습니다. 원래 한 막대기였습니다.

 그런데 왜 두 막대기가 생기게 되었습니까? 달리 말하면 왜 이스라엘 교회에 분열이 일어났습니까? 주께서는 사람이 이해할 수 없는 그의 작정 가운데 그의 교회의 속화를 막기 원하셨습니다. 그리고 메시야의 오시는 길을 열기 원하셨습니다. 이를 위해서 이런 분열이 필요했습니다. 이 모든 일 가운데는 분열을 위한 인간의 죄와 미련함이 연관되었습니다.

 솔로몬이 말년에 차츰 타락함으로 메시야를 기다리는 신앙을 등한하게 되었습니다. 이 때문에 에브라임이 유다로부터 분열하는 결과를 가져 왔습니다. 솔로몬의 아들 르호보암이 하나님 앞에 교만했습니다. 어리석은 정치를 했습니다. 이 때문에 이스라엘 백성에게 분열이 오게 되었습니다. 하나의 막대기가 둘로 분열하였습니다. 또 여로보암이 르호보암을 시기하여 사람들이 예루살렘 성전에 올라가지 못하게 했습니다. 그 대신 금송아지를 만들어 사람들에게 섬기게 했습니다. 이런 거짓 신앙이 교회를 분열하는 결과를 가져왔습니다(왕상 11, 12).

 분열이 일어난 데는 유다와 에브라임 모두에게 허물이 있었습니다. 언약 백성의 분열은 저들의 죄 때문입니다. 하나님 백성의 분열에는 언제나 인간의 죄와 허물이 관련되어 있습니다.

 세계에 여러 종류의 개혁교회가 있습니다. 개혁신앙을 가진 교회에도 개혁교회와 장로교회가 있습니다. 분열은 개혁을 지속하는 가운데 일어나는 일이 종종 있습니다. 어떤 분열은 다른 역사적 배경 때문에 하나를 이루지 못하고 그대로 있는 일도 있습니다. 어쨌든 이 모든 교회 분열에는 인간의 연약성과 죄가 관련되어 있음을 부인할 수 없습니다. 이 교회의 분열은 다양성이란 이론을 내세움으로 옹호할 수는 없습니다.

유다와 에브라임은 모두 자기 죄를 살피고 고백해야 합니다. 이제 바벨론 포로 시대의 선지자인 에스겔은 이스라엘 백성에게 아름다운 새 소식을 전합니다. 그는 언약 백성이 다시 하나가 될 것이라는 기쁜 소식을 전하고 있습니다. 저들은 죄 때문에 다른 나라에 포로로 잡혀갔습니다. 죄 때문에 징계를 받고 정화가 되었습니다. 이제 분열된 교회의 일치가 가능하게 되었습니다. 이는 여호와로 말미암아 징계를 받고 정화가 되었기 때문입니다. 이제 주께서 분열된 언약의 백성을 하나가 되도록 인도하십니다.

오늘날 우리는 교회 일치에 대한 간절한 호소의 소리를 듣습니다. 나누어진 막대기가 하나가 되어야 합니다. 그러나 나누어진 두 막대기에 이스라엘이란 이름이 발견되어야 합니다. 이스라엘은 하나님의 언약 백성을 가리킵니다. 참된 교회의 일치는 참된 주의 백성의 일치이어야 합니다. 참된 교회의 일치는 오직 예수 그리스도 안에서만 구속을 발견하고 그리스도의 보혈로 깨끗함을 입은 백성에게만 가능합니다. 교회의 교통이 오직 예수 그리스도 안에서 이루어져야 합니다.

우리 주 예수 그리스도가 마지막 밤에 하신 제사장적 기도에 교회의 일치를 위한 부분이 있습니다. 그는 "아버지께서 내 안에, 내가 아버지 안에 있는 것 같이 그들도 다 하나가 되어 우리 안에 있게 하사 세상으로 아버지께서 나를 보내신 것을 믿게 하옵소서."라고 기도했습니다(요 17:21). 여기서 우리 주 예수 그리스도는 "우리 안에 있게 하사" 하시는 말로 교회를 하나로 묶고, 만드는 것은 아버지 하나님과 그리스도 안이라는 것을 분명하게 가르쳐 주셨습니다.

우리 주 예수 그리스도는 "아버지께서 내 안에, 내가 아버지 안에 있는 것처럼" 말씀하심으로 아버지와 아들 사이의 가장 깊은 영적 일치를 교회의 참된 일치의 예로 드셨습니다. 우리가 예수 그리스도 안에서 서로 참된 신앙을 가지게 되면 교회의 일치는 자연히 있게 됩니다. 예수 그리스도를 참되게 고백하는 곳에 교회의 일치가 있습니다. 이런 교회의 일치가 있을 때 하나님의 이름에 영광이 돌아가게 됩니다. 그리고 세상이 아버지께서 아들 예수 그리스도를 구주로 보내신 것을 믿게 됩니다(요 17:21).

2. 교회가 하나 되는 방법

둘째, 교회가 하나 되는 방법에 관하여 듣게 됩니다.

둘로 분열된 이스라엘이 어떻게 다시 하나가 될 수 있는지가 문제입니다. 달리 말하면 둘로 분열된 유다와 에브라임 교회가 어떻게 다시 하나의 교회가 될 수 있는가 하는 것입니다.

다시 에스겔이 이상에서 본 상징적 행위가 이에 대한 답을 주고 있습니다.

주 여호와는 그의 종에게 말씀하십니다. "그 막대기들을 서로 합하여 하나가 되게 하라. 네 손에서 둘이 하나가 되리라."(17절) 이제 선지자는 두 막대기를 서로 합해야 합니다. 여호와는 계속 말씀하십니다. "내 민족이 네게 말하여 이르기를 이것이 무슨 뜻인지 우리에게 말하지 아니하겠느냐 하거든, 너는 곧 이르기를 주 여호와께서 이같이 말씀하시기를 내가 에브라임의 손에 있는 바 요셉과 그 짝 이스라엘 지파들의 막대기를 가져다가 유다의 막대기에 붙여서 한 막대기가 되게 한 즉 내 손에서 하나가 되리라 하셨다 하라."(18~19절)

주 여호와는 계속 포로가 된 백성에게 하나가 되는 것을 그림처럼 분명하게 보여주며 말씀하십니다. "너는 그 글 쓴 막대기들을 무리의 눈 앞에서 손에 잡고 그들에게 이르기를 주 여호와께서 이같이 말씀하시기를 내가 이스라엘 자손을 잡혀 간 여러 나라에서 인도하며 그 사방에서 모아서 그 고국 땅으로 돌아가게 하고 그 땅 이스라엘 모든 산에서 그들이 한 나라를 이루어서 한 임금이 모두 다스리게 하리니 그들이 다시는 두 민족이 되지 아니하며 두 나라로 나누이지 아니할지라."(20~22절)

여러분, 여기에서 이스라엘에게 아름다운 미래가 열리게 되는 것을 봅니다. 언약 백성의 분열에 끝이 옵니다. 유다와 에브라임이 하나가 됩니다. 여호와께서 선지자 이사야, 미가, 아모스, 예레미야를 통해 주신 약속의 성취가 옵니다. 이사야 선지자는 일찍이 이사야 11:13에서 이렇게 예언했었습니다. "에브라임의 질투는 없어지고, 유다를 괴롭게 하던 자들은 끊어지며, 에브라임은 유다를 질투하지 아니하며, 유다는 에브라임을 괴롭게 하지 아니할 것이요."

그러면 언제 이 말씀이 성취될까요? 선지자는 분명하게 두 왕국에 속했던 이스라엘 백성이 바벨론 포로 생활에서 돌아올 것을 말합니다. 그때 두 왕국, 유다와 에브라임이 있게 될까요? 없을 것입니다. 여호와는 사로잡힌 자들이 약속의 땅에 돌아와 하나의 백성으로 하나의 왕국으로 살게 될 아름다운 미래가 올 것을 가리키고 계십니다. 이때 여호와께서 그의 교회를 하나로 모으실 것입니다.

그러면 이 하나 됨이 어떻게 이루어지게 될까요? 인간적인 간섭의 결과로 이루어지지 않습니다. 화평을 사모해온 결과로도 이루어지지 않습니다. 그것은 여호와 하나님의 사역으로 이루어집니다. 우리는 여기서 하나님이 하시는 일에 주목하게 됩니다.

물론 하나님의 하시는 일은 인간의 노력을 배제하지 않습니다. 이는 에스겔이 두 막대기를 취하여 서로 연합하는 데서 분명하게 나타나고 있습니다. 여호와는 에스겔에게 "네 손에서 둘이 하나가 되리라."라고 하셨습니다. 여호와는 인간의 봉사를 사용하여 연합을 이루십니다. 여호와는 대제사장 여호수아와 스룹바벨을 통해 그의 백성을 바벨론에서 인도하십니다. 그는 인간의 봉사로 모든 족속을 모으십니다. 그는 그의 백성을 말씀과 직분의 봉사를 통해 연합하게 하십니다. 여호와는 언제나 우리의 노력과 충성을 요구하십니다.

여호와는 그의 교회 일치를 위해 우리의 노력을 요구하십니다. 그렇지만 그는 언제나 그의 말씀을 따라 행하는 우리의 노력을 요구하십니다. 하지만 연합은 언제나 여호와께서 하시는 사역입니다. 주는 말씀하십니다. "내 손에서 하나가 되리라."(19절) 내 손이라고 말한 여호와의 손은 그의 능력의 손입니다. 그의 사랑의 손입니다. 그의 신실한 손입니다.

에브라임과 유다는 여호와의 강력한 사랑의 손이 연합하여 하나가 되게 할 때 하나가 될 수 있었습니다. 참된 연합은 여호와와의 간섭과 능력에 있습니다. 여기 "내 손에서 하나가 되리라."라고 하신 여호와의 말씀에서 우리는 그리스도께서 이 세상에 오셔서 하신 대제사장적 기도를 듣게 됩니다. 그리스도께서 마지막 밤에 "아버지께서 내 안에, 내가 아버지 안에 있는 것 같이 그들도 다 하나가 되게"해 달라고 기도했습니다(요 17:21).

"내 손 안에 하나"교회 일치는 하나님의 일입니다. 교회 연합과 일치에는 예수 그리스도가 중심에 서야 합니다. 우리는 교회의 일치를 추구해야 합니다. 교회 일치를 추구하는 일에 있어서 방법에 대한 의견의 차이가 있을 수 있습니다. 그러나 예수 그리스도의 뜻을 좇는 참된 신앙 안에서 일치를 추구하는 것이 제일 중요합니다. "하나님의 손안에서" 교회 일치를 추구해야 합니다.

구약 시대에 교회 일치의 약속은 유다와 에브라임이 한 나라의 주권 아래 연합됨으로 성취되었습니다. 예루살렘에 돌아와 하나님의 한 집에서 연합하여 살게 되었을 때 현실이 되었습니다.

그러나 예수 그리스도의 교회는 오늘날 더 영광스러운 일치에 관하여 알고 있습니다. 우리는 예수 그리스도를 우리들의 주와 왕으로 모시고 있습니다. 우리는 선한 목자이신 예수 그리스도를 함께 모시고 있습니다. 이 선한 목자 예수 그리스도 아래 양 무리는 하나입니다. 그의 홀 아래 하나님의 자녀인 우리가 동거하고 있습니다.

이것이 교회가 연합하게 되는 길입니다. 다른 길은 분열의 결과를 가져옵니다. 오직 예수 그리스도의 왕권 아래 참된 연합 참된 일치를 발견할 수 있습니다. 하나님의 손안에 참된 교제와 평화가 있습니다.

3. 교회가 하나 되는 목적

끝으로 연합의 목적을 살펴봅니다.

유다와 에브라임이 무엇을 위해 하나님의 손안에서 하나가 되어야 합니까? 왜 여호와께서 흩어진 자들을 모으십니까? 23절 끝부분에서 주신 여호와의 말씀이 답을 주고 있습니다. "그들은 내 백성이 되고 나는 그들의 하나님이 되리라." 이 답은 하나님의 언약의 영광을 고려한 연합을 말하고 있습니다.

무엇보다 이 연합은 하나님의 언약과 관계있습니다. 연합은 이스라엘의 위대함을 보이는 데 목적이 있지 않습니다. 유다와 예루살렘의 큰 성공을 보이는 데도 목적이 있지 않습니다. 여호와는 그의 언약을 위해 그들을 하나 되게 하십니다.

여호와는 그의 백성 중 어느 한 부분의 무리와 언약하지 않았습니다. 두 백성과 따로따로 언약하지 않았습니다. 여호와는 자기의 후사들과 언약하셨습니다. 곧 여호와는 아브라함의 자손들과 언약하셨습니다. 이제 아브라함의 자손들이 하나 됨이 회복되어 언약의 영광이 드러나야 합니다. 이제 아브라함의 자손들이 여호와께 하나의 백성이 되어야 합니다. 여호와는 그들에게 한 분 하나님입니다. 그들 모두가 하나가 되어 여호와를 섬겨야 합니다. 하나의 목자, 하나의 양 무리, 하나의 성소가 되어야 합니다.

명절을 당하면 하나의 백성이 다시 성전 뜰에 함께 모여야 합니다. 여호와는 저들이 하나가 되게 하십니다. 왜냐하면, 하나의 언약 백성이 다윗의 아들의 통치 아래에서 교제를 즐김으로 여호와의 이름에 영광을 돌려야 하기 때문입니다. 그의 교회가 하나 됨으로 여호와는 그의 언약 백성에 의해 영광을 받기 원하십니다.

유다와 에브라임은 그리스도를 위해 하나가 되었습니다. 구약 시대의 역사는 우리를 예수 그리스도에게로 인도합니다. 그가 탄생할 때 그는 하나의 이스라엘에게서 오셔야 합니다. 온 백성이 그를 영접할 수 있어야 합니다. 어떤 분열이 그의 오심에 장애가 되어서는 안 됩니다.

유다가 에브라임에게 박해를 받는 것은 예수님의 사역에 방해가 될 수 있습니다. 또한, 이스라엘 백성이 십자가를 상대로 하나가 되어야 합니다. 이스라엘의 온 집이 메시야를 거절함으로 시편 69:8의 예언이 이루어져야 합니다. 거기 "내가 나의 형제에게는 객이 되고 나의 어머니의 자녀에게는 낯선 사람이 되었나이다."라는 말씀이 있습니다. 이 예언의 말씀이 이루어져야 했습니다.

그래서 유다와 에브라임이 하나 되는 것은 하나님의 놀라운 작정을 따르는 일이었습니다. 여호와는 누구도 이해할 수 없는 작정을 따라 그의 뜻을 펴 가십니다. 그는 그의 교회의 하나 됨을 가져오시는 일에서도 그의 작정을 따라 하십니다.

여호와는 그의 영광스러운 목적을 모든 인간의 어리석음과 죄를 통해 이루어 가십니다. 교회의 분열은 슬픈 현실입니다. 그러나 분열은 교회의 순수성을 보존하고 개혁을 위해 필요하기도 합니다. 분열은 슬픈 사실이지만 그것은 그의 교회를 위한 하나님의 일이기도 합니다. 그러므로 우리는 분열 때문에 실망하지 않아야 합니다. 왜냐하면, 여호와는 모든 그의 백성이 한 분의 목자, 한 분의 왕 밑에 한 분 하나님의 집에 함께 모일 때까지, 분열과 분리를 통해 그의 교회를 하나로 모으시기 때문입니다. 이 놀라운 일을 위해 우리는 그의 신실한 종이 되어야 합니다.

하나님의 집에 하나의 백성. 여러분은 이 목적을 분명하게 가지고 있습니까? 교회의 하나 됨을 위한 목적이 우리의 위대한 교제를 자랑하기 위함이 되어서는 안 됩니다. 교회의 하나 됨을 위한 우리의 유일한 목적은 하늘에 계신 아버지께서 그의 한 언약의 백성을 통해 예수 그리스도 안에서 영광을 받는 것이 되어야 합니다. 그러므로 그리스도 안에서 하나님의 영광이 최고의 목적이 아니라면 교회 연합과 일치는 거절되어야 합니다. 하나님 언약의 말씀이 모든 것에 대한 결정적인 표준이 되지 않는다면, 그 연합과 일치는 거절되어야 합니다.

우리는 전 세계에 교회의 교통을 추구할 사명이 있습니다. 그러나 우리가 이 세상에서 하나의 제도적 공동체로서의 교회를 가질 수 있다고 기대한다면 이것은 환상입니다. 그렇지만 우리는 이것을 압니다. 예수 그리스도께서 드디어는 모든 나라와 모든 족속과 백성과 언어로부터 그의 신부인 교회를 모아 아버지에게 바치게 될 것이라는 사실입니다. 거기 한 아버지, 한 양 무리, 한 목자의 영원한 땅이 있을 것입니다. 거기 새 예루살렘의 하나의 백성이 그의 보좌 앞에서 밤낮 섬기게 될 것입니다.

보십시오. 이때 두 막대기는 그의 손에서 하나가 되고, 여호와는 그의 백성을 하나의 무리로 영원한 평강의 땅으로 모으실 것입니다. 거기 복된 교제의 찬양, "할렐루야! 주 우리 하나님 곧 전능하신 이가 통치하시도다. 우리가 즐거워하고 크게 기뻐하며 그에게 영광을 돌리세 …." 하는 찬양이 있을 것입니다(계 19:6~7).

친애하는 여러분, 저 아름다운 미래를 내다보십니까? 교회가 하나 되는 것은 우리의 일이 아닙니다. 그것은 전적으로 예수 그리스도를 통한 우리 아버지 하나님의 일입니다. 교회는 하나입니다. 우리가 주 여호와의 말씀의 통치 아래 절대 순종하고 살면 주 여호와께서 그의 손에서 마침내 하나가 되게 하실 것입니다. 아멘.

14. 주의 오심을 위한 기도

성경 봉독: 하박국 1:1~2:4
설교 본문: 하박국 3:2

여호와여, 내가 주께 대한 소문을 듣고 놀랐나이다. 여호와여, 주는 주의 일을 이 수년 내에 부흥하게 하옵소서. 이 수년 내에 나타내시옵소서. 진노 중에라도 긍휼을 잊지 마옵소서.(하박국 3:2)

친애하는 여러분,

하박국은 소 선지자들 가운데 한 분입니다. 그의 배경에 관해서는 잘 알려지지 않습니다. 그는 주전 6세기 초 남방 유다 왕국 백성이 바벨 포로로 잡혀가게 된 시대에 살았습니다. 갈대아인들은 나보폴라살과 그의 아들 느부갓네살 왕 시대에 번영의 절정에 이르렀습니다. B.C.612년에 느부갓네살은 니느웨를 점령하고 세계적인 왕국을 세웠습니다. 그는 이제 유다 왕국 예루살렘을 넘보았습니다. 그런데 한 나라가 일어서고 무너짐은 하나님의 작정 가운데 일어나는 일입니다. 거기에는 하나님의 특별한 뜻이 있습니다.

이제 여호와께서 선지자 하박국에게 말씀하십니다. "너희의 생전에 내가 한 가지 일을 행할 것이라. … 보라, 내가 사납고 성급한 백성, 갈대아 사람을 일으켰나니"(1:5~6)라고 하십니다. 그 결과 하박국은 그 시대에 혹독한 시련을 겪습니다.

하박국은 선지자 예레미야와 같은 시대의 선지자였습니다. 그런데 두 선지자 사이에는 차이가 있었습니다. 예레미야는 대설교자였습니다. 그러나 하박국은 조용한 성격을 가진 중재자였습니다. 그의 이름이 이를 어느 정도 암시해 주고 있습니다. 하박국이란 이름은 '품는다' 라는 뜻이 있습니다. 그래서 마틴 루터는 하박국에 대하여 어머니가 자기 아기를 품는 것처럼 하박국은 그의 백성 이스라엘을 그의 품에 품고 위로했다고 했습니다. 실로 하박국은 어려울 때 이스라엘 백성을 여호와께 맡겼습니다. 그리고 그들의 위안을 위해 기도했습니다.

오늘 우리 설교 본문 요절은 하박국의 기도 일부분입니다.

이제 이 본문 요절을 중심으로 "그의 백성, 이스라엘의 위안을 위한 선지자 하박국의 기도"라는 제목으로 복음을 전하려 합니다. 다음 두 가지 점에 유의하려 합니다. 첫째, 기도의 내용, 둘째, 기도의 확신에 관하여 들으려 합니다.

1. 기도의 내용
2. 기도의 확신

1. 기도의 내용

먼저, 하박국 기도의 내용을 생각하려고 합니다.

하박국이 등장한 시기는 예루살렘에 사는 하나님의 자녀들이 매우 비참한 환경에서 살 때였습니다. 그 시대는 유다 왕국 여호야김이 다스리던 시대였습니다. 그때 각종 죄가 지배했습니다. 예레미야 22:3, 13~17에 따르면 불의와 강포와 탈취와 무죄한 자의 피를 흘리는 죄가 지배했습니다. 하나님의 신실한 자녀는 박해를 받고 조롱을 당했습니다.

그래서 하박국은 여호와께 아룁니다. 1:3에서 "어찌하여 내게 죄악을 보게 하시며 패역을 눈으로 보게 하시나이까? 겁탈과 강포가 내 앞에 있고 변론과 분쟁이 일어났나이다."라고 합니다.

이스라엘은 하나님께서 거하시는 집이라고 볼 수 있습니다. 그런데 이스라엘의 현실은 비참한 처지에 있었습니다. 하나님이 거하시는 곳이라고 하기는 어려웠습니다. 왜 여호와께서 이런 현실을 허용하고 계시는지 하박국은 이해할 수 없었습니다. 그래서 여호와께 묻고 있습니다. "여호와여, 내가 부르짖어도 주께서 듣지 아니하시니, 어느 때까지리이까? 내가 강포로 말미암아 외쳐도 주께서 구원하지 아니하시나이다."(1:2)라고 합니다.

이때 여호와는 그에게 답을 주십니다. 답은 1:5~11에서 읽게 됩니다. 여호와는 그런 현실을 등한하거나 지나치고 계시지 않는다는 것을 말씀하십니다. "너희는 … 보고 놀라고 또 놀랄지어다. 너희의 생전에 내가 한 가지 일을 행할 것이라. 누가 너희에게 말할지라도 너희가 믿지 아니하리라. 보라. 내가 사납고 성급한 백성, 곧 땅이 넓은 곳으로 다니며 자기의 소유가 아닌 거처들을 점령하는 갈대아 사람을 일으켰나니, 그들은 두렵고 무서우며 … 다 강포를 행하러 오는데 앞을 향하여 나아가며 사람을 사로잡아 모으기를 모래 같이 많이 할 것이요."라고 하십니다.

이것이 여호와의 답입니다. 유다에 무서운 일이 일어나게 될 것이라는 말씀입니다. 여호와께서는 사나운 백성 바벨론의 갈대아 사람들을 채찍으로 삼아 유다를 징계하려 하고 있다는 것입니다.

선지자 예레미야가 벌써 이것을 예언했습니다. 그러나 예루살렘 주민들은 이를 믿지 않고 귀를 기울이지 않았습니다. 오히려 저들은 "평강하다. 평강하다."라고만 한 것입니다(렘 6:14).

그러나 하박국은 그 예언을 믿었습니다. 여호와는 신실하시니 그의 말씀이 확실히 이루어질 것을 알았습니다. 그래서 하박국은 하나님의 자녀들을 위하여 여호와께 간구했습니다. 갈대아인들이 침범하여 올 때 예루살렘에 사는 경건한 자나 불경건한 자 모두에게 무서운 재난이 오게 될 것을 그는 알았기 때문입니다. 저들이 바다의 어부처럼 낚시로 모두 낚으며 그물로 잡으며 투망으로 모으고 그리고는 기뻐하고 즐거워할 것인데 그러면 하나님의 자녀들이 무엇이 되며, 하나님의 교회가 무엇이 될 것인가 생각했기 때문입니다(1:15).

그래서 선지자 하박국은 다시 여호와께 묻습니다. "여호와 나의 하나님, 나의 거룩한 이시여, 주께서는 만세 전부터 계시지 아니하시니이까? 우리가 사망에 이르지 아니하리이다. 여호와여, 주께서 심판하기 위하여 그들을 두셨나이다. 반석이시여, 주께서 경계하기 위하여 그들을 세우셨나이다. 주께서는 눈이 정결하시므로 악을 차마 보지 못하시며 패역을 차마 보지 못하시거늘 어찌하여 거짓된 자들을 방관하시며 악인이 자기보다 의로운 사람을 삼키는데도 잠잠하시나이까?"(1:12~17)

다시 말하면 하박국은 "여호와여, 여호와께서 악인들을 벌하는 것이 옳습니다. 그러나 예루살렘에는 아직 주의 신실한 자녀들이 있습니다. 왜 이들이 어려움을 당하게 하시려 하십니까? 저들은 다른 사람들보다 의롭지 않습니까?"라고 말하는 것입니다.

여러분, 하박국은 여기서 하나님의 자녀를 위해 간구하고 있습니다. 하나님 은혜의 선택을 따라 유다에 있는 남은 백성을 위해 기도하며 간구하고 있습니다. 그는 갈대아인들이 그 땅을 짓밟고 들어올 때 여호와께서 그 남은 백성을 어떻게 구원하실 것인지를 알기 원하고 있습니다.

그래서 그는 2:1에서 이렇게 말합니다. "내가 내 파수하는 곳에 서며 성루에 서리라. 그가 내게 무엇이라 말씀하실는지 기다리고 바라보며 나의 질문에 대하여 어떻게 대답하실는지 보리라."

이때 여호와는 그의 종에게 답을 오래 기다리게 하지 않으셨습니다. 여호와는 위로와 격려가 넘치는 묵시를 주십니다. 여호와는 그에게 묵시를 기록하여 판에 명백하게 새기라고 명령하십니다. 그것은 매우 중요한 내용이기 때문입니다. 묵시는 이것입니다. "정한 때가 있나니, 그 종말이 속히 이르겠고 결코 거짓되지 아니하리라. 비록 더딜지라도 기다리라. 지체되지 않고 반드시 응하리라. 보라, 그의 마음은 교만하며 그 속에서 정직하지 못하나 의인은 그의 믿음으로 말미암아 살리라."(2:3~4)

이 말씀은 어떤 내용을 담고 있습니까? 이런 내용입니다. 갈대아 사람들이 올 것이다. 여호와께서 말씀하셨기 때문에 이 일은 조만간 확실하게 일어나게 될 것이다. 이때 예루살렘 성이 갈대아 사람들에게 짓밟힐 것이요, 믿음이 없는 자들에게 무서운 일이 일어나게 될 것이다. 그러나 거기 하나님의 선택하시는 은혜를 따라 남은 백성이 있을 것이요, 여호와는 이들을 위해 오실 것이다. 여호와는 자기 백성을 아신다. 여호와는 저들이 믿음을 가지고 있으므로 구원하게 될 것이라고 하시는 것입니다.

친애하는 여러분, 우리는 이 본문을 분명하게 이해해야 합니다. 믿음을 가진 자들이 구원을 받을 것이라고 합니다. 믿음을 가진 자가 하나님 앞에서 의인이라는 것입니다. 교만한 자들은 파멸할 것입니다. 교만한 자들은 누구입니까? 믿음이 없는 자들입니다. 겸손하게 하나님을 의지하지 않는 자입니다. 결국은 유다에서 믿음이 없는 자들, 교만한 자들은 멸하게 되리라는 것입니다.

하박국 선지자는 한 번 더 여호와께 묻습니다. "여호와여, 내가 주께 대한 소문을 듣고 놀랐나이다."(3:2) 여러분, 상상해 보십시오. 하박국 선지자는 사나운 갈대아 사람들이 내려오고 있음을 환히 내다보고 있습니다. 저들은 결국 예루살렘을 세 번이나 연이어 침입하였고 짓밟았습니다(B.C. 598, 597, 586). 무서운 전쟁을 미리 내다본다면 누구나 매우 놀랄 것이 틀림없습니다. 그 시대에는 아직 핵폭탄 같은 것은 없었습니다. 그러나 전쟁은 무서운 것입니다. 그래서 하박국은 주께서 하실 일을 듣고 놀랐다고 합니다.

하지만 하박국은 놀란 가운데서도 머물러 서서 낙망하지 않았습니다. 여호와께서는 무서운 전쟁에도 불구하고 그의 백성을 구원하실 분임을 믿었기 때문입니다. 그래서 그는 여호와께 간구합니다. "주는 주의 일을 이 수년 내에 부흥하게 하옵소서."(3:2 중반)

이 기도의 내용은 무엇을 의미하고 있습니까? 부흥이란 말의 뜻이 무엇입니까? 여호와께서 그의 백성을 위해 하시는 구원 사역은 모든 시대에 본질에서 같습니다. 여호와는 같은 방법으로 오셔서 그의 백성을 구원하십니다. 여호와는 전쟁, 고난, 재난을 통해 오셔서 그의 백성을 구원하십니다. 하박국은 여기서 실상 이렇게 기도하고 있습니다. "여호와여, 여호와께서 이전에 하신 대로 주께서 구원하시는 사역을 시행하옵소서. 주의 계획 곧, 예루살렘의 심판과 갈대아 사람들의 파괴 계획을 신속하게 집행하소서!"라고 기도한 것입니다.

왜 하박국은 이것을 위해 기도합니까? 그가 전쟁을 좋아해서 일까요? 물론 그렇지 않습니다. 그에게 중요한 것은 하나님이 하시는 일입니다. 예루살렘 성안에 믿음이 없는 교만한 자들이 믿음으로 사는 사람들을 공격하고 비난하고 있습니다. 이것은 하나님의 교회에 대한 공격입니다. 그 결과 할례받지 않은 갈대아 사람들이 예루살렘과 그 주민을 짓밟게 될 것입니다. 이것은 하나님의 교회에 대한 공격입니다. 마귀 사탄인 용이 여자의 씨, 곧 메시야의 백성에 대항하여 일어나고 있습니다. 전쟁이란 매우 놀랄 일이지만, 이 모든 일이 하나님의 교회를 위해, 하나님 백성의 구원을 위해 속히 일어나야만 합니다.

그래서 하박국은 나아가 간절하게 기도합니다. "이 수년 내에 나타내시옵소서."(3:2) "이 수년 내에"라는 말은 "우리가 살아 있는 때에"를 의미합니다. 인간으로서의 하박국은 다가오는 예루살렘의 심판에 놀라고 있습니다. 그러나 그는 이 가운데서도 교회의 구원을 위해 역사하시는 하나님이 하시는 일을 보기 원합니다. 그래서 그는 "주의 교회의 구출을 위한 주의 작정을 집행하소서. 이를 보기 원합니다."라고 기도하는 것입니다.

전쟁, 재난 모두가 확실히 무서운 것들입니다. 그러나 주의 교회의 구원은 이들을 통해 오게 됩니다. 그래서 하박국은 실상 이렇게 기도합니다. "여호와여, 주의 계획을 시행하는 일을 늦추지 마소서. 여호와여. 주의 백성의 구원을 위해 속히 오시옵소서."

친애하는 여러분, 하박국 시대의 모든 신실한 백성은 하박국과 꼭 같이 기도했습니다. 오늘도 신실한 성도들은 저와 꼭 같이 기도합니다. 믿음을 가진 사람들, 곧, 주 안에 소망을 두고 사는 사람들은 살 것입니다. 시대가 아무리 어두워도 여호와는 자기를 두려워하는 자들을 자비롭게 보고 계십니다. 의인은 믿음으로 말미암아 살 것입니다. 이것이 하나님 자녀의 위로입니다. 하나님 자녀는 이것으로 서로서로 위로하는 것입니다.

여러분, 우리는 오늘날 세상으로부터 위로와 격려가 되는 좋은 소식보다는 전쟁, 내란, 테러, 재난, 재해, 그리스도인들에 대한 박해 등 어둡고 슬픈 소식을 훨씬 많이 듣고 있습니다. 그런데 이 모든 일은 우연히 일어나지 않습니다. 이 모든 것에서 우리는 여호와께서 그의 자녀들을 구원하시기 위해 일하고 계심을 봅니다.

여러분, 우리 여호와 하나님은 그가 선택한 백성의 구원을 위해 모든 일을 하십니다. 그의 교회의 번영을 위해 모든 일을 하십니다. 우리 개인 국가, 국제적인 생활에서 일어나는 모든 일은 여호와의 작정과 섭리를 따라 일어납니다. 우리가 살아가는 길에서 우리는 기뻐할 때와 행복할 때가 있습니다. 어려움을 당하고 괴로워하며 슬퍼할 때도 있습니다. 그런데 우리가 알아야 하는 것은 이 모든 것이 다 우리의 구원을 위한 것이라는 사실입니다.

여러분, 하박국의 메시지는 우리에게 얼마나 큰 위로입니까? "여호와여, 내가 여호와께 대한 말씀을 들었습니다. 나는 듣고 놀랍니다. 전쟁과 재난과 고난과 박해가 오게 될 것을 압니다. 나는 이를 두려워합니다. 그러나 여호와여, 이 수년 내에 주의 일을 부흥하게 하옵소서. 우리가 사는 동안 주의 계획을 집행하소서. 여호와여, 주의 일을 속히 집행하소서. 주는 진노 중에도 주를 의지하고 믿는 자들을 구원하실 줄 믿습니다." 여기에 하나님을 믿고 의지하는 자들의 참된 위안이 있습니다.

2. 기도의 확신

둘째로 기도의 확실성에 대하여 들으려 합니다.

기도의 확실성이 하나님 아버지께서 하박국을 통해 우리에게 주시는 놀라운 위로입니다. 하나님의 심판이 예루살렘에 내렸을 때, 백성들은 짓밟히고, 살해되고, 이방 바벨론으로 끌려가게 되었습니다. 하나님의 자녀들이 이 모든 것을 견디어 낼 수 있을까요?

하나님의 말씀은 말세에 있을 많은 놀랄 일들에 관하여 알려 주고 있습니다. 인간으로서 우리는 이에 대하여 놀라게 됩니다. 우리가 그것들을 당면하게 될 때, 우리가 그 가운데서 견디어 낼 수 있을 것인가 생각하게 됩니다. 하박국 선지자는 말합니다. "여러분이 그 가운데서 견디어 낼 수 있는지 없는지 의심하고 두려워하는가? 하나님의 백성은 두려워하지 않는다. 주께서 거기 계시기 때문이다. 주께서는 진노 가운데서도 자비롭게 그의 백성을 기억하신다."라고 합니다.

그래서 하박국은 3:2 끝부분에서 "진노 중에라도 긍휼을 잊지 마옵소서."라고 기도합니다. 하박국은 그의 안전을 하나님의 긍휼에서 발견합니다. 그의 백성에 대한 하나님의 긍휼은 영원합니다. 영원히 지속합니다.

친애하는 여러분, 여호와께서 그의 진노를 땅 위에 쏟을 때, 그의 자녀를 잊은 것으로 생각하지 마시기 바랍니다. 여호와께서는 그의 백성을 잊지 않습니다. 성경을 읽고 그 가운데 나타난 구원의 역사를 살펴보시기 바랍니다.

하나님께서 죄악이 관영한 세상을 심판하기 위해 홍수를 보냈습니다. 그때 그는 긍휼 가운데 노아와 그의 식구들을 기억하셨습니다. 죄악이 관영한 소돔과 고모라에 유황불을 내려 심판하셨습니다. 그때 여호와 하나님은 의인 롯에게 하나님의 긍휼을 나타내셨습니다. 이스라엘 백성이 애굽에서 고통 가운데 부르짖었습니다. 그때 여호와 하나님은 저들을 기억하시고 고통스러운 종의 집에서 구원해 내셨습니다.

이스라엘 백성이 바벨론 포로 생활을 하고 있었습니다. 그때 여호와는 다니엘과 그의 친구들을 긍휼 가운데 기억하셨습니다. 성경 에스라를 읽어보십시오. 여호와께서 진노 가운데서도 그의 백성에게 긍휼을 나타내셨습니다. 하나님은 바벨론 포로 생활 가운데서 그의 남은 백성을 보존하셨습니다. 그들을 이스라엘 땅으로 다시 돌아오게 하셨습니다.

여호와 하나님은 그의 백성을 결코 잊지 않으셨습니다. 그는 오늘도 그의 백성을 잊지 않으십니다. 반기독교 세력이 증가하고 있습니다. 무서운 짐승, 마귀의 세력이 우리를 대적해 옵니다. 우리 그리스도인들이 사회에서 직장에서 보이는 보이지 않는 박해를 받고 조롱을 받는 것을 봅니다. 우리가 가는 길에 기대하지 않은 일이 일어날 수 있습니다. 인간으로서 우리는 이런 일에 놀랄 수 있습니다.

그러나 우리는 두려워하지 않아야 합니다. 이 모든 것은 나의 구원을 위해 주께서 하시는 일이기 때문입니다. 진노 중에도 주 하나님은 긍휼을 잊지 않으십니다. 의인은 믿음으로 살 것입니다. 믿음으로 사는 사람은 의인입니다. 하나님께서 구원하십니다.

또 우리는 오늘 주 예수께서 "적은 무리여, 무서워 말라. 너희 아버지께서 그 나라를 너희에게 주시기를 기뻐하시느니라."라고 하신 말씀을 기억합니다(눅 12:32).

하박국이 어떻게 기도하는지 더 살펴봅시다. 그는 여호와께서 그의 백성을 구원하기 위해 오시는 것을 보고 있습니다. 3:3에 이렇게 말합니다. "하나님이 데만에서부터 오시며, 거룩한 자가 바란 산에서부터 오시는도다.(셀라)" 데만은 유다의 남쪽에 있습니다. 바란 산은 시내 산과 같은 방향에 있습니다. 이 말씀은 무슨 뜻을 포함하고 있을까요? 하박국은 여호와께서 이스라엘과 언약을 친히 맺으신 산으로부터 오신다는 것을 가리키고 있습니다. 곧 여호와는 언약의 하나님으로 오신다는 것을 의미하고 있습니다.

그러면 여호와께서 어떻게 오십니까? 3:5~6의 말씀을 보십시오. "역병이 그 앞에서 행하며 불덩이가 그의 발 밑에서 나오는도다. 그가 서신즉 땅이 진동하며, 그가 보신즉 여러 나라가 전율하며"라고 합니다. 3:16에서는 이렇게 말합니다. "내가 들었으므로 내 창자가 흔들렸고 그 목소리로 말미암아 내 입술이 떨렸도다. ⋯ 내 몸은 내 처소에서 떨리는도다."

우리는 이 말씀에서 여호와께서 이 수년 내에 무서운 환란 중에서 그의 백성을 구원하심으로 새 생명을 주실 때(부흥), 예루살렘의 신실하지 못한 자들에게 얼마나 놀랄 일이 일어날 것인지를 알게 됩니다.

그러나 하박국 선지자는 믿음으로 하나님의 약속을 굳게 믿고 놀라운 노래를 부릅니다. "비록 무화과나무가 무성하지 못하며, 포도나무에 열매가 없으며, 감람나무에 소출이 없으며, 밭에 먹을 것이 없으며, 우리에 양이 없으며, 외양간에 소가 없을지라도 나는 여호와로 말미암아 즐거워하며 나의 구원의 하나님으로 말미암아 기뻐하리로다. 주 여호와는 나의 힘이시라. 나의 발을 사슴과 같게 하사 나를 나의 높은 곳으로 다니

게 하시리로다."(3:17~19)

여러분, 하박국은 1:2에서 이런 불만스러운 말로 시작했습니다. "여호와여 내가 부르짖어도 주께서 듣지 아니하시니 어느 때까지이리까?" 그런데 이제 3:19에서 이런 말로 마칩니다. "주 여호와는 나의 힘이시라. 나의 발을 사슴과 같게 하사 나로 나의 높은 곳에 다니게 하시리로다."

여러분, 우리의 미래는 숨겨져 있습니다. 미래에 우리는 기쁜 일을 만날 수 있습니다. 하지만 우리는 또 어려운 일과 고통스러운 일을 만날 수 있습니다. 세상은 더욱 하나님의 뜻을 거슬러 나아가고 있기 때문입니다. 그러나 우리는 이 한 가지를 잘 알고 있습니다. 주 여호와는 긍휼 가운데 우리를 기억하신다는 사실입니다.

우리는 이를 하박국보다 더 잘 압니다. 어째서 그렇습니까? 골고다 십자가를 알기 때문입니다. 여호와는 그의 진노 가운데서도 죄인인 우리를 긍휼 가운데 기억하셨습니다.

그러므로 우리는 여호와 안에서 기뻐할 수 있습니다. 구원의 주 예수 그리스도 안에서 즐거워할 수 있습니다. 세상에 어떤 일이 일어나든, 내일 내게 무슨 일이 일어나든, 언약의 하나님 여호와가 내 구주 예수로 말미암아 나의 힘이 되시기 때문입니다. 세상의 표준을 따라서는 우리는 약합니다. 그러나 여호와 안에서 우리는 강합니다. 그가 우리를 긍휼히 여기시고 계시기 때문입니다. 그의 신실하심이 영원무궁하기 때문입니다. 아멘.

15. 교회 건설을 위한 힘의 원천

성경 봉독: 사도행전 1:6~8 스가랴 4:1~14
설교 본문: 스가랴 4:6

> 그가 내게 대답하여 이르되 "여호와께서 스룹바벨에게 하신 말씀이 이러하니라. 만군의 여호와께서 말씀하시되 이는 힘으로 되지 아니하며 능력으로 되지 아니하고 오직 나의 영으로 되느니라."(스가랴 4:6)

친애하는 여러분,

우리 주 예수께서 이 세상에 오셔서 "나는 세상의 빛이라."라고 말씀했습니다(요 8:12). 빛은 밝은 낮에 필요하지 않습니다. 어두운 밤에 필요합니다. 이 세상은 어둡습니다. 그래서 빛 되신 예수님께서 이 세상에 오셨습니다.

이 세상은 죄 때문에 미래가 보이지 않는 어두운 세상이 되었습니다. 예수님은 이런 어둠 속에 있는 사람들이 구원의 빛을 발견하도록 복음을 가지고 이 세상에 오셨습니다.

예수님께서 자신의 제자들을 불러 모으셨을 때, 그들에게 "너희는 세상의 빛이라."라고 하셨습니다(마 5:14). 이것은 당시의 제자들뿐 아니라, 앞으로 그들의 전도를 받아 그를 믿고 따르게 될 모든 사람을 다 가리킨 것입니다. 그러므로 모든 그리스도인은 세상의 빛입니다. 그리스도인들은 이 세상에 빛을 비추어야 합니다. 교회는 그리스도인들의 모임입니다.

그래서 성경은 교회를 금 촛대로 표현하고 있습니다. 요한계시록 1장에 사도 요한이 밧모 섬에서 본 이상이 소개되고 있습니다. 거기 일곱 금 촛대가 있고 그사이에 인자 같은 이가 나타납니다. 20절에서 "일곱 금 촛대는 일곱 교회"라고 주님은 친히 해석해주십니다. 교회는 금 촛대입니다. 촛대가 어둠 속에 빛을 비추는 것처럼 교회는 이 어두운 세상에 빛을 비추어야 합니다.

여러분, 이 어두운 세상에 교회가 있다는 것은 놀라운 일입니다. 주님은 이 어두운 세상에 그의 촛대인 교회를 세우시기를 기뻐하십니다. 그런데 그는 이 교회를 세우는데 하늘의 천군과 천사를 동원하지 않으십니다. 세상에 있는 사람의 봉사를 사용하기를 기뻐하십니다. 하나님은 구약시대에나, 신약시대에나 그의 교회를 세우기 위해 사람들을 불러 그들의 봉사를 사용하셨습니다. 우리 인간이 그의 교회의 건설을 위해 부름을 받는다는 것은 큰 특권이요, 영광입니다.

오늘의 성경 본문에서 주님은 우리가 그의 교회 건설을 위해 어떻게 봉사할 것인지를 가르쳐 주고 계십니다.

이제 "주의 교회 건설을 위한 힘의 원천"이란 제목으로 하나님의 말씀을 전하고자 합니다. 이에 다음 세 가지 점에 주목하려 합니다. 첫째, 교회 봉사를 위해 부름을 받음에 대하여, 둘째, 인간의 자원을 의지하지 말 것에 대하여, 셋째, 그의 영으로만 봉사할 것에 대하여 전하고자 합니다.

1. 교회 봉사를 위해 부름을 받음에 대하여
2. 인간의 자원을 의지하지 말 것에 대하여
3. 그의 영으로만 봉사할 것에 대하여

1. 교회 봉사를 위해 부름을 받음에 대하여

첫째, 주님의 교회 봉사를 위해 부름을 받는 일에 관하여 생각하려 합니다.

선지자 스가랴는 한밤에 환상을 보았습니다. 스가랴 4장에 기록된 환상은 그가 본 다섯 번째 환상입니다. 그는 이 환상 속에서 순금 등잔대를 보았습니다. 그 등잔대 위에는 기름 그릇이 있고 그 기름 그릇 위에 일곱 등잔이 있었으며, 그 기름 그릇 위에 있는 등잔을 위해서 일곱 관이 연결된 것을 보았습니다.

나아가, 그 등잔대 곁에 두 감람나무가 서 있는데 하나는 우편에 다른 하나는 좌편에 서 있었습니다. 그런데 이 환상에 있어서 중요한 것은 일곱 등잔을 가진 순금 등잔대입니다. 이 환상에서 우리는 옛날 이스라엘 백성의 성막을 생각해 봅니다.

옛날 모세의 성막에 일곱 등잔을 가진 순금 등잔대가 있었습니다. 지성소는 셰키나(Shekinah), 곧 하나님의 영광의 빛으로 밝혀져 있었습니다. 그러나 성소는 일곱 등잔을 가진 순금 등잔대로 밝혔습니다. 성소에 있는 순금 등잔대의 중요한 의미는 일곱 등잔에 있었습니다. 거기 불을 비추는 일곱 등잔은 교회를 상징했습니다. 곧 하나님의 백성을 가리킨 것입니다. 이 해석은 이미 소개한 대로 사도 요한이 밧모섬에서 본 이상으로부터 분명합니다. 사도 요한은 요한계시록 1:20에서 분명하게 일곱 금 촛대는 일곱 교회라고 해석을 해 주고 있기 때문입니다.

선지자 스가랴는 일곱 등잔이 있는 순금 등잔대를 보았습니다. 그는 성전에 있는 순금 등잔대에 관하여 잘 알고 있으므로, 그것이 무엇을 의미하는지 바로 이해해야 했습니다. 그러나 그는 그것이 무엇을 의미하고 있는지 이해 못하고 주님께 물었습니다. "내 주여, 이것들이 무엇이니이까?"(4절)

주의 사자, 천사가 답했습니다. "네가 이것들이 무엇인지 알지 못하느냐?" 선지자 스가랴는 "내 주여, 내가 알지 못하니이다."라고 대답했습니다. 이때 주의 천사는 이런 답을 주었습니다.

"여호와께서 스룹바벨에게 하신 말씀이 이러하니라. 만군의 여호와께서 말씀하시되 이는 힘으로 되지 아니하며 능력으로 되지 아니하고 오직 나의 영으로 되느니라."

여러분, 이것은 매우 이상한 대답입니다. 이 말이 무엇을 의미하였을까요? 이 답의 문장을 살펴보면 분명한 주어가 없습니다. 무엇이 힘으로도 능으로도 되지 않고 주의 신으로 된다는 말인지 분명하지 않습니다.

이 말씀의 주어를 찾아내고 이것이 무엇을 의미하고 있는지를 이해하기 위해서는 그때의 역사적 배경을 잘 알아야 합니다. 바벨론에 끌려가서 70년 동안 포로 생활을 하던 이스라엘의 남은 백성이 B.C. 536년에 고국의 수도인 예루살렘으로 돌아왔습니다. 역대하 36장(22~23절)에 따르면 바벨론을 무너뜨리고 페르시아(바사) 왕국을 세운 고레스 왕이 여호와 하나님의 감동을 받고 온 나라에 이스라엘 포로들의 해방을 공포하는 조서를 내렸습니다. 이 조서에서 그는 바벨론에 잡혀 와 사는 이스라엘 백성 중에 남아 있는 사람들이 그들의 고국에 돌아가도록 자유를 허락했습니다.

남은 백성이 예루살렘에 돌아왔습니다. 그러나 저들은 성전을 갖지 못했습니다. 크고 화려했던 솔로몬의 성전은 지난날 바벨론 군에 의해 파괴되고 없어졌습니다. 고국에 돌아온 남은 적은 백성이 성전을 재건하기 위해 터를 놓았습니다. 그러나 그 일은 백성들의 연약함 때문에 중단되었습니다.

성전의 터를 놓은 후 16년 동안 아무 진전을 이루지 못했습니다. 성전이 재건되고 성소의 순금 등잔대 위에 있는 일곱 등잔에서 불이 밝혀져야 했습니다. 그러나 돌아온 이스라엘 백성은 일손을 놓게 되고, 성전 건축은 중단되어 버렸습니다.

이때 선지자 스가랴를 통하여 스룹바벨과 그의 백성에게 환상을 주었습니다. 당시에 이스라엘 백성에게는 두 지도자가 있었습니다. 한 사람은 종교 지도자인 여호사닥의 아들 대제사장 여호수아였습니다. 다른 한 사람은 정치적 지도자인 유다 총독 스룹바벨이었습니다(학 1:1). 스룹바벨은 다윗의 혈통에 속한 분으로 성전을 재건하는데 책임을 지고 있었습니다.

그러면 이 스룹바벨에게 말씀하신 "힘으로 되지 아니하며 능력으로 되지 아니하고 오직 나의 영으로 되느니라."라는 말씀은 무슨 뜻이었을까요? 이 말씀에서 스룹바벨이 여호와 하나님의 음성을 들어야 했습니다. 역사적인 배경을 고려할 때 우리는 주어가 없는 문장에 주어를 넣어 이렇게 문장을 완성해 볼 수 있습니다. "성전을 재건하는 일은 힘으로 되지 않고, 능력으로도 되지 않고 오직 나의 영으로 되느니라."

스룹바벨과 그의 백성이 성전 재건을 위해 부름을 받았습니다. 이들이 성전 재건을 위해 터를 놓았습니다. 조금 남은 백성이 성전 재건을 위해 부름을 받아 스룹바벨에게 협력했습니다. 성전이 완성되고, 성소 안에 있는 순금 등잔대 위에 있는 일곱 등잔에 불이 밝혀져야 합니다. 이 일을 이루는 일은 어려운 시대에 쉬운 일이 아닙니다. 하지만 무너진 여호와의 전의 재건을 위해 부름을 받은 것은 보잘것없는 인간에게 크나큰 영광입니다. 그러므로 스룹바벨과 이스라엘 백성은 감사와 성실로 성전 재건에 임해야 했습니다. 그러나 유감스럽게도 그들은 성전을 재건하는 일에 손을 놓고 있었습니다.

여러분, 오늘도 여호와 하나님은 같은 영광스러운 사역을 위해 그의 백성을 부르십니다. 이 어두운 세상에 그의 교회를 세워 빛을 비추기 위해 그의 백성을 부르십니다. 주의 교회가 세워져야 합니다. 사도들은 교회의 터라고 했습니다. 주의 교회가 사도들의 터 위에 계속 세워져 가야 합니다. 우리 같은 죄인들이 주의 교회의 건설을 위해 부름을 받았다는 사실이 얼마나 영광스럽습니까? 우리는 모두 주의 교회 건설을 위해 부름을 받은 것을 큰 영광으로 생각해야 합니다.

2. 인간의 자원을 의지하지 말 것에 대하여

둘째, 우리는 주의 교회 건설을 위해 인간의 자원을 의지하지 않아야 한다는 사실을 듣게 됩니다.

적은 수의 남은 백성이 포로 생활에서 해방되어 고국에 돌아왔습니다. 백성의 정치적 지도자인 스룹바벨이 이들의 열심을 일깨우고, 성전의 재건을 완성한다는 것은 분명히 쉬운 일이 아니었습니다. 모든 환경은 그의 사명을 이행하기에 쉽지 않았습니다. 조금 남은 백성이 어려운 포로 생활에서 막 고국으로 돌아왔습니다. 옛 성전의 터는 쑥대밭이 되어 있습니다. 그 자리에 성전의 터를 놓았습니다.

그러나 외지에서 종살이하다 돌아온 그들이 성전 재건에 필요한 충분한 재원을 가졌을 리 없습니다. 가지고 있는 것은 턱없이 적습니다. 성전 재건을 마칠 수 있을까 하는 의심과 두려움이 있습니다. 저들은 지난날의 솔로몬 성전의 화려한 위용에 관하여 듣고 잘 기억하고 있습니다. 그 성전과 비교하여 그들이 재건하려는 성전은 너무 적고 초라하게 여겨졌습니다.

더욱이 그들 주변에는 다시 그들을 대적할 수 있는 나라와 백성이 있었습니다. 작은 이스라엘 백성은 주변에 있는 초강대국들을 바라보았습니다. 그때 저들은 돌아온 이스라엘 사람들에게 심하게 적대하는 입장은 아니었습니다. 고레스, 다리우스 왕은 그들에게 친절했습니다. 그러나 앞으로 이 초강대국들에 의해 어떤 일이 일어날지 아무도 모릅니다. 세상 권세자들의 마음은 수시로 변하기 때문입니다. 저들이 어느 때라도 다시 예루살렘에 쳐들어와 황폐화할 수 있습니다.

그래서 조금 남은 이스라엘 백성은 용기를 잃었습니다. 거의 모든 사람이 연장을 놓고 일터를 떠났습니다. 이들은 그들이 가진 적은 재원과 작은 힘에 의존했습니다.

이때 여호와는 선지자 스가랴를 통하여 이스라엘의 정치 지도자인 총독 스룹바벨에게 환상을 주시고 그의 말씀을 주셨습니다. "힘으로 되지 아니하며 능력으로 되지 아니하느니라."

이 말씀은 무엇을 의미하고 있습니까? 영어로 된 흠정역은 힘이란 말에 '군사'라는 각주를 붙여 그렇게도 번역할 수 있다고 합니다. 그러니 여기 힘은 인간의 힘을 의미하고 있습니다. 그리고 이 '힘'은 종종 '부'를 의미하기도 합니다.

그리고 '능력'이라는 말은 역동적인 권능, 혹은 권세를 의미합니다. 이 두 말을 합하면 이는 인간의 힘이나 부나 권세를 가지고는 성전을 건축할 수 없다는 것을 가리킵니다. 한마디로 말하면 인간의 자원으로는 성전을 건축할 수 없다는 것을 의미합니다.

사람들은 대부분 자기가 하는 일의 성공을 인간적인 자원에 의존합니다. 물론 세상의 어떤 일은 사람의 힘과 부로 어느 정도 이룰 수 있습니다. 인간적인 수준의 것은 어느 정도 이룰 수 있습니다.

그러나 하나님 나라의 영역은 전혀 다릅니다. 하나님의 일은 인간의 힘이나 능력으로 할 수 없습니다. 하나님의 백성은 하나님 나라 건설을 위해 인간 자신의 자원을 의지하지 않아야 합니다. 하나님의 성전을 재건하기 위해 남은 이스라엘 백성들은 그들이 가진 적은 재원을 보고 낙심하지 않아야 했습니다.

하나님이 스룹바벨에게 환상과 말씀을 주신 목적은 그가 백성을 일깨우는 데 있었습니다. 하나님의 일을 하는데 인간적인 적은 어떤 자원에 의지하지 말라고 일깨우고 가르치는 데 있었습니다.

친애하는 여러분, 우리는 인간적인 힘과 능력으로 하나님의 교회를 세울 수 없습니다. 인간의 힘과 지혜로 세상에 빛을 비출 수 없습니다. 우리는 종종 할 수 있다고 생각합니다. 오늘날같이 물질적으로 풍요하고 기술 문화가 발달한 시대에 많은 교회가 세상에 빛을 비추지 못하고 있습니다. 많은 교회의 생활이 뒷걸음치고 있습니다. 이것은 무엇을 의미합니까? 인간의 자원, 인간의 지혜를 가지고 교회를 세우려 하기 때문입니다. 인간의 자원으로 우리는 주님의 교회를 세울 수 없습니다.

목사도 인간의 힘과 지혜로 주의 교회를 세울 수 없습니다. 강단에서 세상 번영의 길을 가르치고 듣기 좋은 세상의 이야기를 한다면 참된 주의 교회를 세울 수 없습니다. 사도 바울은 그 시대의 대학자로 헬라의 철학자들과 그들의 철학을 깊이 알고 있었지만, 그의 설교에서 저들의 지혜로운 이론을 한 번도 사용하지 않았습니다. 그는 고린도전서 2:1~2에서 "형제들아, 내가 너희에게 나아가 하나님의 증거를 전할 때에 말과 지혜의 아름다운 것으로 아니하였나니, 내가 너희 중에서 예수 그리스도와 그가 십자가에 못 박히신 것 외에는 아무 것도 알지 아니하기로 작정하였음이라."라고 했습니다.

친애하는 여러분, 하나님의 교회는 인간의 자원으로 건설될 수 없음을 기억하시기 바랍니다.

3. 그의 영으로만 봉사할 것에 대하여

셋째, 그러면 주 하나님의 교회 건설을 위한 자원은 무엇인가 하는 것입니다.

주의 천사는 "나의 영으로"라고 말했습니다. 이것은 무엇을 의미합니까? 하나님의 일은 하나님의 영으로만 할 수 있다는 것입니다. 주님의 교회 봉사는 하나님의 영으로만 성공적으로 할 수 있습니다.

여기 "영"이라고 번역된 말은 원어인 히브리 말로 '루아'인데 볼 수 없고 만질 수 없는 능력을 의미합니다. 이 말은 신약의 표현으로는 성령을 가리킵니다. 이 말이 신약에 기록된 헬라어로는 '프뉴마'인데 원래 바람을 의미합니다. 바람은 볼 수 없고 만질 수 없습니다. 그러나 놀라운 능력이 있습니다. 바람이 어디에서 와서 어디로 가는지도 우리는 모릅니다. 결과를 보고 그 힘과 방향도 알게 됩니다.

주의 성령은 능력을 가지고 있습니다. 그 능력을 우리는 볼 수도 없고 만질 수도 없습니다. 그러나 주의 성령의 능력은 진정한 능력입니다. 하나님의 자녀는 성령의 능력으로 받은 사명을 성공적으로 수행할 수 있습니다. 스룹바벨과 이스라엘 백성은 그들의 적은 자원을 보지 않아야 합니다. 거기 의존하지 않아야 합니다. 그것을 보고 낙심하지 않아야 합니다.

환상을 통해 보여준 성령 하나님의 능력은 무한합니다. 순금 등잔대 꼭대기에 있는 기름 그릇이 일곱 등잔에 기름을 공급하고 있습니다. 이 기름 그릇은 좌우에 있는 감람나무에 연결되어 있습니다. 두 감람나무는 기름 그릇에 계속 기름을 공급하고 있습니다. 그래서 일곱 등잔은 계속 빛을 내게 됩니다. 인간의 자원은 한정되고 고갈됩니다. 그러나 성령 하나님의 능력은 무한합니다.

성령 하나님의 능력은 엄청납니다. 불가능한 것이 없습니다.

여러분, 큰 산처럼 감당할 수 없는 어마어마한 큰 어려운 일이 있습니까? 극복하기 어려운 큰 걱정되는 일이 앞에 있습니까? 성령 하나님의 능력을 의지하시기 바랍니다. 모든 어려운 일들을 다 극복할 수 있을 것입니다. 모든 어려운 일이 사라지게 될 것입니다. 그래서 주의 천사는 7절에 말합니다. "큰 산아, 네가 무엇이냐? 네가 스룹바벨 앞에서 평지가 되리라."라고 합니다.

인간의 관점으로는 스룹바벨과 그의 백성 앞에 태산 같은 어려움이 있습니다. 사람에게서 나오는 자원으로서는 그 어려움을 극복할 수 없습니다. 사람의 힘과 능력으로는 하나님의 전을 완성할 수 없었습니다. 그러나 하나님께로 오는 다른 자원의 원천이 있습니다. 이 자원을 의지할 때 모든 어려움은 극복될 수 있습니다. 하나님의 전이 완성될 수 있습니다.

주 하나님은 스룹바벨과 그의 백성에게 그의 영을 의지하면, 성령 하나님의 능력을 의지하면 성전을 완성할 수 있다고 하셨습니다. 성령 하나님을 의지하면 스룹바벨이 성전을 완공하게 될 것이라고 하셨습니다. 성전을 완공하고 머릿돌을 가져다 놓을 때 백성이 "은총! 은총!"하고 외칠 것이라고 합니다. 왜냐하면, 하나님의 전은 인간의 자원으로가 아니고 하나님의 은총으로 완성되었기 때문입니다.

이런 일이 실제 일어났습니다. 이 일이 약속된 대로 그대로 이루어졌습니다. 다리오 왕 6년에 예루살렘에 하나님의 전이 드디어 완공되었습니다. 하나님의 능력으로 완공되었습니다.

친애하는 여러분, 우리는 모두 주님의 교회 건설을 위해 부름을 받았습니다. 이것은 놀라운 은혜요, 축복입니다. 그런데 우리는 기억해야 합니다. 교회의 건설은 "힘으로 되지 아니하며, 능력으로 되지 아니하고 오직 주 여호와의 영으로 된다."라는 사실을 기억해야 합니다. 우리는 오늘 인간 중심의 철학이 지배하는 시대에 살고 있습니다. 인간의 힘과 지혜로 교회를 세우려 하는 사람들이 많습니다.

우리 주 예수님은 승천하시기 전 그의 제자들에게 "너희는 위로부터 능력으로 입혀질 때까지 이 성에 머물라."라고 하셨습니다(눅 24:49). 제자들이 성령 하나님의 능력 없이는 그의 교회 건설에 나설 수 없기 때문입니다.

우리는 사도행전에서 주의 성령이 어떻게 그의 교회 건설을 위해 역사했는지를 알 수 있습니다. 주의 제자들이 어떻게 성령의 능력으로 그의 교회 건설을 위해 봉사했는지를 읽을 수 있습니다.

오늘도 교회의 주 예수 그리스도는 성령 하나님의 능력을 의지하는 종들을 통해 그의 교회를 세워 가십니다. 인간인 우리가 아무리 현명하고 힘이 있다 해도 교회를 세워 갈 수 없다는 것을 알아야 합니다.

여러분, 오직 주의 능력을 의지하고 교회 봉사의 길에 나아가시기 바랍니다. 주의 성령의 능력을 의지하고 봉사할 때 주님은 이런 봉사자들을 통해 그의 교회를 세워 가실 뿐 아니라, 마침내는 그의 우주적인 교회를 완성하실 것입니다.

하나님의 선택을 받은 모든 사람이 교회 봉사자들을 통해 주의 교회에 다 모이게 될 것입니다. 이때 참된 스룹바벨이 되시는 우리 주님이 재림하실 것입니다. 그의 교회를 완성하실 것입니다. 그리고 그의 교회의 마침 돌인 머릿돌을 놓게 될 것입니다. 그때 우리 하나님은 "다 이루었다."라고 하실 것이고 하늘에 허다한 무리의 큰 음성이 모든 것을 하나님의 은총에 돌리며 "할렐루야! 구원과 영광과 능력이 우리 하나님께 있도다."라고 노래할 것입니다(계 19:1). 아멘.

신약편

16. 큰 자이신 메시야 예수 그리스도
(성탄절 설교)

성경 봉독: 누가복음 1:26~38
설교 본문: 누가복음 1:30~33

천사가 이르되 마리아여, 무서워하지 말라. 네가 하나님께 은혜를 입었느니라. 보라, 네가 잉태하여 아들을 낳으리니, 그 이름을 '예수'라 하라. 그가 큰 자가 되고 지극히 높으신 이의 아들이라 일컬어질 것이요, 주 하나님께서 그 조상 다윗의 왕위를 그에게 주시리니, 영원히 야곱의 집을 왕으로 다스리실 것이며, 그 나라가 무궁하리라.(누가복음 1:30~33)

친애하는 여러분,

오늘 우리는 놀랍고 영광스러운 내용의 이야기를 읽었습니다. 하나님께서는 그의 독생자가 사람의 육신을 입고 세상의 구주로 오는 소식을 알리기 위해 천사장 가브리엘을 보냈습니다. 가브리엘은 동정녀 마라아에게 나타나 "보라, 네가 잉태하여 아들을 낳으리니, 그 이름을 '예수'라 하라. 그가 큰 자가 되고 지극히 높으신 이의 아들이라 일컬어질 것이요, 주 하나님께서 그 조상 다윗의 왕위를 그에게 주시리니, 영원히 야곱의 집을 왕으로 다스리실 것이며, 그 나라가 무궁하리라."라고 했습니다.

이 천사가 전하는 소식에서 우리는 "그가 큰 자가 되고"라는 말씀에 관심을 집중하려 합니다. 이 말씀이 천사가 전하는 소식의 핵심입니다. 천사가 마리아에게 오기 6개월 전, 같은 천사는 사가랴에게 가서 그의 아내 엘리사벳이 아들을 낳을 것이라는 소식을 전했습니다. 천사는 사가랴에게 "네 아내 엘리사벳이 네게 아들을 낳아 주리니, 그 이름을 요한이라 하라. 너도 기뻐하고 즐거워할 것이요, 많은 사람도 그의 태어남을 기뻐하리니, 이는 그가 주 앞에 큰 자가 되며"라고 했습니다(1:13~15).

천사가 전하는 말에 의하면 요한과 예수가 "큰 자"가 되리라는 것입니다. 그러나 둘 사이에는 큰 차이가 있을 것입니다. 세례 요한에 대해서는 "그가 주 앞에 큰 자"가 될 것이라고 했습니다. 세례 요한이 큰 자가 된다는 것은 메시야의 오심을 알리는 사자가 되는 데 있었습니다. 그가 장차 오래 기다려 온 메시야에 대하여 "보라. 세상 죄를 지고 가는 하나님의 어린 양이로다."라고 전하게 될 것입니다(요 1:29).

세례 요한은 죄인들이 메시야의 왕국에 들어가는 유일한 길로 참된 회개를 외쳤습니다(눅 1:76~77, 3:8). 그는 메시야의 사자로서 그의 사명을 다했을 때 말했습니다. "그는 흥하여야 하겠고 나는 쇠하여야 하리라."(요 3:30) 그러므로 세례 요한의 위대성은 겸손하게 메시야의 앞에 온 사자로서 그의 의무를 다하는 데 있었습니다.

그러나 예수에 대해서는 "그가 큰 자가 되고 지극히 높으신 이의 아들이라 일컬어질 것이요"라고 했습니다. 그러므로 예수님의 위대성은 세례 요한의 그것을 능가하는 것입니다.

이제 본문으로부터 "큰 자이신 메시야 예수 그리스도"라는 제목으로 주의 복음을 전하고 들으려 합니다.

예수 그리스도는 첫째, 완전한 신성과 인성을 가지셨기 때문에, 둘째, 그의 직분을 다 이루셨기 때문에, 셋째, 그의 영원한 왕권을 보이셨기 때문에 큰 자이십니다. 그러면 이 사실을 구체적으로 생각하고자 합니다.

    1. 완전한 신성과 인성을 가지셨기 때문에
    2. 그의 직분을 다 이루셨기 때문에
    3. 그의 영원한 왕권을 보이셨기 때문에

1. 완전한 신성과 인성을 가지셨기 때문에

첫째, 예수 그리스도는 완전한 신성과 인성을 가지셨기 때문에 큰 자이십니다.

천사는 마리아에게 32절에 "그가 큰 자가 되고 지극히 높으신 이의 아들이라 일컬어질 것"이라고 했습니다. 35절에서는 "나실 바 거룩한 이는 하나님의 아들이라 일컬어지리라."라고 했습니다. 이것은 마리아에게 놀라운 소식입니다. 마리아는 보잘것없는 목수와 약혼한 평범한 처녀였습니다. 그러나 마리아는 여자들 가운데 가장 큰 복을 받았습니다. 왜냐하면, 그는 하나님의 아들을 출산하는 여자로 택함을 받았기 때문입니다.

마리아는 실제로 낙원에서 약속된 여자의 씨를 생산하는 여자로 택함을 입었습니다. 얼마나 많은 세대의 사람이 여인의 씨가 오는 것을 기다렸습니까? 아담 이후 수 천 년 동안 언약을 믿는 하나님의 백성들이 여인의 씨가 오는 것을 기다렸습니다. 그 씨가 드디어 마리아에게서 탄생하게 될 것입니다. 지극히 높으신 이의 아들이 드디어 마리아를 통해서 오시게 됩니다. 얼마나 놀라운 소식입니까?

천사가 전하는 소식에 "그가 큰 자가 되고"라는 말은 주목할 만한 말입니다. 그가 큰 자가 된다는 말이 어떤 뜻이 있을까요? 그는 인자가 되고 또 지극히 높으신 이의 아들이 될 것입니다. 이런 의미에서 그는 큰 자가 된다는 것입니다. 말하자면 메시야 예수 그리스도는 완전한 신성과 완전한 인성을 취하게 될 것입니다. 그는 완전한 하나님과 완전한 사람으로 나타나실 것입니다. 역사상 우리 주 예수 그리스도와 같은 분이 없었습니다. 그는 누구와도 비교할 수 없는 분이십니다.

천사는 "그는 지극히 높으신 이의 아들이라 일컬어질 것"이라고 했습니다. 이것은 놀라운 신비입니다. 누구도 이 신비를 설명할 수 없습니다. 그러므로 이사야는 "그의 이름은 기묘자라, 모사라, 전능하신 하나님이라, 영존하시는 아버지라, 평강의 왕이라."라고 예언했습니다(사 9:6, 삿 13:18).

지난날에 많은 사람이 이 큰 신비를 받아들이지 않고 거절했습니다. 3세기에 아리우스라는 사람이 나타나 예수님은 아버지 하나님과 유사하지만, 그와 같은 신성을 갖지 않았다고 했습니다. 이때 니케아 공의회가 모여 아리우스의 주장을 이단으로 정죄하고 예수님은 아버지와 같은 신적 본질을 가지고 있다는 성경적인 교리를 확증했습니다. 주 예수 그리스도는 하나님의 하나님이라고 선언했습니다.

성경은 "그가 태초에 하나님과 함께 계셨고 만물이 그로 말미암아 지은 바 되었으니, 지은 것이 하나도 그가 없이는 된 것이 없느니라."라고 했습니다(요 1:2~3). 사도 바울은 "만물이 주에게서 나오고 주로 말미암고 주에게로 돌아감이라. 그에게 영광이 세세에 있을지어다."라고 말했습니다(롬 11:36). 예수님은 하나님이십니다. 그런고로 예수님은 지극히 "큰 자"이십니다.

예수 그리스도는 완전한 하나님이면서, 또한 완전한 사람이십니다. 그는 주리기도 하시고, 목마름을 겪기도 하시고, 울기도 하셨습니다. 그는 완전한 사람이었습니다. 한 분 예수 그리스도 안에 완전한 신성과 완전한 인성의 놀라운 일치가 있었습니다. 그에게는 흠도 점도 없었습니다. 그는 원죄도 자범죄도 없는 완전한 인성과 완전한 신성을 가졌습니다.

예수 그리스도는 완전한 사람이요, 완전한 하나님이십니다. 예수 그리스도께서 십자가에 죽으셨을 때에, 하나님이신 그가 피를 흘렸습니다. 그래서 사도 바울은 사도행전 20:28에 "하나님이 자기 피로 사신 교회"라고 했습니다. 요한계시록 5:9에는 "사람들을 피로 사서 하나님께 드리시고"라고 했습니다.

예수 그리스도 안에 경건의 큰 비밀이 있습니다. 그는 위대한 분 중에 한 분이 아니십니다. 누구도 그와 비교될 수 없습니다. 천사가 "그가 큰 자가 되고"라고 할 때, 정말 그는 큰 자라는 것을 알려 주었습니다. 예수 그리스도는 누구와도 비교할 수 없는 큰 자이십니다.

2. 그의 직분을 다 이루셨기 때문에

둘째, 예수 그리스도는 그의 직분을 다 이루셨기 때문에 "큰 자"였습니다.

하나님이요, 사람이신 우리 주 예수 그리스도는 직분자로 이 세상에 오셨습니다. 마귀가 아담을 타락하게 함으로 하나님께서 하신 일을 망쳐 놓았습니다. 땅이 저주를 받았습니다. 죄가 세상을 지배했습니다. 우리가 사탄의 종이 되었습니다. 예수 그리스도는 이러한 무서운 세계로부터 우리를 구원하기 위해 오셨습니다. 그는 우리의 제사장과 우리의 선지자와 우리의 왕이 되기 위해 오셨습니다. 그는 우리의 구주, 우리의 제물, 우리의 대리, 우리의 머리, 우리의 주, 우리의 생명, 우리의 모두가 되기 위해 오셨습니다.

아버지 하나님은 이 직분을 그에게 주셨고, 그는 이 세상에 오셔서 이 직분을 성실히 수행하셨습니다. 예수 그리스도는 십자가 위에서 그의 백성의 죗값을 친히 담당하심으로 죄의 종말이 오게 하셨습니다.

그 결과 예수 그리스도로 말미암아 우리의 죄 문제가 영원히 해결되었습니다. 그는 무덤에 내려가셨지만, 그는 곧 무덤의 문을 열어젖히시고, 죽음을 정복하시고, 부활하심으로 영원한 생명을 얻으셨습니다. 이것이 그가 아버지께 받은 큰 사명이었습니다. 그는 이 사명을 완전히 성취하였습니다. 그의 승리는 완전하였습니다. 그의 원수 마귀의 패배는 확실했습니다. "사망아, 너의 쏘는 것이 어디 있느냐?" "무덤아, 너의 승리가 어디 있느냐?" 그가 죽은 자로부터 일어났을 때, 그는 자기 백성에게 하늘의 문을 열었습니다.

이로써 옛날 선지자 미가를 통해 주신 예언의 말씀이 성취되었습니다. 미가 2:13에 이런 말씀이 있습니다. "길을 여는 자가 그들 앞에 올라가고 그들은 길을 열어 성문에 이르러서는 그리로 나갈 것이며, 그들의 왕이 앞서 가며 여호와께서는 선두로 가시리라." 그가 하늘 문을 열었을 때, 그는 사로잡힌 자들을 사로잡았습니다. 그는 하나님 아버지의 우편에 앉으시고, 하늘과 땅의 모든 권세를 받으셨습니다.

천사는 "그가 큰 자가 되고 … 주 하나님께서 그 조상 다윗의 왕위를 그에게 주시리라."라고 했습니다. 이 다윗의 왕위 곧, 다윗의 보좌는 여러 번 구약에서 예언되고 약속되었습니다. 많은 예언 가운데 이 예언은 사무엘하 7:12~13에서 발견됩니다. 하나님은 선지자 나단을 통해 다윗 왕에게 이렇게 말씀했습니다. "네 수한이 차서 네 조상들과 함께 누울 때에 내가 네 몸에서 날 네 씨를 네 뒤에 세워 그의 나라를 견고하게 하리라. 그는 내 이름을 위하여 집을 건축할 것이요, 나는 그의 나라 왕위를 영원히 견고하게 하리라."

이 예언의 성취는 천사 가브리엘이 전하는 말에서 확인이 됩니다. 곧 "그가 큰 자가 되고 … 주 하나님께서 그 조상 다윗의 왕위를 그에게 주시리라." 여기 왕위는 최고의 권능과 주권을 상징합니다. 이 주권은 지나가는 지상의 주권이 아니고, 영적인 영원한 주권을 가리키고 있습니다.

이 주권의 보좌가 주 예수 그리스도에게 주어졌습니다. 그가 그의 직분을 이행하기 위해 세상에 오셨을 때, 그는 큰 자로 보이지 않았습니다. 그는 어머니 마리아의 품속에 안긴 매우 작은 자였습니다. 그는 가난하여 머리 둘 곳을 가지지 못했습니다. 그는 당시 무시를 당하는 갈릴리 사람에 속했습니다. 사람들은 "우리는 그가 어디서 왔는지 아노라."라고 말했습니다. 그가 종의 값인 은 30에 팔렸습니다. 이때 그는 큰 자로 여겨지지 않았습니다. 그는 멸시를 받고, 거절을 당하고, 십자가에 못 박혔습니다. 이때 그는 큰 자가 아니었습니다. 그는 두 강도 사이에서 십자가에 달렸습니다. 그는 정말 낮은 자였습니다.

그런데 이제 그는 하늘의 보좌 우편에 앉아 계십니다. 그는 왕 중 왕으로 만주의 주로 기름 부음을 받았습니다. 베드로와 제자들은 이스라엘 백성들에게 "너희가 생명의 주를 죽였도다. 그러나 하나님이 죽은 자 가운데서 그를 살리셨으니, 우리가 이 일에 증인이라."라고 말했습니다(행 3:15). 스데반도 "보라, 하늘이 열리고 인자가 하나님 우편에 서신 것을 보노라"라고 했습니다(행 7:56).

예수 그리스도는 참으로 큰 자이십니다. 그는 하늘과 땅의 모든 권세를 가지시고 계십니다. 그는 그의 보좌 앞에 큰 무리를 가지고 계십니다. 그는 아무도 셀 수 없는 많은 구속받은 백성을 가지고 계십니다. 어떤 사람들은 하나님의 주권적 선택을 믿는 우리 개혁 신자들을 비난합니다. 하나님은 적은 수를 택하고 많은 사람을 버렸다고 가르치는 선택과 유기의 교리를 비난합니다.

그러나 여러분 하나님은 선택한 많은 수의 백성을 가지고 있습니다. 하늘의 별들과 바닷가의 모래처럼 많은 하나님의 선택된 백성이 있습니다. 예수 그리스도가 그의 피로 사신 아무도 셀 수 없는 수의 많은 하나님의 백성이 있습니다. 우리는 그의 보좌 앞에 아무도 셀 수 없는 구원 받은 큰 무리가 있음을 생각하고 기뻐합니다. 예수 그리스도는 분명히 "큰 자입니다."

3. 그의 영원한 왕권을 보이셨기 때문에

끝으로 예수 그리스도는 그의 영원한 왕권 때문에 큰 자이십니다.

하늘에 계시는 주 예수 그리스도에게 하늘의 보좌가 주어졌습니다. 주 예수 그리스도는 보좌에서 은혜와 진리로 다스리고 계십니다. 예수 그리스도는 하늘의 영광 중에 계십니다. 그는 영적 이스라엘인 야곱의 집을 다스리십니다. 예수 그리스도는 야곱의 하나님을 피난처로 삼는 모든 사람을 은혜와 진리로 다스리십니다(시 46:7, 11). 그리스도의 나라는 영원합니다. 영원한 왕으로 그는 그의 백성을 영원히 통치하실 것입니다. 그래서 그는 큰 자가 되십니다.

그리스도의 왕권은 하늘에 영원히 있습니다. 하늘과 땅에 있는 어떤 권세도 그의 왕권에 도전할 수 없습니다. 그의 왕좌는 굳건합니다. 그의 왕좌의 영광이 아직은 우리에게 희미하고 분명하지 못합니다. 그러나 그의 크심이 곧 나타나게 될 것입니다. 어느 날 천사장의 소리와 하나님의 나팔 소리가 들릴 것입니다. 그때 "보라, 신랑이로다. 맞으러 나오라."라는 큰 소리가 들릴 것입니다(마 25:6). 주께서 영원한 왕과 심판자로 오시게 됩니다.

주께서 만왕의 왕으로, 만주의 주로 나타나실 것입니다. 만국이 그 앞에 무릎 꿇을 것입니다. 배반한 원수들도 그를 자기들의 심판자와 왕으로 맞이할 수밖에 없을 것입니다. 전 세계가 하나님의 영광으로 가득 찰 것입니다. 그의 빛이 비치지 않는 곳은 어디에도 없을 것입니다. 모든 무릎이 그에게 꿇을 것이요 모든 혀가 예수 그리스도가 주라고 고백하며, 아버지 하나님께 영광을 돌리게 될 것입니다(롬 14:11).

그가 보좌에 심판자로 앉게 되실 때 그는 사람들의 눈앞에 큰 자로 나타나실 것입니다. 공의의 잣대를 가지시고 몸으로 행한 행위를 심판하실 것입니다. 그때 아무도 그를 대적하지 못할 것입니다. 아무도 그의 신격을 부인하지 못할 것입니다. 땅이 취한 것 같이 흔들리며 산이 쪼개지며 별이 떨어지고 해가 빛을 잃으며 달이 흑암이 될 것입니다. 하나님의 원수들이 산과 바다를 향하여 부르짖는 소리가 들릴 것입니다. "우리 위에 떨어져 보좌에 앉으신 이의 얼굴에서와 그 어린 양의 진노에서 우리를 가리라."(계 6:16)

고요하고 당당한 그리스도의 얼굴은 저들에게 큰 두려움이 될 것입니다. 저들은 숨을 수 없습니다. 저들은 불과 유황 못에 던져질 것입니다. 거기서 저들은 밤낮 영원히 이를 갈며 고통을 당할 것입니다. 이 가운데 그리스도는 "큰 자"가 될 것입니다.

그리스도는 특별히 택자들을 그에게로 모으실 때 "큰 자"가 될 것입니다. 그의 피로 구속받은 모든 자가 그를 경배하기 위해 그의 보좌 앞에 모여들 때, 그는 "큰 자"가 될 것입니다. 그의 피로 구속받은 모든 백성이 그의 보좌 앞에서 "할렐루야!

주 우리 하나님, 곧 전능하신 이가 통치하시도다. 우리가 즐거워하고 크게 기뻐하며 그에게 영광을 돌리세."(계 19:6~7)라고 외칠 때, 그리스도는 "큰 자"가 될 것입니다. 이때 천사가 전한 "그가 큰 자가 될 것이며"한 예언의 말씀이 다시 확증될 것입니다. 아멘.

17. 사가랴 집의 큰 기쁨
(성탄절 설교)

성경 봉독: 누가복음 1:24~38
설교 본문: 누가복음 1:39~45

이 때에 마리아가 일어나 빨리 산골로 가서 유대 한 동네에 이르러 사가랴의 집에 들어가 엘리사벳에게 문안하니 엘리사벳이 마리아가 문안함을 들으매 아이가 복중에서 뛰노는지라. 엘리사벳이 성령의 충만함을 받아 큰 소리로 불러 이르되 "여자 중에 네가 복이 있으며 네 태중의 아이도 복이 있도다. 내 주의 어머니가 내게 나아오니, 이 어찌 된 일인가! 보라! 네 문안하는 소리가 내 귀에 들릴 때에 아이가 내 복중에서 기쁨으로 뛰놀았도다. 주께서 하신 말씀이 반드시 이루어지리라고 믿은 그 여자에게 복이 있도다."(누가복음 1:39~45)

친애하는 여러분,

12월에 우리는 그리스도께서 탄생하신 큰 기쁨의 절기를 맞게 됩니다. '기쁨'이란 그리스도인들이 누리는 귀한 재산입니다. 그리스도께서 탄생하시던 밤에 목자들에게 준 첫 번째의 소식이 기쁨이었습니다. 천사들은 "무서워 말라. 보라 내가 온 백성에게 미칠 큰 기쁨의 좋은 소식을 너희에게 전하노라."라고 했습니다(눅 2:10). 복음에는 언제나 기쁨이 크게 강조되어 있습니다. 복음은 예수 그리스도로 말미암은 구원의 소식이기 때문입니다. 그리스도께서 사람의 몸을 입고 오신 사건은 우리에게 큰 기쁨을 줍니다.

기쁨은 참된 그리스도인 생활의 표입니다. 그런고로 사도 바울은 그리스도인들에게 "주안에서 항상 기뻐하라."라고 권고했습니다(빌 4:4). 그리스도인들은 항상 기뻐해야 합니다. 이 기쁨은 예수 그리스도께서 이 세상에 구주로 오신 사실에 근거를 두고 있습니다.

오늘 우리의 본문에 의하면 그리스도의 오심에 대한 소식을 들은 분들은 그가 탄생하기 이전에 이미 크게 기뻐했습니다. 그리스도께서 세상에 오신다는 소식은 큰 기쁨이었습니다.

이제 본문으로부터 "그리스도의 오심으로 말미암은 사가랴 집의 큰 기쁨"이란 제목으로 우리 주 예수 그리스도의 복음을 전하고 들으려 합니다. 사가랴 집에 큰 기쁨이 있었던 것은 첫째, 그리스도의 오심 때문이었습니다. 둘째, 다윗의 아들 때문이었습니다. 셋째, 약속의 말씀 때문이었습니다.

    1. 그리스도의 오심 때문이었습니다.
    2. 다윗의 아들 때문이었습니다.
    3. 약속의 말씀 때문이었습니다.

1. 그리스도의 오심 때문이었습니다.

첫째, 사가랴 집의 큰 기쁨은 그리스도께서 오시기 때문이었습니다.

누가는 역사적인 사실들을 잘 정리하여 기록해준 역사가였습니다. 그는 그가 쓴 복음 서두에서(1~2절) "우리 중에 이루어진 사실에 대하여 처음부터 목격자와 말씀의 일꾼 된 자들이 전하여 준 그대로 내력을 저술하려고 붓을 든 사람이 많은지라."라고 하면서 자신도 "그 모든 일을 근원부터 자세히 미루어 살펴" 차례대로 기술한다고 했습니다.

그는 누가복음 1장에서 엘리사벳을 통한 세례 요한의 수태와 출생, 마리아를 통한 예수님 수태와 탄생에 대한 천사의 예고에 관한 상세한 이야기를 아름답게 잘 정리하여 우리에게 알려 주고 있습니다.

본문 1:26~38은 천사장 가브리엘이 갈릴리 나사렛에 사는 마리아에게 나타나 예수의 잉태에 관해 알린 일을 자세하게 기록하고 있습니다. 천사가 마리아에게 "네가 잉태하여 아들을 낳으리니 그 이름을 '예수'라 하라."라고 했습니다. 이때 마리아는 당황하여 "나는 남자를 알지 못하니 어찌 이 일이 있으리이까?"라고 했습니다. 이에 천사는 "성령이 네게 임하시고 지극히 높으신 이의 능력이 너를 덮으시리니, 이러므로 나실 바 거룩한 이는 하나님의 아들이라 일컬어지리라."라고 하였습니다.

나아가, 천사는 마리아에게 또 다른 기적에 대해서 알려주었습니다. "보라! 네 친족 엘리사벳도 늙어서 아들을 배었느니라. 본래 임신하지 못한다고 알려진 이가 이미 여섯 달이 되었나니, 대저 하나님의 모든 말씀은 능하지 못하심이 없느니라."라고 했습니다(눅 1:36~37). 이 말씀은 단순한 소식만이 아니었습니다. 소식 이상의 것을 전해 주고 있습니다.

천사는 "보라!"라고 했습니다. 이 말은 큰 사건에 대한 주의를 끄는 표현입니다. "보라!"라는 말은 "주목해 잘 들어. 비상한 일이 네게만 일어나고 있는 것이 아니야, 너의 친족 엘리사벳에게도 일어나고 있어! 그녀가 늙은 나이에 아기를 잉태하였어, 이미 여섯 달이 되었어."라고 하는 뜻이었습니다. 그리고 나서 천사 가브리엘은 마리아에게서 떠났습니다.

이제 오늘의 설교 본문은 39절에 이렇게 시작됩니다. "이 때에 마리아가 일어나 빨리 산골로 가서 유대 한 동네에 이르러 사가랴의 집에 들어가"라고 합니다. 마리아는 천사 가브리엘의 말을 듣자마자, 빨리 엘리사벳이 사는 동네로 갔다고 합니다.

왜 마리아가 이렇게 빨리 엘리사벳에게 갔을까요? 여기에 대해 여러 가지 해석이 있습니다. 어떤 분들은 친족 엘리사벳이 이적의 잉태를 했다는 소식을 듣고 축하하기 위해서였다고 합니다. 다른 분들은 가서 천사의 말이 정말인지 확인하고, 자신에게 일어난 일에 대한 믿음을 확고히 하기 위해서였다고 합니다. 이런 해석들이 어느 정도 가치는 있습니다. 그러나 바른 해석은 아닙니다.

마리아는 주의 천사의 말을 듣고, 그 말을 신중하게 받아들였습니다. 천사의 말이 바로 엘리사벳에게 가도록 마리아를 자극했습니다. 천사의 "보라!"라는 말이 마리아에게는 이렇게 들렸습니다. "너는 가서 주께서 이스라엘 내에 지금 어떤 기적을 일으키시고 계시는지를 보라. 주께서 너희 안에 이적을 일으키실 뿐 아니라, 엘리사벳에게도 이적을 일으키고 계신다. 잉태를 못한 그녀가 아기를 가졌다." 주께서 마리아를 엘리사벳의 집을 방문하도록 자극하신 것입니다. 처녀인 자신이나 연로한 엘리사벳이 잉태한다는 것은 기적이었습니다.

결국, 마리아는 일어나 바삐 남쪽에 있는 유다의 한 동네로 달려갔습니다. 그 동네의 이름이 무엇인지 알려지지 않습니다. 우리는 그 동네가 예루살렘에서 멀지 않았을 것이라 추측만 하게 됩니다. 왜냐하면, 엘리사벳의 남편인 사가랴가 예루살렘 성전의 제사장으로 봉사하고 있었기 때문입니다.

누가의 단순한 이야기는 우리 본문 40~41절에서 이렇게 계속됩니다. "사가랴의 집에 들어가 엘리사벳에게 문안하니" 마리아와 엘리사벳이 전부터 서로 잘 아는 사이였는지 어떤지 우리는 잘 모릅니다. 성경은 이에 대해 말하고 있지 않습니다. 이 문맥에서 이것은 크게 중요하지 않습니다.

마리아가 "사가랴의 집에 들어가 엘리사벳에게 문안"했다고 합니다. 우리는 문안이란 말에 주목하게 됩니다. 문안이란 종종 하나의 단순한 예의적 표현으로 생각하게 됩니다. 그러나 이스라엘에서 문안은 예의적 표현 이상의 것을 의미했습니다. 이스라엘 백성들은 일반적으로 문안으로 언약의 주를 찬양했습니다. 그리고 하나님 언약의 축복을 기원했습니다.

주 예수 그리스도가 부활하신 후 그 날 밤에 제자들에게 나타나셔서 문안했다고 합니다. 그 문안이 "너희에게 평강이 있을지어다."이었습니다. "평강이 있기를", "샬롬" 이것이 이스라엘의 전통적 문안입니다. 평강은 언약의 축복에 속합니다. 마리아는 이런 문안으로 엘리사벳을 만났습니다. 하나님 언약의 축복의 분위기 속에서 엘리사벳을 만났습니다.

이제 우리는 이 이야기 속에서 가장 중요한 부분에 이르게 됩니다. 누가는 이 사건에 관하여 매우 정밀하게 기록하고 있습니다. "엘리사벳이 마리아가 문안함을 들으매 아이가 복중에서 뛰노는지라."(41절)

여러분, 엘리사벳이 마리아의 문안을 듣는 순간, 기적적인 일이 일어난 것입니다. 엘리사벳의 복중에 있는 아이가 뛰어놀았습니다. 출생하지 않은 세례 요한이 복중에서 뛰어놀았습니다. 이 일에 대하여 혹 이렇게 말할 수 있습니다. 복중의 아이가 뛰노는 것이 무엇 특별한 일인가? 임신 육 개월이 되면 임신부는 거의 모두 복중에 아이가 움직이는 것을 느끼지 않는가? 엘리사벳이 노년에 임신했으니 다른 사람들보다 훨씬 이것을 더 느낄 것 아닌가? 그렇게 말할 수 있습니다.

그런데 여러분, 엘리사벳의 복중에 아이가 뛰논 것은 일반적인 때와 전혀 달랐습니다. 비상한 것이었습니다. 구약을 헬라어로 번역한 창세기 25장에 여기 쓰인 헬라어와 같은 헬라어가 사용되어 있습니다. 리브가의 복중에 있는 에서와 야곱에 관한 이야기가 있습니다. 22절에 "그 아들들이 그의 태 속에서 서로 싸우는지라."라고 했습니다. 여기 "싸우는 것"이라는 같은 단어가 엘리사벳의 복중에 아이가 "뛰논다"는 말에 사용되었습니다. 이것은 싸우는 것처럼 아이가 격렬하게 뛰는 것을 의미합니다.

엘리사벳의 복중에 있는 아이, 태아가 격렬하게 뛰놀았습니다. 엘리사벳은 바로 자기 복중의 아이가 기쁨으로 뛰노는 것을 느꼈습니다. 그래서 큰 소리로 부르짖었습니다. "보라! 네 문안하는 소리가 내 귀에 들릴 때에 아이가 내 복중에서 기쁨으로 뛰놀았도다."(44절) 마리아가 문안하고 엘리사벳이 이를 들을 때에 엘리사벳의 복중에 있는 아이가 기쁨으로 격렬하게 뛰놀았습니다.

여러분, 우리는 여기 아직 태어나지 않은 복중에 있는 생명에 대해 생각을 하게 됩니다. 복중에 있는 아기 세례 요한은 어머니의 복중에 있는 다른 아이들과 조금도 다름이 없었습니다. 태중에 있는 아이도 참으로 아이요, 완전한 생명입니다. 그러니 하나님 앞에서 정당한 이유를 댈 수 있는 비상한 경우 외에 인위적인 낙태는 바로 살인행위입니다. 오늘 우리 주변에서 인위적인 낙태를 함으로 살인죄를 범하는 많은 분이 있다는 것을 듣게 됩니다. 우리는 이를 심각하게 보아야 합니다.

또한, 우리는 본문에서 태중의 아이가 사람들이 말하고 듣는 것으로부터 영향을 받는다는 사실을 알 수 있습니다. 물론 우리 본문은 특별한 경우에 관하여 말하고 있습니다. 하지만 우리는 여기서 태아 교육의 중요성에 관하여서도 배우게 됩니다. 임신 중인 태아의 어머니는 어디에 가는 일에도, 무엇을 듣고 보는 일에도 주의를 해야 합니다.

나아가, 태중의 아이도 하나님의 자녀란 사실을 알아야 합니다. 엘리사벳의 복중의 아이가 기쁨으로 뛰놀았습니다. 태중의 아이가 오시는 예수를 큰 기쁨으로 환영하며 맞이한 것입니다. 그 태중에 있는 아이 세례 요한은 출생하기 전에 벌써 기쁨으로 뛰놀았습니다. 구주께서 오시고, 구원의 날이 가깝기 때문입니다.

여러분, 구주의 오심은 크고 기쁜 소식입니다. 이는 이스라엘과 모든 민족을 위한 기쁜 소식입니다. 그런데 구주 예수의 오심은 단순한 과거의 사건만 아닙니다. 예수 그리스도는 오래전에 오셨습니다. 그러나 그는 다시 오실 것입니다. 우리는 다시 오실 메시야 예수 그리스도를 기다립니다. 우리는 메시야 예수 그리스도의 다시 오심을 내다보고 크게 기뻐하며 살아가야 합니다.

2. 다윗의 아들 때문이었습니다.

둘째, 다윗의 아들 때문에 큰 기쁨이 있었습니다.

마리아는 남자와 아직 아무 관계가 없는데도 잉태할 것이란 말을 천사로부터 들었습니다. 마리아는 같은 천사로부터 그 약속의 표로 그의 친족 엘리사벳이 노년에 수태했다는 소식을 들었습니다. 놀라움과 기쁜 마음을 가지고 마리아는 엘리사벳의 집에 달려왔습니다. 이 마리아의 방문을 상상해 보십시오. 누가 누구에게 오고 있습니까?

그때 마리아는 아마도 16세나 17세밖에 되지 않는 처녀였을 것입니다. 엘리사벳은 나이 많은 부인이었습니다. 아주 어린 처녀가 나이 많은 부인에게 왔습니다. 마리아는 천사의 말을 조금도 의심하지 않고, 모든 일을 완전히 주께 맡겼습니다. 이런 처녀 마리아가 나이 많은 부인 엘리사벳을 찾아 왔습니다.

마리아가 집에 들어와 문안하자마자, 엘리사벳은 바로 저 어린 처녀 마리아에게 어떤 일이 생겼는지를 알았습니다. 문안 후에 두 분이 어떤 대화를 하였는지 상세한 것을 우리는 본문에서 발견하지 못합니다. 마리아가 자신에게 일어난 일을 엘리사벳에게 간단히 이야기했는지 모릅니다.

어쨌든 성령님은 나이 많은 부인 엘리사벳을 감동시켜 여선지자로 만드셨습니다. 나이 많은 부인 엘리사벳은 이 어린 처녀 앞에 머리를 숙이고 그녀가 받은 복에 관하여 큰소리로 축하합니다. "여자 중에 네가 복이 있으며, 네 태중의 아이도 복이 있도다."(42절)

여러분, "네가 복이 있다."라는 표현은 이스라엘 백성들 가운데서 중요한 의미가 있습니다. "네가 언약의 하나님으로부터 복을 받았다."라는 것입니다. 엘리사벳은 어린 처녀 마리아에게 말합니다. "여자 중에 네가 복이 있도다." 정말 하나님 언약의 축복이 이 젊은 처녀에게 임했습니다. 마리아는 여자 중에 가장 축복받은 여자가 되었습니다.

이스라엘에 모든 믿는 여자는 지난날 메시야의 어머니가 되기를 소망하고 바랐습니다. 이제 이 큰 축복이 나사렛의 이 어린 처녀 마리아에게 떨어졌습니다. 세계 역사에서 여인 중 누구도 이런 복된 자리를 얻지 못했습니다. 마리아는 그의 송가(Magnificat, 46~55절)에서 이를 반영하고 있습니다. 마리아는 48절에서 "이제 후로는 만세에 나를 복이 있다 일컬으리로다."라고 했습니다.

마리아가 어떤 큰 복을 받았습니까? 엘리사벳은 성령의 감동으로 "네 태중의 아이도 복이 있도다."라고 했습니다. 엘리사벳은 마리아에게 무슨 일이 진행되고 있는 것을 알고 있습니다. 마리아의 태중의 아이가 누구입니까? 여호와께서 낙원에서 이미 선언하시고 약속하신 여자의 후손입니다(창 3:15). 이것은 엘리사벳의 다음 말에서 분명하게 나타납니다. "내 주의 어머니"라고 말합니다(43절). 이것은 무엇을 의미합니까? 마리아의 태중에 모든 언약의 백성이 기다려 온 메시야가 잉태되었다는 것입니다.

성령님은 엘리사벳에게 영적인 눈을 뜨게 했습니다. 모든 것을 분명히 보게 하셨습니다. 그래서 엘리사벳은 마리아의 복중에 있는 아직 태어나지 않은 아이를 메시야로 알게 되었습니다. 이제 이 나이 많은 부인은 놀라움 속에서 어린 처녀 앞에 머리를 숙이며 축복함으로 맞아드립니다.

여기 영접을 받는 분은 분명히 마리아가 아니고, 메시야입니다. 그래서 엘리사벳은 "나의 주의 어머니"라고 말하면서 태중에 있는 주님께 큰 존경을 표합니다. 엘리사벳은 실상 다윗의 아들인 메시야, 주님께 존경을 표하였습니다.

여기서 아론 계통의 딸, 엘리사벳은 다윗 계통의 딸, 마리아 앞에 머리를 숙였습니다. 왜냐하면, 다윗은 아론 이상이기 때문입니다. 다윗의 아들은 왕이요, 동시에 제사장인 멜기세덱의 반차를 좇은 분이었습니다. 그러므로 엘리사벳은 메시야로 오시는 마리아의 복중에 있는 아기 때문에 기쁨을 나타내고 있습니다. 메시야가 사가랴의 집에 오셨습니다. 이것이 사가랴 집의 기쁨의 이유였습니다. 이것이 또 이스라엘과 모든 민족이 기뻐하게 되는 이유입니다.

다윗의 아들이 온다는 것은 큰 기쁨을 줍니다. 그래서 엘리사벳은 "네가 복이 있다."라고 노래 부르고, 마리아는 "찬가"를 부릅니다. 마리아의 복중에 있는 아기로 말미암아 위대한 구원의 날이 밝아오고 있기 때문입니다.

주님이 오십니다. 다윗의 아들이 오십니다. 이것이 기쁨의 복음입니다. 여러분, 우리는 기뻐해야 합니다. 그는 벌써 오셨고, 또 앞으로 오시고 계시기 때문입니다.

3. 약속의 말씀 때문이었습니다.

셋째, 사가랴의 집에는 하나님 말씀의 약속 때문에 기쁨이 있었습니다.

엘리사벳은 성령의 감동을 받고 예언의 말씀을 전하는 일을 그치지 않았습니다. 그가 마리아에 관하여 말했을 때, 엘리사벳은 완전히 성령께서 말씀하시는 성령의 입이 되었습니다. 엘리사벳은 "주께서 하신 말씀이 반드시 이루어지리라고 믿은 그 여자에게 복이 있도다."라고 말합니다.

마리아는 참으로 믿는 여자였습니다. 천사로부터 잉태에 관한 놀라운 소식을 들었을 때, 마리아는 믿음으로 주님에게 전적으로 순종했습니다. 마리아는 이렇게 말했습니다. "주의 여종이오니, 말씀대로 내게 이루어지이다."(38절) 주를 믿고 그의 뜻에 복종하는 것은 하나님 나라의 법입니다.

그러면 마리아가 무엇을 믿었습니까? 천사가 마리아에게 "하나님의 모든 말씀은 능하지 못하심이 없느니라."라고 했습니다(37절). 마리아가 이 말씀에 "말씀대로 내게 이루어지이다."라고 응답했습니다(38절). 마리아는 주께서 말씀하시고 약속하신 것은 무엇이든 반드시 이루어질 것을 믿었습니다. 마리아는 하나님 약속의 말씀을 믿었습니다. 엘리사벳도 하나님의 말씀에 대한 같은 믿음을 가졌습니다.

주께서는 말씀하신 것을 이루십니다. 성령께서 이사야 선지자를 통해 "내 입에서 나가는 말도 이와 같이 헛되이 내게로 되돌아오지 아니하고 나의 기뻐하는 뜻을 이루며"(55:11)라고 했습니다. 주께서는 그가 말씀하신 것을 행하십니다. 엘리사벳은 이것을 굳게 믿고 있습니다. 그래서 사가랴의 집에 큰 기쁨이 있었습니다.

친애하는 여러분, 우리가 어디에서 큰 기쁨을 발견할 수 있습니까? 하나님의 약속이 확실히 이루어지는 것을 믿는 데서 발견할 수 있습니다. 구약시대에 모든 믿는 사람은 하나님의 언약 말씀의 성취를 내다보고 살았습니다. 거기 기쁨이 있었습니다. 하나님의 약속의 말씀이 이루어졌을 때 큰 기쁨이 있었습니다.

바울 사도는 고린도후서 1:20에서 "하나님의 약속은 얼마든지 그리스도 안에서 예가 되니"라고 말했습니다. 성탄절에 우리는 하나님의 약속의 말씀의 성취를 축하하고 즐거워하게 됩니다. 주 하나님께서 이스라엘의 위로를 위해 약속하신 말씀을 신실하게 이루셨기 때문입니다. 구원의 복음이 우리에게 이르렀습니다. 복음은 우리에게 큰 기쁨을 주고 있습니다. 오신 우리 주님은, 또 그가 다시 오실 것을 우리에게 약속하셨습니다. 주 예수 그리스도의 약속의 말씀을 언제나 굳게 믿고 살아가시기 바랍니다. 그러면 큰 기쁨을 언제나 얻고 누리게 될 것입니다. 아멘.

18. 구원을 위한 심판을 내다보신 그리스도
(수난절 설교)

성경 봉독: 요한복음 12:20~33
설교 본문: 요한복음 12:31~32

이제 이 세상에 대한 심판이 이르렀으니, 이 세상의 임금이 쫓겨나리라. 내가 땅에서 들리면 모든 사람을 내게로 이끌겠노라.(요한복음 12:31~32)

친애하는 여러분,

그리스도교는 십자가의 종교입니다. 그리스도교는 수난의 종교입니다. 그리스도인이면 누구나 그리스도의 고난을 생각합니다. 그리스도께서 지신 고난의 십자가를 생각할 때 우리가 감상에 젖게 되는 일이 종종 있습니다. 십자가는 유대인들과 로마 병정들이 무죄한 예수님에게 지운 무서운 악행이라고 생각하기 때문입니다.

하지만 우리는 그리스도의 고난을 바르게 이해해야 합니다. 예수 그리스도의 십자가 고난에서 우리는 세상의 죄에 대한 하나님의 심판을 보고, 그의 놀라운 구원의 은혜를 깨달아야 합니다. 오늘의 설교 본문은 그리스도의 고난에 관한 큰 의미를 알려주고 있습니다.

이제 본문 말씀으로부터 "수난에서 구원을 위한 심판을 내다보신 예수 그리스도"라는 제목으로 복음을 전하려 합니다. 예수 그리스도는 다가오는 그의 수난에서 다음 세 가지를 내다보셨습니다. 첫째, 이 세상이 심판을 받고, 둘째, 이 세상의 임금이 쫓겨나며, 셋째, 이 세상 사람들이 그에게로 이끌려짐을 내다보셨습니다.

1. **이 세상이 심판을 받는다.**
2. **이 세상의 임금이 쫓겨난다.**
3. **이 세상 사람들이 그에게로 이끌려진다.**

1. **이 세상이 심판을 받는다.**

첫째, 우리 주 예수님은 다가오는 그의 수난에서 이 세상이 심판받는다는 사실을 내다보셨습니다.

본문 31절에서 예수님은 "이제 이 세상에 대한 심판이 이르렀다"고 하십니다. 이 말씀에서 우리는 한 장군이 앞으로 있을 승리의 기회를 앞두고 기쁨을 나타내는 말을 듣고 있는 것처럼 느끼게 됩니다. 이 뜻을 바로 이해하기 위해서는 이 본문을 잘 살펴보아야 합니다.

유대인의 명절에 예루살렘에 예배하러 온 사람들 가운데 헬라인들 몇 사람이 있었습니다. 이들은 유대교로 개종한 이방인들인 헬라인들이었던 것을 보입니다. 이들은 예수님에 대해 큰 관심을 가졌습니다. 그래서 예수님을 만나 뵙기를 원했습니다. 이들은 예수님의 제자 빌립에게 이를 요청했습니다. 빌립이 안드레에게 가서 이를 알렸습니다. 이후 곧 빌립과 안드레가 이 사람들을 예수님께 데리고 와서 헬라인들이 예수님을 만나기 원한다는 사실을 알렸습니다. 이런 만남이 어디에서 일어났는지 본문은 분명하게 알려주지 않고 있습니다.

이때 예수님은 이 헬라인들의 요청에 대하여 깊은 인상을 받으셨습니다. 앞으로 동서남북에서 많은 사람이 그에게 와서 그를 통해 구원을 받게 될 것인데, 이 헬라인들에게서 그 전조를 보셨습니다. 곧 예수님은 그의 십자가 수난을 통해 중보자로서 이 영광을 얻게 될 것을 내다보신 것입니다. 그래서 그는 헬라인들의 면담 요청에 대한 응답으로 힘 있는 어조로 말씀하셨습니다. "인자가 영광을 얻을 때가 왔도다."(23절)

요한복음에 예수 그리스도의 영광에 관하여 말한 곳이 여러 곳 있습니다. 1:14에서 "말씀이 육신이 되어 우리 가운데 거하시매 우리가 그의 영광을 보니, 아버지의 독생자의 영광이요."라고 합니다. 2:11에서 예수님이 갈릴리 가나 혼인 잔치에서 물로 포도주를 만드신 때에 "예수께서 이 첫 표적을 갈릴리 가나에서 행하여 그의 영광을 나타내"셨다고 합니다. 이제 헬라인들을 만났을 때 예수님이 친히 "인자가 영광을 얻을 때가 왔도다."라고 하십니다. 그리스도의 영광은 그가 큰 수난을 받게 될 때도 언급이 되고 있습니다.

특별히 예수님이 헬라인들을 만났을 때는 그가 십자가를 지고 수난을 받게 될 때가 매우 가까이 왔을 때였습니다. 예수님은 곧 부닥칠 무서운 고난의 십자가를 내다보고 계셨습니다. 그런데도 그는 앞으로 그에게 올 영광을 알고 계시기 때문에 "인자가 영광을 얻을 때가 왔도다."라고 당당하게 말씀하셨습니다.

예수님은 여기 "인자가 영광을 얻을 때"라고 말씀하십니다. 예수님은 그의 십자가 고난의 길에서 영광을 내다보시고 계십니다. 본문 24절을 보면 그는 "한 알의 밀이 땅에 떨어져 죽지 아니하면 한 알 그대로 있고 죽으면 많은 열매를 맺느니라."라고 말씀하셨습니다.

구주 예수님은 자기가 나아가야 할 길을 분명하게 보고 계십니다. 그는 곧 겟세마네 동산으로 나아가야 합니다. 이를 내다보시고 예수님은 이렇게 말씀했습니다. "지금 내 마음이 괴로우니 무슨 말을 하리요, 아버지여, 나를 구원하여 이 때를 면하게 하여 주옵소서. 그러나 내가 이를 위하여 이 때에 왔나이다. 아버지여, 아버지의 이름을 영광스럽게 하옵소서."(27~28절)

이것은 실상 겟세마네 동산에서 하신 기도와 같은 내용입니다. 그러므로 예수님에게 있어서 겟세마네의 고통은 그 당시의 몇 시간뿐만 아니었습니다. 갈보리로 향해 가는 기나긴 길이 그에게는 겟세마네였습니다. 주 예수님은 골고다에서 자신을 그의 백성을 위한 희생 제물로 드리기를 원하십니다. 그는 이미 다가오는 골고다의 고난을 그의 영혼에 생생한 현실로 느끼고 계십니다.

그러나 주 예수님은 그 수난의 길을 내다보면서도 용기를 잃지 않으십니다. 승리자처럼 당당하게 말씀하십니다. "이제 이 세상에 대한 심판이 이르렀으니, 이 세상의 임금이 쫓겨나리라. 내가 땅에서 들리면 모든 사람을 내게로 이끌겠노라."(31~32절)

이 말씀은 분명히 고난을 앞두고 우왕좌왕하는 가엾은 사람의 말이 아닙니다. 예수님은 곧 악한 사람들의 손에 넘겨질 것입니다. 사람들은 그에게 무서운 불의를 행할 것입니다. 배은망덕한 모습을 드러낼 것입니다. 저들은 모든 노력을 다해 예수님을 정죄 받게 할 것입니다. 가장 부끄러운 죽음에 그를 내어주도록 요구할 것입니다. 예수님은 십자가를 지실 것입니다.

예수님은 이 모든 것을 다 내다보시고 계십니다. 예수님은 어떤 죽음으로 죽으실 것을 아셨습니다. 그리고 그는 왜 죽어야 하는지를 알고 계셨습니다. 예수님은 자기의 죽음을 내다보시면서 당당하게 말씀하십니다. "이제 이 세상에 대한 심판이 이르렀다."

그런데 여러분, 이렇게 함으로 주 예수님은 죽음을 별것 아닌 것처럼 생각하셨을까요? 그렇지는 않습니다. 예수님은 참

사람이십니다. 따라서 예수님도 죽음을 다른 사람과 꼭 같이 무서운 현실로 보셨습니다. 그는 그의 죽음이 어떤 의미가 있는지를 잘 알고 계셨습니다. 그의 죽음은 하나님 앞에서 온 세상에 있는 그의 백성의 죗값을 다 지는 것입니다. 다가오는 십자가의 고난은 정말 무서운 지옥의 고통입니다.

마가복음 14:34에 보면 그는 겟세마네에서 "내 마음이 심히 고민하여 죽게 되었다."라고 하셨습니다. 참사람이신 우리 주님도 다가오는 십자가의 고난을 심히 두려워하셨습니다. 예수님의 생각은 다가오는 십자가의 죽음에 붙들려 계셨습니다. 그는 곧 십자가에 높이 들릴 것입니다. 그는 하늘과 땅 사이에 매달리게 될 것입니다.

이런 수난, 무서운 죽음이 가까워져 오는 순간, 예수님은 "이 세상에 대한 심판이 이르렀으니 이 세상의 임금이 쫓겨나리라. 내가 땅에서 들리면 모든 사람을 내게로 이끌겠노라."라고 말씀하십니다. 이 예수님의 말씀에서 우리는 다가오는 승리를 내다보고 기뻐하는 당당한 소리를 듣게 됩니다.

예수님께서 지금 지옥 같은 수난의 죽음에 관해서 말씀하시면서 동시에 이런 승리를 기뻐하는 당당한 말씀을 하시는 것은 놀라운 일입니다. 예수님은 곧 깊은 지옥 같은 수난의 수렁에 빠져들게 될 것입니다. 그는 부끄러운 죽음을 죽을 것입니다. 그러나 예수님은 실제 이렇게 말씀하십니다. "이 모든 굴욕과 수난에도 불구하고 나는 기쁘다. 이 모든 것을 통해 나의 영광이 나타나게 될 것이다."라고 하시는 것입니다.

　예수님께서 다가오는 수난과 죽음을 바라보시면서, 어떻게 이렇게 의기양양하게 말씀하실 수 있었을까요? 분명한 것 한 가지가 있습니다. 주 예수님은 그에게 다가오는 십자가에서 두려운 죽음만 보고 계시지 않았습니다. 그는 이 모든 것을 통해 오는 놀라운 결과를 내다보고 계셨습니다. 주 예수님은 다가오는 모든 사건을 통해 하나의 영광스러운 결과가 나타날 것을 알고 계셨습니다.

　얼마 안 있어 군관들의 무리가 횃불을 들고, 검과 몽치를 가지고 와서 그를 잡을 것입니다. 대제사장이 예수를 심문할 것입니다. 로마의 군병들이 그를 희롱하고 빛난 옷을 입힐 것입니다. 총독 빌라도가 그의 무죄한 것을 잘 알면서도 그를 정죄할 것입니다. 이어 예수님은 십자가를 지시고 예루살렘 좁은 골목길을 걸어갈 것입니다. 예수님은 예루살렘 성문 밖 골고다에서 십자가에 못 박히게 될 것입니다. 이것이 줄지어 다가올 사건들입니다.

　그러나 예수님은 말씀하십니다. "이로써 어떤 큰일이 일어날 것인지 아느냐? 이제 이 세상에 대한 심판이 이르렀느니라. 이제 세상이 어떠하다는 것이 드러날 것이다."

　우리는 예수님이 말씀하신 것을 이렇게 달리 말할 수 있습니다. "죄가 세상에 들어오고, 세상이 죄로 충만하므로 내가 죽게 된다. 나의 수난과 죽음은 세상의 요구가 얼마나 큰가를 보여주고 있다. 이 죄악이 가득한 세상의 요구가 너무 크므로 이 세상의 누구도 이에 응할 수 없다. 하늘로부터 이 요구를 만족하게 할 수 있는 누가 와야 한다. 하나님의 아들이 이 세상에 와서 속죄를 위해 죽어야 한다. 골고다 십자가는 구원을 의미한다. 이 구원은 세상의 죄악이 얼마나 무서운 것인가를 드러내는 것이다. 나의 죽음은 세상의 죄에 대한 심판이다."

친애하는 여러분, 우리는 이제 예수님께서 십자가가 가까워져 오고 있음을 보셨을 때 승리자처럼 의기양양하게 저렇게 말씀하실 수 있었던 이유를 조금은 이해할 수 있습니다. 예수님은 확실히 캄캄한 수난의 세계에 들어가고 계십니다. 대제사장 안나스로부터 대제사장 가야바에게로, 가야바에게서 빌라도에게로, 빌라도에게서 헤롯에게로 끌려다니며 심판에 심판을 받게 될 것입니다. 예수님은 그에게 다가오는 암흑한 세계를 알고 계십니다. 십자가 위에서 그의 아버지 하나님에게서도 버림받게 될 것을 알고 계십니다.

그러나 이것들은 예수님에게 단순히 캄캄한 사건이 아닙니다. 그는 이 모든 것이 왜 일어나야 하는지를 잘 알고 계십니다. 예수님은 이 결과를 내다보시고 계셨습니다. 암흑한 밤을 통해 그는 그의 백성을 영원한 빛의 세계로 인도하시게 될 것입니다.

예수님께는 암흑의 밤이었습니다. 그러나 우리의 구원은 이

암흑의 밤을 통해 왔습니다. 세상 죄의 심판을 통해 왔습니다. 우리 구주 예수님이 이 세상의 심판에 대해서 말씀하셨을 때, 그는 그 시대에 살고 있던 유대인들과 오늘의 우리 모두에게 심각한 물음을 던져 주셨습니다. 우리가 주의 십자가를 어떻게 보는지 물음을 던져 주고 있습니다. 우리가 그리스도의 십자가를 세상의 심판으로 보는지, 우리 죄의 심판으로 보는지 중대한 물음을 던져 주셨습니다. 십자가는 예수께서 우리의 죄를 위해 받은 하나님의 심판입니다.

예수님의 십자가를 여러분은 어떻게 보십니까? 십자가를 일찍이 예수님에게 일어난 한 비극적 사건으로 보는 분은 예수를 십자가에 넘겨주고, 후에 가슴을 친 유대인들과 똑같습니다.

십자가로 말미암아 사람들의 길은 나누어집니다. 예수님은 십자가 위에서 우리의 죄에 대한 심판을 자신이 받으셨습니다. 예수님이 십자가에 달려 이렇게 기도했습니다. "저들의 죄를 사하여 주옵소서!" 이것을 바로 이해하는 사람은 복 있는 사람입니다. 골고다의 십자가는 우리 죄에 대한 하나님의 심판이었습니다.

2. 이 세상의 임금이 쫓겨난다.

둘째로 예수님은 그의 수난으로 이 세상의 임금이 쫓겨남을 보십니다.

예수님은 다가오는 수난에 관하여 두 가지를 말씀하셨습니다. 첫째는 "세상에 심판이 이르렀다."라는 것입니다. 둘째는 "이 세상의 임금이 쫓겨나리라."라는 것입니다. 이 둘은 서로 떨어질 수 없는 관계가 있습니다.

우리는 이 둘째의 말씀에서 다시 승리를 기뻐하는 예수님의 당당한 소리를 듣게 됩니다. 이것은 우리 구주 예수 그리스도의 대원수인 사탄과 관련이 되는 말씀입니다. 예수님이 이런 말씀을 의기양양하게 하신 것은 그의 원수를 과소평가해서 하는 말이 아닙니다. 예수님은 사탄을 이 세상의 임금이라 불렀습니다. 요한복음에 사탄을 임금이라 부른 곳이 몇 군데 있습니다. 이 세상의 임금이란 말은 사탄이 어두움의 나라의 두목이라는 것입니다. 예수님은 사탄이 이 세상에 권세를 받았다고 말씀하신 적이 있습니다.

낙원에서 사탄이 우리의 조상 아담 하와를 유혹하는 데 성공했습니다. 이때 인간은 하나님께 순종하는 길을 떠나 하나님의 큰 대적 사탄에게 넘어갔습니다. 사탄은 하나님께 반역자였습니다. 인간은 타락함으로 사탄의 깃발을 따르게 되었습니다. 그때 세상은 악한 자의 손에 떨어졌고, 세상은 악한 자, 사탄의 권세의 영역이 되었습니다.

예수님은 바로 이 사탄에 대해 이 세상의 임금이란 이름을 사용하셨습니다. 예수님은 그의 대적을 과소평가하시지 않았습니다. 주 예수님은 우리가 죄 때문에 이르게 된 상황을 가볍게 생각하도록 가르치지 않으셨습니다.

18. 구원을 위한 심판을 내다보신 그리스도

주님은 사탄과 결정적인 싸움을 시작하시기 바로 전에 "이제 이 세상의 임금이 쫓겨나리라."라고 말씀하셨습니다. 지난날에 이미 우리 구주 예수님과 사탄 사이에는 여러 번 충돌이 있었습니다. 공적 사역을 시작하시기 바로 전 광야에서 사탄에게 심각한 시험을 받았습니다. 사탄은 예수님의 나아가는 길을 억제하고 그의 사역을 무너뜨리기 위해 처음부터 계속 노력했습니다. 그러나 그 노력은 헛되었습니다.

이제 사탄과 결정적인 충돌의 때가 오고 있습니다. 외적인 상항은 이 세상 임금의 편에 분명히 승리가 있을 것처럼 보였습니다. 이제 악한 자, 사탄은 모든 힘을 다하여 구주를 공격하게 됩니다. 스스로 의롭다고 생각하는 유대인 지도자들은 유대인의 지지를 얻게 될 것입니다. 이들은 예수님을 로마의 세력에서 해방을 가져다줄 이 세상의 메시야로 기대하다가 실망한 자들입니다. 열두 사도 중 하나인 유다가 저들에게 협력할 것입니다. 빌라도가 총독으로서 공의보다는 자신의 유익을 더 따르게 될 것입니다. 이로써 우리는 사탄이 사람들의 마음속에 얼마나 크게 영향을 주고 있는지를 알게 됩니다. 하나님의 독생자 예수님은 사탄의 영역인 이 세상에 오셨습니다. 사탄은 그를 대적하여 모든 방법과 능력을 동원합니다. 결국, 인자 예수님을 십자가 위에 잔인하게 파멸시키려 합니다.

그러나 여러분, 주 예수님은 이 모든 것의 의미를 알고 계셨습니다. 그 앞에 무엇이 오고 있음을 알고 계십니다. 그는 시편 22:16에 있는 "개들이 나를 에워쌌으며 악한 무리가 나를 둘러 내 수족을 찔렀나이다."라는 말씀 속에 나타난 그 희생자가 될 것을 스스로 선택하셨습니다. 예수님은 그의 수난의 과정을 옛 언약의 말씀에서 이미 읽고 아셨습니다. 그러나 그의 수난의 결과를 아시고 내다보시며 의기양양하게 말씀하십니다. "이 세상의 임금이 쫓겨나리라."

여기 예수님은 패배를 통한 승리에 관하여 말씀하십니다. 십자가는 사단의 분명한 승리인 것처럼 보였습니다. 그러나 그것은 예수님의 승리의 과정일 뿐이었습니다. 사탄은 그의 모든 힘을 기울였습니다. 성공적으로 예수 그리스도를 십자가로 이끌어 못 박았습니다. 그러나 이제 그의 힘은 분명히 한계에 이르렀습니다. 왜냐하면, 예수님이 십자가 위에서 "아버지, 내 영혼을 아버지 손에 부탁하나이다."라고 하시고(눅 23:46), 또한 "다 이루었다."라고 하시는 말씀을 듣게 될 것이기 때문입니다(요 19:30). 그 순간 사탄은 절망하고 무력하게 거기 털썩 주저앉아야 했습니다. 사탄은 그의 모든 능력이 다했기 때문에 아무것도 할 수 없었습니다.

이제 사탄의 머리가 여지없이 상했습니다. 창세기 3:15 복음의 예언이 성취된 것입니다. 사탄은 예수님을 자기 영역을 침범해 온 원수로 여기고 성 밖으로 쫓아내고 십자가에 못 박게 해서 죽였습니다. 그러나 예수님은 실상 사탄에게 이렇게 말씀하신 것입니다. "내가 쫓겨 난 것이 아니고, 네가 쫓겨났느니라. 사탄이여, 너의 모든 계획은 내 백성을 위한 하나님의 구원 계획에 봉사한 것뿐이니라."라고 말씀하신 것입니다.

예수님의 죽음은 사탄에게 단순한 큰 타격이 아닙니다. 사탄에게 파멸을 가져온 것입니다. 사탄이 아담을 통해 세상에 죄를 들여왔을 때, 아담은 그의 모든 후손과 함께 사탄의 손에 떨어졌습니다. 그러나 예수님이 십자가의 죽음에서 죄 문제를 해결하게 되었을 때, 모든 것은 사단의 손에서 벗어나게 되었습니다.

악한 자, 사탄은 예수를 완전히 파멸하기 원했습니다. 그러나 예수님의 죽음으로 사탄이 치명상을 입게 되었습니다. 이것은 이 세상의 임금, 사단의 큰 오산이었습니다. 그래서 우리 구주 예수님은 다가오는 수난을 내다보시면서 의기양양하게 말씀하십니다. "이 세상의 임금이 쫓겨나리라."

잠깐 사탄이 이 세상에 머물고 활동할 것입니다. 그러나 그는 더 이상 보좌에 앉아 있는 임금은 아닙니다. 그는 아직 활동할 수 있습니다. 그러나 그는 더 이상 임금은 아닙니다. 이 세상에서 이상 더 사탄의 자리가 없게 될 날이 오고 있습니다. 그 날 사탄은 바깥 어두운 데로 영원히 쫓겨나게 될 것입니다. 그 날 이 세상은 사탄에게서 영원히 해방될 것입니다.

3. 이 세상 사람들이 그에게로 이끌려진다.

끝으로 예수님은 그의 수난으로 이 세상 모든 사람이 그에게로 이끌리게 될 것을 내다보셨습니다.

우리 본문의 결론적인 말씀은 "내가 땅에서 들리면 모든 사람을 내게로 이끌겠노라."입니다. 그리스도는 그의 십자가로 세상에서 큰 매력을 갖게 될 것입니다. 그는 모든 사람을 그에게로 이끌게 될 것입니다. 여기 모든 사람이란 말은 누구든지를 의미하지 않습니다. 누구든지 다 예수님께 이끌려지지 않고 있는 것이 현실인 것을 우리는 잘 알고 있습니다. 교회 가까이 사는 많은 사람이 그리스도를 알지 못하고 죽어가고 있습니다. 주님에 의해 이끌림을 받는 사람들만 주님에게 이끌리게 됩니다.

예수님은 여기 "모든 사람"이란 말로 그리스도의 종교는 한 민족의 종교가 아닌 세계적인 종교라는 사실을 말씀하고 계십니다. 그의 십자가 죽음으로 유대인들뿐만 아니라, 세계 모든 종족에 속한 사람들이 예수님께 이끌려지게 될 것을 말씀하신 것입니다. 그러니 여기 말한 "모든 사람"은 분명히 유대인과 이방인의 구별이 없음을 의미한 것입니다.

예수님께서 "들리게" 될 때 그는 모든 사람을 그에게 이끌게 되었습니다. 우리는 이 "들린다"라는 표현을 요한복음에서 세 번이나 말씀하신 것을 발견합니다. 첫 번째는 3:14에서 예수님이 니고데모와 대화하시는 중에 나타나 있습니다. "모세가 광야에서 뱀을 든 것 같이 인자도 들려야 하리니"라고 말씀했습니다. 두 번째는 8:28에서 예수님과 바리새인과의 대화에서 나타납니다. "너희가 인자를 든 후에 내가 그인 줄 알리라."라고 하신 말씀에서입니다.

18. 구원을 위한 심판을 내다보신 그리스도

이제 우리 본문에서 예수님은 "내가 땅에서 들리면" 하심으로 같은 표현으로 말씀하십니다. 이것은 특별히 십자가가 가까워 왔을 때 하신 말씀입니다.

여기 "들린다"라는 말씀은 십자가를 의미하는 것이 분명합니다. 그런데 이는 그 이상을 의미하기도 합니다. "들린다"라는 표현의 말씀은 예수님의 부활과 승천과 하나님의 우편에 앉으시게 되는 것도 다 포함을 하고 있습니다. 예수님은 그의 죽음, 부활, 승천, 하나님 아버지의 우편에 앉으심은 구원 역사에 있어서 서로 떨어질 수 없는 연관을 생각하고 계셨습니다.

예수님이 하늘의 보좌 하나님 아버지의 오른편에 들리어 앉으시게 될 때, 그는 세상에 있는 그의 교회에 성령을 보내시고, 구원을 위해 사람들의 마음을 열 것입니다. 그때 중보자로서 그의 영광이 나타나게 될 것입니다.

"들리는 것"은 십자가에 달려 죽는 것, 곧 인자의 큰 수욕을 의미합니다. 예수님은 바로 그 앞에 서 계십니다. 그러나 예수님은 이를 통해 놀라운 사실을 내다보십니다. 그는 무엇 때문에 수난을 당한다는 것을 알고 계십니다. 그의 백성의 죄 문제가 해결될 것이고, 세상이 심판을 받을 것입니다. 나아가, 이 세상의 임금이 쫓겨날 것입니다. 결국, 아버지께서 그에게 주신 자들이 다 그에게로 이끌림을 받아 모이게 될 것입니다.

사탄은 십자가에 달린 구주 예수를 악행 자와 실패자로 보이게 하려 했습니다. 그러나 아버지 하나님은 인자가 된 그의 독생자를 세상과 화목하게 하는 어린 양과 하늘의 대제사장으로 나타내셨습니다. 들린 십자가를 쳐다보는 자는 살게 될 것입니다. 십자가로부터 하나님 아버지의 보좌 우편에 앉으신 그를 쳐다보는 자는 구주를 발견하게 될 것입니다.

우리 구주 예수 그리스도께서 당시 하신 말씀을 다시 들어봅시다. "내가 땅에서 들리면 모든 사람을 내게로 이끌겠노라." 이 말씀이 이미 예수님의 수난의 과정에서 성취되고 있었던 것을 우리는 압니다. 예수 그리스도와 함께 십자가에 못 박혔던 한 유대인 강도가 회개하고 주님과 함께 낙원에 들어가게 되었습니다. 니고데모가 예수님께 이끌렸습니다. 아리마대 요셉이 예수님께 이끌려 그의 장사할 자리를 제공했습니다. 오늘 우리가 예수님께 이끌렸습니다.

예수님은 그의 수난에서 우리로부터 동정심을 얻기를 원하지 않습니다. 우리가 그의 수난에서 하나님의 놀라운 구원의 은혜를 발견하고 구원의 노래를 기쁨으로 부르며 살기를 원합니다. 아멘.

19. 우리 구주의 영예로운 장사
(수난절 설교)

성경 봉독: 요한복음 19:38~42
설교 본문: 마가복음 15:42~47

이 날은 준비일 곧 안식일 전날이므로 저물었을 때에 아리마대 사람 요셉이 와서 당돌히 빌라도에게 들어가 예수의 시체를 달라 하니 이 사람은 존경 받는 공회원이요, 하나님의 나라를 기다리는 자라. 빌라도는 예수께서 벌써 죽었을까 하고 이상히 여겨 백부장을 불러 죽은 지가 오래냐 묻고 백부장에게 알아 본 후에 요셉에게 시체를 내주는지라. 요셉이 세마포를 사서 예수를 내려다가 그것으로 싸서 바위 속에 판 무덤에 넣어 두고 돌을 굴려 무덤 문에 놓으매 막달라 마리아와 요셉의 어머니 마리아가 예수 둔 곳을 보더라.(마가복음 15:42~47)

친애하는 여러분,

오늘 우리는 예수 그리스도의 십자가 수난과 죽음을 기념하기 위해 모였습니다. 하지만 우리는 죽은 분을 기념하기 위해 모이지 않았습니다. 수난절에 우리는 죽은 분을 기념하지 않습니다. 오늘 우리는 구주 예수 그리스도의 죽음을 기념합니다. 예수 그리스도는 살아계십니다. 하나님 아버지께서는 그의 죽음 때문에 그를 귀하게 여기셨습니다.

예수 그리스도는 죽기까지 아버지의 뜻을 순종했습니다. 그는 죽으시고 장사되었습니다. 이는 그가 무력했기 때문이 아니었습니다. 그는 아버지께서 그에게 맡기신 사역을 이루기 원했기 때문이었습니다. 그는 우리를 위해서 그의 생명을 버렸습니다. 예수 그리스도는 무력하지 않습니다. 그는 전능하신 하나님이시오, 하나님의 독생자이십니다.

예수 그리스도는 또한 그의 장사를 친히 준비하셨습니다. 그가 죽으시기 전에 이미 아리마대 사람 요셉을 믿음으로 인도하시고, 그의 장사를 지내도록 하셨습니다. 하나님 아버지는 그의 아들의 수난의 날에 그에게 큰 영광이 있게 하셨습니다. 그래서 그 아들의 몸이 악인들의 무덤 가운데 장사되지 않게 하시고, 부자의 무덤에 장사되게 하셨습니다. 이것은 하나님 아버지께서 우리 구원을 위한 그의 아들의 죽음에 만족하셨다는 것을 의미했습니다. 그래서 오늘 우리는 기쁨으로 구원의 노래를 부르게 되었습니다.

이제 본문으로부터 "우리 구주 예수 그리스도의 영예로운 장사"라는 제목으로 우리 주 예수 그리스도의 복음을 전하려 합니다. 설교 본문으로부터 다음 세 가지 요점에 주목하려 합니다.

   1. 예수님의 시체를 위한 아리마대 요셉의 요구
   2. 예수님의 죽음에 대한 빌라도의 확인
   3. 영예로운 무덤

1. 예수님의 시체를 위한 아리마대 요셉의 요구

먼저, 아리마대 요셉이 예수님의 시체를 요구한 일을 생각하게 됩니다.

금요일 아침 우리 주 예수 그리스도는 십자가에 못 박혀 달렸습니다. 어두움이 정오부터 오후 세 시까지 온 땅을 덮었습니다. 당시 갈보리 언덕은 하나의 지옥과 같았습니다. 우리 구주 예수 그리스도는 우리를 대신하여 지옥의 참혹한 고통을 당하셨습니다. 그는 당시 아버지 하나님께도 버림을 당하여 "엘리 엘리 라마 사박다니", 곧 "나의 하나님, 나의 하나님, 어찌하여 나를 버리셨나이까?"라고 외치셨습니다. 그 후 그는 당당히 "다 이루었다." 선언하시고 죽으셨습니다.

이제 싸움은 끝났습니다. 우리 주 예수님은 싸움에 이겼습니다. 그는 아버지께서 아들에게 하라고 주신 일을 다 이루셨습니다. 예수님의 시체는 아직 십자가에 달려 있습니다. 그에게 이상 더 육체적 고통은 없습니다. 그의 영은 낙원에 들어갔기 때문입니다. 이제 갈보리 언덕은 고요합니다.

몇 시간이 지나면 안식일이 시작됩니다. 유대인들의 안식일은 저녁 6시에 시작되기 때문입니다. 시체가 안식일에 나무에 달려 있지 않아야 합니다. 특별히 이 안식일은 유월절의 안식일입니다.

여러분, 이때 주목할만한 일이 일어납니다. 십자가 옆에 서 있었던 사람들 가운데 한 사람이 예수님께 마지막 존경을 표하기 위해 앞으로 나옵니다. 그가 누구인 줄 아십니까? 예수님이 택하신 열두 제자들 가운데 한 사람이 아닙니다. 그들은 이런 일을 감히 생각하지 못했습니다. 그들은 모두 그들의 주 예수께서 십자가 고난을 당하는데 당황해서 도망쳤습니다. 그래서 그들은 거의 모두 십자가 가까이 없었습니다. 사도 요한만 한동안 십자가 가까이 있었습니다. 그러나 이제 그도 거기 없었습니다. 목자가 자기 주위에 한 마리의 양도 없이 혼자 있을 수 있을까요. 당시 환경이 그런 것처럼 보였습니다.

그러나 여러분, 예수 그리스도는 그의 백성이 없이는 있을 수 없는 영원한 왕이십니다. 목자 되신 예수 그리스도는 그의 양 떼 없이 있을 수 없는 분이십니다. 아합의 학정 동안에도 주님은 자기를 위하여 바알에게 무릎을 꿇지 않은 칠천 명을 보존하셨습니다. 이번에도 주님은 그의 장례를 위해 봉사할 수 있는 한 사람을 보존하셨습니다.

그는 유대인들의 최고 법정인 산헤드린 공의회의 회원입니다. 그는 보통 공회원이 아니고 "존경받는 공회원"이라고 합니다(막 15:43). 그러므로 그의 말은 언제나 유대인 사회에서 무게가 있었습니다. 영향력 있는 지위 때문에 그는 예수님의 시체를 총독 빌라도에게 요구할 수 있었습니다. 예수님의 제자들이 예수님의 시체를 요구했다면 빌라도는 확실히 그 요구를 거절했을 것입니다. 그러나 빌라도는 모든 사람의 "존경받는 공회원"인 아리마대 요셉의 요구를 전혀 거절할 수 없습니다.

로마제국의 대표인 총독은 그의 요구를 들어주어야만 했습니다. 예수님은 얼마나 놀라운 분이십니까? 그는 그의 장사를 위해 그의 원수의 무리 가운데서 한 제자를 만드셨습니다. 마가는 43절 끝에 그는 "하나님의 나라를 기다리는 자라."라고 했습니다. 이것은 무엇을 의미합니까? 사람들은 여러 면으로 이것을 이해했습니다. 그러나 공통된 해석은 이것입니다. 그는 예수님의 제자요, 예수님을 따르는 분이었다는 것입니다.

그는 아직 제자로서 큰 역할을 하지는 않았습니다. 하지만 누가복음에서 우리가 아는 것은 그가 예수에 관한 산헤드린 결정에 동의하지 않았다는 사실입니다. 누가복음 23:50~51에 이렇게 기록되어 있습니다. "공회 의원으로 선하고 의로운 요셉이라 하는 사람이 있으니, (그들의 결의와 행사에 찬성하지 아니한 자라) 그는 유대인의 동네 아리마대 사람이요, 하나님의 나라를 기다리는 자라."라고 했습니다.

그는 주님을 따르는 무리 가운데에 드러나게 나타나지는 않았습니다. 그러나 그에게 한 가지 확실한 것이 있습니다. 그는 중심으로 예수 그리스도를 믿었음이 틀림없습니다. 그렇지 않고서야 그가 어떻게 산헤드린 공의회에서 예수를 정죄하는데 반대표를 던질 수 있었겠습니까? 산헤드린 공의회에서 한 그의 행동은 작은 것이 아니었습니다. 그는 믿음의 용기로 이렇게 할 수 있었습니다. 마가는 요셉이 "당돌히 빌라도에게 들어"갔다고 합니다. 담대하게 빌라도에게 들어갔다는 것입니다. 이것은 공의회에 있는 그의 동료들의 입장과는 전혀 반대되는 태도입니다.

사도 요한은 유대인들도 그 날 저녁에 빌라도에게 갔다고 합니다. 유대인들도 안식일 전에 십자가에 못 박힌 자의 시체를 매장하기를 원했습니다. 왜냐하면, 모세의 법을 따라 안식일에 시체를 십자가에 달린 대로 둘 수 없기 때문입니다(요 19:31~35). 그러나 여러분, 이것이 유대인들이 빌라도에게 갔던 유일한 이유는 아니었습니다. 다른 이유가 있었습니다. 유대인들은 가능한 한 빨리 나사렛 예수를 흔적 없이 제거해 버리기를 원했습니다. 그래서 저들은 십자가에 못 박힌 자들의 다리를 꺾어 시체를 치워달라고 했습니다. 다리를 꺾어 달라는 것은 속히 죽게 하기 위해서였습니다. 저들은 또한 안식일 전에 행악자들의 공동묘지에 예수님을 함께 장사하기를 원했습니다.

그러나 여러분, 이 유대인들의 뜻대로 되지 않았습니다. 주님께서 친히 그 환경을 지배하시고 계셨기 때문입니다. 주께서는 저들 유대인들의 집단에서 한 사람을 내세우셨습니다.

이 사람도 하나님의 법을 지키기 원하는 분입니다. 그 시체가 안식일에 나무에 달려 있지 않아야 합니다. 그러나 그의 동기는 다른 공회의원들의 동기와는 전혀 달랐습니다. 그는 나사렛 예수를 가능한 한 빨리 제거하기 위해 행동하지 않았습니다. 그는 나사렛 예수를 존경합니다. 그는 나사렛 예수를 메시야로 믿었습니다. 그는 믿음이 있었기 때문에 예수님의 시체를 맡아 매장하기를 원했습니다.

아리마대 요셉이 담대하게 빌라도에게 가서 예수님의 시체를 요구했습니다. 제자들이 도망한 것을 생각할 때 주 예수님은 양 무리 없는 목자가 된 것처럼 보입니다. 그러나 그에게는 아직 한 신실한 양이 있습니다. 그는 영원한 왕이시기 때문에 항상 그의 백성을 가지고 계십니다. 오랫동안 아리마대 요셉은 자신을 감추고 지냈지만 이제 주께서는 그의 장례를 위해 그를 전면에 내세우셨습니다.

주 예수님은 놀라우신 분이십니다. 그의 죽음 후에도 그는 계속 일하십니다. 유대 사회에서 큰 영향을 가진 사람이 그의 장사를 위해 그의 종으로 전면에 나서고 있습니다. 유대인들의 계획은 실패했습니다. 저들은 예수님의 시체를 행악자들의 공동묘지에 가져가 묻어버리기를 원했으나 그 소원을 이룰 기회를 얻을 수 없었습니다.

유대인들의 계획은 실패했습니다. 이로써 저들의 아비 마귀의 궤계는 실패했습니다. 마귀는 예수님의 시체를 교회로부터 빼앗아 없애버리기를 원했습니다. 그러나 예수님의 한 신실한 제자가 금요일에 그의 장사를 준비하고 있으므로 마귀는 이를 갈며 헛되게 이를 지켜보아야만 했습니다.

주 예수님은 이 제자를 통해 승리를 나타내고 계십니다. 달아난 열두 제자에게는 이것이 큰 부끄러움입니다. 그러나 여러분, 이것이 오늘날 우리에게 얼마나 큰 위로가 됩니까? 적그리스도의 세력이 매일 증가하고 있습니다. 세상에서 주의 교회가 점점 적어지고 있습니다. 주께서 "인자가 올 때에 세상에서 믿음을 보겠느냐?"라고 하셨는데 정말 주님이 오실 때 믿음을 보시게 될는지 하는 생각을 하게 됩니다.

하지만 여러분, 주님은 그의 제자들에게 "음부의 권세가 (주의 교회를) 이기지 못하리라."라고 확실하게 말씀하셨습니다 (마 16:18). 교회가 확실히 사망의 권세를 이길 것입니다. 주님은 위대하십니다. 골고다에서도 주님은 그의 교회를 보호하시고 구원하셨습니다. 그렇다면 그는 오늘도 그의 교회를 보호하시고 구원하실 것입니다. 그는 살아계십니다. 마귀는 죽음의 수단을 가지고도 우리의 왕, 우리의 구주이신 예수 그리스도를 이길 수 없었습니다. 그렇다면 무엇이 그리스도와 그의 교회를 대적할 것입니까? 여러분, 그는 확실히 이 시대의 모든 권세로부터 우리를 구원하실 것입니다.

2. 예수님의 죽음에 대한 빌라도의 확인

둘째로 예수님의 죽음에 대한 빌라도의 확인을 생각해 봅니다.

이제 빌라도가 예수님의 죽음을 확인한 후에 아리마대 요셉의 요구를 들어준 사실을 보게 됩니다. 아리마대 요셉이 예수님의 시체를 요구했을 때, 빌라도는 예수님이 이미 죽었는지 알기를 원했습니다. 빌라도는 예수님의 시체에 관한 문제를 조용히 해결하기를 원했습니다.

십자가에 달린 사람은 종종 산채로 오랫동안 달려 있었습니다. 예수님은 비교적 젊은 편입니다. 인간적으로 말하면 그는 십자가에 달린 채 오래 살아 있을 수 있습니다. 그래서 빌라도는 백부장을 불러 그가 이미 죽었는지 물었습니다. 그의 죽음을 확인해야 했습니다. 백부장은 전에 예수님이 십자가에서 "아버지, 내 영혼을 아버지 손에 부탁하나이다."라고 말씀하고 숨졌을 때 이를 보고 "이 사람은 정녕 의인이었도다."라고 놀라워했습니다(눅 23:47). 이 백부장이 예수님의 죽음을 확증했습니다.

예수님은 죽었습니다. 주 예수님이 스스로 이 사실을 모든 시대의 교회 앞에 분명하게 하셨습니다. 왜냐하면, 그의 죽음은 그의 교회에 중대한 의미가 있기 때문입니다. 주 예수께서 스스로 그가 죽임을 당할 것이고 그가 그의 생명을 버릴 것이라고 여러 번 말씀하셨기 때문입니다. 예수님의 죽음은 작은 문제가 아닙니다. 모든 그의 백성의 구원이 그의 죽음에 달려 있습니다. 예수님의 죽음은 단지 한 사람에게 관련된 것이 아니고, 전 인류와 관계된 것이었습니다. 중보자로서 예수님은 우리의 저주를 친히 담당하고 우리의 죽음을 죽어야 했습니다. 하나님의 공의는 그의 죽음을 요구했고, 그는 우리 대신 죽어야 했습니다.

그래서 죽음은 그에게 우연히 온 것이 아니었습니다. 주 예수님은 요한복음 10:17~18에서 이렇게 말씀하셨습니다. "내가 내 목숨을 버리는 것은 그것을 내가 다시 얻기 위함이니, 이로 말미암아 아버지께서 나를 사랑하시느니라. 이를 내게서 빼앗는 자가 있는 것이 아니라 내가 스스로 버리노라. 나는 버릴 권세도 있고 다시 얻을 권세도 있으니, 이 계명은 내 아버지에게서 받았노라."

여러분, "이 계명"이란 말에 주목하시기 바랍니다. 이것은 사명이라고도 말할 수 있습니다. 주 예수님은 아버지로부터 그의 생명을 버릴 사명, 계명을 받았습니다. 죽음은 그의 구속 사역에 속했습니다. 그래서 그는 죽어야 했습니다. 빌라도는 그것을 이해하지 못합니다. 그는 왜 이런 젊은 분이 죽는지 이해할 수 없었습니다. 그러나 그는 죽어야 했습니다.

여러분, 그는 단순히 특수한 환경 때문에 희생을 당한 분이 아니었습니다. 그는 그의 생명을 버리고 하나님이 맡긴 일을 이룬 중보자였습니다.

사탄은 예수님을 죽음에서 멀리하려고 노력했습니다. 예수님이 그의 공적 사역을 시작하려 하셨을 때 광야에서 사단은 예수님을 시험했습니다. 사단은 만일 엎드려 경배하면 천하만국과 그 영광을 주겠다고 했습니다(마 4:8). 그 후에 사단은 다시 변화산에서 베드로를 통하여 시험했습니다. "주여, 우리가 여기 있는 것이 좋사오니 만일 주께서 원하시면 내가 여기서 초막 셋을 짓되 하나는 주님을 위하여, 하나는 모세를 위하여, 하나는 엘리야를 위하여 하리이다."(마 17:4, 막 9:5)

예수님이 십자가에 달렸을 때도 사단은 대제사장들과 서기관들과 장로들을 통해 악한 꾀를 부렸습니다. "그가 남은 구원하였으되 자기는 구원할 수 없도다. 그가 이스라엘의 왕이로다. 지금 십자가에서 내려올지어다. 그리하면 우리가 믿겠노라."(마 27:42) 사단은 이렇게 예수님을 십자가 죽음에서 멀어지도록 노력했습니다. 그러나 주 예수님은 사탄과 싸웠습니다. 결국, 그는 하나님이 정하신 때에 그의 생명을 버리시고 아버지의 계명을 이루었습니다. 그는 죽으시고 장사되었습니다.

친애하는 여러분, 예수님은 죽음의 세력에 패배를 당했기 때문에 장사된 것이 아닙니다. 그는 끝까지 아버지의 계명, 아버지가 맡기신 일을 다 하기 위해서 장사되었습니다.

예수님은 아리마대 요셉을 불러 그를 장사하게 하셨습니다. 그때 주 예수님은 두 마리아, 막달라 마리아와 다른 마리아가 새 무덤에 예수님의 시체를 놓는 것을 보게 하셨습니다. 주님은 자신을 위한 두 증인이 있게 하셨습니다(마 27:61). 나아가, 주 예수님은 모든 시대의 교회를 위해 그의 종들로 말미암아 그의 죽음과 장사에 대해 기록하도록 하셨습니다. 주님이 이 모든 것을 하신 것은 우리를 구원하기 위해 죽으시고 장사된 그를 우리가 자랑하도록 하기 위해서입니다. 예수님은 그의 죽으심과 장사 지낸바 됨으로 하나님의 계명을 이루었고 우리의 구원을 완성하셨습니다.

이것은 기쁜 소식입니다. 그러므로 우리는 그의 수난에 관하여 이야기하고 우리 주님의 죽으심을 기념하기 위해 모입니다. 나를 위해 죽으시고 나를 구원하신 주 예수 그리스도를 찬양합시다. 그의 죽음으로 우리는 죄와 사망의 세력으로부터 구원을 받았습니다.

3. 영예로운 무덤

이제 마지막으로 고귀한 장례에 대하여 생각합니다.

여러분, 우리 본문의 놀라운 끝부분을 읽어 보십시오. 우리는 거기서 특별한 것을 바로 발견할 수 없습니다. 마가는 매우 객관적으로 조심스럽게 분명한 사실을 알려주고 있습니다. "요셉이 세마포를 사서 예수를 내려다가 그것으로 싸서 바위 속에 판 무덤에 넣어 두고 돌을 굴려 무덤 문에 놓았다."라고 합니다(46절). 마가는 사실만 이야기합니다.

그러나 여러분, 여기서 일어난 일이 매우 감동적입니다. 왜 그렇습니까? 이 무덤에는 일반 사람의 시신을 두지 않았습니다. 육신을 입고 오신 하나님 아들의 시신을 두었습니다. 하나님의 아들이 장사되었습니다. 어떻게 하나님의 아들이 무덤에 장사될 수 있습니까? 누구도 이를 이해할 수 없습니다. 여기서 우리는 단지 주 예수 그리스도 안에 나타난 하나님의 사랑의 놀라움만 생각하게 됩니다. 하나님 아버지는 그의 놀라운 사랑으로 그의 아들을 통해 우리를 구원하시기 원하셨습니다. 이 단순한 기록에서 놀라운 복음이 우리에게 선포되고 있습니다.

 예수님이 장사된 장소를 주목해 봅시다. 십자가에 못 박힌 사람의 시체는 일반적으로 행악자들의 공동묘지에 던져지게 되어 있습니다. 그러나 이 일이 예수님께는 일어나지 않았습니다. 예수님의 시체는 조심스럽게 다루어졌습니다. 세마포로 싸였습니다. 부자의 무덤 속에 두어졌습니다. 당시 부자만 이런 바위에 무덤을 만들 수 있었습니다. 정말 구별된 무덤이었습니다.

 여러분, 주 예수님은 특별한 부자의 무덤을 얻었습니다. 이것은 한 인간에게서 온 것이 아닙니다. 빌라도가 아리마대 요셉에게 시신을 가져가도록 허락했습니다. 그러나 그가 우연히 그렇게 한 것은 아닙니다. 하나님 아버지께서 그렇게 하도록 하셨습니다. 아리마대 요셉도 예수님을 거기 두기 위해서 스스로 무덤을 만들지 않았습니다. 하나님 아버지께서 그를 통해서 하신 일입니다. 이제 하나님 아버지는 예수를 그 무덤에 두십니다.

 여러분, 하나님께서 이렇게 하신 이유가 어디에 있습니까. 하나님 아버지께서 그의 아들을 높이시기를 원하셨습니다. 아버지께서 이 모든 역사 배후에서 지배하셨습니다. 하나님 아버지는 그 아들이 부자의 무덤에 두어지기를 원하셨습니다. 이것은 영광입니다. 유대인들은 예수의 시체가 행악자들의 공동묘지에 던져지고 묻히기를 원했습니다. 저들은 그의 다리를 꺾고 그의 시체를 공동묘지에 던지기를 원했습니다. 그러나 아버지 하나님은 그것을 허락하지 않았습니다.

하나님 아버지는 "그가 강포를 행하지 아니하였고 그의 입에 거짓이 없었기" 때문에 그것을 허락하지 않았습니다(사 53:9). 빌라도도 예수에게는 죄가 없다고 했습니다. 그러나 그는 십자가를 지시고 우리의 모든 죄를 담당하셨습니다. 그는 그의 백성의 허물 때문에 살아 있는 자들의 땅에서 끊어지고 형벌을 받았습니다. 하나님 아버지가 이사야를 통해서 일찍이 이것을 말씀하셨습니다(사 53:8).

친애하는 여러분, 그는 정말 살아 있는 자들의 땅에서 끊겼습니다. 그는 우리 대신 출교를 당했습니다. 그는 아버지가 그에게 주신 자들의 구원을 위하여 이 모든 것을 겪으셨습니다. 그래서 아버지는 그에게 영예로운 무덤을 주셨습니다. 하나님 아버지는 그의 아들에게 존귀를 단지 부활의 날에만 주시지 않았습니다. 그는 이미 수난절에 이 존귀를 주셨습니다.

우리는 하나님 아버지의 아들의 죽음을 통해 하나님 아버지와 화목하게 됩니다. 하나님 아버지가 그의 아들에게 존귀를 받게 하십니다. 하나님 아버지께서 그의 아들에게 존귀한 무덤을 주셨습니다. 그에게 다른 존귀가 따라올 것입니다. 부활절이 이 존귀에 따라옵니다. 이것은 이미 이사야로 말미암아 오래전에 선언되었습니다. 이사야 53:10에서 "그의 영혼을 속건제물로 드리기에 이르면 그가 씨를 보게 되며 그의 날은 길 것이요."라고 했습니다.

그러면 부활절의 존귀 다음에는 무엇이 따라옵니까? 주의 큰 날이 오게 될 것입니다. 그 날에 각 나라와 족속과 백성과 방언에서 아무도 셀 수 없는 큰 무리가 흰 옷을 입고 손에 종려 가지를 들고 보좌 앞과 어린 양 앞에 서서 밤낮 주 하나님을 섬기게 될 것입니다(계 7:9).

그때 보좌에 앉으신 이가 그들 위에 장막을 치실 것이요 그들이 다시는 주리지도 아니하고 목마르지도 아니하고 해나 아무 뜨거운 기운에 상하지도 아니할 것입니다. 왜냐하면, 보좌 가운데에 계신 어린 양이 그들의 목자가 되어 생명수 샘으로 인도하시고 하나님께서 그들의 눈에서 모든 눈물을 씻어 주실 것이기 때문입니다. 그때 거룩한 성 새 예루살렘이 하나님께로부터 하늘에서 내려올 것이요, 거기는 주림이나 목마름이 없을 것입니다(계 7:15~17).

그러므로 여러분, 우리는 구원의 즐거움으로 오늘 집으로 돌아갈 수 있습니다. 하나님 아버지께서 이 수난 날에 그의 아들을 존귀하게 하셨고 그의 십자가 죽음으로 우리를 그와 화목하게 하셨기 때문입니다. 아멘.

20. 제자들의 눈을 여신 부활의 주
(부활절 설교)

성경 봉독: 누가복음 24:13~35
설교 본문: 누가복음 24:30~31

그들과 함께 음식 잡수실 때에 떡을 가지사 축사하시고 떼어 그들에게 주시니, 그들의 눈이 밝아져 그인 줄 알아 보더니, 예수는 그들에게 보이지 아니하시는지라.(누가복음 24:30~31)

친애하는 여러분,

예수님이 부활하신 날과 승천한 날사이에는 40일의 간격이 있었습니다. 그 기간에 부활하신 주님은 열 번 이상 제자들에게 나타나시고, 죽음을 정복한 사실을 보여주셨습니다. 승천하시기 전 40일 동안은 제자들을 더 가르치시고, 미래를 준비하도록 하는 데 필요했습니다.

예수님의 제자들은 육체로 계시는 주 예수님과 교제하는 데 익숙했습니다. 주님은 저들이 가진 이 약점을 잘 아셨습니다. 저들에게 합당한 준비 없이는 그가 이 세상을 떠나 승천하시게 될 때 약점을 극복하기 어려운 줄 아셨습니다. 그래서 주님 예수님은 40일 동안 여러 차례 부활하신 주로 친히 나타나셨습니다.

그런데 그의 나타나신 일 가운데는 엠마오로 가던 두 제자에게 나타나신 이야기보다 더 매력 있는 것이 없습니다. 예수님이 죽으시고 장사된 후, 두 제자가 엠마오에 있는 자기들 집으로 가는 길이였습니다. 이 마을은 예루살렘에서 약 20리쯤 되는 곳이었습니다. 두 제자 중 한 사람의 이름은 글로바였습니다. 다른 제자의 이름은 알려지지 않습니다. 혹 두 제자는 부부인지도 모릅니다. 그들은 주님의 열두 제자 범위에 속하지는 않았습니다. 그러나 그들은 주 예수님의 신실한 제자들이었습니다.

지난 며칠 동안 그들은 예루살렘에서 예수님의 자취를 따르며 그에게 일어난 모든 비참한 일들을 다 보았습니다. 그들은 예수 그리스도를 큰 선지자로 믿고, 이스라엘을 구원할 분으로 기대했습니다. 그러나 최근 예수님에게 일어난 비참한 사건으로 그들의 기대는 허물어지고 말았습니다. 그는 대제사장들과 서기관들에 의해 정죄를 받고 십자가에 못 박혀 죽으셨습니다.

그가 죽고 장사한 지 사흘 만에 그들은 여인들로부터 놀라운 소식을 들었습니다. 여인들이 무덤에 갔다가 그의 시신을 보지 못하고, 천사들에게 그가 살아나셨다는 말을 들었습니다. 그렇지만 그들은 예수님이 다시 살아나셨다는 말을 믿을 수 없었습니다. 그 소식을 듣고 단지 당황했을 뿐입니다.

그 제자들은 실상 예수님의 장례를 마친 후 이제 모든 것이 끝난 것으로 알고 허탈한 심정으로 엠마오에 있는 집으로 돌아가고 있었습니다. 큰 슬픔과 실망과 허탈한 마음으로 걸어가고 있었습니다. 그런데 도중에 갑자기 한 행인이 가까이 다가왔습니다. 두 사람과 대화에 참여했습니다. 이 행인은 성경에 대한 놀라운 지식을 가지고 있었습니다. 거의 한두 시간 동안 이 행인은 그들과 걸으며 성경에 기록된 메시야에 대한 예언에 관해 설명했습니다. 이 행인은 바로 부활하신 예수님이셨습니다.

그러나 그들은 예수님이심을 알아채지 못했습니다. 이것은 신비스러운 일입니다. 이를 어떻게 설명할 수 있습니까? 우리 본문 16절에서 "그들의 눈이 가리어져서 그인 줄 알아보지 못하였다."라고 설명해 줍니다. 밝은 해가 비치는 낮입니다. 그러나 저희의 눈은 어두웠습니다. 영적으로 그들의 눈이 어두워 예수님을 알아볼 수 없었습니다.

하지만 그들의 눈이 밝아질 때가 오게 되었습니다. 엠마오 마을에 도착하자 이미 날은 저물었습니다. 그래서 그들은 그 행인을 강권하여 그들의 집으로 인도하고 머물게 했습니다.

그를 위해 음식을 준비했습니다. 그들이 식탁에 함께 앉았을 때 그 행인이 떡을 가져 축사했습니다. 이때 그들의 눈이 밝아져 예수님을 알아보게 되었습니다.

이제 본문으로부터 "제자들의 눈을 밝히신 부활하신 주"라는 제목으로 부활의 복음을 전하고자 합니다. 다음 세 가지 요점에 주목하려 합니다.

1. **주인의 자리를 취하신 주 예수님**
2. **제자들의 눈을 밝히신 주 예수님**
3. **보이지 않게 사라진 주 예수님**

1. 주인의 자리를 취하신 주 예수님

첫째, 본문에서 주인의 자리를 취하신 주 예수님을 보게 됩니다.

본문의 이야기를 살펴볼 때 먼저 눈길을 끄는 것이 있습니다. 예수님은 두 사람의 초청을 받으신 손님입니다. 그런데 예수님이 주인의 자리를 차지하고 계십니다. 이것은 매우 이례적인 일입니다. 손님은 손님이고, 주인은 주인입니다. 손님이 주인의 자리를 취하는 일은 거의 없습니다. 우리 가정이나 사회생활에서 자리가 바뀌는 것은 매우 이상한 일입니다. 일반생활에서 이런 일은 좀처럼 일어나지 않습니다. 우리는 일반적으로 관계가 바뀌는 것을 기대하지 않습니다. 이런 일이 일어난다면 무언가 잘못된 것으로 생각하게 됩니다.

그러나 주 예수 그리스도와 그의 백성의 관계에서는 사정이 전혀 다릅니다. 인간관계에서 모순이 그리스도와 그의 백성의 관계에서는 원칙이 되고 규칙이 됩니다. 관계가 바뀌지 않고는 아무 유익이 없습니다. 우리는 엠마오의 두 사람과 예수 그리스도 사이에 관계가 바뀌는 아름다운 현상을 보게 됩니다.

글로바와 그의 친구가 집으로 돌아가는 길에서 한 행인을 만났습니다. 상당한 시간 함께 걸으며 두 사람은 행인이 말하는 것을 들었습니다. 저녁때가 되어 엠마오 마을에 도착했습니다. 이 두 사람은 부부일 수 있습니다. 그렇지 않다면 두 사람 가운데 한 분이 이 마을에 자기 집을 가지고 있었던 것이 분명합니다. 두 사람은 목적지에 도착했습니다. 그러나 행인은 길을 계속 더 가려고 했습니다. 밤에 길을 가는 것은 위험한 일이었습니다. 왜냐하면, 그때 시골길에는 도적과 거친 짐승이 나타나는 일이 자주 있었기 때문입니다. 그래서 이 두 사람은 행인에게 권고했습니다. "우리와 함께 유하시고 가시기 바랍니다. 때가 저물어 가고 날이 이미 기울었습니다."

그들은 동행해 오던 행인을 그들의 집에 초대했습니다. 그들은 가난한 사람들이었는지 모릅니다. 간단한 저녁 식사를 떡(빵)으로 준비했습니다. 그들이 식탁을 준비하고 식탁에 둘러앉았습니다. 그때 분위기가 갑자기 이상하게 변했습니다. 주인은 더는 주인이 아니었습니다. 주인이 손님이 되었습니다.

초청을 받은 손님은 더는 손님이 아니었습니다. 그가 주인이 되었습니다. 주인이 손님의 자리를 취하고, 손님이 주인의 자리를 취했습니다. 손님이 "떡을 가지사 축사하시고 떼어 그들에게 주셨습니다." 이 분이 죽은 자로부터 일어나신 예수 그리스도였습니다.

행인은 초청받은 손님이었습니다. 그가 손님으로 초청을 받아들였을 때 그는 주인의 자리를 취했습니다. 서로의 관계가 바뀌게 되었습니다. 이런 관계가 바뀜으로 저 두 사람이 잃은 것이 있었습니까? 없었습니다. 그것이 그들에게 큰 축복이 되었습니다. 행인에게 내민 작은 친절이 그들의 집에 놀라운 복을 가져 왔습니다. 주 예수 그리스도는 그들의 식탁에서 주인이 되어 복을 비셨습니다.

예수님이 주인의 자리를 취하신 것은 이것이 처음이 아니었습니다. 세상에서 봉사하신 동안 예수님은 언제나 무리의 머리로 처신하셨습니다. 그는 벳새다에서 주린 오천 명을 먹이실 때 그들의 주인이었습니다. 예수님께서 한 소년에게 보리떡 다섯 개와 물고기 두 마리를 받으셨을 때, 주인의 자리를 취하시어 그것을 가지사 축사하시고 무리에게 나누어 주셨습니다. 주 예수께서 주인의 자리를 취하셨을 때 거기에 놀라운 축복이 나타났습니다. 보리떡 다섯 개와 물고기 두 마리로 오천 명을 먹이실 수 있었습니다. 모두 배부르게 먹고 남은 조각이 열두 바구니에 가득했습니다.

우리는 또 다른 비슷한 예를 볼 수 있습니다. 예수님이 갈릴리 가나 혼인 잔치에 초청을 받으셨습니다. 그는 초청받은 손님이었습니다. 포도주가 떨어졌을 때, 그는 여섯 개의 큰 돌 항아리에 물을 채우라고 하셨습니다. 예수님은 이 물을 포도주로 변하게 했습니다. 그는 종들에게 "이제는 떠서 연회장에게 갖다 주라."라고 하셨습니다. 예수님은 손님이었습니다. 그러나 이때 그는 분명하게 혼인집의 주인으로 나타나셨습니다. 예수님이 주인의 자리를 취하실 때 놀라운 축복이 나타났습니다.

주님의 제자들이 식사를 위해 함께 모였을 때 그는 언제나 한 가정의 주인과 머리로 나타나셨습니다. 그는 엠마오에서도 지난날과 같은 입장이셨습니다.

친애하는 여러분, 주 예수 그리스도를 여러분의 가정에 초청하는 것은 큰 축복을 의미합니다. 초청을 받을 때, 그는 항상 주인의 입장이십니다. 예수 그리스도를 우리 가정의 주와 머리로 초청하고 모신다는 것은 놀라운 축복입니다. 우리가 예수님을 초청하는 기회를 놓치지 않아야 합니다.

엠마오의 두 제자는 그 기회를 놓치지 않았습니다. 예수님께서 더 가시려 하는 듯 보였을 때, 그들은 그를 강권했습니다. 그들의 집에 머물게 했습니다. 그들이 아직 그를 예수님으로 알아차리지 못했지만, 그가 성경을 자세하게 설명하는 것을 들었을 때 그들의 마음에 뜨거움을 느꼈습니다. 길에서 뜨거운 마음을 체험했으므로 그들은 예수님을 자기 집에 유하도록 강권했던 것으로 여겨집니다. 어찌 되었던지 그들은 기회를 놓치지 않았습니다. 예수님을 강권하여 그들의 집에 머물게 했습니다.

옛날부터 신실한 하나님의 사람들은 주를 강권했습니다. 그들은 주어진 기회를 놓치지 않았습니다. 주께서 아브라함에게 나타나셨을 때, 그는 강권하여 말하기를 "내 주여, 내가 주께 은혜를 입었사오면, 원하건대 종을 떠나 지나가지 마옵소서."라고 했습니다(창 18:3).

또 롯을 기억합니다. 두 천사가 사람으로 그에게 나타났습니다. 롯이 그들을 보았을 때 자기 집에 머물도록 강권했습니다. "내 주여, 돌이켜 종의 집으로 들어와 발을 씻고 주무시고 일찍이 일어나 갈 길을 가소서."라고 했습니다(창 19:2).

더러운 귀신 들린 어린 딸을 가졌던 수로보니게 여자를 봅시다. 이 여자는 예수님께 "자녀로 먼저 배불리 먹게 할지니, 자녀의 떡을 취하여 개들에게 던짐이 마땅치 아니하니라."라는 말을 들었습니다. 이때 그 여자는 모욕을 느꼈을 것입니다. 하지만 이 여자는 실망하지 않고 "주여, 옳소이다마는 상 아래 개들도 아이들이 먹던 부스러기를 먹나이다."라고 대답함으로 강권했습니다. 이때 예수님은 "돌아가라. 귀신이 네 딸에게서 나갔느니라."라고 말씀하셨습니다(막 7:24~30).

이 모든 사람은 주를 강권했을 때 복을 받았습니다.

그래서 우리 주 예수 그리스도는 "천국은 침노를 당하나니, 침노하는 자는 빼앗느니라."라고 말씀하셨습니다(마 11:12). 우리 주 예수님은 믿음 있는 자들에 의해 강권 받는 것을 좋아하십니다. 우리는 주 예수님에게 명령할 수는 없습니다. 그러나 그를 강권할 수는 있습니다.

친애하는 여러분, 기회를 얻게 될 때, 주 예수님을 지나가도록 하지 마시기 바랍니다. 주님은 그의 백성이 강권하는 것을 원하십니다. 그는 우리 집에 초청받기를 원하십니다. 그는 말씀하셨습니다. "볼지어다. 내가 문밖에 서서 두드리노니, 누구든지 내 음성을 듣고 문을 열면 내가 그에게로 들어가 그와 더불어 먹고 그는 나와 더불어 먹으리라."(계 3:20)

여러분, 주 예수님을 매일 여러분의 집에 초청하고 여러분과 함께 계시도록 강권하고 있습니까? 주 예수님이 여러분의 집에 오시고 주인의 자리를 취하실 때 여러분은 참으로 기쁨과 행복의 복을 받게 될 것입니다.

2. 제자들의 눈을 밝히신 주 예수님

둘째, 제자들의 눈을 밝게 하신 주님을 생각하게 됩니다.

엠마오의 두 제자는 주 예수님이 그들의 집에 주인의 자리를 취하셨을 때 놀라운 복을 받았습니다. 그 받은 복은 무엇이었습니까? 본문 31절에 "그들의 눈이 밝아져"라고 합니다.

그들이 받은 복은 그들의 눈이 밝아지게 된 것입니다. 이제 주 예수 그리스도를 알아볼 수 있었습니다. 그들은 한두 시간 예수님과 동행하고 말을 주고받았습니다. 그러나 그들은 예수님을 알아보지 못했습니다. 이제 그 행인을 예수 그리스도로 알아볼 수 있었습니다. 이제 그들은 부활하신 주, 그들의 구주를 확실히 볼 수 있었습니다. 이것이 작은 복입니까? 사람이 이 세상에서 누릴 수 있는 가장 큰 복입니다.

이제 의문은 어째서 그들이 주 예수님을 일찍 알아볼 수 없었는가 하는 것입니다. 예수님은 한 시간 이상 그들의 길에 동반자였습니다. 그와 신중한 이야기를 나누었습니다. 그것이 대낮이었습니다. 그의 얼굴을 볼 수 있었습니다. 그의 체구도 볼 수 있었습니다. 그의 특별한 음성을 들을 수 있었습니다. 그들이 알아보지 못한 이유가 주 예수님께 있었을까요? 예수님이 완전히 변했기 때문에 그들이 알아볼 수 없었습니까? 부활하신 후 예수님께서 하늘의 본질을 취하신 것은 확실합니다. 그러나 그의 얼굴이나 체구는 변하지 않았습니다. 그의 음성도 변하지 않았습니다.

그러므로 그를 알아보지 못한 이유는 전적으로 사람 편에 있었습니다. 16절에 "그들의 눈이 가리어져서 그인 줄 알아보지 못하였다."라고 기록되어 있습니다. 그들의 눈은 열려 있었습니다. 그러나 그들은 영적으로 장님이었습니다. 우리는 눈과 귀를 가지고 있습니다. 그러나 우리의 눈과 귀는 하나님께서 활동 기능을 계속 주시지 않는 한 제대로 기능을 발휘할 수 없습니다. 칼뱅은 "하나님이 우리의 지각에 순간순간 활력을 주지 않으시면 그 힘은 사라지고 말 것이다"라고 했습니다. 우리 몸의 지체들은 하나님의 통제 아래서만 정상적으로 작용할 수 있습니다. 그래서 그들의 눈이 가리어져 주 예수님을 볼 수 없었습니다.

누가 그럼 그들의 눈을 열 수 있습니까? 물론 주 예수님입니다. 우리가 두 제자의 이야기를 잘 연구해 보면, 점차 그들의 눈을 띄우신 주 예수님의 방법에 놀라움을 갖게 됩니다.

주 예수님은 엠마오로 가는 길에서 먼저 성경으로 그들에게 접근하셨습니다. 마음에 더디 믿는 그들을 가볍게 책망하신 후에 예수님은 그들에게 모세와 및 모든 선지자의 글을 시작하여 모든 성경에 쓴바 메시야에 관한 것을 자세히 설명하셨습니다. 이로써 주님이 그들에게 설명하고 그들이 들은 것이 무엇이었는지를 우리는 충분히 짐작할 수 있습니다. 그들은 주 예수님께 메시야를 통한 구원의 언약에 대한 설명을 다 들었던 것입니다.

그들은 모세 오경 중 창세기 3:15에 나타난 여인의 후손을 통한 구원에 대한 언약, 아브라함에게 하신 언약, 출애굽기로부터 유월절을 통한 구원의 약속에 관해 들었을 것입니다. 그들은 모든 선지자의 글에 나타난 메시야의 예언에 관해 들었을 것입니다. 이사야의 글에 "처녀가 잉태하여 아들을 낳을 것이요, 그 이름을 임마누엘이라 하리라."라는 말씀을 들었을 것입니다(사 7:14). 예레미야를 통해 예언된 "때가 이르리니, 내가 다윗에게 한 의로운 가지를 일으킬 것이라. 그가 왕이 되어 지혜롭게 다스리며 세상에서 정의와 공의를 행할 것이라."라는 말씀을 들었을 것입니다(렘 23:5). 요엘을 통해 주신 예언 "여호와는 그의 백성의 피난처, 이스라엘 자손의 산성"이라는 말씀을 들었을 것입니다(욜 3:16). 말라기를 통해 주신 예언 "공의로운 해가 떠올라서 치료하는 광선을 비추리니"라는 예언의 말씀을 들었을 것입니다(말 4:2).

그들은 아름답고 부요한 예언의 말씀에 대한 설명에 귀를 기울였습니다.

그들은 뒤에 이렇게 고백했습니다. "길에서 우리에게 말씀하시고 우리에게 성경을 풀어 주실 때에 우리 속에서 마음이 뜨겁지 아니하더냐?"(32절) 그들이 하나님의 예언의 말씀을 들을 때 마음이 뜨거워졌습니다. 이것은 그들의 마음이 밝아지게 되는 시작을 의미했습니다. 하나님의 말씀은 사람의 마음을 따뜻하게 만들고 뜨겁게 만듭니다. 복음 설교의 참된 가치가 여기 있습니다. 하나님의 말씀을 듣지 않고는 마음이 뜨거워질 수 없습니다.

이 두 제자는 아마도 그들 마음이 계속 뜨거워지기를 바랐을 것입니다. 그래서 그들은 그 행인을 초청하고, 그들의 집에 함께 유하도록 강권했습니다.

주 예수님께서 그들의 눈을 뜨도록 사용하신 다음 방편은 무엇이었습니까? 볼 수 있는 방편이었습니다. 식사가 준비되었습니다. 이때 그가 식탁에 주인의 자리를 취하신 후 떡을 가지시어 축사하시고, 떼어 저희에게 주셨습니다. 이 행위는 마지막 밤 그의 제자들과 성만찬 예식을 세우실 때를 생각나게 했습니다. 이 제자들은 예수님이 성만찬을 세우실 때 그 다락방에 없었습니다. 그러나 주의 제자들로부터 이에 대하여 들었을 것입니다. 그가 떡을 가지시어 축사하시고 떼어 저희에게 주었을 때, 그들은 즉시 그를 부활하신 예수로 알아보았습니다. 그들의 눈이 열렸습니다. 그들의 눈이 환하게 밝아졌습니다. 여기서 주님은 성만찬 의식을 주재한 것입니다.

성만찬은 하나님의 언약의 말씀의 보이는 표요, 인입니다. 우리 주님은 우리 인간의 연약성을 잘 아셨습니다. 그는 우리 믿음을 강하게 하고 우리의 눈을 넓게 여는 데 유익이 되는 보이는 표인 성례를 세우셨습니다.

두 제자는 큰 복을 받았습니다. 그의 말씀으로 그들 마음이 뜨거워졌습니다. 식탁에서 그들의 눈이 환하게 밝아졌습니다. 그들은 자기들 집의 식탁에서 부활하신 예수를 발견했을 때 큰 기쁨을 얻었습니다. 그들이 초청한 바로 그 행인이 예수 그리스도였습니다. 도마가 부활하신 예수님을 만났을 때 "나의 주, 나의 하나님" 하며 기쁨의 환성을 질렀습니다. 이처럼 이 두 사람도 크게 기뻐했을 것입니다.

3. 보이지 않게 사라진 주 예수님

셋째, 자기를 나타내신 주 예수님은 곧 보이지 않게 사라졌습니다.

두 제자의 눈이 밝아지고 그를 부활하신 예수로 알아보자마자, 주 예수님은 그들 앞에서 보이지 않게 사라졌습니다. 아마도 그들은 온 밤을 예수님과 함께 지내고 다음 날 함께 예루살렘에 가서 다른 제자들을 만나기를 원했을 것입니다. 그러나 이런 일은 일어나지 않았습니다. 주 예수님은 그 밤을 그들과 함께 머물지 않았습니다. 예수님은 그들과 함께 예루살렘에 가지 않았습니다. 그들의 눈이 밝아지고, 주 예수님을 알아보게 되었을 때, 주 예수님은 바로 보이지 않았습니다.

그 이유는 무엇이었을까요? 왜 주 예수께서 바로 사라졌을까요? 주께서 육체로 오신 것은 그의 구원 사역을 위한 터를 놓는 일이었습니다. 그의 죽음과 부활로 그의 사역의 터가 놓였습니다. 그러므로 이제 그가 육체적으로 전과 같이 그들과 함께 있는 것은 이상 더 필요하지 않게 되었습니다. 이제부터 그의 제자들은 인자, 곧 사람으로 오신 예수가 아니고 부활하신 주와 교제해야 합니다.

오래지 않아 그들은 승천하신 영광 중에 계시는 주와 교제해야 합니다. 제자들은 차츰 이 새 환경을 배우고 새 환경을 익혀야 합니다. 차츰 이 새로운 영적 생활에 적응되어야 합니다.

그래서 부활하신 주 예수님은 그들 앞에서 사라지셨습니다.

주께서 사라짐은 실상 예정된 일이었습니다. 주 예수님은 사라져야 했습니다. 그는 전에 이미 제자들에게 "내가 떠나가는 것이 너희에게 유익이라."라고 말씀하셨습니다(요 16:7). 우리가 우리 주님의 육체적인 임재를 잃는다 해도 실제 아무것도 잃는 것이 없습니다.

그가 떠나시는 것은 실제 한 걸음 나아가는 일입니다. 주 예수님이 "내가 떠나가지 아니하면 보혜사가 너희에게로 오시지 아니할 것이요, 가면 내가 그를 너희에게로 보내리니" 하셨기 때문입니다. 그러니 주 예수님은 사람들 앞에서 보이지 않게 떠나셔야 합니다.

제자들은 이제 주님의 육체적 임재 없는 높은 수준의 생활을 할 준비를 해야 합니다. 그의 말씀과 성령으로 살 준비를 해야 합니다. 이 높은 수준의 생활을 준비하도록 하려고 주 예수님은 보이지 않게 사라지셨습니다. 곧 오순절에 성령을 받아 성령의 사람이 되고, 주 예수님의 육체적 임재 없이 그를 위해 기쁨으로 살고 죽는 사람들이 되어야 합니다.

여러분, 우리는 이제 주 예수님의 육체적 임재 없이 살고 있습니다. 그의 영적 임재하심 속에 살고 있습니다. 하지만 우리를 위한 그의 영적 임재는 그의 육체적 임재보다 훨씬 더 가깝고 확실합니다. 그의 영인 성령께서 우리 몸을 성전으로 삼고와 계시기 때문입니다. 주 예수님은 성령으로 우리 안에 계시고, 우리와 함께 계십니다.

한 큰 날이 오고 있습니다. 주의 날이 오고 있습니다. 그 날에 우리는 하늘 보좌로부터 이런 큰 음성을 들을 것입니다. "보라. 하나님의 장막이 사람들과 함께 있으매 하나님이 그들과 함께 계시리니, 그들은 하나님의 백성이 되고 하나님은 친히 그들과 함께 계시리라."(계 21:3) 아멘.

21. 주의 부활로 인한 제자들의 기쁨
(부활절 설교)

성경 봉독: 누가복음 24:1~43
설교 본문: 누가복음 24:33~35

> 곧 그 때로 일어나 예루살렘에 돌아가 보니, 열한 제자 및 그들과 함께 한 자들이 모여 있어 말하기를 주께서 과연 살아나시고 시몬에게 보이셨다 하는지라. 두 사람도 길에서 된 일과 예수께서 떡을 떼심으로 자기들에게 알려지신 것을 말하더라.(누가복음 24:33~35)

친애하는 여러분,

예수님이 부활하신 날이었습니다. 예수님이 죽음을 이기고 살아나셨다는 기쁜 소식이 여러 길을 통해 들렸습니다. 이 소식이 하늘로부터도 왔고 땅으로부터도 왔습니다. 이른 아침 하늘에 천사가 이 땅에 내려와 무덤의 돌문을 열었습니다. 그리고 무덤을 찾아온 여자들에게 "어찌하여 살아 있는 자를 죽은 자 가운데서 찾느냐? 여기 계시지 않고 살아나셨느니라." 라고 했습니다(눅 24:5~6).

나아가, 땅에서는 여인들이 안식 후 첫날 새벽에 주의 무덤을 보려고 왔을 때 큰 지진이 났습니다(마 28:2). 하늘에서 온 천사들은 죽음에 대한 예수님의 승리를 첫 번째로 알리는 하늘의 사자들이었습니다. 그리고 무덤을 찾은 여자들은 이 땅에서 예수님의 부활 소식을 알린 첫 번째 인간 사자들이었습니다. 예수님의 놀라운 부활 사건은 아무 소식 없이 조용히 일어나지 않았습니다.

예수님이 탄생하셨을 때에도 유사한 일이 일어났습니다(눅 2:8~20). 에브라다 들에 주의 영광이 가득했습니다. 하늘의 천사들이 내려와 목자들에게 기쁜 소식을 전했습니다. 천사들은 "보라, 내가 온 백성에게 미칠 큰 기쁨의 좋은 소식을 너희에게 전하노라."라고 말했습니다. 이때 허다한 천군이 그 천사와 함께 나타나 아름다운 성탄 노래를 불렀습니다. "지극히 높은 곳에서는 하나님께 영광이요, 땅에서는 하나님이 기뻐하신 사람들 중에 평화로다." 아침이 되자 이 땅의 목자들이 이 큰 기쁜 소식을 사람들에게 전하고, 하나님께 영광을 돌리고 찬송했습니다.

예수님이 탄생하신 날과 그가 부활하신 날에 하늘과 땅에 기쁨이 충만했습니다. 기쁨으로 하늘의 천사들이 움직였고 땅의 사람들도 움직였습니다.

예수님의 부활은 우리의 구원을 위한 중요한 사건입니다. 우리는 이것을 알고, 믿고, 기뻐하고 노래해야 합니다. 이를 위해 우리는 천사들로부터, 여인들로부터, 제자들로부터 이 부활에 대한 기쁜 소식을 듣게 됩니다. 특별히 본문 요절에서 예수님의 제자들이 기뻐하는 소리를 듣게 됩니다. 이 본문 요절은 단순히 우리에게 부활에 대한 정보만 알리고 있지 않습니다. 제자들의 큰 기쁨을 알려 주고 있습니다.

이 본문의 문맥을 잘 살피고 음미하시기 바랍니다. 예루살렘에는 예수님의 열두 제자들뿐 아니라, 모든 다른 제자에게도 잘 알려진 집회 장소가 있었습니다. 이는 예수님이 제자들과 함께 마지막 밤 만찬을 함께하신 다락방이었을 것입니다. 예수님이 부활하신 날 아침 그곳에 예수님의 제자들이 함께 모였습니다. 그들은 여자들로부터, 또 베드로로부터 예수님이 살아나시고 그들이 만났다는 소식을 들었습니다. 제자들 가운데는 그래도 믿지 못하고 있는 분들이 있었습니다. 제자 도마는 이를 믿지 않았습니다. 그러나 대부분은 이를 믿었습니다.

그 날 글로바와 다른 제자가 엠마오로 가는 길에 부활하신 예수님을 만났습니다. 이들은 흥분된 채 이 기쁜 소식을 알리기 위해 예수님의 제자들이 모여 있는 예루살렘에 있는 장소로 빨리 돌아왔습니다. 그런데 이들이 거기에 들어서서 예수님을 만난 경험을 이야기하기 전에 거기 있는 제자들은 흥분을 참지 못하고 이들에게 크게 말했습니다. "주께서 과연 살아나시고 시몬에게 나타셨다." 여기서 우리는 마음에 기쁨이 가득하여 참지 못한 그들의 흥분된 모습을 발견하게 됩니다.

이제 본문으로부터 "예수님의 부활로 인한 제자들의 기쁨"이란 제목으로 복음을 전하고자 합니다. 여기서 첫째, 그리스도와 교제의 기쁨, 둘째, 제자들 서로 간의 교제의 기쁨에 대해 생각하려 합니다.

1. 그리스도와 교제의 기쁨
2. 제자들 서로 간의 교제의 기쁨

1. 그리스도와 교제의 기쁨

첫째, 예수님의 부활로 제자들은 그리스도와 교제의 기쁨을 가졌습니다.

주께서 죽은 자로부터 일어나셨을 때, 열 한 제자는 예수님의 무덤이 있는 아리마대 요셉의 동산에 없었습니다. 제자 가운데 한 사람도 부활하신 예수님을 맞이하기 위해 그곳을 찾아가지 않았습니다. 성경의 기록에 의하면 거기에는 단지 천사들과 천사들 앞에 무서워 떠는 파수꾼들이 있었을 뿐입니다. 열린 무덤가에는 승리의 찬송이 들리지 않았습니다.

새벽 미명에 몇몇 여자들이 무덤에 달려와서 예수님을 뉘었던 자리를 보았습니다. 베드로와 요한이 무덤에 와서 빈 무덤과 세마포가 개켜 있는 것을 보았습니다. 동산에서 막달라 마리아가 자기 이름을 부르시는 부활하신 예수님을 "랍오니"하고 불렀습니다. 그러나 거룩한 성 예루살렘 거리에서는 아무 소리도 들리지 않았습니다.

이 점에 있어서 예수님이 부활하신 날은 매우 조용했습니다. 그 날 밤까지 온종일 매우 조용했습니다. 밤이 되자 예수님 제자들의 고백이 드디어 들리게 됩니다. 슬픔이 기쁨으로 변하기까지는 상당한 시간이 걸렸습니다(막 16장). 제자들은 처음에 부활을 믿지 않았습니다. 이 불신은 계속되었습니다. 막달라 마리아가 살아나신 예수님을 보았다고 알렸습니다. 그러나 그들은 이 소식을 믿지 않았습니다. 다른 여자들이 같은 소식을 전했습니다. 하지만 그들은 여자들의 말을 아직도 믿지 않았습니다.

예수님의 제자들이 예수님의 다시 사신 사실을 믿고 그들의 마음에 기쁨과 평강을 얻게 되기까지는 상당한 시간이 걸렸습니다. 엠마오로 가던 제자들을 보십시오. 그들은 이미 그날 아침 여자들로부터 예수님이 사셨다는 말을 들었습니다. 그러나 그들은 그 말을 믿지 않았습니다. 그래서 예수님은 길에서 그들과 대화하시던 도중 "미련하고 선지자들이 말한 모든 것을 마음에 더디 믿는 자들이여!"라고 책망하듯 말씀하셨습니다(눅 24:25).

부활의 기쁨이 이들의 마음에 이렇게 느리게 와 닿은 이유가 어디 있었을까요? 안식일 후 첫날의 낮이 지나고 밤이 와서야 주님의 부활을 믿고 그들의 입에서 기쁨의 환성이 터지게 됩

21. 주의 부활로 인한 제자들의 기쁨

니다. 우리도 가끔 예수 그리스도가 살아계신다는 기쁨을 별로 갖지 못하고 침울하게 지낼 때가 있습니다. 여러분은 오늘 아침 "과연 예수께서 살아나셨다."라는 믿음을 가지고 기쁨으로 이날을 맞으셨습니까? 죽음이 정복되었다는 기쁨과 소망을 가지고 날마다 살아가고 있습니까?

오랫동안 교회 생활을 한 우리가 구원을 받은 데 대해 어린 아이 같은 기쁨을 갖지 못하고 지낼 때가 많습니다. 기쁨이 없는 원인이 어디에 있을까요? 그때의 예수님의 제자들에게나 오늘의 우리에게나 그 이유는 똑같습니다. 믿음이 적기 때문입니다.

예수님의 제자들은 예수님의 입으로부터 거듭 "내가 제삼 일에 살아나리라."라는 말씀을 들었습니다. 그러나 그들은 이 예언의 말씀을 심각하게 듣지 않았습니다. 그들의 마음은 전혀 다른 세상에 대한 기대로 가득 차 있었습니다. 예수님께서 그의 수난과 죽음에 대하여 말씀하실 때 주의 깊게 듣지 않았습니다. 따라서 부활에 대해 말씀하실 때도 주의 깊게 듣지 않았습니다.

여러분은 어떻습니까? 부활의 소식이 여러분의 마음에 깊이 받아들여 지고 있습니까? 부활을 영광스러운 소망으로 믿고 받아들이고 있습니까? 우리의 작은 믿음이 언제나 우리가 누릴 기쁨에 방해가 됩니다.

주의 제자들로부터 "주께서 과연 살아나셨다."라는 기쁜 환성이 터질 때까지는 오랜 시간이 걸렸습니다. 하지만 그 기쁜 환성은 부활하신 그 날이 다 지나기 전에 들렸습니다. 하나님께서 친히 자기 영광을 위해서 이렇게 그들을 돌봐주셨습니다. 그의 교회가 사도들의 터 위에 세워져야 했기 때문입니다. 이를 위해 사도들은 부활의 날에 그들의 스승, 예수 그리스도를 부활하신 주님으로 믿고 고백해야 했기 때문입니다. 하나님의 사랑이 얼마나 큽니까? 하나님은 여러 방편을 동원하여 제자들의 마음에 있는 불신의 어두움이 사라지게 해 주셨습니다. 생명의 환한 빛이 그들의 마음에 비치도록 하셨습니다.

하늘이 먼저 그리스도를 위해 열렸습니다. 다음으로 사람들을 위해 열렸습니다. 천사들이 하늘에서 내려와 죽음에서 일어나신 주와 왕을 위해 무덤의 문을 열고 "예수는 살아나셨느니라."라고 전파했습니다. 부활하신 주님이 친히 한 여자에게 나타나셨습니다. 일곱 귀신을 친히 쫓아내신 막달라 마리아에게 나타나셨습니다. 주님은 "마리아야!"라고 부르시고, 형제들에게 가서 자기가 다시 살아났다는 소식을 전하라고 하셨습니다(요 20:17).

그다음, 예수님은 자기를 부인한 시몬 베드로에게 나타나시고 만나셨습니다. 주 예수님은 이 베드로를 다른 제자들에게 보내셨습니다. 예수님께서 마지막 밤에 베드로가 자기를 부인할 것을 미리 아시고 "너는 돌이킨 후에 네 형제를 굳게 하라."라고 말씀하신 적이 있습니다(눅 22:32). 이제 이 예언의 말씀이 성취되었습니다. 시몬 베드로는 돌이킨 후 나아가 그의 형제들의 믿음을 굳게 했습니다.

이제 한 곳에 모인 예수님의 제자들은 모든 의심을 버렸습니다. 글로바와 다른 제자가 문을 열고 들어서자마자, "주께서 과연 살아나셨다."라고 흥분된 환성을 지릅니다. 이들은 아마도 "글로바야, 예수님이 말씀하신 대로 정말 살아나셨다."라고 외쳤을 것입니다. 이 기쁨은 예수님의 제자들 생활에 은혜의 승리를 말하는 것이었습니다.

불신은 언제나 우리에게 기쁨을 갖지 못하게 합니다. 이는 우리의 죄의 결과입니다. 죄가 우리에게 불신과 비참함과 죽음의 두려움을 가져 왔습니다. 죄의 용서를 받지 못하고 하나님과 화목이 이루어지지 않은 곳에는 생활의 기쁨이 없습니다. 죄와 죽음이 극복되고 생명이 나타나게 될 때, 거기 기쁨이 있습니다.

이것이 예수 그리스도로 말미암아 이루어졌습니다. 그가 우리를 위해 고난 당하시고 죽으셨습니다. 그가 우리가 받을 형벌을 대신 담당하셨습니다. 그가 우리를 위해 죄의 값을 다 지불하셨습니다. 그가 우리를 위해 사망의 고통을 당하시고, 지옥의 고통을 당하셨습니다. 그러나 이것이 우리를 위해 최후로 하신 일이 아니었습니다.

그가 무덤 속에 머무셨더라면, 우리의 죗값이 다 지불된 사실을 분명하게 알 수 없었을 것입니다. 죽음이 그를 무덤에 붙들고 있었다면, 우리는 그가 죽음으로 우리를 위해 얻은 의에 대한 확신을 가질 수 없었을 것입니다.

 그런데 주께서 부활하셨습니다. 죽음이 그를 풀어주어야 했습니다. 무덤의 큰 돌이 옮겨졌습니다. 예수 그리스도가 무덤에서 나오셨습니다! 그는 무덤을 정복하셨습니다. 이제 주 예수 그리스도는 제자들의 슬픔을 기쁨으로 바뀌게 했습니다. 제자들은 흥분되어 환성을 질렀습니다. "주께서 과연 살아나셨다."

 부활의 날에 이 환성은 생명의 기쁨으로 가득했습니다. "주께서 과연 살아나셨다."라는 이 환성의 한 마디 한 마디에는 깊은 뜻이 담겨 있습니다. 먼저 "주께서"라는 말입니다. 제자들은 예수를 '주'라고 고백했습니다. 이 호칭은 특별한 의미가 있습니다. 제자들이 전에도 이렇게 불렀습니다. 베드로가 전에 "주여, 나를 떠나소서. 나는 죄인이로소이다."라고 말한 적이 있습니다. 그러나 예수님의 부활 후에 이 칭호는 훨씬 더 풍부한 의미를 갖게 되었습니다. 예수님이 죽음을 정복하여 승리함으로 참으로 주이심을 나타내셨기 때문입니다. 그래서 제자들의 고백에 나타나는 '주'라는 칭호는 가장 영화로운 의미로 사용되고 있습니다. "주께서 과연 살아나셨다." 여기 '주'라는 칭호는 사망을 정복하고 승리한 사실을 나타내고 있습니다.

 다음으로 '과연'이라는 말입니다. 이것은 '참으로'라는 의미입니다(Indeed). "예수님이 살아나셨다."라는 것은 어떤 사람들이 꾸며낸 이야기가 아닙니다. 그것은 사실입니다. 하나님께서 스스로 이루신 실제적 사건입니다.

셋째 말은 '살아나셨다.'라는 말입니다. 예수님은 그 자신의 권능으로 죽음에서 일어나셨습니다. 그는 완전한 신성을 가진 하나님의 아들이요, 완전한 하나님이시기 때문입니다. 누가 하나님을 무덤에 가두어 둘 수 있습니까? 그는 스스로 무덤에서 일어났습니다. 그러나 그는 또한 하나님 아버지로 말미암아 죽은 자로부터 일으키심을 받았습니다. 하나님 아버지가 그를 죽은 자 가운데서 일으키셨습니다. 그가 그의 백성의 죗값을 다 갚고, 하나님 아버지의 공의를 만족시켰기 때문입니다. 하나님 아버지는 이를 증명하기 위해 그의 천사를 보내어 무덤을 열게 하셨습니다. 그의 아들 예수 그리스도가 죽은 자 가운데서 일으키심을 받았습니다. 무덤이 비게 되었습니다. 모든 수욕이 그 앞에서 다 사라져 버렸습니다.

"주께서 과연 살아나셨습니다." 예수님은 지난날의 육체를 가지시고 살아나셨습니다. 오늘날 어떤 사람들은 예수님의 육체 부활을 믿지 않습니다. 그들은 부활을 영적으로 해석합니다. 그렇다면 부활절은 기쁨의 절기가 될 수 없습니다. 이것은 부활절의 복음을 부인하는 것입니다. 오늘 많은 교회가 참된 복음이 없는 부활절을 지키고 있습니다.

이런 배교 시대에 우리는 엄청난 구원의 복음을 듣고 있습니다. "주께서 과연 살아나셨습니다." 이 놀라운 복음을 부인하는 사람들과 교회에는 미래에 화가 있을 것이 틀림없습니다.

영광의 부활에 참여하지 못할 것입니다.

이 부활은 예수 그리스도의 명예가 관련되어 있습니다. 우리의 구원이 관련되어 있습니다. 여러분이 믿는 주께서는 과연 살아나셨습니까? "주께서 과연 살아나셨다." 예수님의 제자들의 이 기쁜 외침이 우리 한 사람 한 사람의 부활절의 환성이 되어야 합니다.

여러분은 그리스도의 부활의 기쁨을 즐기고 있습니까? 사단이 여러분에게서 구원의 확신을 빼앗으려 노력하면, 여러분은 "주께서 과연 살아나셨다."라는 부활절의 고백으로 저항하시기 바랍니다. 그리스도는 죽으셨을 뿐 아니라 다시 살아나셨습니다.

2. 제자들 서로 간의 교제의 기쁨

둘째, 예수님의 부활로 인한 제자들 서로의 교제의 기쁨에 대하여 생각해 봅니다.

예수님의 부활에 대한 제자들의 기쁨은 "주께서 과연 살아나셨다."라는 환성으로 끝나지 않았습니다. 예수님의 제자들은 둘째 소식을 더 하고 있습니다. 그들은 "주께서 시몬에게 보이셨다."라는 말로 엠마오에서 돌아오는 두 제자를 환영하고 있습니다. 글로바와 그의 친구가 들어와 예수님을 만난 일에 관하여 아직 한 마디도 말하기 전에, 모인 제자들은 이들에게 "주께서 시몬에게 보이셨다."라는 기쁜 소식을 전하고 있습니다.

여러분은 여기서 혹 막달라 마리아도 부활하신 예수님을 만났는데, 왜 시몬 베드로가 예수님을 만난 일에 대하여 말하고 있는지 이상하게 생각할 수 있습니다. 우리는 그 이유를 충분히 짐작할 수 있습니다. 베드로는 제자 중에 언제나 특별한 자리를 차지했습니다. 그는 요한과 야고보와 함께 다른 제자들보다 예수님과 더욱 밀접한 관계를 가져왔습니다. 그래서 그가 보고 말한 것은 누구보다 신뢰할 만하게 여겨질 수 있습니다. 그러나 이것은 부분적인 사실일 뿐입니다. 이 "주께서 시몬에게 보이셨다."라는 환성에는 더 많은 뜻이 포함되어 있습니다.

베드로는 예수님의 수제자였지만 부끄러운 개인적인 역사를 가진 분이었습니다. 사람의 판단으로는 그가 예수님을 만날 자격이 있을까 생각할 수도 있습니다. 그는 예수님이 가야바의 심판정에 섰을 때 그의 제자인 것을 거듭 부인했습니다. "나는 그를 알지 못한다.", "나는 그를 도무지 알지 못한다."라고 세 번이나 부인했습니다. 예수님이 저런 배반자를 만나 주실까 생각할 수 있습니다.

그러나 죽은 자 가운데서 살아나신 예수님은 달랐습니다. 그는 일찍이 요나가 타락했으나 회개했을 때 그를 찾으신 분입니다. 예수님은 그의 큰 사랑과 은혜를 베드로에게 나타내셨습니다. 그는 다른 제자들을 지나치셨습니다. 그는 여자들에게 나타나신 후에 곧 시몬 베드로에게 나타나셨습니다. 주님은 비틀거리며 넘어질 위험에 있는 제자 베드로에게 구원의 손을 내미셨습니다. 그래서 주의 제자들은 시몬에게 나타내신 주 예수님의 사랑에 크게 감명을 받았습니다. 그래서 그들은 "주께서 시몬에게 보이셨다."라고 외쳤습니다.

 제자들이 이런 환성을 지른 데는 또 다른 이유가 있었습니다. "주께서 시몬에게 보이셨다."라는 환성으로 그들은 시몬에게 특별한 영광을 안겨 주었습니다. 그들은 예수님께서 그를 받아들인 것을 매우 기쁘고 감사하게 여겼습니다. 사흘 전만 해도 그들은 누가 제일 높은가 하는 문제로 서로 다투었습니다. 그들은 예수님과 마지막 밤 만찬상에 앉았던 때 이런 다툼을 일으켰습니다. 그 마지막 밤은 또 그들이 예수님을 버리고 떠나는 정말 어두운 밤이었습니다.

 그러나 부활의 아침이 밝아 왔습니다. 빛이 어두움을 물리쳤습니다. 죄의 밤이 지나갔습니다. 제자들에게 화해의 복이 내렸습니다. 서로 높아지기를 원하던 교만한 마음을 가졌던 지난날처럼 제자들이 이제 서로 시기하거나 등을 돌리는 일을 하지 않았습니다. 대제사장의 비자에게 스승을 전혀 모른다고 부인한 비겁했던 동료를 멀리하지 않았습니다. 그를 동료로 기쁘게 받아들였습니다. 베드로는 다시 주님의 제자들 가운데 있게 되었습니다. 베드로가 주를 먼저 만났다고 해서 누구도 그를 시기하지 않았습니다. 그들은 모두 기뻐했습니다. 시몬에게 큰 은혜가 나타나게 된 것을 모두 기뻐했습니다. 그들 모두 예수를 버리고 떠나게 된 것을 부끄러워했습니다.

21. 주의 부활로 인한 제자들의 기쁨

그들은 다 베드로와 함께 부활의 기쁨을 누렸습니다. 그들의 음성은 "주께서 시몬에게 보이셨다."라는 하나의 환성으로 연합이 되었습니다. 모두 "과연" 하며 소리 질렀습니다. 그리스도의 부활이 제자들에게 교제의 기쁨을 가져왔습니다.

시몬 베드로는 아마 조용했을 것입니다. 도마는 거기 없었습니다. 그러나 다른 아홉 제자는 글로바와 그의 친구가 방에 들어오자 그들에게 주의를 쏟았습니다. 이들 둘이 자기들의 경험을 말하기 전에 그들은 "주께서 과연 살아나시고 시몬에게 보이셨다."라고 환성을 질렀습니다. 그 후에야 둘은 엠마오로 가는 길에서 일어난 일, 곧 부활하신 예수님을 만난 데 대한 이야기할 기회를 얻게 됩니다. 모두에게 감동적인 시간이 되었습니다.

그 같은 날 밤에 주 예수님이 그들 가운데 갑자기 나타나셨습니다. 그들에게 기쁨은 놀람과 두려움이 함께 했습니다. 그 때 영을 본다고 착각하는 제자들도 있었습니다. 그래서 예수님은 그의 손과 발의 상처 자국을 보였습니다. 이때 그들은 너무 기뻐 오히려 믿지를 못했습니다. 베드로의 기쁨은 그들 중에 특별했습니다. 이것이 주 예수 그리스도께서 예비하신 부활의 날의 향연이었습니다.

여러분, 주 예수께서 주신 생명의 은사는 먼저 개인적입니다. 그러나 그것은 결국 성도들의 교제 속에서 함께 즐기게 됩니다. 안식 후 첫날의 개인적인 기쁨은 모든 제자의 기쁨으로 더해지고 확대되었습니다. 이는 전 교회의 기쁨으로 확대된 것을 의미합니다. 이것을 우리는 안식 후 첫째 날에 제자들의 첫 번째의 교회 예배가 드려진 것으로 생각할 수 있습니다.

결국, 예수님의 제자들이 부활의 날에 가진 기쁨은 부활하신 그리스도와의 교제의 기쁨을 알려줄 뿐 아니라, 또한 성도 상호 간 교제의 기쁨을 알려주고 있습니다. 언제나 그리스도와 교제가 먼저입니다. 이것이 성도 서로의 교제를 위한 중요한 전제가 됩니다. 그리스도와 하나 됨이 없으면, 성도들이 서로 하나가 될 수 없습니다. 우리는 무덤에서 일어난 그리스도와의 교제를 먼저 가집니다. 그런 다음에 서로의 교제를 갖게 됩니다.

부활절은 이것을 우리에게 분명하게 가르쳐 주고 있습니다. 부활하신 예수를 본 여자들은 이 부활의 소식을 전하기 위해 예수님의 제자들에게 왔습니다. 막달라 마리아나 글로바나 어느 한 분도 이 부활의 소식을 스스로 간직하고만 있지 않았습니다. 모두가 기쁨의 소식을 함께 나누었습니다. 그러니 성도들의 교제는 오순절에 비로소 생긴 것이 아닙니다. 그것은 부활의 날에 이미 나타났습니다.

예수님이 십자가에 못 박혔을 때 양 무리가 흩어졌었습니다. 죽음을 정복하신 예수님은 이제 흩어진 양 무리를 찾으시고 모으십니다. 선한 목자 예수님은 그들을 우리 안으로 이끌어 드리십니다. 그들의 교제를 회복시키고, 그들이 하나 되게 하십니다.

주 예수님은 부활의 기쁜 소식을 통해 이 일을 하십니다. 이 부활의 소식이 바로 전해지는 곳에, 참된 사랑의 교제가 꽃피게 됩니다. 그리스도와의 교제와 성도 상호 간의 교제는 살아 계신 하나님이 주시는 부요한 선물입니다. 교회가 가지는 교제의 기쁨은 예수 그리스도의 부활의 열매입니다.

이 그리스도의 부활이 가져온 교제의 열매는 이 세상과 이 세상을 넘어서까지 계속됩니다. 예수 그리스도는 아무도 셀 수 없는 큰 무리를 각 나라와 족속과 백성과 방언에서 모으고 계십니다. 성도의 교제에는 종족과 언어의 다양성이 있습니다. 그러나 모두 "나는 처음이요, 마지막이니, 곧 살아 있는 자라. 내가 전에 죽었었노라. 볼지어다. 이제 세세토록 살아 있어 사망과 음부의 열쇠를 가졌노니"(계 1:17~18)라고 말씀하신 어린 양 안에서 아름다운 조화를 이루고 교제를 갖게 됩니다.

여러분, 예수님은 과연 살아나셨습니다. 예수님은 "살아 있는 자"로 계십니다. 우리는 그와 함께 있습니다. "사망아, 너의 승리가 어디 있느냐? 사망아, 네가 쏘는 것이 어디 있느냐?" 사망에게 이김을 주시는 하나님께 감사합시다. 우리에게 주 예수 그리스도로 말미암아 영생을 주시고, 하나님 아버지와 성도들과의 영원한 교제를 주신 하나님을 영원히 찬양하고 감사하며 살아갑시다. 아멘.

22. 왕이신 예수님의 승천
(승천절 설교)

성경 봉독: 사도행전 1:1~11 마가복음 16:9~20
설교 본문: 마가복음 16:19

주 예수께서 말씀을 마치신 후에 하늘로 올려지사 하나님 우편에 앉으시니라.(마가복음 16:19)

친애하는 여러분,

초대 교회에서는 부활절과 오순절 사이의 50일 동안을 크게 기뻐하고 즐거워하며 지냈습니다. 매 주일 성찬 예식을 거행했습니다. 이 50일 동안은 금식하지 않았습니다. 모두 기뻐하고 즐거워하며 보냈습니다. 부활 후 40일째가 되는 날은 승천절입니다. 이날에는 어느 날보다 기뻐했습니다. A.D.200년경에 교회들이 일반적으로 승천절을 지켰습니다. 중세에도 이 전통은 계속되었습니다.

그런데 중세 교회가 차츰 교회 절기를 남용하게 되었습니다. 그래서 종교개혁자들은 교회 절기 지키는 일을 폐지했습니다. 그러나 개혁교회들은 차츰 이 교회 절기를 회복하여 지키게 되었습니다. 이날들을 지킴으로 교회가 그리스도의 생애에 나타난 구원 사건에 대한 복음을 듣게 되고 기억하게 되는 유익을 얻을 수 있었기 때문입니다.

주의 승천을 기념하면서 성경 본문 말씀으로부터 "왕이신 예수님의 승천"이란 제목으로 복음을 전하려 합니다. 이에 다음 세 가지 요점에 주의를 기울이려 합니다.

1. 예수님은 왕으로 전도를 명하셨습니다.
2. 예수님은 왕으로 승천하셨습니다.
3. 예수님은 왕으로 보좌에 계십니다.

1. 예수님은 왕으로 전도를 명하셨습니다.

첫째, 예수님은 왕으로 승천하실 때 전도를 명하셨습니다.

우리 본문은 마가복음의 결론 부분에 있습니다. 마가복음의 결론은 9절부터 20절까지입니다. 그런데 어떤 신학자들은 마가가 이 부분을 정말 썼는지 의심합니다. 그 이유는 처음 성경을 베낀 사본들 가운데 이 부분이 들어있는 사본도 있고 들어 있지 않은 사본도 있기 때문입니다. 그러나 이 문제가 이 부분을 하나님의 말씀으로 믿는 데 거리낌이 될 수는 없습니다.

우리가 잘 살피면 이 부분은 예수님의 부활과 승천의 역사에 대한 아름다운 요약이고, 마가복음의 아름다운 결론이라고 쉽게 생각할 수 있습니다. 하나님은 지난 2천 년 동안 이 부분을 성경에 두셨습니다. 그래서 주의 교회가 주 예수님의 왕적인 말씀과 승천에 의해 힘을 얻고 위로를 받게 하셨습니다.

이제 우리 주 예수 그리스도께서 승천하실 때 하신 말씀에 주의를 기울이려고 합니다. 주 예수님은 왕의 위치에서 말씀하시고 계심을 보게 됩니다. 그는 여기서 그의 교회에 큰 사명을 주시고 놀라운 약속을 하시고 계시기 때문입니다.

부활하신 후 주 예수님은 종종 그의 제자들에게 나타나셨습니다. 그리고 그들이 전에 이해할 수 없었던 일들에 관하여 말씀하셨습니다. 이제 하늘로 떠나시기 바로 전에 제자들에게 마지막으로 말씀을 주셨습니다. 일반적으로 사람들은 사랑하는 분들의 마지막 남긴 말을 신중하게 받아들이고 그것을 지키게 됩니다. 마지막 말은 심각하고 중요하기 때문에 모두 큰 관심을 두게 됩니다.

우리는 본문에서 우리 주 예수 그리스도께서 세상을 떠나 승천하시기 바로 전에 주신 마지막 말씀을 발견하게 됩니다. 이것은 그의 교회에 마지막 남기신 말씀입니다. 이 말씀은 오늘 우리에게도 주신 말씀입니다. 우리는 그 마지막 말씀을 15절부터 18절까지 에서 읽게 됩니다.

주 예수님은 그의 제자들에게 "너희는 온 천하에 다니며 만민에게 복음을 전파하라."라고 말씀하셨습니다. 복음 전파를 명령하셨습니다. 여기 마가는 예수님의 마지막 말씀을 약간 요약하여 전하고 있습니다. 그런데 마태는 조금 더 구체적으로 전해 주었습니다. "너희는 가서 모든 민족을 제자로 삼아 아버지와 아들과 성령의 이름으로 세례를 베풀라."(마 28:19~20) 우리는 여기서 예수님이 그의 제자들에게 복음 전파에 대한 사명을 주셨던 때 가지셨던 위엄 있는 모습을 상상해 보게 됩니다. 그는 하늘과 땅의 모든 권세를 가진 왕으로 이 말씀을 하셨습니다.

그리고 예수님은 복음 전파의 내용이 무엇이어야 함을 말씀하십니다. 그것은 "믿고 세례를 받는 사람은 구원을 얻을 것이요, 믿지 않는 사람은 정죄를 받으리라."라는 것입니다(16절). 이 말씀의 내용은 분명하므로 길게 설명할 필요가 없습니다.

우리는 이 말씀을 들을 때 이 복음 전파의 사명을 잘 이행했는지, 현재 잘 이행하고 있는지를 살펴보는 일이 중요합니다. 여러분은 별세하신 분들의 유언을 중요하게 생각하실 줄 믿습니다. 유언을 따라 그의 장지를 정하기도 하고, 남겨 놓은 재산을 처분하기도 합니다. 자녀들이 부모의 유언을 무시하면 불효한 자식들이 됩니다. 우리는 누구든지 마지막 남긴 말을 귀중히 여깁니다.

우리 주 예수 그리스도는 마지막 말씀에서 그의 제자들에게, 그의 교회에, 오늘 우리에게 큰 사명을 주셨습니다. 어떤 사람들은 그 사명은 당시의 그의 제자들에게 주신 것이지 우리와는 관계가 없다고 합니다. 그러나 주 예수님은 이 복음 전파의 사명을 그의 제자들을 통해 오고 오는 모든 시대의 교회에 주셨습니다. 교회는 주 예수님께 복음 전파의 사명을 받았습니다. 선교사뿐 아니라, 모든 그리스도인이 이 사명을 받았습니다. 교회는 선교사를 파송하고 복음 전파를 위해 헌금하고 기도해야 합니다.

선교는 우리 주님의 재림과 밀접하게 연관되어 있습니다. 개혁교회의 벨기에 신앙고백 37항에 "택함을 받은 자의 수가 찰 때 우리 주 예수 그리스도가 하늘로 가심을 본 그대로 하늘에서 내려오신다는 것을 믿는다."라고 고백합니다. 하나님의 선택받은 자들의 정한 수가 있습니다. 이 선택을 받은 사람들이 주의 교회로 다 모이면 이 죄악 세상의 역사가 더 지속할 이유가 없습니다. 주께서 새 역사를 열기 위해 오시게 됩니다. 그러므로 주 예수님의 재림을 기다리는 교회는 복음 전파에 성실해야 합니다. 복음 전파는 교회가 세상 끝날까지 성실하게 수행해야 할 사명입니다.

그리고 복음 전파는 선교사들만의 사명이 결코 아닙니다. 모든 그리스도인은 이 세상에서 그리스도의 증인이 될 사명이 있습니다. 우리가 세상에서 그리스도인이라 불리기 때문에 세상에서 복음을 전하는 사람들이 되어야 합니다. 개혁교회의 하이델베르크 교리문답 32 문답에 "왜 당신은 '그리스도인'이라고 부릅니까?"라는 물음에 "나는 믿음으로 그리스도의 한 지체이며, 그의 기름 부으심에 참여하기 때문입니다. 그래서 나는 선지자로서 그의 이름을 고백하고, 제사장으로서 나 자신을 감사의 산 제물로 드리며, 왕으로서 자유롭고 선한 양심으로 이생에서 죄와 마귀에 대항하여 싸우고, 내세에 그와 함께 영원히 만물 위에 왕 노릇 할 것입니다."라고 합니다.

그리스도인들은 그리스도의 기름 부음에 참여한 사람들입니다. 우리 그리스도인들은 다 직분자로 기름 부음을 받았다는 말입니다. 그래서 우리는 왕적, 제사장적 직분뿐 아니라, 선지자적 직분을 가지고 있습니다. 우리는 이 세상에서 그의 이름을 고백해야 합니다. 이것은 세상에서 그의 이름을 선포해야 한다는 뜻입니다. 세상에 그의 위대한 이름을 전파해야 합니다. 우리는 이 어두운 세상에서 영원한 구원과 정죄에 관한 증인이 되어야 합니다. 그리스도인들은 모두 말과 행동으로 왕이신 예수 그리스도의 증인이 되어야 합니다.

우리가 꼭 거리에 나가 나팔을 불 필요는 없습니다. 우리가 매일 활동하는 일터에서 그리스도의 증인이 되어야 합니다. 우리 이웃에게 증인이 되어야 합니다. 직장에서 동료들에게 그리스도의 증인이 되어야 합니다. 이웃에게 말과 행동으로 그리스도의 증인이 되어야 합니다.

여러분, 왕이신 우리 주 예수 그리스도는 우리에게 "만민에게 복음을 전파하라."라고 말씀하셨습니다. 이것은 왕이 내린 명령입니다. 여러분은 이 사명을 잘 수행하고 있습니까? 여러분이 그리스도인이라고 떳떳이 말할 수 있다면 그리스도의 증인이라는 사실을 실제로 나타내어야 합니다.

이 사명을 수행하기는 쉽지 않습니다. 우리가 악한 시대에 살고 있기 때문입니다. 마귀가 우는 사자처럼 삼킬 자를 찾아 우리 주변을 헤매고 있기 때문입니다. 그러나 우리는 왕으로부터 놀라운 약속을 받고 있습니다. 그는 말씀하셨습니다. "오직 너희에게 성령이 임하시면 너희가 권능을 받고 예루살렘과 온 유대와 사마리아와 땅끝까지 이르러 내 증인이 되리라. 내가 세상 끝날까지 너희와 항상 함께 있으리라."(행 1:8, 마 28:20)

우리가 증인으로 활동해야 할 이 세상은 악합니다. 그러나 우리 왕이신 예수님은 우리가 일할 수 있는 권능을 약속하셨습니다. 그는 그의 제자들에게 권능을 주셨습니다. 그 권능은 그의 승천의 선물이었습니다. 사도행전 2장에서 우리는 성령의 권능이 얼마나 놀랍게 초대 교회에 임했으며, 주님의 제자들이 어떤 권능을 가지고 복음을 전했는지를 알게 됩니다. 놀라운 기사와 권능이 주님의 제자들과 함께했습니다.

그들은 마귀를 쫓아냈습니다. 다른 방언으로 복음을 전했습니다. 병자를 고쳤습니다. 이것은 복음이 아직 기록되지 않았을 때 나타난 복음 전파자의 표적이었습니다. 보호해 주시겠다는 왕의 약속이 증명되었습니다. 주 예수님은 제자들에게 "뱀을 집어 올리며"라고 하셨습니다(막 16:18). 멜리데에서 바울이 독사에게 손을 물렸습니다(행 28:3). 그러나 그는 아무 해를 받지 않았습니다. 보호를 받았습니다.

왕이신 예수님은 그의 교회에 보호를 약속했습니다. 이 세상은 원수인 옛 뱀으로 가득 차 있습니다. 이 세상은 독한 것으로 가득합니다. 마귀는 치명적인 무기로 그리스도인들을 공격합니다. 그러나 여러분, 두려워할 필요가 없습니다. 우리의 왕 주 예수님이 보호를 약속하셨습니다. 성령의 권능의 약속은 초대 교회뿐 아니라 모든 시대에 약속된 것입니다. 우리가 예수 그리스도를 믿는 믿음 가운데 살고 봉사하는 한, 우리는 모든 악한 세력을 극복하고 승리하게 될 것입니다.

2. 예수님은 왕으로 승천하셨습니다.

둘째, 우리 주 예수 그리스도는 왕으로 승천하셨습니다.

주 예수 그리스도는 그의 제자들에게 말씀하신 후에 하늘로 올리어졌습니다. 놀라운 주 예수님의 승천을 생각해 보십시오. 그는 이 세상에서 사명을 완수하셨습니다. 얼마나 크고 무거운 사명이었습니까? 그동안 하나님의 독생자이신 그가 매일 위협 속에 살아왔습니다. 세리와 죄인들 속에 살아왔습니다. 그의 제자들은 그를 이해하지 못했습니다. 제자 중 하나는 그의 스승을 배반하고 원수들에게 팔았습니다. 가장 어려울 때 사랑하는 제자들이 마침내 그를 떠나고 부인했습니다.

결국, 그는 죄인 가운데 하나로 헤아림을 받으셨습니다. 십자가에 못 박히고 지옥의 고통을 당하셨습니다. 거기서 그는 우리 죄에 대한 하나님의 진노를 우리 대신 당하셨습니다. 그러나 그는 죽으신 지 사흘 만에 살아나셨습니다. 살아나신 지 40일째 되는 날에 그는 하늘로 올려져 가셨습니다.

그의 승천을 눈앞에 그려 봅니다. 그는 하늘로 올려져 가십니다. 그는 땅에서 들려 하늘로 높이 또 높이 올려져 가십니다. 그에게 슬픔과 고난을 준 성 예루살렘이 그의 발아래 있습니다. 그가 피땀 흘려 기도하던 슬픔의 장소 겟세마네 동산, 그에게 친근한 베다니 마을이 그의 발아래 있습니다. 그런데 주 예수님의 눈의 초점은 예루살렘이나 겟세마네 동산이 아니고, 그의 제자들에게 맞춰져 있습니다. 제자들이 마지막 본 그의 모습은 그들을 위해 대제사장적 축복을 하기 위해 드신 그의 손이었습니다.

그의 승천은 장엄하고 왕적이었음이 틀림없습니다. 우리 본문은 예수님을 "주 예수"라고 부릅니다(19절). 주로서 그는 승천하셨습니다. 달리 말하면 그는 왕으로서 승천하셨습니다. 그는 영적으로 육적으로 죽을 수밖에 없는 무서운 병이 들려 있는 자들을 치유하시는 주요, 왕이었습니다. 겟세마네 동산에서 그를 잡으러 온 군대와 대제사장과 바리새인들의 하속들을 한마디로 땅에 엎드러지게 만든 왕이었습니다.

그는 유대 총독 빌라도 앞에서 당당하게 자신이 왕이라고 하셨습니다. 십자가 위에서 그는 회개하는 강도에게 "오늘 네가 나와 함께 낙원에 있으리라."라는 왕적인 선언을 하셨습니다.

또한, 십자가 위에서 "다 이루었다."라고 하신 말씀은 참으로 왕으로 하신 말씀이었습니다. 예수님은 주로서 죽은 자로부터 일어나셨습니다. 이는 그가 생명을 다시 취할 권능을 가졌음을 보여주신 것입니다. 권능의 왕으로 예수님은 그의 제자들에게 마지막 명령을 주셨습니다. 그리고 영광스러운 왕으로 이제 우주 공간을 통해 하늘의 하늘에 오르십니다.

주 예수님이 승천하여 아버지의 집에 들어가신 영광된 사실을 기록하기란 어렵습니다. 인간의 언어로는 승천하신 왕의 영광을 기술할 수 없습니다. 우리는 단지 멀리서 그가 영화로운 하늘에 들어가시고 하나님의 우편에 앉으셨다는 것을 듣고 상상해 볼뿐입니다. 우리 본문도 "하나님 우편에 앉으시니라."라고 간단히 기록하고 있습니다(막 16:19). 시편 기자는 하나님께서 그의 아들에게 하실 말씀을 일찍 110:1에 이렇게 예언했습니다. "내가 네 원수들로 네 발판이 되게 하기까지 너는 내 오른쪽에 앉아 있으라."

주 예수께서 이 땅에서 하늘의 하늘에 돌아오셨을 때 인간의 구주요, 죽음의 정복자로서 수많은 천사를 대동하고 하늘의 하늘에 입성하였을 것입니다. 하늘의 하늘에 얼마나 크고 거룩한 기쁨이 있었을 것인가를 생각해 볼 수 있습니다. 일찍이 기록된 예언 중 시편 24:7~10의 말씀에서 이에 관해 우리가 조금은 상상해 보게 됩니다.

"문들아, 너희 머리를 들지어다. 영원한 문들아, 들릴지어다. 영광의 왕이 들어가시리로다. 영광의 왕이 누구시냐? 강하고 능한 여호와시요, 전쟁에 능한 여호와시로다. 문들아, 너희 머리를 들지어다. 영원한 문들아, 들릴지어다. 영광의 왕이 들어가시리로다. 영광의 왕이 누구시냐? 만군의 여호와께서 곧 영광의 왕이시로다."

인자가 하나님 아버지의 오른편에 있는 보좌에 앉게 되었을 때, 거기 천사들과 구원받은 성도들이 얼마나 기쁜 소리를 높였을까 생각을 해 보게 됩니다.

3. 예수님은 왕으로 보좌에 계십니다.

셋째, 우리 주 예수님은 승천하신 후 왕으로 보좌에 계십니다.

우리 구주 예수님이 하나님 아버지의 보좌 오른편에 앉으신 후, 그는 계속하여 왕으로 계십니다. 그는 영원한 왕이십니다. 그는 온 우주와 만물과 그의 교회에 주권을 가지고 계십니다. 하나님 아버지께서는 그의 아들을 통해 모든 것을 다스리십니다.

주 예수님은 하늘 보좌에 앉으시기 위해 승천하셨습니다. 주 예수님은 보좌에서 그의 재림의 날을 향해 우주를 운행하시고 이 세계 역사를 이끌어 가십니다. 아무것도 그의 눈을 피하지 못합니다. 주권자이신 그는 모든 것을 지배하십니다. 나라와 민족을 다스리십니다. 그는 여러분과 저를 다스리십니다. 그는 병과 재난을 다스리십니다. 병과 재난들이 그의 자녀에게 해가 되지 않게 돌보십니다. 영적 육적 모든 축복이 다 그의 보좌로부터 우리에게 내립니다. 모든 좋은 것이 그에게서 옵니다. 슬플 때 받는 위로, 어려울 때 얻는 힘과 용기, 어지러울 때 누리는 평강과 소망이 다 보좌에 계시는 주 예수께로부터 옵니다. 주 예수님의 보좌는 모든 좋은 것이 흘러나오는 원천입니다.

우리가 연약하여 범죄한 후 슬퍼하며 회개할 때, 하나님 아버지 앞에 우리의 중보자요, 대언자인 주 예수님이 계십니다. 그가 그의 십자가 희생을 근거로 우리를 위하여 간구해 주십니다. 그는 동서남북으로부터 그의 선택된 백성을 모으기 위해 보좌에서 그의 사자들을 보내십니다. 그는 모든 원수가 그의 발아래 굴복하고, 선택된 모든 백성이 그의 통치권 아래 들어올 때까지 보좌에 계시게 될 것입니다.

예수님은 이 세상에서 마지막 밤 아버지께 대제사장적 기도를 했습니다. 그는 하늘 보좌에서도 매일 이 기도를 반복하고 계신 줄 압니다. "아버지여, 내게 주신 자도 나 있는 곳에 나와 함께 있어 아버지께서 창세 전부터 나를 사랑하시므로 내게 주신 나의 영광을 그들로 보게 하시기를 원하옵나이다."(요 17:24) 예수님이 원하시는 것은 그의 모든 백성이, 우리가 모두 그가 들어가 누리는 영광에 함께 참여하는 것입니다. 주 예수님은 항상 이를 위해 일하고 계십니다.

우리 주님은 하늘 보좌에 계시는 왕이십니다. 그의 통치는 영원합니다. 그래서 우리의 왕 예수 그리스도의 승천은 세상의 권세가 이 세상의 최종 권세가 아니라는 것을 선언하고 있습니다. 그리스도께서 세상의 유일한 통치자이시며, 그의 권세가 유일한 권세라는 것을 선언하고 있습니다. 최종의 권세는 이 세상의 위대한 사람들에게 있지 않습니다. 초강국의 지도자에게도 있지 않습니다. 예수 그리스도가 왕 중의 왕이 되시고, 만주의 주가 되십니다.

최종의 권세는 죽음과 무덤에도 있지 않습니다. 주 예수 그리스도가 죽음을 이기시고 무덤에서 일어나셨기 때문입니다. 죄도 최종의 권세는 아닙니다. 예수 그리스도가 십자가로 죄의 권세를 없이 하시고, 그 권세를 빼앗았기 때문입니다. 최후의 권세는 무서운 병이나 고통도 아닙니다. 하나님은 이런 길을 통해 그의 사랑하는 자들을 자신이 있는 영광의 자리로 데려가시기 때문입니다. 여러분, 항상 그의 왕권 아래 살아가기 바랍니다. 그의 통치 아래에만 참된 안전이 있고 자유가 있습니다.

승천절과 오순절은 서로 떨어질 수 없습니다. 승천으로 우리 주님은 하늘에 가 계십니다. 오순절로 그의 영이신 성령님이 이 땅에 오셔서 계십니다. 이는 하늘과 땅의 길이 열려 있음을 알려 주고 있습니다. 이는 하늘과 땅이 하나 될 미래가 있을 것을 알려 주고 있습니다. 보좌에 계신 그는 "내가 진실로 속히 오리라."라고 하셨습니다. 이 땅에 있는 교회는 "아멘. 주 예수여, 오시옵소서."라고 기도합니다. 승천하신 주님은 "하늘로 올려져 가심을 본 그대로" 오십니다. 그가 오시는 날 하나님의 장막이 사람들과 함께 있게 될 것입니다.

 친애하는 여러분, 그날이 올 때까지 하늘 보좌에 계시는 구주 예수 그리스도의 왕권의 통치 아래 성실하게 살아가시기 바랍니다. 아멘.

23. 승천으로 우리 처소를 예비하시는 주 예수
(승천절 설교)

성경 봉독: 사도행전 1:1~11
설교 본문: 요한복음 14:1~4

"너희는 마음에 근심하지 말라. 하나님을 믿으니 또 나를 믿으라. 내 아버지 집에 거할 곳이 많도다. 그렇지 않으면 너희에게 일렀으리라. 내가 너희를 위하여 거처를 예비하러 가노니, 가서 너희를 위하여 거처를 예비하면 내가 다시 와서 너희를 내게로 영접하여 나 있는 곳에 너희도 있게 하리라. 내가 어디로 가는지 그 길을 너희가 아느니라."(요한복음 14:1~4)

친애하는 여러분,

부활절이 교회의 절기 가운데 가장 큰 절기라고 생각하는 분들이 많습니다. 죽음을 정복한 부활이 큰 사건인 것은 틀림없습니다. 그러나 실제 부활보다 더 큰 사건이 있습니다. 그것은 예수님의 승천 사건입니다. 왜 예수님의 승천이 더 큰 사건이라고 생각할 수 있을까요? 그리스도의 구속 사역이 승천으로 최정점에 이르렀기 때문입니다. 주 예수님이 죽은 자로부터 일어나신 후, 영광스럽게 하늘로 올려져 가셨습니다. 그리고 하나님 아버지의 보좌 우편에 앉으셨습니다. 그러므로 승천은 구주로서 생애의 극치였습니다.

그래서 승천절은 교회의 큰 명절입니다. 주 예수님의 승천은 그가 보좌에 오르시게 된 영광스러운 사건입니다. 그의 승천은 또한 우리를 위해서도 영광스러운 사건이기도 합니다. 왜냐하면, 예수 그리스도의 승천은 궁극적으로 그의 몸의 지체요, 그의 백성인 우리의 승천을 의미하고 있기 때문입니다.

예수 그리스도는 그의 십자가 죽음으로 우리가 있게 될 하늘의 처소를 사셨습니다. 그래서 아버지는 그를 지극히 높여 모든 이름 위에 뛰어난 이름을 주시어 모든 입으로 그를 주라 부르게 하셨습니다. 이제 그는 아버지의 집에 우리를 위한 처소를 예비하십니다. 주 예수님은 아버지의 집에 가셨습니다. 우리도 그로 말미암아 아버지의 집에 가게 될 것입니다.

이제 본문으로부터 "승천으로 우리의 처소를 예비하시는 주 예수님"이란 제목으로 복음을 전하려 합니다.

    1. 승천은 놀라운 사건입니다.
    2. 승천은 우리에게 위로를 주는 사건입니다.
    3. 승천은 우리에게 의무를 요구하는 사건입니다.

1. 승천은 놀라운 사건입니다.

첫째, 승천은 놀라운 사건입니다.

예수님은 승천을 앞두시고 제자들에게 "내 아버지 집에 거할 곳이 많도다."라고 하셨습니다. 이 말을 들을 때 우리는 곧 하늘에 있는 아버지의 집을 생각하게 됩니다. 그러나 이것이 유일한 의미는 아닙니다. 이것이 유일한 의미라면 우리가 이 세상 살아가는 길에서 큰 위로를 받으면서 살지 못할 것입니다. 예수님이 승천하신 후 그가 하늘에만 계신다고 한다면 우리는 이 세상에서 그와 가까운 관계를 맺을 수 없게 됩니다. 이것은 우리에게 큰 손실이 될 것입니다.

그러나 다행히 그의 승천에도 불구하고 예수 그리스도는 우리와 항상 함께 계십니다. 요한복음 14:23에 주께서 이렇게 말씀하십니다. "사람이 나를 사랑하면 내 말을 지키리니, 내 아버지께서 그를 사랑하실 것이요, 우리가 그에게 가서 거처를 그와 함께 하리라." 예수님이 승천하심으로 아버지와 아들은 하늘에 계십니다. 그러나 또 아버지와 아들은 이 세상에서도 우리와 함께 계십니다.

그러므로 아버지의 집은 우리가 그리움을 가지고 바라보아야 하는 하늘에만 있는 처소가 아닙니다. 그 처소는 저 위 하늘에도 있고, 또한 아래 이 땅에도 있습니다. 왜냐하면, 아버지와 그의 아들 주 예수 그리스도는 아버지를 사랑하는 자들과 늘 함께 계시기 때문입니다.

요한계시록 21장에 기록된 하늘의 하나님께로부터 내려오는 거룩한 성 새 예루살렘의 환상을 생각해 봅시다. 특별히 예루살렘 성이라고 하는 이름에 주목하게 됩니다. 예루살렘은 성경에서 하나님이 거하시는 성이었습니다. 구약시대에 예루살렘에는 성전이 있었고, 그곳은 하나님의 거하시는 처소로 이해되었습니다. 하나님께서 거기서 그의 백성과 함께 계심을 보이셨습니다.

그러나 오늘 이 모든 상황은 달라졌습니다. 사도 바울은 갈라디아서 4장에서 하나님이 거하시는 처소는 이상 더 이 땅이 아니고, 하늘에 있다고 강조하고 있습니다. 우리는 자유자요, 우리를 낳은 어머니인 하늘의 예루살렘에 속한다고 했습니다. 동시에 예루살렘은 하늘의 하나님으로부터 내려오는 새 예루살렘과 같은 것으로 여겨지고 있습니다.

이로 말미암아 우리는 예루살렘은 또한 교회를 의미하고 있다고 이해합니다. 히브리서 12:22~24의 말씀이 이것을 분명하게 가르쳐 줍니다. "너희가 이른 곳은 시온 산과 살아 계신 하나님의 도성인 하늘의 예루살렘과 천만 천사와 하늘에 기록된 장자들의 모임과 교회와 만민의 심판자이신 하나님과 및 온전하게 된 의인의 영들과 새 언약의 중보자이신 예수"라고 합니다.

하늘의 예루살렘은 예수 그리스도의 교회와 같습니다. 하나님은 하늘에 있는 그의 교회에 계시고, 또 땅 위에 있는 그의 교회에 계십니다. 이제 아버지의 집은 하늘에만 제한되어 있지 않습니다. 그러므로 하나님이 거하시는 처소도 하늘에만 제한되어 있지 않습니다. 예수님이 "내 아버지 집에"라고 말씀하신 것은 매우 감동적인 말씀입니다. 특별히 그가 이 말씀을 하셨을 때 그가 어떤 처지에 계셨는지를 생각할 때 매우 감동적입니다.

24시간 이내에 그는 원수들에게 잡히고 십자가에 달리게 될 것입니다. 자기 백성들이 그를 버리게 될 것입니다. 하늘에 계신 아버지도 그에게 얼굴을 돌리게 될 것입니다. 그러나 주 예수님은 "내 아버지 집"이라고 하심으로, 아버지의 집이 자기의 집이라는 것을 확고히 믿고 있습니다. 모든 닥칠 어려운 일들에도 불구하고 아버지의 집에 이를 것을 굳게 믿고 있습니다. 나아가, 거할 곳이 많은 아버지의 집에 그의 백성을 취하게 될 것을 믿고 있습니다. 아버지의 집에는 셀 수 없는 수많은 사람이 거할 수 있습니다. 요한계시록 21장에 하늘의 예루살렘에는 "사람들이 만국의 영광과 존귀를 가지고 그리로 들어간다."라고 합니다. 예수 그리스도 안에 있는 사람이면 나라와 민족과 관계없이 누구나 다 그리로 들어올 수 있습니다.

"내 아버지의 집에 거할 곳이 많다."라고 합니다. 거할 곳은 영구한 저택을 의미합니다. 아버지의 집은 호텔과는 다릅니다. 호텔은 하루 이틀 나그네가 머무는 곳입니다. 오늘 머물다 내일 떠나게 됩니다. 아버지의 집은 이런 것이 아닙니다. 아버지의 집은 비워주고 떠나야 할 염려가 없는 저택입니다.

친애하는 여러분, 우리는 영속적으로 살 수 있는, 영원한 저택을 가지고 있습니다. 아버지의 집에 들어오는 자는 다 그 저택에 영원히 살게 될 것입니다. 아버지 집에 들어올 수 있는 유일한 조건은 흰옷을 입어야 한다는 것입니다. 곧, 예수 그리스도를 믿고 그의 피로 정결함을 입어야 합니다. 예수 그리스도는 예루살렘 성전에서 돈 바꾸는 자들과 장사하는 사람들을 다 쫓아냈습니다. 예수님은 "내 아버지의 집으로 장사하는 집을 만들지 말라."라고 하셨습니다. 성전은 하늘에 있는 아버지의 집의 그림자였습니다.

지성소에는 피를 가진 대제사장만이 들어갈 수 있었습니다. 피 없는 자들에게는 아래 세상에 있는 아버지의 집도, 저 위 하늘에 있는 아버지의 집도 다 문이 닫힙니다. 피 없이는 아버지의 집에 거할 곳이 없습니다. 아버지의 집에 거할 곳이 많습니다. 그러나 피 없이는 아무도 그곳에 들어올 수 없습니다.

여러분, 우리 본문 말씀은 놀라운 말씀입니다. "너희는 마음에 근심하지 말라. … 내가 너희를 위하여 거처를 예비하러 가노라." 이 말씀을 예수님의 승천에만 관계되는 것으로 생각하는 사람들이 있습니다.

그러나 이 말씀은 먼저 "내가 십자가로 가고 있다."라는 것을 의미합니다. 십자가 위에서 피를 흘림으로 그는 우리를 위해 아버지의 집의 문을 열었습니다. 십자가에서 피를 흘리심으로 주 예수님은 우리가 입을 흰옷을 마련하셨습니다. 물론 이 본문이 그의 승천을 가리켰습니다. 3절에서 "가서 너희를 위하여 거처를 예비하면 내가 다시 와서 너희를 내게로 영접하여 나 있는 곳에 너희도 있게 하리라."라고 하셨기 때문입니다.

그러나 "내가 다시 와서"라는 이 말씀은 첫 번째 부활절에 이루어졌습니다. 죽은 자 가운데서 일어나신 예수님은 마리아와 막달라 마리아에게 오셔서 "나를 붙들지 말라. 내가 아직 아버지께로 올라가지 아니하였노라. 너는 내 형제들에게 가서 이르되 내가 내 아버지 곧 너희 아버지, 내 하나님 곧 너희 하나님께로 올라간다 하라."라고 하셨습니다(요 20:17).

부활절은 놀랍습니다. 부활절에 아버지의 집이 다시 우리에게 열리게 된 것입니다. 그러나 이로써 아버지의 집의 영광이 아직 완전히 나타나지는 않았습니다. 이를 위해서는 아직 많은 일이 일어나야 합니다. 하나님의 선택받은 자들이 다 그의 집으로 모여야 합니다. 허다한 무리가 모든 족속과 나라와 방언으로부터 모여야 합니다. 이를 위해 부활절이 있었습니다. 부활절에 주 예수님은 그의 제자들을 동원하시고 명하시기 위해 오셨습니다. 그래서 그들을 통해 무리가 모일 수 있게 하셨습니다.

그런 후 주 예수님은 다시 떠나십니다. 제자들이 보는데 하늘로 올려져 가시니 구름이 그를 가리어 보이지 않게 하였습니다(행 1:9). 이것이 승천입니다. 이 승천은 놀라운 사건입니다. 히브리서 9:12에서 "오직 자기의 피로 영원한 속죄를 이루사 단번에 성소에 들어가셨느니라."라고 합니다. 그는 아버지에게 그의 피를 드렸습니다. 그리고 그는 그의 피 때문에 하늘의 보좌를 얻었습니다.

나아가 그는 또 성령을 받으시고, 그의 성령으로 그의 백성을 모으십니다. 보십시오. 오순절에 그는 성령을 그의 교회에 부어주셨습니다. 사도들이 권능을 받고 나가 복음을 전하게 되었습니다. 이로써 하늘의 하나님으로부터 새 예루살렘이 내려왔습니다. 예루살렘의 문이 사방에 열렸습니다. 유대인들, 헬라인들 모든 민족이 새 예루살렘인 교회로 나왔습니다.

부활절은 정말 놀라운 축일입니다. 그러나 승천절은 더욱 놀라운 축일입니다. 우리 주 예수님이 하늘 위 보좌에 자리를 얻었습니다. 하늘과 땅의 모든 권세가 그에게 주어졌습니다. 그래서 제자들은 용감하게 나가 복음을 전할 수 있게 되었습니다. 주께서 길을 열어 주셨기 때문입니다. 모든 선택을 받은 자들이 아버지의 집에 모이고 있습니다. 승천은 하나님의 모든 백성이 아버지의 집으로 모이게 됨을 확인시켜 주었습니다.

이 세상에는 불신이 증가하고 있습니다. 그리스도인이라 자처하는 많은 사람이 오늘날 이상 더 아버지의 집에 거할 곳을 믿지 않습니다. 이상 더 하늘의 하나님으로부터 내려오는 새 예루살렘을 믿지 않습니다. 저들은 옛날 바벨탑을 쌓은 사람들처럼 자신들의 성을 스스로 쌓고 있습니다. 참된 그리스도인들이 차츰 줄어들고 있습니다. 그래서 우리가 어디로 가야 할 것인지 염려할 때가 있습니다.

그러나 주 예수 그리스도는 우리에게 "너희는 마음에 근심하지 말라. 하나님을 믿으니 또 나를 믿으라. 내가 너희를 위하여 거처를 예비하러 가노라."라고 말씀하셨습니다.

주 예수 그리스도는 먼저 십자가 위에서 우리를 위해 그의 피를 흘렸습니다. 그런 다음 그는 그 피를 우리를 위해 아버지께 드렸습니다. 이제 주 예수님은 그가 있는 집, 아버지의 집으로 우리를 인도하고 계십니다.

주 예수님은 어떻게 이 일을 하고 계십니까? 요한일서 2:1은 "만일 누가 죄를 범하여도 아버지 앞에서 우리에게 대언자가 있으니, 곧 의로우신 예수 그리스도시라."라고 합니다. 주 예수님은 하늘에서 일하고 계십니다. 그는 거기서 우리의 대언자로 기도하고 계십니다.

우리는 또 사도 바울이 에베소서 1장에서 "우리 주 예수 그리스도의 하나님, 영광의 아버지께서 … 하늘에서 자기의 오른편에 앉히사 모든 통치와 권세와 능력과 주권과 이 세상뿐 아니라 오는 세상에 일컫는 모든 이름 위에 뛰어나게 하시고 또 만물을 그의 발 아래에 복종하게 하시고 그를 만물 위에 교회의 머리로 삼으셨느니라."라고 합니다. 이로써 우리는 주 예수님이 만왕의 왕으로 모든 권세를 가지고 계신다는 것을 압니다(계 17:14, 19:16). 그는 모든 권세를 그의 백성을 모으시는 일에 사용하고 계십니다.

오순절이 승천절 후에 옵니다. 오순절에 아버지의 집은 넓게 열립니다. 허다한 죄인들이 성령의 능력으로 새로움을 입게 되고, 아버지의 집으로 모이게 됩니다.

여러분, 예수님께서 "내가 너희를 위하여 거처를 예비하러 가노니, 가서 너희를 위하여 거처를 예비하면 내가 다시 와서 너희를 내게로 영접하여 나 있는 곳에 너희도 있게 하리라." 하고 약속하셨습니다(2~3절).

우리 주 예수님은 이 약속을 지키시고 이를 성취하는 일에 분주하십니다. 그러므로 우리는 우리가 어디로 가게 될 것인가 걱정하고 지낼 필요가 없습니다. 우리 주 예수 그리스도는 저 위 하늘에서 일하시고, 여기 아래 땅에서도 일하시고 계십니다. 주 예수 그리스도를 믿는 사람들은 그에게 속해 있습니다. 그가 계시는 곳, 아버지의 집에 확실히 가게 되고 거기 있게 될 것입니다.

2. 승천은 우리에게 위로를 주는 사건입니다.

둘째, 그러므로 승천 사건은 우리에게 위로의 복음이 됩니다.

주 예수님은 "너희는 마음에 근심하지 말라. 하나님을 믿으니, 또 나를 믿으라."라고 하심으로 제자들을 위로하십니다. 당시 제자들에게는 위로가 필요했습니다. 그날에 사랑하는 주님이 십자가에 못 박히게 될 것입니다. 그때 가룟 유다는 이미 대제사장들과 함께 군관들을 데리고 오고 있었습니다. 제자들은 용기를 잃고, 마음이 흔들리고 있었습니다.

저들은 작별을 슬퍼했습니다. 그런데 왜 저들이 용기를 잃고 다가오는 작별을 슬퍼했을까요? 이유는 주 예수님의 말씀을 신중하게 듣지 않았기 때문입니다. 주 예수님은 십자가를 포함한 모든 일이 대속을 위한 것임을 분명하게 말씀했습니다. 다시 말하면 주 예수님은 죄인들을 구원하기 위해 고난 당하고 죽게 될 것이라고 분명하게 말씀했습니다. 저들이 이를 신중하게 듣고 이해했더라면 슬픔을 갖지 않았을 것입니다. 구원을 바라고 오히려 기뻐했을 것입니다.

그러나 오늘 우리가 그때의 제자들을 책망할 처지에 있다고는 생각되지 않습니다. 오늘 우리는 당시의 제자들보다 훨씬 더 큰 위로를 받고 있습니다. 주께서 우리에게 많은 놀라운 약속을 주셨습니다. 그의 인도, 그의 보호, 그의 구원이 약속되어 있습니다. 오늘 우리는 주께서 아버지의 집, 새 예루살렘으로 인도해 주실 것에 대해 의심할 필요가 없습니다.

그런데도 우리는 가끔 의심하고 의문을 갖게도 됩니다. 앞으로 어떤 일들이 우리와 우리 자녀에게 일어날 것인가? 우리 자녀가 이 시대의 악한 시류를 이기고 나갈 것인가? 염려하게 됩니다. 주 예수님은 말씀하십니다. "너희는 마음에 근심하지 말라. 하나님을 믿으니, 또 나를 믿으라."

친애하는 여러분, 우리 주 예수님은 그의 승천으로 그가 흘린 피를 하늘에 계시는 아버지께 드렸습니다. 그러므로 하늘과 땅의 모든 권세가 그에게 주어졌습니다. 그는 모든 권세를 가지고 계십니다.

이것이 잘 보이지 않습니까? 히브리서 2:8 말씀처럼 "지금 우리가 만물이 아직 그에게 복종하고 있는 것을 보지 못하고" 있습니다. 많은 현실이 매우 다른 것처럼 보입니다. 그런데 예수님은 그의 완전한 영광이 곧 나타나게 될 것이라고 말씀하시지 않았습니다. 그는 고통의 때에 관하여 말씀하셨습니다. 짐승인 사탄과 거짓 선지자가 날뜀으로 매우 어려울 때가 올 것을 말씀하셨습니다. 그러나 끝까지 견디는 자가 구원을 얻게 될 것입니다. 우리는 아직 모든 그의 권세를 보지 못하고 있습니다. 우리는 견디어야 합니다.

그러면 우리가 어떻게 견딜 수 있습니까? 주 예수님은 "하나님을 믿으니, 또 나를 믿으라."라고 하셨습니다. 이것이 견디는 유일한 길입니다. 하나님 아버지와 그의 아들 예수 그리스도를 믿는 것이 견디는 유일한 길입니다. 이 어려운 시대에 여러분의 자녀에 대해 걱정이 됩니까? 자녀들을 믿음으로 살도록 지도하시기 바랍니다. 우리 주 예수님이 하늘에서 우리를 위해 간구하고 계심을 믿으시기 바랍니다. 만왕의 왕이신 예수 그리스도가 새 예루살렘을 우리의 처소로 만들기 위해 마귀의 세력도 사용하고 계신다는 것을 믿으시기 바랍니다.

여러분이 이 믿음을 굳게 붙들고 살면, 여러 어려움 속에서도 예수님이 영광스럽게 보좌에 앉으신 것을 보게 될 것입니다. 크게 위로를 받으며 힘을 얻게 될 것입니다. 마귀는 주의 오심이 가까워져 오고, 그의 때가 얼마 남지 않은 것을 알고 있으므로 주린 사자처럼 날뛰고 있습니다. 그러므로 우리는 어려운 환경 속에서 믿음으로 참고 지내야 합니다.

 참된 신자들은 어려울 때 주께서 가까이 계심을 더 잘 보게 됩니다. 지난날 진리를 위해 싸우며 박해를 받은 우리의 선진들은 주께서 항상 가까이 계심을 보고 견디어 냈습니다. 불치의 병으로 고생하는 우리의 형제자매들도 주께서 가까이 계심을 보고 견디어 냈습니다. 주님이 그들을 견디어 내게 하셨습니다.

 하늘에서 그는 우리를 위해 간구하십니다. 매일 그는 우리의 처소를 예비하고 계십니다. 모든 것이 예비될 때 주 예수님은 구름을 타고 다시 오실 것입니다. 그때 모든 사람이 그를 볼 것입니다. 그를 십자가에 못 박은 자들도 그를 볼 것입니다. 그때 심판주이신 주 예수 그리스도는 저들을 유황불 속에 던질 것입니다. 그러나 주를 믿는 자들은 하늘에서 내려오는 새 예루살렘, 땅 위의 새 예루살렘에 거하게 될 것입니다. 이는 놀라운 일입니다. 이는 일찍이 눈으로 보지 못하고 귀로 듣지 못한 것입니다.

 그러므로 마음에 근심하지 마십시오. 하나님 아버지를 믿으니 또 예수 그리스도를 믿으시기 바랍니다. 그러면, 거룩한 성 새 예루살렘을 보며, 아버지의 집에 영원히 있게 될 것입니다.

3. 승천은 우리에게 의무를 요구하는 사건입니다.

셋째, 주 예수님의 승천의 복음은 우리에게 의무를 요구합니다.

주 예수 그리스도는 승천으로 영광스럽게 보좌에 앉으시고, 모든 권세를 가지셨습니다. 그는 우리를 위한 처소를 예비하시고, 우리를 아버지의 집으로 인도하기 위해 일하고 계십니다. 그러면 우리는 가만히 팔짱을 끼고 앉아 있어도 됩니까? 아닙니다.

주 예수님은 4절에 "내가 어디로 가는지 그 길을 너희가 아느니라."라고 말씀하십니다. 주 예수님은 무슨 뜻으로 이 말씀을 하셨습니까? 주님이 뜻하신 것은 이것입니다. "내가 너희에게 아버지께 가는 길을 가르쳐 주었다. 평생 그 길을 걷고 그 길에 머물러라. 아무도 나로 말미암지 않고는 아버지에게 올 수 없느니라."라는 뜻입니다.

그러면 길이 무엇입니까? 주 예수 그리스도가 "내가 곧 길이요, 진리요, 생명이니"라고 하셨습니다(14:6). 예수 그리스도가 분명히 그 길입니다. 우리가 참으로 아버지의 집에 가기를 원하면, 길이 되시는 예수 그리스도 안에서 걸어야 합니다. 그에게서 멀어지는 사람은 실패하게 될 것입니다. 그에 대한 신앙을 떠나는 사람은 영원히 실패하게 될 것입니다.

친애하는 여러분, 길을 굳게 붙드시기 바랍니다. 여러분은 길을 압니다. 주께서 성령을 주셨기 때문에 우리는 옛날 주님의 제자들보다 길을 더 잘 압니다. 우리는 하나님 아버지의 집에 어떻게 가는지 알지 못한다고 할 수 없습니다. 우리는 성령으로 말미암아 그 길에 대하여 잘 알고 있습니다. 설교를 들음으로 그 길에 대하여 잘 알고 있습니다. 성례에 참여함으로 그 길에 대해서 잘 알고 있습니다.

여러분은 그 길을 압니다. 여러분은 예수 그리스도를 알고 있기 때문입니다. 여러분은 주 예수 그리스도를 구주로 고백했으므로 벌써 길에 들어섰습니다.

예수님은 "내가 곧 길이요"라고 말씀하십니다. 어디에 가든지, 무엇을 하든지 이 말씀을 생각하시기 바랍니다. 이 길에서 벗어나면, 주 예수님의 말씀에서 벗어나면 영원한 사망으로 인도하는 길에 들어서게 됩니다.

여러분은 길을 압니다. 여러분은 이 한 가지 기도로 살아가시기 바랍니다. "나로 하여금 그리스도의 영광을 위해 전 삶을 살게 하여 주소서!" 그러면 여러분의 삶이 풍요로워질 것입니다. 아버지의 집으로 인도를 받게 될 것입니다. 주 예수께서 예비한 처소로 인도함을 받을 것입니다. 아멘.

24. 복음을 믿는 자에게 주어지는 구원
(교회개혁 주일 설교)

성경 봉독: 로마서 3:9~22
설교 본문: 로마서 1:16~17

내가 복음을 부끄러워하지 아니하노니, 이 복음은 모든 믿는 자에게 구원을 주시는 하나님의 능력이 됨이라. 먼저는 유대인에게요, 그리고 헬라인에게로다. 복음에는 하나님의 의가 나타나서 믿음으로 믿음에 이르게 하나니, 기록된 바 오직 의인은 믿음으로 말미암아 살리라 함과 같으니라.(로마서 1:16~17)

친애하는 여러분,

해마다 10월 말이 되면 교회개혁의 날을 기념합니다. 이는 1517년 10월 31일에 마르틴 루터가 비텐베르크성 교회 정문에 95개 항의 복음 진리를 내어 붙여 공개 토론을 제기함으로 교회개혁이 시작되었기 때문입니다. 거의 오백 년 전에 일어난 일을 우리가 오늘도 기억해야 하는가 생각하시는 분이 계실는지 모릅니다. 그런데 지난날의 이 역사를 기억하는 것은 하나님의 백성에게 매우 중요합니다.

시편 78:1~4에 아삽은 이렇게 말합니다. "내 백성이여, 내 율법을 들으며 내 입의 말에 귀를 기울일지어다. 내가 입을 열어 비유로 말하며 예로부터 감추어졌던 것을 드러내려 하니, 이는 우리가 들어서 아는 바요, 우리의 조상들이 우리에게 전한 바라. 우리가 이를 그들의 자손에게 숨기지 아니하고 여호와의 영예와 그의 능력과 그가 행하신 기이한 사적을 후대에 전하리로다."

우리는 과거에 하나님이 행하신 기이한 사적을 기억하고 후대에 전할 사명이 있습니다. 지난날 사탄의 세력에 의해 변질된 교회를 주께서 마르틴 루터와 칼뱅을 위시한 여러 종을 일으키시어 개혁함으로 그의 교회를 보존해 주셨기 때문입니다.

루터는 당시 한 수도사로서 성경을 연구하면서 하나님의 의(義)에 관하여 읽을 때마다 두려움으로 떨었습니다. 그 시대의 스콜라 신학에 따르면 하나님의 의라는 것은 죄인들에게는 벌을 주고, 선행한 자들에게는 상을 주는 하나님의 보복적인 성격을 의미했습니다. 그런데 누가 하나님 앞에서 만족한 선을 행하고 벌을 피할 수 있다는 말입니까? 아무도 없습니다. 그래서 루터는 하나님의 의를 두려워했습니다. 그는 선행을 위해 최선을 다하면서도 자신의 죄를 의식하고 늘 불안 속에 살

24. 복음을 믿는 자에게 주어지는 구원

앉습니다. 그는 자신이 아무리 선행을 위해 힘을 써도 지극히 거룩하신 하나님 앞에 구원받기에는 충분하지 않은 것으로 여겼기 때문입니다.

그런데 그는 1514년 그의 수도원 방에서 시편의 말씀을 연구하는 중에 갑자기 한 줄기 빛을 보게 되었습니다. 그는 특별히 시편 31:1에서 "여호와여, 내가 주께 피하오니, 나를 영원히 부끄럽게 하지 마시고 주의 공의로 나를 건지소서."라는 기도의 말씀을 읽었습니다. 이때 그는 "주의 공의(의)"가 무엇을 의미하는지 문맥상 이해하기 어려웠습니다. 그는 죄인이 하나님의 공의에 호소함으로 하나님께 구원을 얻을 수 있는 것인가? 그는 성경의 말씀들을 비교하면서 바울의 로마 서신을 읽을 때까지는 그 뜻을 바로 이해할 수가 없었습니다. 그가 로마 서신에서 "오직 의인은 믿음으로 살리라."라는 말씀을 읽고 이것이 무엇을 의미하는지 깨닫게 되었습니다. 이때 그에게 밝은 빛이 환하게 비쳤던 것입니다.

루터는 이제 성경이 "하나님의 의"에 관해서 말할 때 하나님의 보복하시는 공의가 아니고, 하나님이 그리스도 안에서 우리에게 은혜로 거저 주시는 의를 말하고 있다는 사실을 깨닫게 되었습니다. 곧 그는 하나님 앞에서 우리의 의가 되는 그리스도를 믿음으로 우리는 구원을 얻을 수 있다는 것을 깨닫게 되었습니다.

루터가 이 진리를 깨닫게 되는 데는 상당한 시간이 걸렸던 것으로 보입니다. 믿음으로 얻게 되는 구원의 진리를 발견함으로 그는 하나님 앞에서 참 회개를 하게 되었습니다. 그가 95개 항목의 복음 진리를 공표하게 된 것은, 여러 해 동안 성경을 연구한 결과였습니다. 그의 95개 조항 가운데 62조 항은 "교회의 참된 보화는 하나님의 영광과 은혜의 가장 거룩한 복음이다."라고 했습니다.

이제 우리 설교 본문으로부터 "복음을 믿는 자에게 주어지는 구원"이라는 제목으로 우리 주 예수 그리스도의 복음을 전하려 합니다.

여기서 다음 세 가지 요점을 생각하려 합니다.

1. 복음의 능력
2. 복음을 믿음으로 받을 의무
3. 오직 믿음의 일관된 진리

1. 복음의 능력

먼저, 복음의 능력을 생각합니다.

우리의 설교 본문은 바울이 로마에 있는 성도들에게 보낸 편지에서 온 것입니다. 이 편지를 쓴 사도 바울은 당시 로마 교회를 조만간 방문하고 그곳 형제자매를 만날 소원을 가지고 있었습니다. 바울은 로마제국 황제가 사는 로마제국의 중심 도시인 로마에 가서 만주의 주가 되시는 그리스도의 복음을 전하기를 간절히 바랐습니다.

당시 로마 황제는 대다수 시민으로부터 세상의 구주로 높임을 받고 있었습니다. 그는 이런 로마에 가서 참된 세상의 구주 예수 그리스도를 전하기를 원했습니다.

인간적인 시각에서 볼 때, 범죄자가 달리는 부끄러운 십자가에 못 박혀 죽은 예수를 구주로 믿고 전하는 복음에 사람들이 귀를 기울일까 생각할 수 있습니다. 당시 로마 황제는 세계를 제패한 사람이었습니다. 바울의 선교가 이런 황제가 사는 로마에서 무슨 결실을 얻을 수 있을까 생각할 수 있습니다.

그러나 여러분, 바울은 그렇게 생각하지 않았습니다. 그는 로마에 가서 복음을 전할 용기를 가졌습니다. 그가 전하는 복음은 모든 믿는 자에게 참된 구원을 가져오는 하나님의 능력이기 때문에 복음을 부끄러워하지 않았습니다. 그래서 바울은 "이 복음은 믿는 모든 자에게 구원을 주시는 하나님의 능력이라"고 쓰고 있습니다. 복음이 구원의 능력이기 때문에 바울은 어느 곳에서나 그가 전하는 복음을 부끄러워하지 않았습니다.

그는 지혜를 찾는 자들이 사는 철학의 도시, 그리스의 아덴에서도 복음을 부끄러워하지 않고 전했습니다. 이적을 찾는 유대인들이 위협하는 예루살렘에서도 복음을 부끄러워하지 않고 전했습니다. 그는 로마제국의 황제가 사는 로마에서도 이 복음을 전하기 원했습니다.

복음은 기쁜 소식을 의미합니다. 이 복음의 내용은 로마서 1:3~4에서 이미 말한 대로 우리 주 예수 그리스도에 관하여 말합니다. "육신으로는 다윗의 혈통에서 나셨고 성결의 영으로는 죽은 자들 가운데서 부활하사 능력으로 하나님의 아들로 선포되셨으니, 곧 우리 주 예수 그리스도시니라." 하나님의 아들이신 예수 그리스도가 복음의 중심입니다. 십자가에 못 박힌 예수 그리스도의 복음은 죄로 소망을 잃은 죄인들에 대한 하나님의 주권적 사랑을 선포하는 것입니다.

이 복음을 전하는 것은 특권입니다. 죄인을 위한 구원의 복음은 어느 다른 곳에서 발견될 수 없기 때문입니다. 세상에 있는 어떤 다른 종교도 죄로 말미암아 하나님을 떠난 사람들의 구원 문제를 해결할 수 있는 구주를 전해 주지 않습니다. 오직 하나의 복음, 예수 그리스도의 복음만 죄인들을 하나님 앞으로 이끌 수 있습니다. 그래서 복음은 구원에 이르는 하나님의 능력입니다.

예수 그리스도의 복음은 능력입니다. 복음은 전해지는 곳마다 능력으로 나타납니다. 하나님의 말씀인 복음은 어떤 다른 메시지와 같지 않습니다. 듣는 사람들이 동의할 수도 있고, 동의하지 않을 수도 있는 어떤 한 사람의 견해가 아닙니다. 하나님의 말씀은 믿는 모든 사람에게 구원을 주시는 하나님의 능력입니다.

여기 사용된 능력이라는 헬라어는 "두나미스"라는 말로 이 말에서 영어의 다이너마이트(Dynamite)라는 말이 왔습니다. 이것이 복음에 숨겨진 능력입니다. 이 다이너마이트 같은 폭발력은 복음의 말씀이 그대로 전해질 때 나타납니다.

 복음이 전해질 때 하나님께서 그의 성령의 권능으로 복음을 듣는 자의 굳은 마음을 깨뜨립니다. 자기의 죄를 발견하게 합니다. 하나님 앞에 무릎을 꿇게 합니다. 그의 통치 아래로 이끌어 들입니다. 거듭나게 함으로 새 생명을 주십니다. 이것은 이적입니다. 전에 죄 가운데 죽었던 사람이 복음의 능력으로 새 생명을 얻어 살게 됩니다. 이것은 이적입니다.

 교회 역사는 십자가에 못 박힌 그리스도의 복음이 사람들을 완전히 변화시킨 사실들을 잘 보여주고 있습니다. 예루살렘에서 베드로가 성령의 충만을 받아 복음을 전할 때 한꺼번에 삼천 명이 죄를 회개하고 변화를 받았습니다. 그것은 사람이 하는 일이 아니고 하나님이 하시는 일이었습니다.

 복음은 구원에 이르는 하나님의 능력입니다. 복음은 사람을 본질적으로 변화시킵니다. 복음은 사람들을 죄와 사탄에게서 떠나게 합니다. 복음은 사람들을 심판과 죽음과 지옥에서 벗어나게 만듭니다. 세상에 어떤 다른 능력이 이것을 할 수 없습니다. 그리스도의 복음만 사람을 근본적으로 변화시킬 수 있습니다. 사도 바울이 복음을 부끄러워하지 않은 이유가 바로 여기에 있습니다.

 이 복음은 죄인들을 구원에 이르게 하는 하나님의 의를 제공합니다. 복음에 나타난 하나님의 의는 죄인을 벌하는 하나님의 공의가 아닙니다. 예수 그리스도 안에 나타난 하나님의 의입니다. 그리스도가 우리를 대신하여 하나님의 법을 완전히 순종하셨습니다. 그뿐만 아니라, 그가 우리의 불순종의 죗값을 다 담당하여 주셨습니다. 그래서 그는 하나님 앞에 우리의 의가 되셨습니다. 그러므로 바울은 우리 본문에서 복음은 모든 믿는 자들에게 구원을 주시는 하나님의 능력이라고 합니다.

2. 복음을 믿음으로 받을 의무

둘째, 복음을 믿음으로 받아들여야 할 의무에 대하여 생각합니다.

우리는 복음을 믿음으로 받아들여야 합니다. 복음이 전해지는 곳마다 복음은 언제나 믿고 회개하라는 명령이 따릅니다. 복음은 믿는 자에게 능력이기 때문입니다. 복음의 능력을 얻어 누리기 위해서는 믿음이 필요합니다. 여기 "믿는 자에게"란 말은 문자대로는 믿기를 계속하는 자, 곧 믿음 가운데 참고 견디는 자를 말합니다.

복음을 거절하는 사람은 복음의 능력으로부터 아무 유익을 얻지 못합니다. 복음을 듣고 그것을 잠시 기쁨으로 받으나, 마음속에 그것을 간직하지 않는 사람은 복음으로부터 큰 유익을 얻지 못합니다. 십자가에 못 박힌 그리스도의 복음은 순간적으로 받아들이는 것만으로 만족하지 않아야 합니다. 그 이상이 되어야 합니다. 복음은 좋은 땅을 요구합니다.

우리는 우리 마음을 다하고 정성을 다하고 힘을 다해 복음을 받아들여 가슴에 품어야 합니다. 다른 방법으로는 열매를 맺을 수 없습니다. 물론 믿음은 은혜로 우리에게 주어집니다. 믿음은 선물이기도 합니다. 그러나 우리는 수동적이어서는 안 됩니다. 우리는 그리스도를 구주로 믿고 그를 마음에 품어야 합니다.

믿음이 우리 구원을 위한 근거는 아닙니다. 그러나 믿음은 우리가 구원을 받는 유일한 수단이 됩니다. 믿음은 우리가 그리스도를 모시는 손입니다. 믿음은 그리스도와 우리를 연결하는 끈입니다. 그래서 믿음은 조건입니다. 우리는 믿음을 통해 구원을 받습니다. 믿음과 구원은 함께하는 것입니다.

우리는 이 사실을 사도행전 16장에 나타난 루디아의 경우에서 잘 알 수 있습니다. 바울이 빌립보의 한 강가에 모여 있는 여자들에게 복음을 전했습니다. 이때 자색 옷감 장사로 하나님을 섬기는 루디아라는 여자가 바울이 전하는 말을 듣고 믿게 되었습니다. 16:14은 이렇게 말합니다. "루디아라 하는 한 여자가 말을 듣고 있을 때 주께서 그 마음을 열어 바울의 말을 따르게 하신지라. 그와 그 집이 다 세례를 받고"라고 합니다.

본문을 주의 깊게 살펴보면, 루디아가 복음을 듣고 있을 때, 주께서 그녀의 마음을 열어 주심으로 믿게 되었다고 합니다. 이 사실은 우리 설교 본문에서 "복음은 모든 믿는 자에게 구원을 주시는 하나님의 능력"이라는 말을 잘 설명해 줍니다.

사람들은 언제나 자기의 구원을 위해 무엇을 할 수 있다고 생각하기를 좋아합니다. 그래서 인본주의적 이단 종파가 생깁니다. 이 때문에 루터 시대에 면죄부가 잘 팔렸고 사람들의 관심을 끌었습니다. 이 면죄부를 파는 사람은 누구든 면죄부를 사게 되면 회개하지 않아도 죄 사함을 받고 구원을 얻을 수 있다고 선전했습니다. 이것은 돈으로 구원을 살 수 있다는 것입니다.

그래서 루터는 95개 항목 중 제일 첫 항목에서 "우리의 주 예수 그리스도가 '회개하라'라고 말씀하실 때, 그는 믿는 자들의 전 생활이 회개이어야 한다는 것을 의미한다."라고 했습니다. 그리고 제32항에서는 "면죄부를 통해 구원을 확신하는 사람들은 그들의 스승들과 함께 영원히 벌을 받게 될 것이다."라고 했습니다. 이는 곧 우리 구원을 위해서 우리가 공헌할 수 있는 것은 아무것도 없다는 것입니다. 그리스도만 하나님 앞에 우리의 의가 된다는 것입니다.

그러므로 우리는 우리 구원을 전적으로 그리스도 안에서 찾아야 합니다. 우리는 우리가 선행함으로 사죄를 얻을 수 없습니다. 돈을 지급함으로 사죄를 얻을 수 없습니다. 우리는 오직 그리스도께서 우리를 위해 이루신 공로로만 사죄를 얻을 수 있습니다. 사죄는 오직 은혜로 받게 되는 것입니다. 이 사죄는 또한 오직 믿음으로 받게 되는 것입니다.

그래서 오직 은혜(Sola Gratia), 오직 믿음(Sola Fide)이 16세기 교

회개혁의 표어였습니다. 이것이 교회개혁 시대에 쓴 벨기에 신앙고백, 하이델베르크 교리문답, 웨스트민스터 신앙고백 등의 신앙고백에 그대로 반영되어 있습니다. 예를 들면 벨기에 신앙고백 22항은 우리 마음에 믿음을 일으키는 분은 성령이라고 하고, 믿음은 하나님의 선물이라고 합니다. 그리고 "참믿음은 예수 그리스도를 그의 모든 공로와 함께 받아들이고, 그를 우리의 소유로 삼으며, 그분 외에 어떤 것도 찾지 않는"것이라고 합니다.

그리고 계속해서 말하기를 "엄밀히 말하면 믿음 그 자체가 우리를 의롭게 한다는 것을 의미하지 않는다. 왜냐하면, 믿음은 단지 우리가 그리스도를 우리의 의로 받아들이는 방편에 지나지 않기 때문이다. 즉 그리스도는 그의 모든 공로와 그가 우리를 위하여 그리고 우리를 대신하여 행한 많은 거룩한 사역들을 우리에게 돌린다. 그러므로 예수 그리스도가 우리의 의(義)이시며, 믿음은 그의 모든 은덕의 교제 속에 그와 우리의 관계를 유지하는 수단이다. 이 은덕들이 우리의 소유가 될 때 그것은 우리에게 무죄를 선언하기에 충분하다."라고 합니다.

3. 오직 믿음의 일관된 진리

마지막으로 믿음으로 의를 얻게 된다는 복음이 새로운 것이 아니고 구약시대에 이미 있었던 복음이었다는 것을 기억하게 됩니다.

사도 바울이 우리 본문의 마지막 절인 17절 마지막에 언급한 "오직 의인은 믿음으로 말미암아 살리라."라는 말씀은 구약 하박국의 예언에서 인용한 것입니다. 하박국 선지자는 예레미야 선지자와 같은 시대에 유다 왕국에 살았습니다. 이 선지자들은 유다 왕국의 요시야 왕 말기와 여호야김 왕 통치 시대 초기에 살았습니다.

이때는 이스라엘 교회가 크게 변질된 시대였습니다. 하박국 1:4에서 그 시대의 사회상을 잘 나타내줍니다. "율법이 해이하고 정의가 전혀 시행되지 못하였다."라고 합니다. "악인이 의인을 에워쌌으므로 정의가 굽게 행하여"졌다고도 했습니다.

이 때문에 유다 왕국에 대한 하나님의 심판이 가까웠습니다. 하나님은 사납고 성급한 갈대아 마병들이 노도와 같이 밀려와서 예루살렘을 점령하게 될 것이라고 하박국에게 알려 주셨습니다. 하박국은 이것을 들을 때 의인도, 다시 말하면 아직 하나님을 두려워하고 사는 사람들도 이 같은 형벌을 받게 될 것인가 생각하게 되었습니다.

그래서 하박국은 여호와여 의인이 악한 자들과 함께 멸하게 됩니까? 그렇다면 하나님을 믿는 자의 이익이 무엇입니까? 여호와께 물었던 것입니다. 이런 선지자의 물음에 대하여 여호와는 하박국 선지자에게 판에 여호와께서 주시는 묵시를 새기라고 명령하셨습니다. 그래서 모든 사람이 이것을 읽을 수 있도록 하라는 것이었습니다.

묵시는 하박국 2:4에 있는 말씀입니다. "의인은 믿음으로 살리라."라는 것입니다. 이것은 무슨 뜻입니까? 하나님의 심판이 오게 되고, 예루살렘은 허물어지게 되며, 하나님의 백성은 사로잡혀 가게 될 것입니다. 그러나 이 모든 무서운 형벌 중에서도 구원을 받을 자들이 있다는 것입니다. 이들은 그들의 의 때문이 아니고, 그들의 믿음 때문에 살게 될 것이라고 한 것입니다. 이는 곧, 하나님이 일찍이 조상들에게 언약하신 메시야를 믿고 믿음으로 사는 자들은 살게 될 것이라는 말씀입니다.

이것이 그 시대의 교회에 신자들을 위한 복음이었습니다. 의인은 믿음으로 살기를 원합니다. 곧 여호와의 언약의 말씀을 굳게 신뢰하고 살기를 원합니다. 여호와 하나님은 그가 하신 메시야에 대한 약속을 믿고 사는 자들을 심판 가운데서 구원해 주시기를 기뻐하신다는 것입니다.

이 예언의 성취를 우리는 보게 됩니다. 유다 왕국 백성이 바벨론에 사로잡혀 간 것이 하나님께서 유다 왕국과 이스라엘 왕국에 행하시는 길의 끝이 아니었습니다. 하나님은 진노 중에서도 그의 언약을 기억하시고 메시야를 대망하는 그의 언약 백성을 기억하셔서 자비를 베푸셨습니다. 그래서 포로 생활 70년 후에 남은 백성이 돌아왔습니다. 하나님이 그의 언약의 백성을 구원해 주신 것입니다.

그러나 이것은 단지 일시적 구원이었습니다. 최종의 완전한 구원은 구주 예수 그리스도로 말미암아 오게 됩니다. 그리스도가 십자가에 죽으셨을 때, 하나님은 다시 자비를 기억하셨습니다. 하나님께서 그의 아들에게 그의 공의를 나타내셨습니다. 그가 그의 아들에게 우리의 모든 죄를 다 지우셨습니다. 이때 하나님은 우리에게 대한 그의 자비를 나타내셨습니다. 그리스도는 하나님 앞에서 우리의 의입니다. 그를 믿음으로 우리는 살게 됩니다. 의인은 그 자신이 가진 의 때문이 아니고, 오직 예수 그리스도를 믿음으로 살게 됩니다.

여러분, 이것이 사도 바울이 오늘의 설교 본문에서 말하는 영광스러운 복음입니다. 바울은 이 서신에서 계속 유대인이나 헬라인이 다 죄인이라고 합니다. 이 때문에 구원을 받아야 한다는 것을 강조하면서 이 복음을 설명합니다.

로마서 3:10에서 "의인은 없나니 하나도 없다."라고 합니다. "율법의 행위로 그의 앞에 의롭다 하심을 얻을 육체가 없다."라고 합니다. 나아가 "하나님의 한 의가 나타났"는데 "예수 그리스도를 믿음으로 말미암아 모든 믿는 자에게 미치는 하나님의 의"라고 합니다(롬 3:21~22).

아우구스티누스 이후 거의 천 년 동안 중세 교회가 선행으로 구원을 얻을 수 있다고 가르침으로 이 놀라운 복음의 빛이 가리어졌습니다. 오랫동안 믿음으로 의롭게 된다는 복음이 행위로 의롭게 된다는 잘못된 칭의의 교리로 변질되어 버렸습니다. 이때 하나님은 은혜 가운데 마르틴 루터를 일으키셔서 예수 그리스도를 믿음으로 은혜로 의롭게 된다는 복음의 아름다움을 드러내어 주셨습니다.

하나님은 이 종을 츠빙글리와 칼뱅 등 여러 종과 함께 교회개혁을 위한 도구로 사용하셨습니다. 이 종들을 통해 그리스도는 그의 피로 사신 교회를 보존하셨습니다. 이단으로 지치고 힘을 잃은 교회가 그리스도 안에서 새로운 활력을 얻게 되었습니다.

친애하는 여러분, 우리는 지난날의 교회개혁을 기억하면서 인간인 교회개혁자들에게 영광을 돌리려 하지 않습니다. 하나님께서 이 종들을 통해 복음을 보존하여 우리에게 전해 주시고, 그의 성령으로 우리에게 의인은 믿음으로 산다는 복음을 이해하게 만드신 하나님의 은혜를 생각하고 그에게 영광과 감사를 돌립시다. 아멘.

25. 나사렛 예수라는 이름에 나타난 복음

성경 봉독: 마가복음 2:19~23, 요한복음 1:43~51
설교 본문: 마가복음 2:23(요한복음 1:46)

나사렛이란 동네에 가서 사니, 이는 선지자로 하신 말씀에 "나사렛 사람이라 칭하리라." 하심을 이루려 함이라.(마태복음 2:23)

나다나엘이 이르되 "나사렛에서 무슨 선한 것이 날 수 있느냐?" 빌립이 이르되 "와서 보라." 하니라.(요한복음 1:46)

친애하는 여러분,

우리는 몇 주 전 예수 그리스도의 성탄을 기쁨으로 축하했습니다. 그런데 주께서 탄생하시던 날과 그 후의 날들을 뒤돌아보면 매우 대조적입니다. 주께서 탄생하시던 날 밤에 아름다운 기적이 일어났습니다. 밤에 들에 있는 목자들에게 하늘이 열리고 갑자기 허다한 천군이 천사와 함께 나타나 하나님을 찬송하는 광경이 나타났습니다. 그러나 곧 이 놀라운 광경은 사라졌습니다.

그 후에는 어떠했습니까? 밖으로 크게 주목을 끌 만한 것이 없었습니다. 말구유, 적은 무리의 목자들, 초라한 집에 있는 목수 요셉과 마리아, 그리고 강보에 싸인 아기 예수입니다.

얼마 후 비참한 일들이 일어납니다. 예수님이 탄생한 그 무렵에 출생한 아기들이 왕 헤롯의 명령으로 살해당합니다. 다윗의 동리 베들레헴은 아기들을 잃은 어머니들의 통곡하는 장소로 변합니다. 아기 예수는 요셉과 마리아와 함께 애굽으로 피난을 가게 됩니다. 애굽은 옛날 이스라엘 백성이 종살이하던 곳입니다.

헤롯이 죽은 후 요셉은 애굽을 떠나 이스라엘 땅으로 돌아옵니다. 그런데 요셉과 마리아는 아기 예수와 함께 그의 조상의 동리인 베들레헴으로 돌아와 살지 못하고 다시 갈릴리 나사렛으로 가서 살게 됩니다. 이제 나사렛이 우리 구주께서 자라시는 마을이 됩니다.

오늘의 본문의 배경은 우리가 성탄을 축하한 베들레헴으로부터 나다나엘이 "나사렛에서 무슨 선한 것이 날 수 있느냐?"라고 의문을 제기한 갈릴리 나사렛으로 바뀌게 됩니다.

이제 "나사렛 예수라는 이름에 나타난 복음"이라는 제목으로 다음 두 가지를 생각하려 합니다.

    1. 그 이름에서 우리는 예수님의 수욕을 발견합니다.
    2. 그 이름에서 우리는 우리의 구원을 발견합니다.

1. 그 이름에서 우리는 예수님의 수욕을 발견합니다.

첫째, 우리는 "나사렛 예수"라는 이름에서 우리 구주의 수욕을 발견하게 됩니다.

본문은 하나님 아버지께서 예수님을 애굽에서 갈릴리 나사렛으로 인도하신 역사를 보여줍니다. 본문을 잘 살펴보면 요셉은 애굽에 피난살이를 하다 자기가 살던 갈릴리 나사렛으로 가지 않고 이스라엘 땅 베들레헴으로 가서 살려고 했습니다(21). 이것은 자연스러운 일입니다. 왜냐하면, 베들레헴은 다윗의 동리이기 때문입니다. 요셉과 마리아는 원래 다윗의 집(가문)에 속했습니다. 그래서 그들은 베들레헴에 와서 예수님을 출산한 후 적어도 2년을 그곳에서 살았던 것이 확실합니다.

이것이 확실한 것은 왕 헤롯이 예수님이 탄생한 때를 기준으로 베들레헴과 그 지경에서 출생한 아이들을 두 살부터 그 아래 되는 아이들을 다 죽이라는 명령을 내렸을 때 요셉이 애굽으로 피난을 갔기 때문입니다(마 2:16). 요셉과 마리아는 이방인들의 갈릴리 지방이나 갈릴리의 나사렛보다 그들 조상의 마을 베들레헴을 훨씬 친근하게 느끼고 거기에서 살려고 했던 것으로 보입니다.

그렇다면 그동안 왜 그들이 이전에 나사렛으로 가서 살게 되었을까요? 우리는 그 이유를 잘 알 수 없습니다. 일찍이 그들 부모가 그곳으로 옮겨가게 되어서였는지, 직업 때문에 그곳으로 옮겨간 것인지 잘 알 수 없습니다.

무슨 이유로 요셉과 마리아가 나사렛에 가서 살았는지 알 수 없지만, 가이사 아구스도가 로마제국 안에 있는 모든 사람에게 호적을 하라고 명해서 그들은 드디어 고향 베들레헴으로 돌아왔습니다. 그들이 베들레헴으로 돌아와 예수를 출산한 이후에는 갈릴리 나사렛으로 돌아가지 않고 그 지역에 계속 머물러 살았습니다. 그 분명한 동기에 관해서는 알려지지 않습니다. 하지만 당시 요셉과 마리아는 탄생한 예수가 메시야임을 확신하고, 그가 다윗의 큰아들이니 거기 살아야 한다는 확신을 했다고 생각할 수 있습니다.

그러나 여러분, 예수님은 베들레헴에 살아서는 안 되게 되어 있습니다. 요셉과 마리아는 예수와 함께 갈릴리 나사렛으로 가야 했습니다. 세상을 통치하시는 하나님 아버지는 요셉이 유대 땅에 살 수 없는 환경을 만드셨습니다. 이것이 하나님의 뜻이기 때문입니다.

요셉이 마리아와 아기 예수와 함께 피난지 애굽에서 이스라엘 땅으로 돌아왔을 때, 헤롯의 아들 아켈라오가 유대의 왕이 된 것을 알게 되었습니다. 역사의 기록에 의하면 아켈라오는 그의 아버지 헤롯 못지않게 잔인한 사람이었습니다. 그의 부왕이 죽었을 때, 그에게 억눌려 살던 사람들이 반란을 일으켰습니다. 이때 아켈라오는 무참한 방법으로 반란을 진압하고 왕좌를 지켰습니다. 요셉이 이런 왕에게서 무엇을 기대할 수 있겠습니까? 요셉이 염려하며 어떻게 해야 할지 모르고 두려워하고 있을 때, 주 하나님은 그의 사자를 통해 그의 길을 인도해 주셨습니다.

몇 해 전에 정혼한 마리아가 잉태한 것을 알고 요셉이 고심하고 있을 때, 주 하나님은 천사를 통해 그에게 나타나셔서 성령으로 잉태된 사실을 알려 주시며 그의 근심을 없게 해 주셨던 일이 있었습니다(1:20).

그다음 베들레헴에서 헤롯 왕이 어린이들을 학살하도록 명령을 내려 위기를 맞았을 때, 하나님은 다시 사자를 통해 꿈속에 나타나 "아기와 그의 어머니를 데리고 애굽으로 피하라."라고 하셨습니다(마 2:13). 나아가, 그들이 애굽에 있을 때, 하나님의 사자가 또 요셉에게 나타나 "아기와 그의 어머니를 데리고 이스라엘 땅으로 가라."라고 하셨습니다(마 2:20).

우리 주 예수 그리스도의 아버지 하나님은 어려운 환경에 있는 요셉과 마리아를 그대로 버려두시지 않았습니다. 하나님 아버지는 그의 독생자 아기 예수와 계속 함께하셨습니다. 그의 천사가 늘 함께 있게 하셨습니다. 하나님 아버지는 우리 구주 예수를 위해 요셉과 마리아를 계속 지키고 인도하셨습니다. 주 하나님은 그의 사자를 통해 다시 꿈속에 나타나셔서 유대로 가지 말고, 갈릴리로 가라고 하셨습니다(마 2:22).

그래서 요셉과 마리아는 전에 살던 갈릴리 나사렛으로 가서 살게 됩니다. 그 결과 예수 그리스도는 곧 "나사렛 예수"라고 불리게 됩니다. 이 이름은 하나님께서 요셉을 갈릴리 나사렛에 가서 살도록 인도하셨기 때문에 주어지게 되었습니다.

25. 나사렛 예수라는 이름에 나타난 복음

여러분, 이 "나사렛 예수"라는 이름에는 복음이 담겨 있음을 우리는 알아야 합니다. 이 이름은 어떤 고귀한 배경을 알려주고 있지 않습니다. 이 이름은 유대인들에게 결코 매력 있는 이름이 아니었습니다. '예루살렘 예수' 혹은 '베들레헴 예수'로 불렸다면 물론 좋게 들렸을 것입니다. "나사렛 예수"라는 이름은 듣기에 좋은 이름이 아니었습니다.

그런데도 그는 "나사렛 예수"라고 불리어야 했습니다. 왜 그렇습니까? 예언된 성경 말씀이 이루어져야 하기 때문입니다. 성경이 "선지자로 하신 말씀에 나사렛 사람이라 칭하리라 하심을 이루려 함이러라."라고 했기 때문입니다(마 2:23).

그러면 우리는 구약 성경 어디에서 이 예언의 말씀을 발견할 수 있을까요? 우리는 구약에서 구주 예수께서 거하실 장소와 관련하여 나사렛이란 이름을 말하고 있는 곳을 찾을 수 없습니다. 어떤 선지자도 이에 대해 분명하게 예언하지 않았습니다. 그래서 신학자들은 이 문제 해결을 위해 많은 노력을 했습니다.

그러면 어떻게 그 예언의 말씀을 찾을 수 있을까요? 문자적으로 찾는 것은 불가능합니다. 하지만 요셉이 나사렛에 가서 산 사실과 예수가 "나사렛 사람"이라 불린 사실은 선지자들이 메시야에 관해 예언한 사실과 매우 조화됩니다.

선지자들은 나사렛 사람이란 이름을 말하지는 않았으나 그의 낮아지심과 사람들로부터 받게 될 멸시에 관하여 많이 예언했습니다. 선지자 이사야는 53:3에서 "그는 멸시를 받아 사람들에게 버림받았으며, 간고를 많이 겪었으며 질고를 아는 자라. 마치 사람들이 그에게서 얼굴을 가리는 것같이 멸시를 당하였고 우리도 그를 귀히 여기지 아니하였도다."라고 했습니다. 이것이 바로 '나사렛 예수'의 모습입니다. 그는 사람들로부터 멸시를 당했습니다.

갈릴리는 혼합 민족이 사는 곳이었습니다. 성경은 "이방의 갈릴리"라고 말하고 있습니다. 갈릴리에 사는 사람들을 "흑암에 앉은 백성"이라고 부르고 있습니다(마 4:16). 요한복음 7:52에 보면 바리새인들은 니고데모가 예수를 영접하는 것을 보고 비난하며 이렇게 말했습니다. "너도 갈릴리에서 왔느냐? 찾아보라. 갈릴리에서는 선지자가 나지 못하느니라."

이런 갈릴리에 있는 나사렛은 좋은 이름을 가진 마을이 아닙니다. 이 마을은 동부, 북부 지방에서 디베랴로 가는 상인(대상)들이 만나는 지점이었습니다. 거기는 또 상인들이 물건을 서로 사고파는 큰 시장이 있었습니다. 그래서 많은 이방인 상인이 모이는 곳이었습니다.

그 결과 나사렛은 사람들이 절제 없이 생활하는 곳이었습니다. 난폭한 사람들이 사는 곳이기도 했습니다. 일례로 회당에 있는 자들이 예수님을 산 낭떠러지에 끌고 가서 밀쳐 떨어뜨리고자 했던 일이 있었습니다(눅 4:28~30). 나사렛은 갈릴리 지방에서 가장 어둠이 짙은 곳이었습니다.

그래서 나다나엘이 빌립에게 "나사렛에서 무슨 선한 것이 날 수 있느냐?"라고 까지 말했습니다. 나사렛에 가까운 가나에 사는 나다나엘은 이 마을을 잘 알고 있었기 때문에 나사렛에 선한 것이 날 수 없다고 자신 있게 말할 수 있었습니다. 그러므로 예수님에게 붙은 "나사렛 예수"라는 이름은 결코 명예로운 이름이 될 수 없고, 멸시를 받는 이름일 수밖에 없었습니다.

하지만 여러분, "나사렛 예수"라는 이름은 우리 구주 예수님에게 아주 명예로운 이름이었습니다. 예수 그리스도는 요셉과 어머니 마리아로 말미암아 나사렛에 오게 되었습니다. 그는 30년 동안 거기서 살았습니다. 거기서 인자로 자랐습니다.

그는 어릴 때부터 나사렛의 어두운 환경을 잘 알게 되었습니다. 그가 열두 살 되었던 때 유대인들의 명절에 부모와 함께 거룩한 도시 예루살렘에 갔습니다. 그곳이 이스라엘 하나님의 도시임을 알았습니다. 그래서 그의 부모가 나사렛으로 돌아갔으나 그는 의식적으로 그 도시를 택하고 뒤에 남아 있었습니다. 후에 그를 찾은 어머니 마리아에게 그는 "어찌하여 나를 찾으셨나이까? 내가 내 아버지의 집에 있어야 될 줄을 알지 못하셨나이까?"라고 했습니다(눅 2:49).

그는 천하고 부패한 곳 나사렛에 돌아가는 것을 거절할 수 있었으나 돌아갔습니다. 그 후 그는 18년 동안을 나사렛 마을의 도덕적으로 흐린 사람들과 함께 지냈습니다.

나사렛 예수! 우리는 그의 청소년 시절에 관하여 잘 모릅니다. 성경은 그의 청소년기에 있었던 일에 관하여 별로 알려주지 않습니다. 예수는 참으로 사람이었습니다. 그는 모든 다른 아이들과 똑같았습니다. 그래서 후에 나사렛 사람들이 말했습니다. 마가복음 6:2~3을 보십시오. 예수님이 회당에서 가르치시니 사람들이 듣고 깜짝 놀라 "이 사람이 어디서 이런 것을 얻었느냐? 이 사람이 받은 지혜와 그 손으로 이루어지는 이런 권능이 어찌 됨이냐? 이 사람이 마리아의 아들 목수가 아니냐? 야고보와 요셉과 유다와 시몬의 형제가 아니냐? 그 누이들이 우리와 함께 여기 있지 아니하냐?"라고 말하고 예수를 배척했습니다.

그가 사역하던 기간에는 그의 형제들도 그를 믿지 않았습니다. 요한복음 7:5에서 "이는 그 형제들까지도 예수를 믿지 아니함이러라."라고 기록하고 있습니다. 어떤 의미에서 그는 숨겨져 있는 인물이었습니다. 그는 "고운 모양도 없고 풍채도" 없었습니다. 그는 완전히 "나사렛 예수"가 되었습니다. 그는 범죄자 중 하나로 헤아림 받는 것을 부끄러워하지 않았습니다.

그는 청소년기를 다른 사람들과 똑같이 경험했습니다. 여러 흠이 많은 그의 형제들과 누이들과 함께 지냈습니다. 그는 양아버지인 목수 요셉의 일터에서 그의 일을 도왔습니다. 그는 경건하지 못한 사람들 속에서 호흡하며 지냈습니다. 하나님의 아들이요, 세상의 구주이신 그는 인간의 비참함이 지배하는 세상 속에서 살았습니다.

여러분, 예수님은 나사렛 동리에 살았고 "나사렛 예수"라는 이름을 가졌습니다. 그 이유가 어디에 있었을까요? 우리 인간의 비참함을 체휼하기 위해서였습니다. 그는 나사렛 예수라고 불렸습니다. 이 이름은 후에 그가 진 십자가 위에도 히브리어와 라틴어와 희랍어로 "유대인의 왕, 나사렛 예수"라고 쓰였습니다.

"나사렛 예수!" 이 이름이 십자가 위 명패에 적혀 있었습니다. 왜냐하면, 이 이름은 그가 우리의 모든 죄를 지기 위해 육신을 입고 참사람이 되었다는 것을 선포하는 것이었기 때문입니다. 나사렛 예수라는 이름은 구주께서 우리를 위해 무한한 수욕과 무시와 고통을 당한 사실을 알려 줍니다. 그는 하나님의 아들입니다. 그가 나사렛에서 죄인들 가운데 살 때 그의 고통이 어떠했겠습니까? 그는 큰 수욕을 당했습니다. 이는 다 우리의 죄와 비참 때문이었습니다. 우리가 모두 하나님에게서 멀리 떠났기 때문이었습니다.

여러분, 죄인인 우리를 위해 저 부끄러운 이름, 나사렛 예수라는 이름을 하나님의 독생자에게 주었습니다. 나를 위해 저 부끄러운 이름을 취하신 주 예수 그리스도에게 큰 감사와 찬양을 돌리시기 바랍니다.

2. 그 이름에서 우리는 우리의 구원을 발견합니다.

둘째, 우리는 나사렛 예수라는 이름에서 우리의 구원을 발견하게 됩니다.

하나님의 독생자가 "나사렛 예수"였기 때문에 그가 우리를 구원하실 수 있었습니다. 우리가 의롭다 함을 얻을 수 있도록 그가 죄인의 옷을 입으셨습니다. 그는 어릴 때부터 수욕의 길을 걷기 원했습니다. 우리를 구원의 길로, 시온의 길로 인도하기 위해서였습니다. 그는 우리에게 시온의 자녀라는 이름을 주기 위해 나사렛 예수란 이름으로 불리는 것을 부끄러워하지 않았습니다.

그 이름은 나사렛에서뿐 아니라, 그가 다닌 온 유대 땅에 들렸습니다. 우리는 겟세마네 동산에서도 그 이름을 듣게 됩니다. 그를 잡으러 겟세마네 동산에 온 로마 군대들이 "우리는 나사렛 예수를 찾는다."라고 했습니다. 그 이름은 가야바의 뜰에서도 들렸습니다. 대제사장의 여종이 베드로를 향하여 "너도 나사렛 예수와 함께 있었도다."라고 했습니다. 그 이름은 십자가 위에도 "나사렛 예수"라고 기록되었습니다. 그 이름은 그의 고난과 우리의 구원을 알려줍니다.

우리 주님은 "나사렛 예수"라는 이름을 가지고 부활하시고 영광에 들어갔기 때문에 우리가 구원을 받게 되었습니다. 부활의 아침 천사들이 여인들에게 말했습니다. "놀라지 말라. 너희가 십자가에 못 박히신 나사렛 예수를 찾는구나!"(막 16:6)

사도 베드로는 오순절에 유대인들에게 이렇게 선포했습니다. "하나님께서 나사렛 예수로 큰 권능과 기사와 표적을 너희 가운데서 베푸사 너희 앞에서 그를 증언하셨느니라. … 너희가 법 없는 자들의 손을 빌려 못 박아 죽였으나 하나님께서 그를 사망의 고통에서 풀어 살리셨으니, 이는 그가 사망에 매여 있을 수 없었음이라."(행 2:22~24)

또 베드로는 미문에 있는 나면서 못 걷게 된 이에게 "나사렛 예수 그리스도의 이름으로 걸으라."라고 했습니다(행 3:6). 그는 후에 유대인들에게 그 사람을 고치게 된 설명을 이렇게 합니다. "나사렛 예수 그리스도의 이름으로 이 사람이 건강하게 되어 너희 앞에 섰느니라."(행 4:10)

승천하신 구주께서 친히 다메섹 도상에 있는 바울에게 나타나셔서 "나는 네가 박해하는 나사렛 예수라."라고 하셨습니다(행 22:8).

여러분, 우리 구주는 "나사렛 예수"로 이 세상에서 멸시를 받으시고 배척을 받으셨습니다. 그런데 부활하시고 승천하신 그는 만왕의 왕으로 나타나셨습니다. 하늘과 땅의 모든 권세가 그에게 주어졌습니다. 이 얼마나 큰 대비가 됩니까?

이제 나사렛 예수는 다른 이름으로 불리고 있습니다. 그가 자기를 낮추시고 죽기까지 복종하셨음으로 하나님이 그를 지극히 높여 모든 이름 위에 뛰어난 이름을 주사 모든 입으로 예수 그리스도를 "주"라 시인하게 하셨습니다(빌 2:7~10).

그 결과 나사렛 예수는 이제 그의 백성인 우리를 영광 가운데로 인도하시게 됩니다. 그가 나사렛 예수로 말할 수 없이 낮아지셨기 때문에, 우리가 그와 함께 하나님의 자녀로 영광의 자리에 오를 수 있게 되었습니다.

여기서 우리는 예수님께서 가신 길을 바라보며 그를 믿는 우리가 걸어가야 할 길을 생각하게 됩니다. 여러분 중에 혹 "예수님은 그런 길을 걸어가실 수 있었지만, 우리가 예수님처럼 걸을 수 있겠는가? 예수님처럼 될 수 있겠는가?"라고 생각할지 모릅니다. 하지만, 우리는 예수님의 제자들로 그의 본을 따르기 위해 최선을 다해야 합니다.

사도 바울은 빌립보 성도들에게 이렇게 말했습니다. "너희 안에 이 마음을 품으라. 곧 그리스도 예수의 마음이니, 그는 … 자기를 비워 종의 형체를 가졌다."라고 했습니다. 이 그리스도의 마음이 우리의 생활에도 나타나야 합니다. 기도할 때만 아닙니다. 이 그리스도의 마음이 교회에서도 나타나야 합니다. 매일의 일터에서도 나타나야 합니다. 주께서는 우리가 그를 따르기 원하십니다.

우리는 이제 나사렛 예수라는 이름이 무엇을 의미하는지 알았습니다. 그는 많은 사람의 멸시를 받은 저 나사렛 동리에 살았습니다. 그곳에 있는 목공소에서 일했습니다. 그래서 그 동리 사람들은 뒤에 "이 사람이 마리아의 아들 목수가 아니냐?"라고 했습니다(막 6:3).

여러분은 우리 구주께서 공 사역을 위해 나서기 전 목수 일을 하여 매일의 생활비를 번 사실을 아십니까? 그는 목수 일을 함으로도 하나님 아버지의 뜻을 이루었습니다. 노동하는 생활에서도 그는 우리의 중보자가 되시고, 우리의 모범이 되십니다.

그래서 우리 주 예수님은 우리가 우리의 일터, 공장이나 점포에서도 그의 제자로 나타나기를 원하십니다. 우리가 어느 곳에서나 시온 자녀의 이름을 갖고 나타나기를 원하십니다.

여러분은 이렇게 살고 있습니까? 우리는 그의 능력으로 이렇게 살 수 있습니다. 우리가 하나님을 아바 아버지라 부르게 하시는 성령의 능력으로 어느 곳에서든지 그를 섬기며 살 수 있습니다. 바울은 "내게 능력 주시는 자 안에서 내가 모든 것을 할 수 있느니라."라고 했습니다(빌 4:13).

크리스마스는 지나갔습니다. 양의 목자들이 구유에 누이신 예수를 방문한 후 그들의 평상시 일로 돌아갔습니다. 그들처럼 우리도 새해에 우리의 매일의 일터로 돌아왔습니다. 그러나 그리스도를 만난 기쁨은 지속되어야 합니다. 우리 구주 예수 그리스도는 나사렛 예수라는 천한 이름을 가졌습니다. 이는 우리가 시온의 자녀, 하나님의 자녀라는 이름을 갖게 하기 위해서였습니다. 그가 나사렛 예수라는 이름으로 불리기를 원했기 때문에 우리가 시온의 자녀라는 이름으로 불리게 되고, 영광스러운 미래를 내다보게 되었습니다.

이 세상에서는 우리가 하나님의 자녀 된 사실이 아직 충분히 나타나지 않았습니다. 우리는 아직 이 세상의 이름을 가지고 살고 있습니다. 그러나 하늘에 계신 우리 구주 예수 그리스도는 빌라델비아 교회 성도들에게 이렇게 약속했습니다. "이기는 자는 …내가 하나님의 이름과 하나님의 성, 곧 하늘에서 내 하나님 아버지께로부터 내려오는 새 예루살렘의 이름과 나의 새 이름을 그이 위에 기록하리라."(계 3:12)

멸시받던 마을 나사렛에서 선한 것이 났습니다. 단순히 선한 것이 아닙니다. 예수 그리스도로 말미암아 위대하고 영원한 구원이 나타났습니다. 예수 그리스도를 사랑하지 않는 자는 하나님의 도성 밖에 있게 될 것입니다. 죄와 형벌의 깊은 고통 속에 떨어지게 될 것입니다.

그러나 나사렛 예수를 구주로 영접하고, 그의 뜻을 따라 매일 이기는 삶을 사는 사람은 시온의 자녀의 이름을 얻을 것입니다. 영원한 생명을 얻고 말할 수 없는 영원한 기쁨을 누리게 될 것입니다. 구주 나사렛 예수의 이름으로 말미암아 저 영원한 새 예루살렘에서 영원히 살게 될 것입니다. 아멘.

26. 생명의 떡을 주시는 주 예수

성경 봉독: 요한복음 6:31~58
설교 본문: 요한복음 6:1~15

　그 후에 예수께서 디베랴의 갈릴리 바다 건너편으로 가시매 큰 무리가 따르니, 이는 병자들에게 행하시는 표적을 보았음이러라. 예수께서 산에 오르사 제자들과 함께 거기 앉으시니, 마침 유대인의 명절인 유월절이 가까운지라. 예수께서 눈을 들어 큰 무리가 자기에게로 오는 것을 보시고 빌립에게 이르시되 "우리가 어디서 떡을 사서 이 사람들을 먹이겠느냐?" 하시니 이렇게 말씀하심은 친히 어떻게 하실지를 아시고 빌립을 시험하고자 하심이라. 빌립이 대답하되 "각 사람으로 조금씩 받게 할지라도 이백 데나리온의 떡이 부족하리이다." 제자 중 하나 곧 시몬 베드로의 형제 안드레가 예수께 여짜오되 "여기 한 아이가 있어 보리떡 다섯 개와 물고기 두 마리를 가지고 있나이다. 그러나 그것이 이 많은 사람에게 얼마나 되겠사옵나이까?" 예수께서 이르시되 "이 사람들로 앉게 하라." 하시니 그 곳에 잔디가 많은지라. 사람들이 앉으니 수가 오천 명쯤 되더라. 예수께서 떡을 가져 축사하신 후에 앉아 있는 자들에게 나눠 주시고 물고기도 그렇게 그들의 원대로 주시니라. 그들이 배부른 후에 예수께서 제자들에게 이르시되 "남은 조각을 거두고 버리는 것이 없게 하라." 하시므로 이에 거두니 보리떡 다섯 개로 먹고 남은 조각이 열두 바구니에 찼더라. 그 사람들이 예수께서 행하신 이 표적을 보고 말하되 "이는 참으로 세상에 오실 그 선지자라 하더라." 그러므로 예수께서 그들이 와서 자기를 억지로 붙들어 임금으로 삼으려는 줄 아시고 다시 혼자 산으로 떠나 가시니라. (요한복음 6:1~15)

친애하는 여러분,

우리 주 예수님께서 이 세상에 계셨을 때 가르치시고 전파하시고 고치는 일을 하셨습니다. 마태는 "예수께서 모든 도시와 마을에 두루 다니사 그들의 회당에서 가르치시며 천국 복음을 전파하시며 모든 병과 모든 약한 것을 고치시니라."라고 했습니다(마 9:35).

이뿐 아니라 예수님은 이적으로 주린 자들을 먹이는 일도 하셨습니다. 성경에는 두 번 이런 일이 있었음을 알려주고 있습니다. 한 번은 오천 명의 주린 사람을 먹이시고, 다른 한 번은 사천 명의 주린 사람을 먹이셨습니다. 이 중 오천 명을 먹이신 일은 마태, 마가, 누가, 요한 사복음서에 다 기록이 되어 있습니다. 이것은 그 사건이 매우 중요하였다는 사실을 의미합니다.

왜 오천 명을 먹이신 이적이 모든 복음서 기자들의 주목을 받았을까요? 그 가장 중요한 이유는 4절에 "유대인의 명절인 유월절이 가까운지라."라는 말에서 찾을 수 있습니다. 유월절은 유대인들에게 종 되었던 애굽에서의 구원과 해방을 생각하게 합니다. 그래서 예수님께서 유월절 가까운 시일에 하신 일은 큰 주목을 받았습니다.

예수님이 오천 명을 이적으로 먹이신 당시에 유대인들은 B.C. 63년부터 로마의 지배 아래 있었습니다. 그때 유대인들은 "언제 우리가 로마의 지배 생활에서 해방을 받을 것인가?"라는 생각들이 있었습니다. 저들은 로마제국으로부터의 정치적인 구원과 해방을 바랐습니다. 예수님은 저들이 정치적으로 바라는 그런 구원자는 아니었습니다.

예수 그리스도는 유월절 어린 양입니다. 애굽인들의 모든 장자가 죽임을 당하는 밤에 이스라엘 자손들은 하나님의 지시하심을 받아 어린 양을 잡아 그 피를 좌우 문설주와 인방에 발라 애굽인들과 구별됨을 보임으로 그 피 때문에 구원을 받았습니다. 이 죽임을 당한 어린 양은 오실 메시야를 가리켰습니다.

예수님은 메시야입니다. 그는 유대인들을 정치적인 노예 생활로부터 구원하기 위해 오시지 않았습니다. 그가 눌린 자를 구원하고, 주린 자들을 먹이기 위해 오신 것은 틀림없습니다. 그러나 그는 부자의 것을 강제로 빼앗아 가난한 자들에게 나눠 주기 위해 오시지 않았습니다. 그는 자기의 것으로 주린 자들을 먹이기 위해 오셨습니다. 그의 구원은 영적입니다.

예수 그리스도는 메시야입니다. 그는 영적으로 가난하고 주린 자들을 위해 오셨습니다. 그는 죄인들을 위해 오셨습니다. 그는 유월절 어린 양입니다. 그는 어린 양으로 죄인들을 위해 죽임을 당했습니다. 그는 영적으로 주린 자들에게 만족을 주실 수 있습니다. 그래서 그는 "나는 하늘에서 내려온 살아 있는 떡이니"라고 말씀하셨습니다(요 6:51).

이로써 우리는 우리 본문이 소개하는 오천 명을 먹이신 이적의 중요함을 알게 됩니다. 그런데 이 이적의 중요성은 보리 떡 다섯 개와 물고기 두 마리를 이적으로 많게 만든 데 있지 않습니다. 예수 그리스도가 유월절 어린 양으로 우리에게 영적 양식을 주시는 분이라는 사실을 가르쳐주는 데 있습니다.

그럼 이제 본문으로부터 "오천 명을 먹이심으로 자기를 생명의 떡으로 나타내신 주 예수 그리스도"라는 제목으로 복음을 전하고 듣고자 합니다. 여기 다음 세 요점에 주목하게 됩니다.

1. 예수님의 확신
2. 예수님의 무한한 능력
3. 예수님의 메시야적 표적

1. 예수님의 확신

첫째, 우리는 확신 속에 사시는 예수님에 관하여 주목하게 됩니다.

예수님은 그의 제자들과 함께 가버나움에서 갈릴리 바다를 건너 갈릴리 북동 지역에 있는 벳새다 근처의 해변으로 가셨습니다. 왜 그가 갈릴리 바다를 건너가셨을까요? 그 이유를 다른 복음이 알려 줍니다. 마가복음 6:30 이하의 말씀에 의하면 제자들이 선교여행에서 막 돌아와 쉬고 예수님과만 함께 있을 기회를 갖기 원했습니다. 가버나움과 같은 분주한 곳에서는 쉴 기회가 없었기 때문입니다. 그래서 예수님은 벳새다로 가셨습니다.

그러나 벳새다에 와서도 많은 사람이 곧 그를 따라 왔기 때문에 쉴 시간을 가질 수 없었습니다. 예수님이 배를 타시고 벳새다로 갔다는 것을 알게 된 사람들이 여러 고을에서 그곳으로 달려왔습니다(막 6:33). 이들은 예수님보다 먼저 거기 와 있었습니다.

이들 중 대부분은 예수님이 구주임을 믿었기 때문에 찾은 것이 아닙니다. 단지 예수님이 행하신 이적에 큰 감동을 받아 이를 보기 원했기 때문입니다. 예수님이 행하신 이적은 그가 메시야라는 표적이었습니다. 그러나 저들은 그렇게 이해하지 못했습니다. 유대인들은 예수님을 단지 로마제국의 종살이로부터 자기들을 구원해 줄 수 있는 분으로 기대했습니다.

벳새다 언덕에서 예수님은 무리에게 하나님의 나라에 관하여 가르치셨습니다. 무리를 불쌍히 여기시고 그중에 있는 병자도 고쳐 주셨습니다(마 14:14). 그런 가운데 해가 지고 저녁이 되었습니다(마 14:15). 식사시간이 지났습니다. 무리는 주리고 피곤한 가운데 있었습니다. 예수님은 저들을 긍휼히 여겼습니다.

예수님은 큰 목자이십니다. 주린 양 무리를 그대로 버려두시는 분이 아닙니다. 예수님은 큰 목자로서 인간의 몸을 입으셨습니다. 우리의 연약성을 그대로 취하셨습니다. 사람들이 주릴 때, 그것이 어떠함을 잘 아십니다. 사람들의 피곤함도 예수님은 잘 이해하십니다. 예수님이 주린 큰 무리를 보셨을 때, 그들에게 먹을 것을 주어야겠다고 생각하셨습니다.

그래서 예수님은 빌립에게 "우리가 어디서 떡을 사서 이 사람들을 먹이겠느냐?"라고 말씀했습니다. 왜 빌립에게 물었을까요? 어떤 사람은 그가 벳새다 출신이기 때문에 큰 무리를 위해 떡을 살 수 있는 곳이 어디에 있는지 잘 알 수 있다고 생각하셔서 그에게 물었을 것이라고 해석합니다. 그러나 이 해석은 받기 어렵습니다.

본문 6절 전반에서 "이렇게 말씀하심은 친히 어떻게 하실지를 아시고"라고 합니다. 예수님은 어떻게 이 무리를 먹일 것인가를 이미 알고 계셨습니다. 예수 그리스도는 주 하나님이십니다. 그는 전능하십니다. 그는 큰 목자이십니다. 이스라엘 백성을 광야에서 인도하셨습니다. 그는 광야에서 그들을 만나와 메추라기로 먹여 살렸습니다. 사십 년 동안의 광야 생활에서 이스라엘 백성은 씨 뿌린 일이 없었고 추수한 일이 없습니다. 그러나 충분히 먹을 것을 받았습니다. 누가 이들에게 만나와 메추라기를 주었습니까? 주 예수 그리스도였습니다. 바로 그분이 이제 갈릴리 벳새다 들판에 계십니다. "예수 그리스도는 친히 어떻게 하실 것을 아시고" 계신 것입니다.

그러면 예수님께서 왜 "우리가 어디서 떡을 사서 이 사람들을 먹이겠느냐?"라고 물으셨을까요? 예수님은 단지 빌립을 시험하시기 위해서입니다. 6절 하반절에 "빌립을 시험코자 하심이라."라고 했습니다. 예수님은 그 질문을 통해서 빌립을 시험하고 가르칠 뿐 아니라, 다른 제자들도 가르치시기를 원했습니다.

빌립이 대답했습니다. "각 사람으로 조금씩 받게 할지라도 이백 데나리온의 떡이 부족하리이다." 데나리온은 그때의 화폐 단위입니다. 당시 한 데나리온은 한 노동자의 하루 임금이었습니다. 빌립은 오천 명 이상 되는 큰 무리를 보고, 이들을 먹이는 데는 얼마나 많은 돈이 필요할 것인지 빨리 계산했습니다. 그는 계산하는 명석한 두뇌를 가졌습니다. 그만큼 많은 떡이 필요하다는 것을 생각하고 그는 크게 용기를 잃었습니다. 이들을 먹일 가능성이 없다고 생각했습니다. 빌립은 계산상의 비관주의자였습니다. 지금 자기 앞에서 모든 것을 가능하게 하시는 예수 그리스도가 계십니다. 그러나 빌립은 이런 예수님을 완전히 생각 밖에 두었습니다.

여러분, 우리도 종종 빌립과 같은 잘못을 범하고 있지 않습니까? 오늘날 우리가 계산에 너무 많이 의존하고 있습니다. 우리가 하나님의 나라를 위해 어떤 선한 것을 하고자 할 때 먼저 계산을 해보고 용기를 잃을 때가 있습니다. 잘못이 무엇입니까? 배후에 계시는 그리스도를 생각하지 않는 것입니다.

어리둥절한 순간에 제자 가운데 한 사람인 안드레가 한 아이가 먹을 것을 조금 가지고 있는 것을 발견하고 말했습니다. "여기 한 아이가 있어 보리떡 다섯 개와 물고기 두 마리를 가지고 있나이다. 그러나 그것이 이 많은 사람에게 얼마나 되겠사옵나이까?" 여기 보리떡은 값싼 떡을 의미합니다. 물고기 두 마리는 각기 한입에 들어갈 수 있는 작은 물고기를 가리킵니다. 가난한 가정의 아이가 점심으로 가져온 도시락임이 틀림없습니다. 이 아이는 그 날 늦게까지 이것을 아껴 두었던 것입니다.

비록 안드레가 먹거리 조금을 발견했지만 빌립과 똑같은 비관론을 가졌습니다. 그는 예수님이 갈릴리 가나 혼인 잔치에서 행한 이적을 기억하지 않았습니다(요 2). 잔칫집에 포도주가 다했을 때 물로 포도주를 풍성하게 만드신 이적을 행하시던 주 예수 그리스도가 자기 앞에 계십니다. 그러나 그는 그 예수님을 보지 못하고 적은 양의 떡과 물고기만 보았습니다. 안드레도 예수님을 생각지 않았습니다. 빌립, 안드레 그리고 모든 제자가 다 어리둥절했고 불안했습니다.

여러분, 언제 우리가 불안하게 됩니까? 우리가 주 예수 그리스도를 보지 않을 때입니다. 여러분 가운데 병을 앓거나 어떤 어려움을 겪고 있는 분이 있습니까? 여러분의 사업과 직업에 어려움을 겪고 있습니까? 여러분의 생각과 계산에서 예수님을 잊어버리지 마시기 바랍니다. 예수를 기억하고 살면 불안한 가운데서도 언제나 평안을 얻게 될 것입니다.

불안하고 당황해하는 제자들 속에서 우리 주 예수 그리스도는 홀로 침착하게 계셨습니다. 평안히 계셨습니다. 이유는 어디에 있습니까? "친히 어떻게 하실지를 아시고" 계셨기 때문입니다. 주 예수님은 완전히 하나님 아버지를 신뢰했습니다. 그는 하나님 아버지께 모든 것을 완전히 맡겼습니다. 친히 어

26. 생명의 떡을 주시는 주 예수

떻게 할 것을 아셨습니다. 하나님께는 불가능한 것이 없습니다. 이 큰 무리를 먹일 수 있을 것인가? 주 예수님은 이에 대한 확신이 있었습니다.

친애하는 여러분, 모든 환경에서 평안을 갖기를 원합니까? 주 하나님 안에서 확신하시기 바랍니다. 그러면 평안을 갖게 될 것입니다.

2. 예수님의 무한한 능력

둘째, 주 예수님의 무한한 능력에 관하여 주목하게 됩니다.

주 예수님은 확신했습니다. 그래서 그는 불안한 제자들 속에서도 평안히 계셨습니다. 이제 예수님은 그가 하실 일을 시작하십니다. 예수님은 안드레에게 "떡을 내게 가져오라."라고 하셨습니다. 예수님은 이 적은 양의 식물을 받으셨습니다. 그런 다음 그 무리를 잔디 위에 떼로 혹 백씩, 오십씩 자리를 잡아 앉게 하셨습니다.

예수님은 보리 떡 다섯 개와 물고기 두 마리를 취하시고 하늘을 향하여 축사하셨습니다. 다시 말하면 주 예수님은 하나님 아버지께 기도했습니다. 예수님은 하나님의 독생자이십니다. 그는 전능하신 하나님이십니다. 그러나 그는 현재 하나님 아버지의 뜻을 이루기 위해 세상에 오신 직분자 메시야입니다. 그는 이제 떡을 떼어 제자들에게 주었습니다. 제자들은 이 떡을 떼어 무리에게 나누어 주었습니다.

적은 자원이 주 예수님의 손을 거치게 될 때 무한히 불어났습니다. 오천 명 이상에게 이것을 나누어 주는 데 시간이 얼마나 걸렸는지 모릅니다. 아마도 두 시간 이상이 걸리지 않았겠나 생각하게 됩니다.

여러분, 한 아이가 주님께 바친 작은 도시락을 보십시오. 그것이 주님의 손에 주어졌을 때 무한한 축복의 원천이 되었습니다. 주님은 전능하십니다. 그는 창조주입니다. 지금도 어떤 것을 창조하실 수 있습니다. 그러나 주 예수님은 아무리 적어도 수단을 쓰시기 원하십니다. 오천 명 이상의 큰 무리를 먹이기 위해 그는 떡을 창조하지 않았습니다. 주님은 적은 것을 이적으로 많게 하셨습니다. 그는 작은 것을 큰 것으로 바꾸어 놓으셨습니다. 그러니 여러분, 적은 것을 무시하지 않아야 합니다. 우리가 교회에 예배 시간에 작은 것을 드립니다. 그러나 이것이 주님의 손에 들어가게 될 때 하나님의 나라를 위하여 아주 크게 사용될 수 있습니다.

나아가, 우리는 각기 어떤 재능과 능력을 갖추고 있습니다. 하나님이 주신 것입니다. 비록 작은 재능과 능력이라도 우리가 주님의 봉사를 위해 드릴 때, 주님의 나라와 교회를 위해 큰 결과를 가져올 것입니다. 교회 생활에서 여러분의 재능과 능력을 묻어 두지 마시기 바랍니다. 이를 적극적으로 주님을 위해 사용하시기 바랍니다. 그러면 주께서 그 일에 복을 주십니다.

본문 12절의 "그들이 배부른 후에"라는 말이 눈길을 끕니다. 저 오천 명의 무리가 다 배불리 먹었습니다. 남녀노소 할 것 없이 모두 배불리 먹었습니다. 귀족과 평민, 부자와 가난한 자 모두 배불리 먹었습니다. 아무도 주리고 만족하지 않은 사람은 없었습니다. 더 먹을 인간의 힘은 다했습니다. 그러나 더 먹일 예수 그리스도의 능력은 다하지 않았습니다. 신비스럽습니다. 주 예수 그리스도는 무한한 축복의 원천입니다.

더욱 이목을 끄는 것이 있습니다. 13절에 "보리떡 다섯 개로 먹고 남은 조각이 열두 바구니에 찼더라."라고 합니다. 보리떡 다섯 개로 시작했습니다. 여기 말한 바구니는 유대인들이 아기를 넣어 운반할 수 있는 크기의 바구니를 가리킵니다. 오천 명 큰 무리가 배불리 먹고 남은 조각을 거두니 열두 바구니였다고 합니다. 잔치를 시작할 때에 있었던 음식보다 잔치하고 난 후에 남은 것이 훨씬 더 많았습니다. 얼마나 놀라운 이적입니까? 하나님의 능력은 무한합니다.

여러분, 하나님의 능력은 제한되어 있지 않습니다. 하나님의 능력은 다하는 일이 없습니다. 그의 능력은 언제나 넘쳐납니다. 하나님이 지난날에 여러분에게 많은 것을 주셨습니다. 하나님은 아직 더 주실 수 있습니다. 주 예수 그리스도를 진심으로 찾으시기 바랍니다. 구하시기 바랍니다. 문을 두드리시기 바랍니다. 원하는 이상을 받게 될 것입니다.

하나님의 능력은 다하는 일이 없습니다. 하나님의 축복의 샘은 마르는 일이 없습니다. 우리가 길으면 길을수록 더 강하게 솟아납니다. 하나님의 능력은 언제나 넘쳐나고 있습니다.

3. 예수님의 메시야적 표적

끝으로 이 이적에 나타난 표적을 주목하게 됩니다.

큰 무리가 배불리 먹은 후에 예수님이 하시는 일에 놀랐습니다. 도대체 이분이 누구야? 생각한 것입니다. 그래서 그들은 "이는 참으로 세상에 오실 그 선지자야."라고 말했습니다(14절). 그들은 예수를 아주 잘못 보았습니다. 그들은 "예수께서 행하신 이 표적을 보고" 이렇게 판단했습니다(14절). 이 이적은 하나님이 보내시기로 언약한 메시야의 표적이었습니다. 그러나 그들은 예수님을 신명기 18:15에 예언된 한 선지자로만 생각했던 것입니다. 거기에서 하나님께서는 이스라엘 백성에게 모세와 같은 선지자 하나를 일으킬 것이라고 약속했습니다. 이 예언은 실상 모세처럼 그의 백성을 구원할 메시야를 보내실 것에 대한 약속이었습니다. 그런데 그들은 예수님을 선지자 중 가장 큰 선지자로만 생각하고 죄인들의 구주 메시야로는 생각하지 않았습니다.

그 시대에 유대인들은 거의 모두가 하나님이 약속한 메시야를 유대 민족을 이방인들의 속박에서 구원할 정치적인 메시야로 이해했습니다. 유대인들은 로마제국의 종살이에서 그들을 해방해줄 메시야로 믿었습니다. 그래서 그들은 예수님에게 로마제국으로부터의 해방을 기대했습니다. 15절 말씀이 이를 확인 시커줍니다. "예수께서 그들이 와서 자기를 억지로 붙들어 임금으로 삼으려는 줄 아시고 다시 혼자 산으로 떠나 가시니라."

예수님이 주린 오천 명을 먹이신 이적은 예수님이 메시야라는 분명한 표적이었습니다. 이 이적으로 예수님은 자기가 생명의 떡이라는 사실을 보여주셨습니다. 그는 주린 자들을 배불리 먹이셨고, 피곤한 자들에게 힘을 주셨습니다.

예수님은 그다음 날에 주린 오천 명을 배불리 먹이신 이적의 깊은 뜻을 말씀해 주십니다. 요한복음 6:22 이하를 읽어보십시오. 큰 무리가 다시 그를 쫓아와 나타나자 예수님은 "너희가 나를 찾는 것은 표적을 본 까닭이 아니요, 떡을 먹고 배부른 까닭이로다."라고 말씀하셨습니다[26]. 그리고 35절에는 "나는 생명의 떡이니, 내게 오는 자는 결코 주리지 아니할 터이요. 나를 믿는 자는 영원히 목마르지 아니하리라."라고 말씀하셨습니다.

메시야 예수는 예부터 그의 백성들에게 떡이요, 생수였습니다. 이스라엘 백성들이 광야 40년 생활에서 그가 주시는 만나를 먹고 살았습니다. 시편 기자는 시편 78:23~27에서 이렇게 말했습니다. "그가 … 하늘 문을 여시고 그들에게 만나를 비같이 내려 먹이시며 하늘 양식을 그들에게 주셨나니, 사람이 힘센 자의 떡을 먹었으며 그가 음식을 그들에게 충족히 주셨도다. … 먼지처럼 많은 고기를 비 같이 내리시고 나는 새를 바다의 모래 같이 내리셨도다."

여러분, 광야에서 누가 그들에게 만나와 메추라기를 주었습니까? 주 예수 그리스도였습니다. 광야에서 그들은 바위에서 나오는 생수를 마셨습니다. 사도 바울은 고린도전서 10:4에서 그 생수를 낸 바위는 그리스도, 곧 메시야였다고 했습니다. 하나님의 백성 이스라엘에게 주 예수 그리스도가 떡이요, 생수였습니다. 옛 이스라엘 교회는 예수 그리스도로 말미암아 배불리 먹고 마셨습니다. 그가 생명의 떡이요, 생명수였습니다.

그 주 예수 그리스도가 인간의 몸을 입고 이 세상에 오셨습니다. 유월절이 가까워져 오고 있습니다. 언약의 말씀을 가진 이스라엘 백성은 그가 나타내시는 표적으로 예수님이 곧 유월절 어린 양이요, 메시야 구주인 것을 알아야 했습니다. 그러나 그들은 예수를 잘못 보았습니다.

예수님은 다시 말씀하셨습니다. "나는 하늘에서 내려온 살아있는 떡이니, 사람이 이 떡을 먹으면 영생하리라. 내가 줄 떡은 곧 세상의 생명을 위한 내 살이니라."(51절) 이어 54~55절에 "내 살을 먹고 내 피를 마시는 자는 영생을 가졌고 마지막 날에 내가 그를 다시 살리리니, 내 살은 참된 양식이요, 내 피는 참된 음료로다."라고 말씀하셨습니다.

여기서 주 예수님은 아주 확실하게 자신이 유월절 어린 양임을 말씀하고 있습니다. 그는 곧 유월절 어린 양으로 죽임을 당할 것이요, 그의 백성을 구원하기 위해 희생의 제물이 될 것입니다. 그러나 저 눈먼 유대인들은 다가오는 유월절에 하나님의 어린 양으로 죄인들에게 참된 생명의 떡과 음료를 주실 메시야를 알아보지 못했습니다.

친애하는 여러분, 예수 그리스도는 우리의 구원을 위해 유월절 어린양으로 오셔서 죽임을 당했습니다. 그 결과 그는 우리에게 참된 양식이 되고 참된 음료가 되었습니다. 우리는 벳새다에서 오천 명을 배불리 먹이신 이적에서 육신의 떡만 주시는 예수님을 보아서는 안 됩니다. 저 이적은 주 예수께서 메시야라는 것을 알리는 표적이었습니다. 이것이 가장 중요한 교훈입니다.

예수 그리스도가 유월절에 우리를 위해 어린 양이 되어 죽어 주심으로 우리는 하늘의 참 떡과 하늘의 참 음료를 얻게 되었습니다. 죄 많은 이 땅 위에서 의에 주리고 목마름을 느끼십니까? 죽임을 당한 어린양 예수 그리스도 안에 죄 사함이 있습니다. 정결함을 얻을 길이 있습니다. 거기 우리의 의가 있고 성결함이 있습니다. 예수 그리스도가 우리의 영생이요, 모든 것에 모든 것이 됩니다.

친애하는 여러분, 이 예수 그리스도를 찾고 항상 그 안에 거함으로 영원하고 풍성한 생명을 누리시기 바랍니다. 아멘.

27. 아브라함이 누린 신앙의 기쁨

성경 봉독: 창세기 21:1~7, 요한복음 8:48~59
설교 본문: 요한복음 8:56

> 너희 조상 아브라함은 나의 때 볼 것을 즐거워하다가 보고 기뻐하였느니라.(요 8:56)

친애하는 여러분,

그리스도인들은 기뻐하며 사는 사람들입니다. 우리 본문에서 우리의 믿음의 조상 아브라함이 "기뻐하였다."라고 합니다. 그리스도 안에서 하나님에게 속한 사람은 누구나 항상 기뻐합니다. 갈라디아서 5장에 성령의 열매 아홉을 말하고 있습니다. 거기에 첫째가 사랑이요, 그다음이 희락, 곧 기쁨이라고 했습니다. 성령을 따라 사는 그리스도인은 항상 기뻐합니다. 그래서 사도 바울은 빌립보 성도들에게 "주 안에서 항상 기뻐하라. 내가 다시 말하노니 기뻐하라."라고 했습니다(빌 4:4).

그러나 여러분, 우리는 생활에 기쁨을 누리지 못할 때가 종종 있습니다. 우리 생활에 기쁨이 없을 때가 있습니다. 그 이유가 어디에 있을까요? 우리는 그 이유를 자주 어려운 환경 탓에 돌립니다. 개인적, 가정적, 사회적인 어려운 환경에 이유를 돌립니다. 병과 사업의 부진, 자녀 교육의 어려움 등에 이유를 돌립니다. 이 모든 어려움이 기쁨을 가질 수 없는 이유가 될 수 있습니다. 그러나 이런 것들이 근본 이유는 아닙니다.

우리 본문이 있는 요한복음 8장은 기쁨이 없는 참된 이유를 말하고 있습니다. 그것은 불신이라 합니다. 불신이란 무엇을 가리킵니까? 예수 그리스도를 구주로, 메시야로 받아들이지 않는 것입니다.

예수님이 세상에 오셔서 계셨을 때, 유대인들은 예수님을 직접 만날 특권을 가졌습니다. 그에게 복음을 직접 들을 수 있었습니다. 예수님과 대화를 나눌 수 있었습니다. 그런데 그들은 기쁨을 가지지 못했습니다. 그 이유가 어디에 있었습니까? 이유는 단순했습니다. 저 유대인들은 언제나 예수님과 논쟁의 기회를 찾았습니다. 예수님을 구주로 영접하지 않고 믿지 않았습니다.

우리가 요한복음을 읽을 때, 유대인들의 지도자들이 예수님을 날이 갈수록 점점 더 심하게 대적하게 된 사실을 알게 됩니다. 처음부터 그들은 예수님에게 귀를 기울이지 않았습니다. 예수님이 자기가 누구인지를 밝히면 밝히는 만큼, 그들은 더 예수님을 미워하고 대적하고 나섰습니다.

8:12을 보십시오. 예수님은 "나는 세상의 빛이니, 나를 따르는 자는 어둠에 다니지 아니하고 생명의 빛을 얻으리라."라고 하셨습니다. 이때 유대인인 바리새인들은 이 말씀에 강력하게 저항하고 나왔습니다. 그들은 말했습니다. "네가 너를 위하여 증언하니 네 증언은 참되지 아니하도다."라고 비판하고 나섰습니다.

이제 예수님은 자신이 아브라함 이상인 사실을 말씀하셨습니다. 8:58에 예수님은 "아브라함이 나기 전부터 내가 있느니라."라고 하셨습니다. 이때 유대인들은 돌을 들어 예수님을 치려 했습니다(59절). 유대인들의 마음은 예수님에 대한 미움과 시기로 가득 찼습니다. 그래서 유대인들에게는 기쁨이 없었습니다.

여러분, 유대인들은 하나님의 백성이요, 아브라함의 자손들이라고 스스로 자랑하였습니다. 메시야 예수님을 만나고, 보고, 그에게서 들었습니다. 그러면서도 그들은 기쁨을 갖지 못했습니다. 이것은 매우 이상하고 슬픈 일입니다.

그러므로 예수님은 이제 말씀하십니다. 너희들이 스스로 아브라함의 자손이라고 한다. 그러나 아브라함은 너희들과는 전혀 달랐다. "너희 조상 아브라함은 나의 때 볼 것을 즐거워하다가 보고 기뻐하였느니라."

여러분, 아브라함은 기쁨을 누렸습니다. 그러나 그의 자손인 유대인들은 기쁨을 갖지 못했습니다.

이제 본문으로부터 "아브라함이 가진 신앙의 기쁨"이란 제목으로 복음을 전하고 들으려 합니다. 여기서 우리는 두 가지 점에 관심을 기울이게 됩니다. 첫째로 아브라함이 기뻐한 이유, 둘째로 유대인들이 기쁨을 갖지 못한 이유에 대해서입니다.

1. 아브라함이 기뻐한 이유
2. 유대인들이 기쁨을 갖지 못한 이유

1. 아브라함이 기뻐한 이유

먼저, 아브라함이 기뻐한 이유를 생각합니다.

유대인들은 메시야를 기다렸습니다. 그들이 기다리던 메시야의 날이 왔습니다. 그러나 그들은 기쁨을 누리지 못했습니다. 왜 그들이 기쁨을 누리지 못했습니까? 우리 주 예수 그리스도는 그 이유를 잘 알고 계셨습니다. 그 이유는 그들이 약속된 메시야에 초점을 맞추고 살지 않았기 때문입니다.

유대인들의 삶에는 아브라함이 초점이 되는 인물이었습니다. 그들의 신앙생활에 있어서 중심인물은 아브라함이였습니다. 그래서 그들은 예수님을 그들의 중심인물인 아브라함과는 맞지 않는 분으로 보았습니다. 그들은 하나님이 아브라함과 맺은 언약의 내용을 이해하지 못했습니다. 하나님은 일찍이 아브라함에게 "내가 너로 큰 민족을 이루고 네게 복을 주어 네 이름을 창대하게 하리니 너는 복이 될지라."라고 약속하셨습니다 (창 12:2). 나아가 하나님은 아들이 없는 아브라함에게 씨를 약속하시고 그에게 "하늘을 우러러 뭇별을 셀 수 있나 보라. … 네 자손이 이와 같으리라."라고 언약하셨습니다. 아브람이 이것을 믿었을 때 여호와는 이것을 그의 의로 여기셨습니다(창 15:1~6).

하나님이 아브라함과 맺은 언약에서 중심인물은 아브라함이 아니었습니다. 그에게서 나게 될 씨 메시야였습니다. 그래서 예수님은 "너희 조상 아브라함은 나의 때 볼 것을 즐거워하였다."라고 말씀하셨습니다. 다른 말로 표현하면 이런 말씀입니다. "너희들은 나를 통해 너희 조상 아브라함을 보아야 한다. 아브라함은 나의 때 볼 생각을 하고 기뻐하였다."라는 말씀입니다.

여기 "나의 때"라는 말이 중요한 뜻을 가집니다. 아브라함은 하나님이 약속하신 메시야, 곧 예수님의 때에 초점을 맞추고 살았습니다. 그는 메시야 예수님이 오시는 때를 사모하고 살았습니다. 아브라함은 그의 삶의 가치를 메시야 예수의 때를 바라보는 데 두었습니다. 실로 아브라함은 예수님의 때를 보고 생각함으로 기뻐했습니다.

여러분, 모든 신자의 삶은 메시야 예수님을 초점으로 하고 살고 있는지에 의해 평가되어야 합니다. 우리 삶은 메시야 예수님을 중심으로 하고 사는지에 의해 평가되어야 합니다. 예수님이 우리 삶의 중심이 되어야 합니다. 생활의 중심에 메시야 예수님을 두고 사는 사람은 항상 기쁨을 가집니다.

유대인들은 큰 기쁨을 갖지 못했습니다. 그들은 예수님이 하나님의 언약에 따라 오신 메시야임을 알지 못했기 때문입니다. 여러분은 매일의 생활에서 기쁨을 가지고 있습니까? 기쁜 삶을 살기 위해서는 메시야 예수님이 여러분 생활의 중심에 있어야 합니다.

여러분, 우리는 우리 본문의 하반부에서 주목할만한 내용을 봅니다. 아브라함은 나의 때를 볼 것을 즐거워할 뿐 아니라 "보고 기뻐하였느니라."라고 합니다. 예수님은 아브라함이 자기의 때, 곧 예수의 때를 보고 기뻐하였다고 합니다. 이 말이 무엇을 의미하고 있을까요? 유대인들은 이 말을 전혀 이해하지 못했습니다.

그래서 그들은 예수님을 조롱했습니다. "네가 아직 오십 세도 못되었는데 아브라함을 보았느냐?"라고 했습니다. 다시 말하면 이렇게 조롱한 것입니다. "아브라함은 지금부터 천 년 전에 사신 분이야. 너는 아직 오십 세도 되지 않았어. 그런데 어떻게 네가 천 년 전에 산 아브라함을 보았다고 감히 말하느냐?"라는 것입니다. 매우 합리적인 이론으로 들립니다. 사람의 생각으로는 이런 이론이 찬동을 받을 수 있습니다.

여러분, 언약의 신앙 밖에서는 아무도 예수님의 그 말씀을 이해할 수 없습니다. 아브라함이 언제 그리스도의 때를 보고 즐거워했을까요? 우리는 여기서 아브라함의 아들, 이삭의 출생을 생각하게 됩니다. 이삭이 태어나던 때에 아브라함은 기뻐했습니다.

하나님은 일찍이 아브라함을 갈대아 우르에서 불러내시고

그와 언약을 맺으셨습니다. 창세기 12장을 보십시오. 하나님은 아브라함에게 이런 언약을 하셨습니다. "내가 너로 큰 민족을 이루고 네게 복을 주어 네 이름을 창대하게 하리니, 너는 복이 될지라. … 땅의 모든 족속이 너로 말미암아 복을 얻을 것이라."(창 12:2~3) 다시 창세기 17:4에서 하나님은 아브라함에게 "보라. 내 언약이 너와 함께 있으니, 너는 여러 민족의 아버지가 될지라."라고 말씀하셨습니다.

아브라함은 이 하나님의 약속이 이루어질 날을 바라보고 살았습니다. 그런데 아브라함은 그의 아들, 이삭이 태어났을 때 드디어 하나님 약속의 최초 성취를 보았습니다. 이 성취에서 그는 하나님의 언약의 완전한 성취에 대한 시작을 보았습니다. 아브라함은 그의 아들 이삭을 통해 오실 메시야를 내다보았습니다. 그래서 이삭이 출생하는 날에 아브라함의 마음은 기쁨으로 가득했습니다. 아브라함은 믿음의 눈으로 하나님의 약속이 성취되고 있는 것을 보았기 때문에 기뻐했습니다.

여러분, 아브라함은 처음 하나님의 약속의 성취를 믿는 데 어려움을 겪었습니다. 그는 백 세가 된 나이에 하나님이 아들을 주시겠다는 약속을 하셨습니다. 그는 자기 나이를 생각할 때에 이를 믿기 어려웠습니다. 창세기 17:17에 의하면 "아브라함이 엎드려 웃으며 마음속으로 이르되 백 세 된 사람이 어찌 자식을 낳을까 사라는 구십 세니 어찌 출산하리요."라고 했습니다. 그의 아내 사라도 90세가 되었는데 이 말을 듣고는 믿을 수 없어 속으로 웃었다고 18:12에서 말합니다.

27. 아브라함이 누린 신앙의 기쁨

그러나 아브라함은 인간적으로 믿기 어려웠지만, 하나님의 약속을 믿고 의심을 이겨냈습니다. 드디어 약속이 이루어지는 날이 왔습니다. 약속된 아들이 태어났습니다. 아브라함의 마음은 큰 기쁨으로 가득했습니다. 이것은 그가 그의 아들에게 준 이름에서 분명하게 나타납니다.

아브라함이 아들에게 준 이름이 '이삭'입니다. '이삭'은 '웃음'을 의미합니다. '이삭'에는 '그가 웃는다'라는 뜻이 있습니다. 이제 의심하던 사라도 아브라함의 기쁨에 동참했습니다. 사라가 이삭을 낳고 이렇게 말했습니다. "하나님이 나를 웃게 하시니 듣는 자가 다 나와 함께 웃으리로다."(창 21:6) 하나님이 약속한 아들 이삭이 태어났을 때, 아브라함과 사라는 참으로 크게 기뻐했습니다.

사랑하는 여러분, 아브라함의 기쁨은 오랫동안 아들을 갖지 못하고 있다가 한 아들을 얻었다는 사실에 제한되지 않았습니다. 물론 백 세가 되어 아들 이삭을 얻게 된 것은 아브라함에게 굉장히 기쁜 일이었다고 생각할 수 있습니다. 우리는 여러 해 아들을 얻지 못하고 있다가 드디어 아들을 얻은 사람들의 큰 기쁨을 잘 이해합니다. 그러나 아브라함이 가진 기쁨의 원인은 이보다는 다른 것에 있었습니다. 아브라함이 이삭을 얻고 크게 기뻐한 것은 하나님의 언약을 믿음으로 이삭의 출생에서 메시야를 통한 하나님의 위대한 구원의 시작을 보았기 때문입니다.

달리 말하면, 앞으로 올 구주 메시야와 그의 교회를 보았기 때문입니다. 이삭이 출생하는 날에 가진 아브라함의 기쁨은 믿음으로 인한 메시야 예수 안에서의 기쁨이었습니다. 이삭이 태어났을 때, 아브라함은 그 아들 이후에 올 메시야 예수님의 때를 내다보았습니다. 그래서 그는 기뻐했습니다. 예수 그리스도는 그 시대의 유대인들에게 이 기쁨에 관하여 말씀하셨습니다. 아브라함은 예수님이 오시는 때의 기쁨을 알았습니다. 그러나 아브라함의 자손들이라고 자칭하는 유대인들은 이 기쁨을 알지 못했습니다.

2. 유대인들이 기쁨을 갖지 못한 이유

둘째로 유대인들이 기쁨을 갖지 못한 이유가 무엇이었습니까?

유대인들은 예수님을 만났고 그에게서 듣고 그와 대화도 나누었습니다. 하지만 저들은 예수가 누구인지를 바로 알지 못했습니다. 예수께서 스스로 메시야임을 밝히면 밝히는 만큼 저들은 더 예수님을 대적했습니다. 그 이유가 어디에 있었을까요?

그것은 불신이었습니다. 유대인들은 오시는 메시야 예수에 대한 믿음을 갖지 않았습니다. 아브라함은 일찍이 오시는 메시야를 믿었습니다. 그러나 그의 자손이라고 말하는 유대인들은 그를 믿지 않았습니다. 그러므로 저들은 아브라함의 참된 자손이 아니었습니다. 저들이 메시야 예수를 믿지 않고 거절한 것이 이를 증거하고 있습니다.

유대인들은 조상 아브라함이 보았던 것을 보기를 원하지 않았습니다. 저들은 하나님의 구원의 기적을 믿지 않았습니다. 저들은 자기의 노력으로 구원을 얻을 수 있다고 생각했습니다. 구원은 하나님의 은혜의 기적을 통해 와야 한다는 것을 믿지 않았습니다. 오직 하나님의 은혜로 구원을 받게 된다는 사실을 믿지 않았습니다.

그러나 아브라함은 이 진리를 믿었습니다. 아브라함은 나이가 들면 들수록 그것을 더 인정했습니다. "나는 나이가 많아 나 스스로 아무것도 할 수 없다. 구원은 오직 하나님께로부터 와야 한다. 하나님께서 우리에게 씨를 주셔야 한다. 하나님만 주실 수 있다. 하나님이 반드시 그의 약속을 이루실 것이다." 그래서 약속된 아들, 이삭이 그에게 기적적으로 출생하게 되었을 때, 그는 크게 기뻐했습니다.

하지만, 예수님의 때에 유대인들은 이 믿음을 갖지 않았습니다. 특별히 저들의 영적 지도자들이 이 신앙을 갖지 않았습니다. 저들은 위대하신 하나님 앞에 자기들의 보잘것없는 적은 모습을 보지 않았습니다. 저들은 자기들의 할 수 없는 모습을 보지 않았습니다. 저들은 자신이 사탄에게 종이 되어 있음을 알지 못했습니다. 예수님이 이를 지적했을 때, 저들은 예수님께 도전하고 "우리는 아브라함의 자손이요, 우리 중에 누구도 종이 아니다."라고 외쳤습니다.

바로 이런 이유로 저들 마음에 예수 그리스도를 믿을 자리가 없었습니다. 저들은 예수 그리스도를 거절했습니다. 저들은 예수께서 메시야라는 사실을 받아들이기를 원하지 않았습니다. 그래서 저들은 예수님을 심히 미워하고 거절했습니다.

예수님은 하나님과 자신과 유대 백성에 관한 진리에 관하여 말씀하셨습니다. 저들이 그 진리를 겸손하게 받아들였다면, 예수 그리스도를 믿고 구원에 이르는 길을 발견했을 것입니다. 그러나 저들은 그 진리를 받아들이기를 원하지 않았습니다. 결국, 저들은 예수님의 때에 즐거워할 수 없었습니다. 저들은 기쁨으로 예수의 날을 보지 못했습니다. 이는 예수 그리스도 안에서 메시야를 볼 수 없었기 때문입니다.

여러분, 여러분은 어떻습니까? 여러분의 삶에 기쁨이 있습니까? 여러분의 삶에 참된 기쁨이 없습니까? 없다면 주요한 이유는 어디에 있을까요? 우리는 종종 우리 자신이 가진 자원을 통해 기쁨의 길을 발견하려 합니다. 우리는 죄된 방법으로 기쁨의 길을 찾으려 합니다. 그래서 시험에 떨어집니다. 술을 마시거나, 약물을 사용하거나, 세상 즐거움의 길을 취함으로 기쁨의 길을 찾으려 합니다. 우리는 스스로 기쁨을 생산할 수 있다고 생각함으로 교만해집니다. 하나님 앞에 작은 자가 되기를 주저합니다. 하나님 앞에 무릎을 꿇기를 원하지 않습니다. 그 결과는 무엇입니까? 복음에 있는 부유한 약속을 놓치는 것입니다.

형제자매 여러분, 이것이 우리 생활에 기쁨이 없는 이유입니다. 우리는 너무 자만합니다. 우리가 무능한 자라는 것을 부인하지 않고 있습니다. 우리는 할 수 없는 죄인이라는 것을 부인하지 않습니다. 그러나 우리는 이 진리를 진지하게 받아들이지 않고 있습니다. 진리가 이따금 우리에게 생명이 없는 메마른 교리가 되고 있습니다.

실제 생활에서 우리는 우리 자신에게 너무 많은 가치를 돌리고 있습니다. 전능하신 하나님을 바라보지 않고 있습니다. 하나님의 도움을 받기 위하여 달려가지 않고 있습니다. 죄에 대한 시험이 옵니다. 가끔 죄에 빠지게 됩니다. 그러나 예수님의 발 앞에 무릎을 꿇지 않습니다. 십자가를 바라보지 않습니다. "주여, 불쌍한 죄인인 나를 구원해 주옵소서." 부르짖지 않습니다. 여러분, 왜 우리 생활에 기쁨이 없습니까? 교만하기 때문입니다. 하나님의 은혜를 완전히 의지하지 않기 때문입니다.

예수님은 그 시대의 유대인들과 오늘 우리에게 아브라함의 좋은 예를 들어 주셨습니다. 아브라함은 그의 아들, 이삭 안에서 장차 올 메시야를 보았습니다. 그 메시야 안에서 아브라함은 "하나님이 계획하시고 지으실 터가 있는 성을" 바라보았습니다(히 11:10). 그는 모든 복을 오시는 메시야에게 의존했습니다. 그래서 그는 기뻤습니다.

친애하는 여러분, 우리는 오늘 하나님의 약속이 성취된 것을 분명하게 보고 인정합니다. 예수님의 때에 유대인들은 그것을 분명하게 보지 못했습니다. 저들은 예수님을 종의 형태로만 보았습니다. 영광을 갖지 못한 단순한 인자로만 보았습니다. 그러나 오늘 우리는 예수님을 전혀 달리 보고 있습니다. 우리의 죄를 위해 십자가에 못 박힌 분으로 보고 있습니다. 영광과 존귀로 관을 쓰신 분으로 보고 있습니다. 하늘의 하나님 아버지 우편에 앉아 계시는 구주로 보고 있습니다.

그렇다면 여러분, 우리는 우리 자신으로부터 어떤 것을 기대하는 일을 그쳐야 합니다. 우리 자신 밖에서, 오직 예수 그리스도 안에서 우리 삶을 찾아야 합니다. 예수 그리스도를 유일한 구주로 모셔야 합니다. 예수 그리스도를 모든 좋은 것의 원천으로 보아야 합니다. 예수님께서 우리를 모든 악에서 건져 주실 것이고 우리를 죄에서 구원해 주실 것입니다. 우리가 예수님을 사실대로 보고 믿으면 우리는 우리 생활에서 항상 기쁨을 갖게 될 것입니다.

친애하는 여러분, 우리는 예수님의 때를 보았습니다. 오늘이 또한 그의 때입니다. 예수님은 하나님의 아들이요, 육신이 된 말씀입니다. 그는 생명의 떡이요, 생수입니다. 그는 우리의 완전한 구주입니다. 그가 우리를 죄와 사망의 종 된 자리에서 해방시켜 주셨습니다. 그가 우리를 하늘의 본향, 하늘의 집으로 가는 길에 세워주셨습니다. 예수 그리스도를 실제 그대로 보시기 바랍니다. 그를 완전히 의지하시기 바랍니다. 그러면 여러분은 영원한 영광스러운 도성에 이를 때까지 이 세상 순례의 길에서 항상 기쁨을 누리게 될 것입니다. 아멘.

28. 격랑 속에서도 안심하는 하나님의 사람

성경 봉독: 사도행전 27:1~26
설교 본문: 사도행전 27:22~25

내가 너희를 권하노니 이제는 안심하라. 너희 중 아무도 생명에는 아무런 손상이 없겠고 오직 배뿐이리라. 내가 속한 바 곧 내가 섬기는 하나님의 사자가 어제 밤에 내 곁에 서서 말하되 "바울아, 두려워하지 말라. 네가 가이사 앞에 서야 하겠고 또 하나님께서 너와 함께 항해하는 자를 다 네게 주셨다." 하였으니 그러므로 여러분이여, 안심하라. 나는 내게 말씀하신 그대로 되리라고 하나님을 믿노라.(사도행전 27:22~25)

친애하는 여러분,

우리는 시간과 공간이 한정된 세계에 살고 있습니다. 시편 기자는 우리의 연수가 칠십이요, 강건하면 팔십이라고 했습니다(시 90:10). 우리는 이 세상에서 일정한 햇수와 날을 살게 됩니다. 삶이란 물거품과 같습니다. 죽음은 사람을 매 순간 위협을 합니다. 그래서 모세는 "우리에게 우리 날 계수함을 가르치사 지혜로운 마음을 얻게 하소서."라고 기도했습니다(시 90:12).

우리는 우리의 미래를 모릅니다. 아무도 우리의 앞길에 어떤 일이 일어날지 모릅니다. 이 덧없는 세상에서 우리는 서로 동정하며 서로 행복하기를 바랍니다. 재난의 때에 우리는 종종 "안심하십시오."라고 위로하고 격려합니다. 이것이 좋은 말이기는 하지만 실상 내용이 없는 말입니다. 왜냐하면, 이렇게 이웃을 위로 격려하는 우리 자신이 무능무력하기 때문입니다. 그래서 욥은 그에게 위로하는 친구들에게 "너희는 다 재난을 주는 위로자들이로구나. 헛된 말이 어찌 끝이 있으랴!"라고 했습니다(욥 16:2~3).

그러나 바울의 파선에 관한 이야기에서 우리는 매우 다른 사실을 보고 듣게 됩니다. 바울이 탄 배가 파선을 당했습니다. 거기 승선한 모든 사람이 거의 죽을 처지에 있었습니다. 모두 절망 가운데 있었습니다. 이때 바울은 이런 사람들에게 "여러분이여, 이제는 안심하시오."라고 했습니다. 당시 그의 말은 헛된 말이 아니었습니다. 참된 내용을 가진 말이었습니다. 이 말의 배후에는 확신이 있었습니다. 바울은 여기서 자기의 생각대로 말을 하지 않습니다. 그는 자기의 말을 전해주고 있지 않습니다. 하나님의 말씀을 전해주고 있습니다. 하나님의 말씀은 언제나 헛되이 돌아오는 일이 없습니다. 꼭 결과를 가지고 옵니다(사 55:11).

이 시간 본문으로부터 "격랑 속에서 안심하는 하나님의 사람"이라는 제목으로 복음을 전하려 합니다. 다음 두 가지 점에 주목하려 합니다.

1. 격랑 속에서 유일한 위로를 주는 바울
2. 사람들에게 복된 봉사를 하는 바울

1. 격랑 속에서 유일한 위로를 주는 바울

먼저, 파선을 당하는 거친 파도 속에서 유일한 위로를 주는 하나님의 사람 바울을 발견하게 됩니다.

사도행전 27장에서 우리는 로마로 가는 사도 바울의 여행에 관하여 읽게 됩니다. 바울은 헬라인들을 데리고 성전에 들어가서 거룩한 곳을 더럽혔다는 이유로 유대인들에 의해 고소를 당해 총독 벨릭스 앞에 서게 되었습니다(행 21:28, 24:6). 고소를 당한 바울은 로마의 시민권을 가진 사람이었습니다. 그래서 그는 로마의 황제 가이사에게 상소했습니다. 그 결과 로마법에 따라 아무 허물없는 바울이 피고인이 되어 로마로 호송되었습니다. 그 여행에는 누가와 아리스다고가 동행했습니다.

그 시대에 죄수들을 다루는 법은 일반적으로 오늘과는 달리 아주 혹독했습니다. 그러나 가이사랴에서 시돈으로 항해하던 중에 백부장 율리오가 바울을 매우 친절히 대해 주어 친구들에게 가서 대접을 받도록 허락했습니다. 매우 너그럽게 다루었습니다. 그 배가 루기아의 무라 시에 도착했습니다. 이 항구에서 죄인들을 호송할 책임을 진 백부장은 이탈리아로 가는 알렉산드리아 배를 발견하고, 죄수들을 그 배에 승선케 했습니다. 그 배는 애굽에서 로마로 밀을 싣고 가는 배 가운데 하나였습니다.

이 배는 원시적인 작은 배가 아니었습니다. 밀을 실고도 사람이 276명이나 탄 배였습니다. 그러니까 그 배는 상당히 잘 만들어진 큰 배임이 틀림없습니다. 그들은 여러 날 동안 거친 날씨를 만나게 되었습니다. 드디어 이 배는 그레데 해안을 따라 항해하여 '미항'이라는 곳에 이르렀습니다.

악천후로 여러 날이 걸려 금식하는 절기도 지났습니다. 금식하는 절기는 유대인들에게 속죄일을 의미합니다. 이 속죄일은 10월 초순에 있는 한 날이었습니다. 지중해 지역에서는 일반적으로 9월부터 1월 중순까지가 항해에 좋지 않은 계절이라고 합니다. 그래서 일반적으로 11월에서 2월까지의 겨울에는 항해가 중단된다고 합니다. 그들이 미항에 이르렀을 때 이미 금식일이 지났으니, 항해하기에 위험한 계절이 되었습니다.

미항에서 선장과 배에 탄 사람들은 미항에 머물러 겨울을 지내는 것이 좋을지. 혹은 더 항해를 계속해서 다른 항구에 가서 겨울을 지낼 것이 좋을지 논의했습니다. 이 논의에 사도 바울도 참여했습니다. 바울은 한 죄수로 승선한 형편에 있었지만, 항해에 상당한 경험이 있었습니다. 그는 선교 여행 중에 세 번이나 파선을 당하고 일 주야를 깊은 바다에 지낸 일이 있었다고 고린도후서 11:25에서 말했습니다. 그래서 바다에서 위험을 경험한 적이 있는 바울은 위험을 내다보고 겨울에 항해하지 말 것을 권고했습니다. 그는 말했습니다. "내가 보니 이번 항해가 하물과 배만 아니라 우리 생명에도 타격과 많은 손해를 끼치리라."라고 경고했습니다(27:10).

28. 격랑 속에서도 안심하는 하나님의 사람

그러나 선장과 다수가 바울의 말을 믿지 않고 더 항해하여 뵈닉스에 가서 겨울을 지내자고 했습니다. 백부장도 바울의 말보다는 선장과 선주의 말을 더 믿었습니다. 이것은 이상할 것이 없습니다. 그들은 바울이 누구인지 잘 몰랐기 때문입니다. 남풍이 순하게 부니 그들은 잘 항해할 수 있을 것으로 믿고 항해를 계속했습니다. 이제 몇 시간만 지나면 그들의 목적 항구인 뵈닉스에 안착할 것으로 생각했습니다. 그런데 갑자기 바람이 남풍에서 동북풍으로 바뀌었습니다. 배에 탄 사람들은 이 바람이 보통 바람이 아니라는 것을 알았습니다. 이 바람은 그곳 항해자들에게 제일 큰 원수로 여겨져 온 유라굴로라는 태풍임을 알아차렸습니다.

배는 목적한 뵈닉스를 향해 더 갈 수 없었습니다. 배는 방향을 잃고 물 위에 공처럼 바람 부는 대로 흔들리게 되었습니다. 이튿날에는 사공들이 모든 짐을 바다에 던졌습니다. 사흘째 되는 날에는 배의 모든 기구를 그들의 손으로 버리게 되었습니다. 그들은 살아남기 위해서 모든 수단을 다했습니다. 여러 날 동안 해도, 별도 보이지 않고 풍랑이 몰아쳤습니다.

거의 열나흘 동안 거의 먹지도 못하고 자지도 못했습니다. 뱃멀미를 경험한 분들은 그 비참한 처지를 이해할 수 있을 것입니다. 이제 구원받을 여망이 사라져 모두가 절망 가운데 있습니다. 죽음의 그림자가 그들 위에 내렸습니다. 사도행전 27:15~20에 바다의 재난에 대하여 그림 같이 기록된 것을 우리는 읽게 됩니다. 이것은 흥미 있는 이야깃거리로 우리에게 소개하는 것이 아닙니다. 이것은 하나님께서 뜻이 있어서 그의 교회에 주시는 실화입니다.

이런 격렬한 바다 가운데서도 당황하지 않은 한 분이 있었습니다. 그는 절망하고 있는 분으로 보이지 않았습니다. 누구나 그의 얼굴에서 평강과 소망을 읽을 수 있었습니다. 이분은 미항에서 더 항해하여 나아가지 말라고 경고하였던 분입니다. 그의 경고는 옳았습니다. 그는 이제 자기 말에 귀를 기울이지 않은 선장과 선주 모든 사람을 책망할 수 있었습니다.

그러나 그는 그런 작은 마음을 가진 분이 아니었습니다. 그는 단지 그들에게 그가 전에 한 경고를 생각나게 했습니다. 이것은 그의 말에 대한 좋은 반응을 얻기 위한 것뿐이었습니다. 그는 말했습니다. "여러분이여, 내 말을 듣고 그레데에서 떠나지 아니하여 이 타격과 손상을 면하였더라면 좋을 뻔하였습니다."라고 하고(21절) 이어 "여러분에게 권합니다. 이제 안심하십시오."라고 했습니다(22절).

여러분, 이 사람이 그 격한 풍랑 속에서 평안히 있었습니다. 그가 어떻게 평안히 있을 수 있었을까요? 사도행전의 저자요, 동행인인 누가는 그 당시의 사람들에게는 "구원의 여망마저 없어졌더라."라고 기록하고 있습니다(20절). 그런데 바울은 어떻게 소망을 포기하지 않았을까요? 그는 구원의 여망을 잃은 사람들 가운데서 태연하게 조용히 있었습니다. 이것은 소망을 잃은 자들에게는 이미 하나의 설교였습니다.

28. 격랑 속에서도 안심하는 하나님의 사람

그가 어떻게 이렇게 안심하고 소망을 잃은 자들에게 "여러분이여, 안심하십시오."라고 하며 용기를 줄 수 있었을까요? 우리는 여기서 그를 초인적인 사람으로 보지 않아야 합니다. 그는 우리와 같은 사람이었습니다. 그도 격한 바다가 무서웠습니다. 그러나 그는 두려움을 물리치고 깨어났습니다. 그는 안심하고 낙관했습니다. 어떻게 이것이 가능했을까요?

여러분, 바울은 그가 누구에게 속한 것을 알았습니다. 그는 말했습니다. "내가 속한 바, 곧 내가 섬기는 하나님의 사자가 어제 밤에 내 곁에 서서 말하되"라고 합니다. 이 말 속에 "내가 속한 하나님"이란 말이 주의를 끕니다. 이 몇 마디의 말 속에 하나님의 사람이 가진 말할 수 없는 보화가 있습니다. 이것은 하나의 신앙고백입니다. "나는 하나님께 속해 있다." "나는 하나님의 소유이다." "나는 죽으나 사나 하나님께 속해 있다." 이것은 신앙고백의 핵심입니다.

우리는 바울이 쓴 교리적인 서신인 로마서를 알고 있습니다. 우리가 하나님의 소유라는 결론에 이르기 위해서는 긴 해설이 앞서 있습니다. 바울은 로마서 1장에서 11장까지 그리스도를 통한 하나님의 구원역사를 길게 해설한 후에 12:1에 "그러므로"라는 말을 합니다. 이것은 말하자면 "너희는 너희 것이 아니라."라는 결론을 시작하는 말입니다. "그러므로 너희를 권하노니, 너희 몸을 하나님이 기뻐하시는 거룩한 산 제물로 드리라."라고 말합니다.

그러나 우리 본문의 "내가 속한 하나님"이란 신앙고백은 고요한 연구실에서 연구해서 만들어진 것이 아니었습니다. 격한 풍랑의 바다 위에서 위험한 순간에 한 고백이었습니다. 따라서 이것은 참된 의미가 있는 산 신앙고백이었습니다. 우리는 별 뜻 없이 신앙고백을 할 때가 많습니다. 우리 신앙고백이 우리의 생활과 먼 때가 많습니다. 그러나 바울은 그렇지 않았습니다. 그의 고백은 참으로 그의 생활과 직결되어 있었습니다. 그래서 그는 위험한 순간에 "나는 하나님께 속해 있다고"라고 말할 수 있었습니다.

이 신앙고백은 불안한 세상에 사는 우리에게 평안을 가져옵니다. 이 고백은 절망적인 환경에서 소망을 줍니다. "내가 속한바, 내가 섬기는 하나님"이란 고백은 죽어서나 살아서나 우리에게 유일한 위로입니다. "내가 속한 하나님"이란 고백은 자연히 개혁교회가 가진 하이델베르크 교리문답 제1 문답을 생각하게 합니다. "살아서나 죽어서나 당신의 유일한 위로는 무엇입니까?" "몸과 영혼이 살아서나 죽어서나 나의 신실한 구주 예수에게 속해 있다는 것입니다."

"나는 나의 하나님 나의 주께 속해 있습니다." 이 신앙은 바울에게 절망적 환경 가운데서 평안과 신뢰와 낙관을 주었습니다. 주 하나님이 누구입니까? 그는 그의 독생자의 보배로운 피로 나를 사셨습니다. 바울은 일찍이 에베소 장로들에게 "하나님이 자기 피로 사신 교회를 보살피게 하셨느니라."라고 했습니다(행 20:28). 그가 그 보배로운 피로 산 나를 어떻게 버릴 수 있습니까?

배에 있는 모든 사람이 절망 가운데 있을 때 바울은 안심했습니다. 나아가, 그는 결코 헛되게 돌아오지 않는 하나님의 말씀에 대한 신앙을 가졌습니다. 하나님께서 하신 말씀은 무엇이든 참되고 영원합니다. 바울은 말했습니다. "나는 내게 말씀하신 그대로 되리라고 하나님을 믿노라."(25절)

바울은 성령의 감화와 인도를 받고 사도행전 19:21에 "내가 … 후에 로마도 보아야 하리라."라고 말한 적이 있습니다. 주님은 바울을 복음 증거자로 로마에 보낼 계획을 세우고 계셨습니다. 사도행전 23:11에 보면, 바울이 예루살렘의 감옥에 갇혀 있을 때, 고요한 밤에 주님이 바울 곁에 나타나셔서 "담대하라. 네가 예루살렘에서 나의 일을 증언한 것 같이 로마에서도 증언하여야 하리라."라고 하셨습니다. 그러므로 바울은 로마에서 복음을 증거하기 전에는 결코 죽지 않는다고 확신했습니다. 그는 지난날 주신 하나님의 말씀을 믿음으로 절망적인 환경 중에서도 흔들리지 않고 평안과 용기를 얻었습니다.

바다에서 파선의 형국을 맞은 위기에 그는 다시 하나님의 사자를 통해 "바울아, 두려워 말라. 네가 가이사 앞에 서야 할 것이다."라는 말씀을 들었습니다(행 27:24). 주께서 친히 이 말씀을 하셨습니다. 주의 말씀은 언제나 확실합니다. 주께서 나를 통해 이루실 계획을 세우고 계십니다. 바울은 하나님의 말씀을 전할 곳 로마를 내다보았습니다. 이 신앙이 격랑의 바다 가운데서도 그에게 평안과 자신감을 주었습니다.

친애하는 여러분, 하나님의 말씀을 사랑하고 신뢰합니까? 하나님의 말씀을 신뢰하는 사람들은 모든 불안이 가득한 환경 속에서도 평안을 누립니다. 격노한 바다 같은 세상 속에서도 평안을 누립니다. 하나님의 말씀을 언제나 사랑하고 신뢰하시기 바랍니다. 그러면 참된 위로와 평강을 즐기게 될 것입니다.

2. 사람들에게 복된 봉사를 하는 바울

둘째로 바울은 절망 중인 사람들에게 복된 봉사를 한 사실을 보게 됩니다.

하나님에 대한 신앙을 고백하는 바울은 자신이 놀라운 위로를 받고 즐길 뿐 아니라, 주변에 있는 많은 사람에게 복이 되고 있습니다. 하나님께서 바울을 구원하시는 것은 그가 로마에 가서 복음을 증거하기 위해서입니다. 바울은 이를 위해 격랑의 바다에서 구원을 받아야 합니다. 하나님이 그의 종 바울을 구원하실 때, 다른 모든 승무원과 승선한 분들도 격랑의 바다에서 구원을 받게 됩니다.

여러분, 교회는 세계가 구원을 받게 되는 방주입니다. 역사는 이 진리를 줄곧 우리에게 가르쳐 주고 있습니다. 노아 때에 세계가 방주로 말미암아 구원을 받았습니다. 교회는 이 세상에서 큰 의무를 지고 있다는 것을 알아야 합니다.

이 세상이 아직 존재하고 있는 것은 그리스도께서 그의 교회를 모으시고 있기 때문입니다. 선택받은 하나님 백성의 최후 한 사람이 교회에 들어오면 세상은 더 존재할 의미가 없게 됩니다. 주께서 그의 심판의 날을 늦추는 것은 그의 교회를 위해서입니다.

소돔 고모라에 의인 열 사람이 있으면, 하나님은 그 의인을 위해서 그 도시를 멸하지 않을 것이라고 하셨습니다. 이것을 우리는 잘 알고 있습니다. 우리는 이와 꼭 같은 진리를 우리 본문에서도 발견하게 됩니다. 우리 본문이 몇 사람의 신자들, 아니, 한 사람의 신자가 다른 사람들을 위한 복이 될 수 있다는 것을 가르치고 있습니다. 하나님의 사자가 바울에게 말했습니다. "하나님께서 너와 함께 항해하는 자를 다 네게 주셨다."(24절)

열나흘 동안, 바다의 재난을 겪는 동안 배에서 바울이 무엇을 하고 지냈을까요? 물론 그는 승선한 사람들과 함께 그의 최선을 다했을 것입니다. 그러나 그는 다른 사람들이 하지 않는 특별한 일을 했을 것입니다. 그는 분명히 자신과 다른 사람들을 위해 기도했을 것입니다. 그의 기도는 응답 되었습니다. 그는 거기 승선했던 수백 명에게 복이 되었습니다.

여러분, 여러분의 가족과 친족과 친구들이 복을 누리기를 원하십니까? 그들을 위해 할 수 있는 일이 무엇일까요? 물론 그들을 위해 기도하는 일입니다. 그들을 위할 한 가지 일이 있습니다. 야고보는 "의인의 간구는 역사하는 힘이 큼이니라."라고 했습니다(약 5:16).

여러분이 여러분의 가정에서, 여러분의 교회에서, 여러분의 일터에서 의인이라면, 하나님이 인정하는 신자라면, 여러분은 확실히 여러분의 가정에, 교회에 복이 될 것입니다. 젊은 형제자매 여러분, 여러분이 여러분의 학교에서, 여러분의 단체에서 의인이면, 여러분의 학교, 여러분의 단체에 복이 될 것입니다. 어떤 사람이 되기를 원합니까?

이 세상은 매일 신앙적으로, 도덕적으로 무너져 가고 있습니다. 이 세상은 격한 폭풍을 만나 방향을 잃은 알렉산드리아 배처럼 흔들리고 있습니다. 위험한 때입니다. 여러분은 이럴 때 여러분에게 주님이 무엇을 기대하시는지 아십니까?

미래는 우리에게 숨겨져 있습니다. 국가적으로 국제적으로 어떤 일이 일어날지 알려지지 않습니다. 우리 개인 생활, 가정 생활, 교회 생활, 사회생활, 민족 생활에 어떤 일이 일어날지 우리에게 알려지지 않습니다. 거기 위협적인 것들이 있을 수 있습니다. 그러나 조용한 남풍도 있을 수 있습니다. 모든 일이 잘되어 갈 수도 있습니다. 건너편에 안전한 뵈닉스 항구가 있습니다. 우리가 거기 안전하게 도달할 수 있습니다. 그러나 다른 가능성도 있습니다. 갑자기 강한 북풍이 몰아쳐 올 수 있습니다. 앞으로 무슨 일이 일어날지 우리는 모릅니다. 병이 날 수도, 다른 재난이 올 수도 있습니다. 모든 것이 불확실합니다.

유라굴로 태풍이 일어날 수 있습니다. 276명이 같은 배 안에 있었습니다. 저 광풍 속에서는 서로 도울 길이 없었습니다. 모두 같은 광풍 속에 있었습니다. 저 276명이 서로의 도움을 가장 필요로 했을 때, 그들은 전혀 서로 도울 수 없었습니다.

그러나 거기 하나님을 믿고 사는 한 분, "내가 속한바, 내가 섬기는 하나님"을 고백하는 한 사람이 위로를 얻고 소망과 확신 가운데 있습니다. 그는 광풍과 높은 파도 속에서도 평온했습니다. 하나님이 구원하는 사람은 구원을 받습니다. 하나님이 필요하게 여기시면, 그의 백성을 위해 그의 사자들을 보내십니다. 오늘 많은 사람이 마귀와 천사에 대해 별로 생각하지 않습니다. 어떤 분들은 이것을 미신이라고 말합니다.

바울을 위하여 하나님은 그의 사자, 천사를 보냈습니다. 우리는 천사를 볼 수 없습니다. 그러나 하나님은 구원을 기다리는 자들을 위해 그의 사자들을 보내십니다. 우리가 이 신앙으로 살지 않으면 우리는 참된 위로를 놓칩니다. 성경은 반복해서 이것에 대해 말합니다.

우리는 그것을 시편 91:11~12에서 노래합니다. "그가 너를 위하여 그의 천사들을 명령하사 네 모든 길에서 너를 지키게 하심이라. 그들이 그들의 손으로 너를 붙들어 발이 돌에 부딪히지 아니하게 하리로다." 우리는 또 시편 34:7로 "여호와의 천사가 주를 경외하는 자를 둘러 진 치고 그들을 건지시는도다."라고 노래합니다.

주 하나님은 우리를 지키시고 구원하십니다. 그러나 우리가 하나님으로부터 구원받기 전에 우리가 종종 모든 짐을 던져버려야 할 형편이 생길 수 있습니다. 많은 어려움을 당할 수 있습니다. 배의 기구도 다 내버려야 할 경우가 있을 수 있습니다.

그러나 우리가 아는 한 가지 놀라운 사실이 있습니다. 결코 파선하지 않는 배가 있다는 사실입니다. 이 배는 아무리 큰 광풍이 몰아쳐도 안전한 항구에 도달합니다. 예수 그리스도가 결코 파선하지 않는 배입니다. 내가 속한바, 내가 섬기는 주 예수 그리스도를 믿고 의지하고 살아갈 때, 거기 영원하고 참된 안전과 평안함이 있습니다. 아멘.

29. 하나님의 은혜로운 선택

성경 봉독: 에베소서 1:3~14
설교 본문: 에베소서 1:4~6

곧 창세 전에 그리스도 안에서 우리를 택하사 우리로 사랑 안에서 그 앞에 거룩하고 흠이 없게 하시려고 그 기쁘신 뜻대로 우리를 예정하사 예수 그리스도로 말미암아 자기의 아들들이 되게 하셨으니 이는 그가 사랑하시는 자 안에서 우리에게 거저 주시는 바 그의 은혜의 영광을 찬송하게 하려는 것이라.(에베소서 1:4~6)

친애하는 여러분,

그리스도인들은 하나님을 찬양하는 사람들입니다. 그리스도인은 많은 사람 가운데서 하나님이 은혜로 택해 주시고 불러 주신 놀라운 사랑을 알기 때문에 하나님을 찬양합니다. 하나님이 택해 주셨다는 사실을 확신하는 사람은 그 무한한 사랑에 감사하고 그의 놀라운 은혜를 찬송하며 살아가게 됩니다.

그런데 하나님이 나를 택하셨다는 가르침은 쉽게 이해되지는 않습니다. 많은 사람이 이것을 이해하지 못합니다. 그래서 어떤 사람은 "내가 하나님을 택하지 않았는가? 내가 그리스도를 나의 구주로 믿기로 작정하지 않았는가?"라고 생각합니다. 내가 스스로 하나님을 택하고 그리스도를 믿게 되었다는 것입니다. 이렇게 말하는 것은 어느 정도 이해가 됩니다. 왜냐하면, 하나님께 나오게 된 것은 다른 사람이 아니고 나 자신이기 때문입니다. 그리스도를 믿기로 작정한 것은 다른 사람이 아닌 나 자신이기 때문입니다.

그러나 성경은 이렇게 말합니다. "네가 하나님을 택하고 그리스도를 믿기로 작정한 것은 사실이다. 그러나 네가 그렇게 하게 된 것은 하나님이 창세 전에 너를 택했기 때문이다."라고 하는 것입니다.

그래서 성경이 가르치는 선택의 교리는 신비스럽습니다. 우리 인간의 지혜로 그 신비를 쉽게 이해할 수 없습니다. 이 선택에 대한 가르침은 하나님을 경외하는 마음으로 받아들여야만 합니다.

성경에서 하나님은 우리를 택하시는 분으로 자기를 나타내 주셨습니다. 그는 우리를 당황스럽게 하려고 선택하지 않았습니다. 우리가 선택해 주신 그의 사랑에 감사하고 우리가 그의 영광스러운 은혜를 찬송하게 하려고 우리를 택하셨습니다. 그래서 선택의 교리는 우리가 찬양해야 할 교리입니다.

오늘 우리 설교 본문 말씀으로부터 "하나님의 은혜로운 선택"이란 제목으로 주 예수 그리스도의 복음을 전하고 들으려 합니다.

다음 세 요점에 주목하려 합니다. 하나님은 첫째, 창세 전에 둘째, 그리스도 안에서, 셋째, 그의 주권적 사랑 가운데서 우리를 택했습니다.

    1. 하나님은 창세 전에 우리를 택했습니다.
    2. 하나님은 그리스도 안에서 우리를 택했습니다.
    3. 하나님은 그의 주권적 사랑 가운데서 우리를 택했습니다.

1. 하나님은 창세 전에 우리를 택했습니다.

첫째, 하나님이 창세 전에 우리를 택하신 사실에 대하여 들으려고 합니다.

사도 바울은 우리 본문 바로 앞 절인 3절에서 "찬송하리로다. 하나님, 곧 우리 주 예수 그리스도의 아버지께서 그리스도 안에서 하늘에 속한 모든 신령한 복으로 우리에게 복을 주셨다."라고 합니다. 정말 하나님은 모든 신령한 복으로 우리에게 복을 주셨습니다. 우리는 하나님이 그리스도 안에서 우리에게 주신 신령한 복을 기쁨과 감사로 확인할 수 있습니다. 하나님은 우리에게 아낌없이 복을 주셨습니다.

하나님은 우리에게 거룩한 복음을 주셨습니다. 믿음으로 우리를 그에게로 이끌어 주셨습니다. 우리를 위해 그의 교회를 세워주셨습니다. 우리에게 세례로 복을 주셨습니다. 우리에게 죄 사함의 축복과 의와 영생의 축복을 주셨습니다.

우리 주 예수 그리스도의 하나님 아버지는 모든 신령한 복으로 우리에게 복을 주셨습니다. 이 모든 복은 우연이 아닙니다. 이를 위해서는 깊은 배경이 있습니다. 우리 본문이 그 배경이 무엇임을 알려주고 있습니다. 그 배경은 하나님의 선택입니다.

왜냐하면, 바울 사도는 "우리를 택하사"라고 합니다. 하나님은 많은 사람 가운데서 우리를 택해 주셨습니다. 하나님은 일찍이 우리를 보시고 "저를 내 자녀로 삼으리라." 하고 생각하셨습니다. 하나님은 특별한 목적을 가지시고 우리를 택하셨습니다. 하나님은 특별한 자리를 우리에게 주시기 위해서 택하셨습니다.

우리 본문 5절은 이렇게 말합니다. "우리를 예정하사 자기의 아들들이 되게 하셨다."라는 것입니다. 이 얼마나 놀라운 하나님의 생각입니까? 하나님은 우리를 자기 자녀가 되게 하려고 우리를 택하셨다고 합니다. 이것은 우리에게 무엇을 의미합니까? 우리 주 예수 그리스도의 아버지 하나님은 우리를 죄의 종 된 집에서 이끌어내시어, 그의 집으로 인도하시고 그의 사랑 아래 우리를 두기 원하셨다는 것입니다. 이로 말미암아 우리는 그의 자녀로서의 공식적인 자격을 얻었습니다.

29. 하나님의 은혜로운 선택

여러분, 이것은 우리에게 한없는 특권을 의미합니다. 우리가 하나님의 자녀이면 우리는 모든 면에서 그의 돌보심을 받게 됩니다. 그의 보호를 받고 그의 양육을 받게 됩니다. 그렇습니다. 우리는 그의 자녀입니다. 그래서 우리는 그의 보호를 받고 양육을 받고 있습니다. 우리가 그의 자녀이면 그의 상속자가 됩니다. 하나님의 소유, 하나님의 나라가 우리의 것이 될 것입니다. 거기 우리의 영광스러운 미래가 있습니다.

하나님이 우리를 택했습니다. 우리 주변에는 하나님을 알지 못하고 죄 가운데 살다가 소망 없이 죽는 사람이 많이 있습니다. 슬픈 일입니다. 그러나 하나님은 우리를 택하셨습니다. 우리는 다 죄인입니다. 이 땅에 의인은 한 사람도 없습니다. 죄인은 죗값을 받고 멸망을 받아야 합니다. 그러나 하나님은 모든 사람이 멸망하는 것을 기뻐하지 않았습니다. 하나님은 우리를 택하셔서 하나님을 알고 경외하는 사람들이 이 세상에 있게 하셨습니다.

이 세상에서 많은 사람이 하나님께 악한 말을 합니다. 하나님이 세상에서 하시는 일을 비난합니다. 하나님의 말씀을 비합리적이라 생각하고 비웃기도 합니다. 대중 매체들도 기독교를 비난하고 하나님의 이름을 모욕하는 것을 종종 듣고 보게 됩니다.

하나님이 타락한 인간들 가운데서 그의 백성을 택하지 않으셨다면 이 세상에는 하나님을 모독하는 일밖에 없었을 것입니다. 그러나 이것이 하나님의 뜻이 아니었습니다. 하나님은 다른 아름다운 소리가 이 세상에 들려지기를 원하셨습니다. 하나님을 찬양하고 그의 놀라운 행사를 증거하는 소리가 들려지기를 원했습니다. 그래서 하나님은 타락한 인간 가운데서 우리를 그의 백성으로 택하셨습니다.

하나님이 우리를 택하신 것은 우리가 거룩하고 흠이 없게 살도록 하기 위해서입니다. 하나님이 우리를 택하신 것은 우리가 그의 영광의 찬양을 위해 살기 위해서입니다. 하나님이 우리를 택하신 것은 우리가 그를 전적으로 섬기는 제사장적 생활을 하도록 하기 위해서입니다.

친애하는 형제자매 여러분, 하나님은 이것을 위해 창세 전에 우리를 택하셨습니다. 사도 바울은 우리 본문 4절에 "창세 전에 그리스도 안에서 우리를 택했다."라고 합니다. 창조 이전, 시간이 시작되기 전에는 하나님만 그의 완전하심 가운데 계셨습니다. 창조 이전의 영원 속에서 하나님은 놀라운 일을 행하셨습니다. 예, 하나님은 우리를 그의 자녀로 택하셨습니다.

그때 우리는 아직 존재하지 않았습니다. 하나님은 아직 우리에게 있는 어떤 것을 보시지 않았습니다. 우리는 아직 그때 하나님을 섬기지 않았습니다. 그때 우리는 아직 그의 말씀을 듣고 순종하는 일이 없었습니다. 그때 우리는 아직 태어나지도 않았습니다. 그때 우리 안에는 하나님의 기뻐하실만한 어떤 것도 가지고 있지 않았습니다. 물론 우리는 그가 미리 보실 수 있는 어떤 신앙을 갖고 있지 않았습니다.

하나님이 하늘과 땅을 지으시기 전에 우리를 택했습니다. 하나님이 하늘과 땅을 지으셨을 때 이미 우리에 대한 선택은 확실했습니다. 하나님이 빛이 있으라 하시기 전에 그는 이미 우리를 그의 눈앞에 두고 계셨습니다. 하나님이 첫 사람 아담과 하와를 만드시고 그들과 언약을 맺으셨을 때, 하나님은 우리가 그 앞에 그의 자녀로 있게 될 것을 내다 보셨습니다.

창조 이후 세상에 일어난 어떤 일도 그의 하시는 일을 중단시킬 수 없었습니다. 아무것도 하나님께서 그의 목적을 이루는 길을 막을 수 없었습니다. 하나님은 우리가 그의 자녀가 되기를 원하셨습니다. 우리가 그의 교회에서 자라기를 원했습니다. 우리가 거룩하게 되기를 원했습니다. 하늘의 상속을 받을 날을 향해 우리를 인도하기 원하셨습니다.

하나님은 이 모든 것을 그의 영원한 선택에 뿌리를 두고 행하시고 계십니다. 아무것도 하나님이 그의 목적을 이루어 가시는 길을 막을 수 없습니다. 여러분, 하나님의 이 놀라운 은혜를 기뻐하며 감사합시다.

하나님이 우리를 선택해 주신 것은 확실합니다. 하나님이 택하신 자들의 구원은 확실합니다. 그래서 우리는 하나님이 나를 선택해 주셨다는 말씀으로부터 한없는 위로를 받고 그를 찬양하게 됩니다.

2. 하나님은 그리스도 안에서 우리를 택했습니다.

둘째, 하나님은 그리스도 안에서 우리를 택했다는 것입니다.

우리 본문은 "하나님, 곧 우리 주 예수 그리스도의 아버지께서 … 그리스도 안에서 우리를 택하였다."라고 합니다. "그리스도 안에서 우리를 택하셨다."라는 말은 짧지만 무한한 깊이를 가지고 있습니다. 우리 주 예수 그리스도의 아버지 하나님은 영원한 가운데서 그의 마음속에 우리와 그리스도를 함께 생각하셨습니다. 하나님 아버지께서 우리를 택하셨을 때 그의 마음속에 그의 아들 그리스도가 이미 있었습니다. 그래서 선택은 그리스도 밖에서는 말할 수 없습니다. 하나님은 그리스도를 떠나서 우리를 택하시지 않았습니다. 선택에 있어서 하나님 아버지는 그의 아들이 직접 연관되게 하셨습니다. 이것은 하나님의 지혜입니다. 이것은 우리에게 숨겨진 신비입니다.

그런데 여러분, 우리는 하나님께서 우리를 택하신 일을 어떻게 집행해 가시는지 살펴봄으로 이것을 알 수 있습니다. 하나님 아버지는 그가 선택하신 자들을 구원하기 위해 그의 아들을 이 세상에 보냈습니다. 아들 예수 그리스도는 아버지의 뜻을 완전히 순종했습니다. 그는 아버지의 뜻을 이루기 위해 이 세상에 사람의 몸을 입고 오셨습니다. 그리고 그는 선택받은 자들을 구속하기 위해 십자가에 죽으셨습니다.

성경에서 우리는 아버지와 아들이 어떻게 완전한 조화 속에서 우리의 구속을 위해 일하셨는지를 알게 됩니다. 아버지는 아들을 기뻐하셨습니다. 아들은 아버지를 사랑하고 순종했습니다. 그는 죽기까지 아버지의 뜻을 순종하였습니다. 아버지는 그의 아들이 이루신 일을 기뻐하시고, 하늘과 땅에 있는 모든 권세를 아들에게 주셨습니다. 이 모든 것에서 우리는 창세 전 선택을 위해 아버지와 아들 사이에 완전한 일치와 조화가 있었음을 알게 됩니다.

선택은 많은 것을 포함하고 있습니다. 하나님은 이 선택을 실현하기 위해 많은 일을 하셔야 했습니다. 우리가 어떻게 하나님의 자녀로서의 합당한 자리를 차지할 수 있습니까? 우리가 어떻게 하나님 앞에 거룩하고 흠 없게 될 수 있습니까? 우리는 본래 하나님의 원수였습니다. 우리는 전적으로 부패했습니다. 이런 입장에서 우리가 하나님의 자녀로 불릴 수 없었습니다. 하나님을 가까이할 수 없었습니다. 우리 안에는 하나님이 기뻐하실만한 어떤 것도 없었습니다.

하나님은 그의 형상을 따라 우리를 놀랍게 지으셨습니다. 그러나 우리는 이런 특권을 스스로 버리고 하나님의 형상을 나타내지 않았습니다. 우리는 우리 자신의 길을 걸었습니다. 하나님의 원수의 집을 찾았습니다. 우리 앞에 있는 상속이란 죽음, 영원한 죽음뿐이었습니다.

그러나 여러분, 하나님은 그리스도 안에서 우리를 택했습니다. 그의 아들 예수 그리스도를 통해 그의 자녀가 되도록 예정하셨습니다. 하나님은 그 앞에 거룩하고 흠 없는 제사장이 되도록 우리를 택하셨습니다. 하나님은 죄인 된 우리를 그의 자녀가 되도록 예정하셨습니다. 만일 여러분의 고용주가 무서운 범죄자 가운데 한 사람을 자기에게 다음 가는 자리로 승진을 시킨다면 그 고용주가 아주 어리석은 일을 한다 생각하고 비웃을 것입니다. 사람의 생각을 따라서는 어리석은 일입니다.

그러나 여러분, 하나님은 죄인인 우리를 택했습니다. 이것은 이해할 수 없는 하나님의 지혜였습니다. 하나님은 우리의 원수의 권세를 깨뜨리고 우리를 구원하기 원하셨습니다. 우리를 고치고 변화시키기를 원하셨습니다. 우리를 그의 자녀가 되기에 합당하게 만들기를 원했습니다. 우리 주 예수 그리스도의 아버지 하나님이 우리를 택하셨을 때 이 모든 것을 하시기로 작정하셨습니다.

아버지 하나님은 이를 위해 어떤 희생을 치러야 할지를 아셨습니다. 그의 독생자를 희생해야 할 것을 아셨습니다. 하나님 아버지는 그의 독생자에 대한 희생을 작정하셨습니다. 그의 아들 예수 그리스도가 슬픔, 고통, 죽음의 길을 가야 했습니다. 이 모든 것은 하나님에게 있어서 단순한 상상이 아니었습니다. 이것은 하나님이 우리를 택하실 때 가지셨던 변할 수 없는 계획이었습니다.

하나님의 계획은 우리에게 가려져 있지 않았습니다. 역사 속에서 우리에게 나타났습니다. 우리는 이 모든 것이 그리스도 안에서 분명하게 나타난 것을 압니다. 우리는 복음서에서 예수 그리스도께서 걸으신 길과 하신 일에 관해서 알게 됩니다. 이 모든 것의 배후에는 우리를 선택하신 하나님 아버지가 계신다는 것을 우리는 압니다. 아들이 이 세상에 오시고, 고난을 당하시고 우리를 구속하기 위해 십자가에 죽으셨습니다. 이 모든 일의 배후에는 우리를 선택하신 하나님 아버지가 계십니다. 예수 그리스도의 행적은 하나님 아버지의 영원한 선택을 이루시는 프로그램에 속합니다. 이것은 하나님께서 영원으로부터 만드신 계획을 이루시는 일입니다. "하나님은 그리스도 안에서 모든 신령한 복으로 우리에게 복을 주셨습니다."

복음이 전해지고 들려지는 하나님의 교회가 있습니다. 하나님의 말씀으로 격려하고 책망도 하는 교회가 있습니다. 교회에서 세례를 받고 신앙고백을 합니다. 이 모든 것 배후에는 그리스도 안에서 우리를 택하시고 선택을 이루어 가시는 하나님 아버지가 계십니다.

사랑하는 여러분, 하나님이 우리를 택했습니다. 선택하신 하나님께 우리는 어떤 반응을 보여야 합니까? 하나님이 우리를 택하시고 다른 사람들 이상으로 높여 주셨으니 우리 자신을 자랑해야 합니까? 우리가 그리스도 안에서 구원받은 것을 모른다면 이것을 자랑할 수 있습니다. 그러나 우리가 그리스도 안에서 구별된 사실을 알게 됩니다. 이때 우리는 하나님 앞에서, 그리스도 안에서 우리를 택하신 하나님께만 감사와 영광을 돌리게 됩니다.

3. 하나님은 그의 주권적 사랑 가운데서 우리를 택했습니다.

셋째, 하나님은 그의 주권적 사랑 가운데서 우리를 선택하셨습니다.

본문 4절에 "사랑 안에서"라는 말씀이 있습니다. 그런데 이 말씀은 각주에 보면 "사랑으로 예정하사"라고도 할 수 있다고 되어 있습니다. 그리고 5절에 "그 기쁘신 뜻대로 우리를 예정하사 … 자기의 아들들이 되게 하셨다."라고 합니다. 하나님이 우리를 선택하셨을 때, 하나님은 단지 "사랑으로" "그의 기쁘신 뜻대로" 선택하셨다고 합니다.

하나님은 우리를 선택하심에 있어서 어떤 것에도 의존하지 않았습니다. 아무도 우리를 선택하도록 하나님 아버지에게 암시한 일이 없습니다. 아무도 그의 선택에 개입하지 않았습니다.

우리가 스스로 하나님의 선택하시는 일에 어떤 동기도 주지 않았습니다. 하나님의 마음을 끌 만한 것이 우리에게는 아무 것도 없었습니다. 우리는 하나님의 자녀 되기에 합당한 어떤 것도 갖지 못했습니다.

여러분, 우리 주 예수 그리스도의 아버지 하나님은 사랑 안에서 우리를 그의 자녀로 삼으시기를 원하셨습니다. 우리 안에 하나님이 무시할 수 없는 어떤 것이 전혀 없었습니다. 하나님이 우리를 선택하실 때 그는 어떤 외부의 세력에 강요를 받은 일이 없습니다. 그는 스스로 만족하신 분입니다. 그러므로 우리가 꼭 필요하지 않았습니다. 하나님은 단지 사랑 안에서 우리를 택했습니다. 하나님은 "그 기쁘신 뜻대로" 우리를 그의 자녀로 예정하셨습니다.

하나님께서 우리를 택하셨을 때 하나님은 어떤 환경에도 의존하지 않았습니다. 하나님이 우리를 선택하신 것은 창세 전입니다. 삼위 하나님만 계셨습니다. 따라서 그때에는 그의 결정에 영향을 줄 아무것도 없었습니다. 어떤 사람들은 이렇게 말합니다. "내가 인도에서 태어났었다면 틀림없이 힌두교도가 되었을 것이다. 태국에 태어났다면 불교도가 되었을 것이다. 내가 그리스도인인 것은 이 나라에 있는 기독교적 환경에서 태어났기 때문이다."

여러분, 이런 분들은 하나님을 별스럽지 않은 분으로 생각하고 있습니다. 하나님의 사랑을 모르고 있습니다. 하나님은 유대인이든 희랍인이든, 태국 사람이든 한국 사람이든 "그가 기뻐하시는 자"를 선택하셨습니다. 저는 원래 이방인으로 태어났습니다. 우상을 숭배하는 가정에서 태어났습니다. 그러나 하나님의 선택은 저의 이런 환경에 영향을 받지 않으셨습니다. 주권적인 하나님은 은혜로 저를 어두운 가운데서 불러내어 빛의 세계로 인도하셨습니다. 환경이 하나님의 선택에 장애물이 아니었습니다. 아무것도 하나님의 선택의 실현을 막을 수 없습니다. 로마서 8:30을 읽어 보십시오. 거기 "미리 정하신 그들을 또한 부르시고, 부르신 그들을 또한 의롭다 하시고,

의롭다 하신 그들을 또한 영화롭게 하셨느니라."라고 합니다.

하나님이 우리를 택하셨습니다. 여러분, 우리 하나님은 전혀 불가능한 환경에서 우리를 사랑 안에서 택하셨습니다. 택하신 우리를 그의 교회로 불러 주시고, 그의 성령과 말씀으로 새롭게 하셨습니다. 하나님은 복음의 선포를 통해 끊임없이 그의 교회를 모으십니다. 그는 그가 선택하신 자들을 이 세상 모든 나라에서 그의 교회로 불러 모으십니다. 여기서 우리는 하나님의 선택하시는 사랑이 역사하고 있음을 보게 됩니다. 하나님은 그의 선택을 구체적으로 이루어가고 계십니다.

우리 하나님은 모든 환경을 지배하십니다. 그래서 그가 사랑 안에서 선택한 모든 사람에게 손을 뻗치시고 그들을 교회로 이끌어 들이십니다. 하나님은 그가 택한 사람 중에 한 사람도 잃어버리지 않습니다. 그는 모든 택한 자들을 부르시고 모든 신령한 복으로 복을 주십니다.

우리는 하나님으로부터 많은 신령한 복을 받았습니다. 우리는 우리의 공덕 때문에 이런 복을 받지 않았습니다. 우리는 우리를 택하신 은혜의 하나님께 모든 신령한 복에 대한 빚을 지고 있습니다. 하나님께서 많은 선물을 은혜로 주셨습니다. 하나님은 우리가 이 세상에서 즐거워하고 감사한 마음으로 살도록 가정과 자녀를 주시고 직업을 주시며 교회를 주셨습니다.

우리는 이 모든 것에서 한 가지, 가장 중요한 것을 보아야 합니다. 하나님이 사랑 안에서 우리에게 그의 마음을 주셨다는 것입니다. 무엇보다 우리는 이것을 보아야 합니다. 하나님은 사랑 안에서 우리를 택하여 그의 자녀가 되게 했습니다. 그래서 하나님은 우리에게 모든 신령한 복을 주셨습니다.

친애하는 여러분, 우리가 받아 누리는 모든 은사와 복 배후에 있는 하나님의 선택의 사랑을 보시기 바랍니다. 거기 우리의 안전과 위로가 있습니다. 우리가 이 선택의 놀라운 사랑을 이해하게 될 때, 우리 주 예수 그리스도의 아버지 하나님을 영원히 사랑하고 찬양하며 살아가게 됩니다. 아멘.

30. 그리스도의 사랑을 알기 위한 사도의 기도

성경 봉독: 에베소서 1:15~23, 3:14~21
설교 본문: 에베소서 3:17~19

믿음으로 말미암아 그리스도께서 너희 마음에 계시게 하시옵고 너희가 사랑 가운데서 뿌리가 박히고 터가 굳어져서 능히 모든 성도와 함께 지식에 넘치는 그리스도의 사랑을 알고 그 너비와 길이와 높이와 깊이가 어떠함을 깨달아 하나님의 모든 충만하신 것으로 너희에게 충만하게 하시기를 구하노라.(에베소서 3:17~19)

친애하는 여러분,

그리스도인들은 기도하는 사람들입니다. 기도는 명상이 아닙니다. 독백도 아닙니다. 기도는 하늘과 땅의 창조자요, 통치자이신 살아계시는 하나님께 아뢰는 것입니다. 예수 그리스도는 기도의 삶을 사셨습니다. 그가 공적 사역을 시작하시기 전에 40일간 금식하시고 기도하셨습니다. 세상에 계시는 동안 예수님은 가끔 조용한 곳을 찾아 기도하셨습니다. 어떨 때는 산으로 가셔서 밤이 새도록 기도하셨습니다(눅 6:12). 그는 또한 제자들에게 어떻게 무엇을 위해 기도할 것을 가르쳐 주셨습니다. 그래서 우리에게 주 예수님이 가르치신 모범적인 기도가 있습니다.

예수님의 제자들도 기도의 사람들이었습니다. 성경에 의하면 신약교회가 기도하는 가운데 탄생했습니다. 제자들이 마음을 같이하여 오로지 기도에 힘쓸 때 홀연히 하늘로부터 성령이 그들에게 임했습니다(행 1:14, 2:1). 이후 기도는 그리스도인의 생활에 꼭 필요한 요소가 되었습니다. 그래서 장로교회의 교리문답은 구속의 은혜를 전달하는 외적 방편을 말씀과 성례뿐 아니라 기도도 포함하고 있습니다(소요리문답 88).

오늘 우리는 에베소서 1장과 3장에서 사도의 기도를 읽었습니다. 이 기도를 문맥 속에서 잘 살펴보시기 바랍니다. 바울은 먼저 구원의 교리를 설명하고 다음으로 기도합니다. 이로써 우리는 요한복음 14장으로부터 17장까지의 예수님의 교훈과 기도를 기억하게 됩니다. 그의 생애의 마지막 밤에 예수님은 그의 제자들에게 14장에서 16장에 기록되어 있는 교훈을 주셨습니다. 그 후 그는 17장에서 우리가 주님의 대제사장적 기도라고 부르는 기도로 교훈을 마무리하셨습니다.

우리는 에베소서 3장에서 사도 바울이 어떻게 기도했는지를 볼 수 있습니다. 그는 은혜로운 구원의 경륜의 비밀에 관하여 말한 후에 에베소의 그리스도인들을 위해 기도합니다. 우리는 그의 기도의 자세에서 그가 얼마나 진지하게 기도를 했는지를 알 수 있습니다. 그는 14~15절에서 "내가 하늘과 땅에 있는 각 족속에게 이름을 주신 아버지 앞에 무릎을 꿇고 비노니"라고 합니다.

당시 유대인들은 서서 기도했습니다. 누가복음 18:11~13의 기록을 보면 바리새인과 세리는 모두 서서 기도했습니다. 무릎을 꿇는 것은 비상한 자세입니다. 이 기도의 자세에는 진지함이 나타나고 있습니다. 예수님은 겟세마네 동산에서 땅에 얼굴을 대고 기도했다고 합니다. 이것은 분명히 무릎을 꿇은 자세였을 것임이 틀림없습니다.

성경은 우리가 어떤 자세로 기도해야 할 것인지에 대하여 어떤 법도 주시지 않았습니다. 우리는 앉아서 기도할 수 있고, 서서도 기도할 수 있습니다. 무릎을 꿇고 기도할 수 있고, 걸으면서도 기도할 수 있습니다. 그러나 무릎을 꿇고 기도하는 것은 특별히 진지한 모습을 보여주는 것입니다.

여기 사도 바울은 하나님 앞에 무릎을 꿇고 기도합니다. 그는 무엇을 위해 이렇게 진지하게 기도합니까? 그는 이방 지역에 있는 에베소 교회 그리스도인들의 영적 성장을 위해 이렇게 진지하게 기도합니다. 사도 바울의 진지한 소원은 이교에서 개종한 에베소의 그리스도인들이 영적 능력, 사랑, 지식 등에 있어서 성장하기를 간절히 바라는 것이었습니다.

이제 본문에서 "그리스도의 사랑을 알기 위한 사도의 기도"라는 제목으로 복음을 전하려 합니다.

다음 네 가지 점을 간단간단하게 생각하려 합니다. 첫째, 그리스도의 사랑의 너비, 둘째, 그 길이, 셋째, 그 깊이, 넷째, 그 높이를 알도록 기도한 것입니다.

1. 그리스도의 사랑의 너비
2. 그리스도의 사랑의 길이
3. 그리스도의 사랑의 깊이
4. 그리스도의 사랑의 높이

1. 그리스도의 사랑의 너비

첫째, 사도는 그리스도의 사랑의 너비를 알기 위해 기도했습니다.

우리 본문은 사랑의 너비와 길이와 깊이와 높이에 관해 말하고 있습니다. 이것을 우리는 어떻게 이해해야 할까요. 오늘날 어떤 주석가들은 이 말을 문자적으로 이해하지 않아야 한다고 합니다. 어떻게 사랑을 기하학적으로 생각할 수 있느냐고 합니다. 사랑이란 잴 수 없는 것이라고 합니다. 그래서 사랑의 너비, 길이 등에 관해 말한 것은 수사학적으로 시적으로 표현한 것이라 이해를 해야 한다고 합니다.

하지만, 우리는 그리스도의 사랑을 어느 정도 기하학적으로 이해할 수 있다고 말할 수 있습니다. 우리에 대한 그리스도의 사랑은 세상의 모든 족속을 포괄하기에 충분한 너비를 가지고 있다고 할 수 있습니다. 그의 사랑은 영원히 지속하는 충분한 길이를 가지고 있다고 할 수 있습니다. 나아가 그의 사랑은 가장 비천한 죄인에게까지 이를 수 있는 충분한 깊이와 하늘까지 이를 수 있는 충분한 높이를 가지고 있다고 할 수 있습니다.

여러분, 먼저 우리에 대한 그리스도의 사랑의 너비를 잠시 생각해 봅시다. 그리스도의 사랑은 정말 놀라운 차원으로 우리를 인도합니다. 우리에 대한 그리스도의 사랑은 얼마나 넓습니까? 사도 요한은 그리스도의 사랑이 얼마나 넓은지를 우리에게 보여주기 원했습니다. 성경 가운데 계시록은 특별히 그리스도의 사랑의 너비에 관심을 나타내고 있습니다. 요한계시록 5:9~10까지 이렇게 기록되어 있습니다. "그들이 새 노래를 불러 이르되 두루마리를 가지시고 그 인봉을 떼기에 합당하시도다. 일찍이 죽임을 당하사 각 족속과 방언과 백성과 나라 가운데에서 사람들을 피로 사서 하나님께 드리시고 그들로 우리 하나님 앞에서 나라와 제사장들을 삼으셨으니, 그들이 땅에서 왕 노릇 하리로다 하더라."

그리고 다시 7:9~10에서 "이 일 후에 내가 보니 각 나라와 족속과 백성과 방언에서 아무도 능히 셀 수 없는 큰 무리가 나와 흰 옷을 입고 손에 종려 가지를 들고 보좌 앞과 어린 양 앞에 서서 큰소리로 외쳐 이르되 구원하심이 보좌에 앉으신 우리 하나님과 어린 양에게 있도다."라고 했습니다.

우리에 대한 그리스도의 사랑이 얼마나 넓습니까? 그 사랑은 모든 나라와 족속과 백성과 방언을 포함하고 있습니다. 어느 날 우리는 모든 나라와 방언에서 그리스도의 보혈로 구원을 받은 백성의 완전한 수를 보게 될 것입니다.

유대인들은 예수 그리스도 안에 계시된 하나님의 사랑의 너비를 이해하지 못했습니다. 그들은 구원이 오직 유대인들만 위한 것으로 착각했습니다. 그래서 그들은 교만했습니다. 이방인들을 멸시했습니다. 사도 바울은 한때 자신을 히브리인 중의 히브리인으로 여겼습니다. 히브리인만 하나님의 사랑을 받는 민족이라고 생각했습니다. 그래서 그는 자만했습니다. 그러나 그는 부활하신 주 예수를 만나 개종하고, 그를 구주로 영접한 후에야 그는 유대인들의 생각이 잘못되었다는 것을 깨달았습니다. 그의 지난날의 히브리인으로서의 특권의식이 아주 잘못이었다는 것을 깨달았습니다.

그래서 그는 골로새서 3:11에 이렇게 말했습니다. "거기에는 헬라인이나 유대인이나 할례파나 무할례파나 야만인이나 스구디아인이나 종이나 자유인이 차별이 있을 수 없나니"라고 했습니다. 그리스도의 사랑은 얼마나 넓습니까? 하나님의 어린 양인 예수 그리스도는 민족에 대한 구별 없이 많은 사람의 죄의 값을 친히 담당하시고, 그들을 구원해 주셨습니다.

여러분, 우리는 앞으로 어느 날 하늘에서 이방인들의 충만과 이스라엘의 충만, 곧 참된 이스라엘 백성의 충만을 보게 될 것입니다.

우리는 모두 지난날 약속 밖에 있었습니다. 우리의 뿌리는 이방인이었습니다. 그러나 우리를 향한 그리스도의 사랑의 너비는 한없이 넓습니다. 그래서 우리도 그 사랑 가운데로 들어오게 되었습니다. 앞으로 어느 날 우리는 그리스도의 사랑으로 저 아무도 셀 수 없는 무리 가운데 한 사람으로 함께 새 노래를 부르는 데 참여하게 될 것입니다.

2. 그리스도의 사랑의 길이

둘째, 사도는 그리스도의 사랑의 길이를 알도록 기도합니다.

그리스도의 사랑의 길이란 어떤 것을 의미하고 있을까요? 그리스도의 사랑의 길이는 그리스도의 사랑의 무한한 성격을 알려주고 있습니다. 다르게 말하면 하나님 아버지께서 그의 독생자 예수 그리스도 안에서 그의 백성을 영원한 사랑으로 사랑하셨습니다. 여호와 하나님은 일찍이 예레미야에게 나타나셔서 "내가 영원한 사랑으로 너를 사랑했다."라고 하셨습니다(렘 31:3).

여러분, 여러분에 대한 그리스도의 사랑이 영원하다는 것을 생각해 본 적이 있습니까? 그리스도 안에서 우리를 향한 하나님의 사랑은 영원합니다. 그 사랑은 영원 가운데서 시작했습니다. 그 사랑은 항상 우리에게 있습니다. 영원 가운데서 하나님은 그리스도 안에서 우리를 사랑했습니다. 에베소서 1:4에서 바울은 "곧 창세 전에 그리스도 안에서 우리를 택하사 우리로 사랑 안에서 그 앞에 거룩하고 흠이 없게 하시려" 했다고 합니다. 그러므로 우리에 대한 그리스도의 사랑은 시간 세계가 시작되기 전에 시작되었습니다. 우리의 이름은 창세로부터 어린 양의 생명책에 기록되었습니다(계 13:8, 17:8).

오늘 그리스도인 된 우리는 영원 가운데서 그리스도에게 알려져 있었습니다. 그럼 이것이 모두입니까? 아닙니다. 그리스도의 사랑은 시간 세계 안에서 계속되었습니다. 그 사랑은 결코 변하지 않습니다. 그 사랑은 언제나 동일합니다. 히브리서를 쓴 사도는 "예수 그리스도는 어제나 오늘이나 영원히 동일하시니라."라고 말했습니다(히 13:8).

그리스도의 사랑은 언제나 동일합니다. 그의 사랑은 변하지 않습니다. 그의 사랑은 직선입니다. 하나님의 사랑이 변하지 않는다는 사실은 주 예수님이 말씀하신 탕자의 비유에서 잘 나타나고 있습니다. 한 사람이 두 아들을 두었습니다. 둘째 아들이 아버지에게 청하여 자기가 받을 모든 유산을 가지고 집을 떠났습니다. 그는 먼 나라에 가서 허랑방탕한 생활을 하면서 그 재산을 다 써버렸습니다. 그러나 아버지의 사랑은 그를 잊지 않고 그의 뒤를 쫓았습니다. 아들은 아버지를 잊었지만, 아버지는 결코 그의 아들을 잊지 않았습니다. 우리는 그 아버지가 그의 아들을 변치 않는 사랑으로 얼마나 사랑했는지를 보게 됩니다. 그의 아들이 모든 재산을 다 허비하고 거지처럼 되어 아버지 집으로 돌아오게 되었습니다. 이때 아버지는 "아직도 거리가 먼데 아버지가 그를 보고, 측은히 여겨 달려가 목을 안고 입을 맞추었다."라고 합니다(눅 15:20). 이것이 언제나 그리스도 안에서 우리를 향한 하나님의 사랑입니다. 하나님은 우리에게 "내가 너희를 결코 떠나지 않고, 버리지 아니하리라."라고 하십니다(왕상 6:13).

우리는 가끔 하나님이 우리를 잊으셨거나 우리를 떠나셨다고 생각할 때가 있습니다. 특별히 고난과 슬픔을 당할 때 이렇게 생각하게 됩니다. 우리가 심한 병을 앓을 때, 우리가 어려운 일을 당할 때, 하나님이 나를 참으로 사랑하고 계시는지 마음속으로 묻게 됩니다. 답은 하나님의 사랑은 그리스도 안에서 언제나 변하지 않고 거기 있다는 것입니다. 여러분이 병들었을 때, 하나님의 사랑이 거기 있습니다. 여러분이 어려운 문제로 고심할 때도 하나님의 사랑은 거기 있습니다. 죽는 날에도 하나님의 사랑은 거기 있습니다. 하나님의 사랑을 의심하지 않아야 합니다. 하나님의 사랑은 영원한 사랑입니다.

사도 바울은 이 하나님의 변함없는 사랑을 로마서 8:35~39에 이렇게 표현했습니다. "누가 우리를 그리스도의 사랑에서 끊으리요, 환난이나 곤고나 박해나 기근이나 적신이나 위험이나 칼이랴? 이 모든 일에 우리를 사랑하시는 이로 말미암아 우리가 넉넉히 이기느니라. 내가 확신하노니, 사망이나 생명이나 천사들이나 권세자들이나 현재 일이나 장래 일이나 능력이나 높음이나 깊음이나 다른 어떤 피조물이라도 우리를 우리 주 그리스도 예수 안에 있는 하나님의 사랑에서 끊을 수 없으리라."

여러분, 이 하나님의 사랑은 영원까지 계속될 것입니다. 시간 안에 나타나게 된 그리스도의 사랑은 영원까지 계속될 것입니다. 그리스도는 우리를 이 세상 삶에서 당하는 시련 가운데서 사랑하실 뿐 아니라, 이 세상을 다 산 후에도 계속될 것입니다. 그리스도의 사랑은 영원 가운데로 우리를 인도하실 것입니다. 히브리서 7:25에 "그러므로 자기를 힘입어 하나님께 나아가는 자들을 온전히 구원하실 수 있으니, 이는 그가 항상 살아 계셔서 그들을 위하여 간구하심이라."라고 했습니다.

그리스도는 우리를 온전히 구하실 것입니다. 우리는 죽음을 두려워할 필요가 없습니다. 그리스도가 우리를 온전히 구해 주실 것이기 때문입니다. 우리가 어느 날 죽을 것입니다. 그러나 우리는 그리스도 안에서 깨어 일어날 것입니다. 우리 주님께서는 지금 저기 하늘 보좌 하나님 우편, 영원한 곳에서 우리를 위해 간구하고 계십니다. 그는 우리와 항상 함께하십니다.

3. 그리스도의 사랑의 깊이

셋째, 사도는 그리스도의 사랑의 깊이에 관하여 알기 위해 기도합니다.

우리는 예수 그리스도께서 행하신 일에서 그의 사랑의 깊이를 알게 됩니다. 빌립보서 2:6~8을 읽어 보십시오. 그는 영원으로부터 성부 하나님의 품속에 있는 성자 하나님이였습니다. 그러나 그는 하나님과 동등됨을 취할 것으로 여기지 아니하시고, 자기를 비워 종의 형체를 가지어 사람들과 같이 되셨습니다. 사람의 모양으로 나타나시어 자기를 낮추시고 죽기까지 하셨습니다. 곧, 십자가에 죽으셨습니다.

여기에서 우리는 우리를 향한 그리스도의 사랑의 깊이를 알게 됩니다. 그는 영원한 가운데서 성자 하나님이였습니다. 그는 우리를 위해 죄와 비참함이 가득한 이 세상에 오셨습니다. 사람의 형체를 가지시고 사람의 모양으로 나타나셨습니다. 이것은 지식에 넘치는 그리스도의 사랑입니다.

그의 사랑의 깊이를 기억해 보십시오. 그는 영원한 하나님입니다. 그러나 그는 죄인인 우리를 위해 동정녀 마리아에게 잉태되었습니다. 그는 아기로 출생했습니다. 그는 피곤함과 주림과 목마름의 인간고를 겪었습니다. 그가 사람의 손에 의해 무슨 일을 당했는지 생각해 보십시오. 그는 범죄자 취급을 당했습니다. 그는 매 맞고 침 뱉음을 당했습니다. 그는 찔리고 상함을 입었습니다. 생명의 주요, 만물의 창조자이신 그가 무덤에 장사되었습니다. 누구를 위해 그가 이런 모든 고난을 당했습니까? 우리를 구속하기 위해서였습니다. 여기 그리스도의 사랑의 깊이가 있습니다.

우리가 어떤 사람들인가를 기억할 때에, 그리스도의 사랑은 더욱 위대하고 더욱 깊다는 것을 깨닫게 됩니다. 우리는 다 양 같아서 그릇 행하여 각기 제 길로 갔습니다. 우리는 그의 영광을 부인하고 우리 자신의 유익을 추구했습니다. 바울은 우

30. 그리스도의 사랑을 알기 위한 사도의 기도

리의 원래의 상태를 로마서 3:10~18에 이렇게 표현했습니다. "의인은 없나니 하나도 없으며, 깨닫는 자도 없고 하나님을 찾는 자도 없고 … 선을 행하는 자는 없나니 하나도 없도다. 그들의 목구멍은 열린 무덤이요, 그 혀로는 속임을 일삼으며, 그 입술에는 독사의 독이 있고, 그 입에는 저주와 악독이 가득하고, 그 발은 피 흘리는 데 빠른지라. 파멸과 고생이 그 길에 있어 평강의 길을 알지 못하였고, 그들의 눈 앞에 하나님을 두려워함이 없느니라."

여러분, 이것이 우리의 원래의 상태였습니다. 우리는 하나님의 원수들이었습니다. 얼마나 깊은 하나님의 사랑이 우리에게 나타났습니까? 사도 바울은 로마서 5:8에 이렇게 말합니다. "우리가 아직 죄인 되었을 때에 그리스도께서 우리를 위하여 죽으심으로 하나님께서 우리에 대한 자기의 사랑을 확증하셨느니라."

예수 그리스도가 하늘로부터 이 낮고 낮은 이 세상에 오셨습니다. 그가 우리를 사랑함으로 우리 죗값을 지시고 지옥의 깊이까지 내려가셨습니다. 지옥의 무서운 고통을 당하셨습니다. 우리를 향한 그리스도의 사랑이 얼마나 깊습니까?

4. 그리스도의 사랑의 높이

끝으로 사도는 그리스도의 사랑의 높이를 알도록 기도했습니다.

우리가 우리에 대한 그리스도의 사랑의 높이를 생각할 때, 하나님이 우리를 들어 올리기 위해 뜻하신 그 높이를 생각해 보게 됩니다. 그리스도는 우리의 죄 없이 함을 위하여 죽으셨을 뿐 아니라, 우리가 거듭나게 하려고 죽으셨습니다. 우리가 그리스도 안에 있으면 새로운 피조물입니다. 죄 가운데 죽은 우리가 새 생명을 얻어 일어난다는 것은 얼마나 높아진 일입니까?

그리스도의 사랑의 높이는 더욱더 높게 나타납니다. 그리스도는 우리가 하나님의 자녀가 되게 하려고 십자가에서 죽으셨습니다. 우리가 하나님의 기업을 누릴 자가 되게 하려고 십자가에서 죽었습니다. 우리가 그리스도와 함께 기업을 누릴 자가 되게 하려고 십자가에서 죽으셨습니다.

우리에 대한 그리스도의 사랑은 이로써 아직 다 말하지 않았습니다. 우리를 향한 그리스도의 사랑은 그가 우리를 그 자신의 부분으로 만들 만큼 위대하고 높습니다. 그리스도 예수는 우리를 그의 몸의 지체로 만드셨습니다. 이것이 우리가 그와 더불어 생명을 얻게 된 이유입니다. 그와 함께 일으킴을 받은 이유입니다. 그와 함께 하늘에 앉게 된 이유입니다. 그래서 사도는 에베소서 5:30에서 "우리는 그 몸의 지체임이라."라고 했습니다.

친애하는 여러분, 우리 주 예수 그리스도는 우리를 전적으로 구원하시기를 기뻐하십니다. 누가 자기 몸의 지체 구하기를 원하지 않는 분이 있습니까? 우리는 우리 몸의 모든 지체를 사랑합니다. 그래서 우리는 우리 몸의 어떤 지체도 잃어버리기를 원하지 않습니다. 우리 주 예수 그리스도도 그의 모든 지체를 구원하기 원하십니다. 그래서 우리는 그의 몸의 지체인 우리의 천한 몸을 그의 영광스러운 몸과 같이 변화시킬 하늘로부터 오실 구주를 바라보게 됩니다.

우리 주 예수 그리스도는 우리의 이 천한 몸이 영광스럽게 된 그의 몸과 같이 될 때까지 만족하지 않을 것입니다. 그는 요한복음 17장에 기록된 그의 대제사장적 기도에서 이렇게 기도했습니다. "아버지여, 내게 주신 자도 나 있는 곳에 나와 함께 있어 아버지께서 창세 전부터 나를 사랑하시므로 내게 주신 나의 영광을 그들로 보게 하시기를 원하옵나이다."(24절)

그리스도는 우리가 그의 영광 가운데 그와 함께 있기를 원하고 계십니다. 앞으로 어느 날 주님이 원하시어 기도하신 것이 이루어질 것입니다. 사도 요한은 요한일서 3:2에 이렇게 말했습니다. "사랑하는 자들아, 우리가 지금은 하나님의 자녀라. 장래에 어떻게 될지는 아직 나타나지 아니하였으나 그가 나타나시면 우리가 그와 같을 줄을 아는 것은 그의 참모습 그대로 볼 것이기 때문이니."

사랑하는 사람은 그의 사랑하는 짝이 그가 누리는 모든 특권과 복과 즐거움을 함께 누리기를 원합니다. 우리 주 예수 그리스도는 우리를 지극히 사랑하셨습니다. 그는 우리를 지금도 사랑하고 계십니다. 그는 교회의 신랑입니다. 그는 우리 모두의 신랑입니다. 우리를 향한 그의 사랑은 이렇게 넓고, 길고, 깊고, 높아 우리의 지식을 초월합니다.

우리를 사랑하시는 주 예수 그리스도는 "내가 진실로 속히 오리라."라고 말씀하셨습니다(계 22:20). 우리는 저 위대한 날을 위해 늘 준비해야 합니다. 그 날에 우리는 그와 같이 영광스럽게 변화될 것이요, 우리가 항상 그와 함께 있게 될 것입니다(살전 4:17). 아멘.

31. 삼위 하나님 안에서 교회의 일치

성경 봉독: 요한복음 17:1~25, 에베소서 4:1~14
설교 본문: 에베소서 4:3~6

평안의 매는 줄로 성령이 하나 되게 하신 것을 힘써 지키라. 몸이 하나요, 성령도 한 분이시니, 이와 같이 너희가 부르심의 한 소망 안에서 부르심을 받았느니라. 주도 한 분이시요, 믿음도 하나요, 세례도 하나요, 하나님도 한 분이시니, 곧 만유의 아버지시라. 만유 위에 계시고 만유를 통일하시고 만유 가운데 계시도다.(에베소서 4:3~6)

친애하는 여러분,

지난 세기부터 교회 안에는 '에큐메니컬'이란 말이 많이 사용됐습니다. 이 말은 헬라어로 '에큐메네'인데 신약 성경에서 15번이나 사용된 말입니다. 이 말은 사람이 사는 '온 세상'을 가리키고 있습니다. 예를 들면 마태복음 24:14에 주 예수님이 "이 천국 복음이 모든 민족에게 증언되기 위하여 온 세상에 전파되리니, 그제야 끝이 오리라."말씀하셨습니다. 여기 '온 세상'이란 말이 헬라어로 '에큐메네'입니다. 따라서 이 말은 성경적인 말입니다.

원래 교회는 온 세상을 포괄하고 있습니다. 그래서 개혁교회의 벨기에 신앙고백 제27항에서 "우리는 한 보편적, 또는 세계적인 교회를 믿고 고백합니다. … 이 거룩한 교회는 어떤 특정한 지역이나 어떤 사람들에게 국한되거나 제한되지 않고, 온 세계에 퍼지고 산재해 있습니다."라고 합니다.

또 웨스트민스터 신앙고백 제25장에서도 교회는 "보이는 교회는 … 한 민족에게만 국한된 것이 아니라, 전 세계를 통해 참 종교를 고백하는 모든 사람과 그들의 자손으로 구성된다."라고 했습니다.

그래서 처음부터 교회는 세계적인 하나의 교회가 되기 위해 노력했습니다. 초대교회 안에 이단이 일어나 교회가 분열의 위험을 당면하게 되었던 때가 있었습니다. 이때 전 세계의 교회는 이런 이단을 정죄하고 교회의 일치를 지켜나갔습니다. 4세기에 아리우스 이단이 나타나 예수님의 신성을 부인함으로 교회에 분열을 일으켰습니다. 이때 그 시대의 온 세계교회가 모여 아리우스 이단을 정죄하고 교회의 일치를 유지했습니다. 온 세계교회가 일치되어 한목소리로 고백하는 사도신경, 니케아 신경, 아타나시우스 신경 등이 에큐메니컬 신경이라 불립니다. 이것은 세계적으로 수용하고 고백하는 신경이라는 뜻입니다.

온 세계교회는 성경의 진리를 파수함으로 교회의 일치를 나타내야 합니다. 그런데 지난 20세기 초부터 교회 안에는 성경의 가르침을 절대적 진리로 받아들이지 않을 뿐만 아니라, 이단들을 수용하고, 이방 종교들까지도 인정하는 운동이 '에큐메니컬 운동'이라 불리게 되었습니다. 그 결과, 이 말을 이해하는데 혼란이 왔습니다. 이것은 성경이 우리에게 가르치는 참된 에큐메니컬 운동이 아닙니다. 참된 에큐메니컬 운동은 하나님이 우리에게 주신 말씀을 절대 진리로 함께 받아들이고 순종하는 것입니다.

교회의 머리 되신 우리 주 예수 그리스도는 그의 교회가 하나 되기 위해 기도하셨습니다. 그는 그의 지상 생활의 마지막 밤에 십자가 죽음을 앞두시고 이렇게 기도하셨습니다. "내가 비옵는 것은 이 사람들만 위함이 아니요, 또 그들의 말로 말미암아 나를 믿는 사람들도 위함이니, 아버지여, 아버지께서 내 안에, 내가 아버지 안에 있는 것 같이 그들도 다 하나가 되어 우리 안에 있게 하사 세상으로 아버지께서 나를 보내신 것을 믿게 하옵소서."(요 17:20~21)

따라서 초대교회는 교회의 일치를 매우 중요하게 여겼습니다. 사도 시대 초기에 이미 교회 안에 어떤 유대인들이 예수를 믿어도 모세의 율법대로 할례를 받아야만 구원을 얻는다고 주장하였습니다. 이로써 교회 안에 혼란이 일어났습니다. 이들을 유대주의자들, 혹은 할례주의자들이라고 부릅니다. 이방 지역에 첫 번째로 설립된 안디옥 교회가 이 유대주의자들의 주장 때문에 어려움을 겪게 되었습니다. 그래서 이 교회는 바나바와 바울을 예루살렘에 보내어 사도들과 장로들과 의논하게 했습니다. 이때 사도들과 장로들은 안디옥 교회의 대표들과 함께 논의했습니다. 그 결과 그들은 예수를 믿어도 율법을 지켜야 구원을 얻는다는 할례자들의 주장이 잘못임을 밝히고 "믿음으로만 구원을 얻는다."라는 교리를 밝혀 교회의 일치를 이루었습니다(행 15).

이후 사도 바울은 교회 일치에 큰 관심을 가졌습니다. 그는 그의 편지에서 교회의 일치를 거듭 강조한 것을 보게 됩니다. 그는 우리 설교 본문인 4:3에서 에베소 교회에 "평안의 매는 줄로 성령이 하나 되게 하신 것을 힘써 지키라."라고 말합니다. 여기 바울이 하나가 되라고 권고한 것은 에베소 교회라는 한 지역교회만 상대해서 권고한 말일까요? 물론 먼저 에베소 교회라는 지역교회를 먼저 상대하고 한 말입니다. 그러나 이 편지는 에베소 교회뿐 아니라 주변에 있는 다른 교회에도 회람하여 읽도록 보낸 것이었습니다. 그러므로 모든 교회가 하나 되기를 바라고 권고한 것입니다. 사도 바울은 에베소 교회뿐 아니라, 서머나, 빌라델비아 등의 모든 교회가 하나 되기를 바라고 이 편지를 쓴 것입니다.

왜 그리스도의 교회가 하나가 되어야 합니까? 이 세상에는 오직 하나의 보편적인 그리스도의 교회가 있으므로 교회는 하나가 되어야 합니다.

이제 본문으로부터 "삼위 하나님 안에서 교회의 일치"라는 제목으로 복음을 전하려 합니다. 이에 다음 세 가지 점들을 생각합니다.

 1. 교회가 하나 되어야 할 이유는 하나의 몸에 생명을 주시는 한 분 성령이 계시기 때문입니다.
 2. 교회가 하나 되어야 할 이유는 하나의 믿음과 하나의 세례로 그의 백성을 연합하는 한 분 주님이 계시기 때문입니다.
 3. 교회가 하나 되어야 할 이유는 모든 축복의 원천이신 한 분 아버지가 계시기 때문입니다.

1. 교회가 하나 되어야 할 이유는 하나의 몸에 생명을 주시는 한 분 성령이 계시기 때문입니다.

먼저, 하나의 몸에 생명을 주시는 한 분 성령이 계시기 때문입니다.

우리가 우리 본문 4절로부터 6절을 조심스럽게 읽고 연구할 때, 교회의 일치는 삼위 하나님 안에 있다는 것을 알게 됩니다. 4절은 "몸이 하나요, 성령도 한 분이니"라고 합니다. 한 몸에 생명을 주는 한 분의 성령 하나님이 계신다는 것을 말하고 있습니다. 5절은 "주도 한 분"이라고 합니다. 여기 한 분의 주는 한 분의 성자 예수 그리스도를 가리키고 있습니다. 6절은 "하나님도 한 분이시니, 곧 만유의 아버지시라."라고 함으로 한 분 성부 하나님 아버지에 관하여 말하고 있습니다. 그래서 교회의 일치는 삼위 하나님, 곧 성령, 성자, 성부 안에 있다는 것입니다.

하나의 몸이 있고 한 분의 성령이 있습니다. 성경은 교회를 그리스도의 몸이라고 부릅니다. 교회를 몸이라고 부를 때 거기 중요한 의미가 있습니다. 교회는 단순히 하나의 제도나 조직이 아닌 하나의 유기체라고 하는 것입니다. 교회는 그리스도의 신비한 몸입니다. 교회는 서로 관련 없는 돌들이 모인 돌무더기와 같지 않습니다. 여러 산 돌로 세워진 성전입니다. 교회는 그 구성원인 신자들이 한 분 성령에 의해 생명을 얻었습니다. 그러므로 교회는 그리스도의 몸이라 불리고 있습니다.

교회는 한 분 성령으로 말미암아 생명을 얻습니다. 그리고 그 한 분 성령에 의해 다스림을 받습니다. 그래서 우리 본문은 "몸이 하나요, 성령도 한 분이시니"라고 합니다.

"몸이 하나요, 성령도 한 분"이기 때문에 교회 안에서 개인주의의 자리는 없습니다. 교회에서 모든 신자는 한 분 성령에 의해 활력을 얻어 살게 되기 때문입니다. 물론 교회의 신자 한 사람 한 사람이 다 성령에 의해 활력을 얻어야 합니다. 신자 한 사람 한 사람이 각각 신앙과 확신을 가져야 합니다. 모두가 진심으로 개인적인 신앙을 고백해야 합니다. 누구든지 진실하게 신앙을 고백하자마자 그리스도의 몸의 지체가 됩니다. 그 결과 그는 단순히 개인적으로 신자만 되는 것이 아닙니다. 그는 같은 몸의 한 지체가 됩니다. 이 몸의 지체들이 서로를 위해 살 때 일치가 나타나게 됩니다. 여기 개인주의를 위한 자리는 전혀 없습니다.

여러분, 우리는 모두 그리스도의 몸의 한 지체라는 사실을 알아야 합니다. 우리는 다 그리스도의 같은 몸에 속해 있다는 사실을 알아야 합니다. 우리는 각각 키가 다르고 모습도 다릅니다. 그러나 우리는 다 한 분 성령에 의해 생명을 얻었습니다. 한 분 성령에 의해 다스림을 받고 있습니다. 우리는 모두가 하나의 신비한 그리스도의 몸에 속해 있습니다.

이 사실은 우리가 한 몸으로 살 것을 요구하고 있습니다. 이것이 이론으로만 머물게 해서는 안 됩니다. 생활에서 나타나야 합니다. 몸의 일치가 우리의 교회 생활에서 나타나야 합니다. 초대교회 회중의 생활이 얼마나 아름다웠습니까? 사도행전 4:32에 이렇게 기록되어 있습니다. "믿는 무리가 한마음과 한뜻이 되어 모든 물건을 서로 통용하고 자기 재물을 조금이라도 자기 것이라 하는 이가 하나도 없더라."

친애하는 여러분, 우리는 옆에 있는 교회 성도들을 같은 몸에 속한 지체로 여겨야 합니다. 우리에게 어떤 기쁜 일이 있으면 형제자매와 함께 즐거워해야 합니다(특별한 기념일, 생일 등). 누가 슬픈 일을 당하면 서로 위로해야 합니다. 누가 물질적으로 곤궁한 가운데 있으면 서로 도와야 합니다. 여러분은 여러분 교회의 성도들을 한 몸에 속한 지체처럼 여기고 있습니까? 한 분 성령이 여러분 속에 역사하고 있다면 여러분은 그들을 한 몸의 지체처럼 느껴야 합니다. 한 몸으로서의 교회의 일치를 드러내어야 합니다.

이 진리는 지역교회에서뿐 아니라, 교회 연대 관계에서도 나타나야 합니다. 이 진리는 보편 교회에도 해당이 됩니다. 이 세상에는 많은 나라와 민족이 있습니다. 그러나 거기 하나의 그리스도의 몸인 교회가 있습니다. 그리스도의 몸인 교회는 한 분 성령에 의해 살고 있습니다.

교회들이 지리적으로 먼 동쪽에서 먼 서쪽까지 흩어져 서로 멀리 떨어져 있습니다. 그러나 교회들은 그리스도의 같은 몸에 속해 있습니다. 모든 교회는 한 분 성령에 의해 생명을 얻고 다스림을 받습니다.

세계에는 나라에 따라 피부색이 다른 다양한 민족이 있고 다른 문화가 있습니다. 그러나 거기에는 한 분 성령에 의해 사는 하나의 하나님 백성이 있을 뿐입니다. 한 분 성령, 하나의 백성이 드러나야 합니다.

특별히 그리스도인들의 일치는 부르심의 한 소망 안에서 나타납니다. 우리는 한 분 성령에 의해 부르심의 한 소망 안에 있습니다. 부르심의 한 소망이란 무엇입니까? 그것은 기업인 하늘나라를 가리킵니다. 우리는 우리의 기업으로 하늘의 하나님을 함께 즐기게 될 것입니다. 우리는 모두 하나의 같은 기업을 바라보고 있습니다. 우리는 다 함께 그 기업을 영원히 즐길 것입니다. 거기서 우리는 한 몸인 것을 잘 알게 될 것입니다. 우리는 한 분 성령 안에서 하나의 소망을 가지고 즐기며 살고 있습니다.

2. 교회가 하나 되어야 할 이유는 하나의 믿음과 하나의 세례로 그의 백성을 연합하는 한 분 주님이 계시기 때문입니다.

둘째로 하나의 믿음과 하나의 세례로 그의 백성을 연합하는 한 분의 주님이 계십니다.

우리 본문 5절은 "주도 한 분이시요, 믿음도 하나요, 세례도 하나요."라고 합니다. 한 분의 주가 계십니다. 많은 주가 있지 않습니다. 다만 한 분의 주, 예수 그리스도가 계십니다. 이것이 기독교 교리의 본질입니다. 이것이 사도적인 설교의 본질이었습니다.

사도 베드로는 유대인 중 관리들과 장로들과 서기관들 앞에서 담대하게 이렇게 진리를 선포했습니다. "다른 이로써는 구원을 받을 수 없나니, 천하 사람 중에 구원을 받을 만한 다른 이름을 우리에게 주신 일이 없음이라."라고 했습니다(행 4:12).

다른 구주가 없습니다. 둘째의 구주가 없습니다. 오늘날 어떤 분들이 둘째 구주를 소개합니다. 석가, 마호메트 등이 또 다른 구주가 된다고 합니다. 오늘날 에큐메니컬 운동을 하는 사람들은 둘째, 셋째의 주에 대한 여유가 있다고 주장합니다.

석가와 마호메트가 둘째, 셋째 주가 될 수 있다고 합니다. 그래서 그들은 불교, 이슬람교 대표자들과 대화를 합니다. 그러나 이런 둘째, 셋째 주를 인정하는 사람들은 이상 더 그리스도인이 아닙니다.

여러분이 그리스도인입니까? 그렇다면 그리스도 다음으로 다른 어떤 주를 둘 수 없습니다. 예수 그리스도가 절대적인 주이십니다. 그는 단지 여러 스승 중의 한 분이나, 선지자 중 한 분이 아닙니다. 그는 하나님의 아들입니다. 그는 우리를 죄에서 구원하기 위해 인간성을 입고 오신 영광의 주님입니다. 그는 우리 주 예수 그리스도입니다.

하나님의 독생자이신 한 분 주님이 계십니다. 그는 십자가를 지심으로 그의 백성의 구속을 완성했습니다. 그는 이를 위해 어떤 다른 이의 도움이 필요하지 않았습니다. 마리아가 그를 도울 수 없었습니다. 그는 홀로 우리의 구원을 성취했습니다. 이로써 참된 교회의 일치가 어디 있는지를 알려 주십니다. 참된 그리스도인은 한 분의 주 예수 그리스도를 믿습니다.

한 분의 주가 우리의 구원을 완성했습니다. 그럼 우리는 우리 구원을 위해 무엇을 해야 합니까? 단지 한 분의 구주만 믿어야 합니다. 그런데 우리가 스스로 믿을 수 있습니까? 스스로 믿을 수 없습니다. 한 분의 주가 그의 말씀과 성령으로 우리 안에 신앙을 일으켜 주셔야 합니다.

전에 유대인들은 율법을 지킴으로 구원을 얻을 수 있다고 믿었습니다. 헬라인들은 자기의 지혜로 구원을 얻을 수 있을 것으로 생각했습니다. 하지만, 저들이 예수를 믿었을 때, 율법이나 지혜로는 구원을 얻을 수 없다는 사실을 알게 되었습니다. 유대인들과 이방인들 모두 오직 예수 그리스도 안에서 구원의 길을 발견했습니다. 그들이 다 예수 그리스도를 주와 구주로 믿고 고백했습니다.

이것은 우리 모두에게 진리입니다. 우리는 그리스도인들입니다. 우리는 다른 신들에 대한 충성을 버렸습니다. 우리는 한 분의 주 예수 그리스도를 우리의 유일한 구주로 믿습니다. 예수 그리스도가 우리를 구원하십니다. 우리는 예수 그리스도를 믿음으로 구원을 얻게 됩니다. 우리는 한 분의 주와 하나의 믿음을 가지고 있습니다. 우리는 함께 예수 그리스도를 믿고, 우리의 입으로 '나의 주님'이라고 고백합니다.

우리는 한 분 주님을 믿는 것으로 멈추지 않습니다. 주님은 세례로 그리스도인들의 일치를 촉진하십니다. 하나의 세례가 있습니다. 세례는 언약의 표요, 인입니다. 세례로 우리는 언약 백성으로 인침을 받게 됩니다. 나아가 세례로 우리는 세상으로부터 구별됩니다. 우리는 모두 하나님의 하나의 언약 백성에 속하게 됩니다.

세례는 또한 우리가 그리스도와 함께 죽고 장사되고 다시 새로운 생명으로 일어나게 된다는 것을 상징하고 있습니다. 예수 그리스도 안에서 우리는 세례를 받습니다. 세례로 말미암아 우리는 그리스도에게 한 몸이 되고 연합이 됩니다. 바울 사도는 로마서 6:3~4에서 "무릇 그리스도 예수와 합하여 세례를 받은 우리는 그의 죽으심과 합하여 세례를 받은 줄을 알지 못하느냐? 그러므로 우리가 그의 죽으심과 합하여 세례를 받음으로 그와 함께 장사되었나니, 이는 아버지의 영광으로 말미암아 그리스도를 죽은 자 가운데서 살리심과 같이 우리로 또한 새 생명 가운데서 행하게 하려 함이라."라고 했습니다.

우리는 전에 아담 안에 있었습니다. 우리는 죄로 죽은 자리에 있었습니다. 이제 우리는 세례로 말미암아 그리스도 안에 있게 되었습니다. 우리는 그의 죽음과 더불어 죽게 되고, 그의 부활로 살리심을 얻게 되었습니다. 그 결과, 우리는 그의 죽음과 부활의 모든 유익을 받아 누리고 있습니다.

이로써 주 예수 그리스도는 그의 백성을 하나로 만드셨습니다. 그리스도는 우리의 구원에 대한 알파요, 오메가입니다. 그리스도로 말미암아, 그리스도 안에서, 우리에게는 하나의 믿음과 하나의 세례가 있습니다. 우리는 같은 믿음을 고백하기 때문에 우리는 그리스도 안에서 세례를 받습니다.

우리에게는 한 분의 주가 계십니다. 그 한 분의 주 안에서 우리에게는 하나의 믿음과 하나의 세례가 있습니다. 유대인이나 헬라인이나 동양인이나 서양인이나 모두에게 한 분의 주가 계시고, 하나의 믿음과 하나의 세례가 있습니다. 따라서 우리는 한 분의 주 예수 그리스도 안에서 하나입니다.

3. 교회가 하나 되어야 할 이유는 모든 축복의 원천이신 한 분 아버지가 계시기 때문입니다.

끝으로 모든 축복의 원천이신 한 분 아버지가 계십니다. 그러므로 교회는 하나입니다.

우리 주 예수 그리스도는 그를 믿는 우리를 하나로 만드십니다. 그런데 우리는 예수 그리스도에게서 끝나지 않습니다. 모든 것의 원천은 성부 하나님이십니다. 사도는 6절에서 "하나님도 한 분이시니, 곧 만유의 아버지시라. 만유 위에 계시고 만유를 통일하시고 만유 가운데 계시도다."라고 합니다.

여기 "아버지"라는 말은 무엇을 의미하고 있을까요? 우리는 여기 만유의 아버지라는 말을 오해하지 않아야 합니다. 이것은 만물의 아버지나, 모든 사람의 아버지를 의미하지 않습니다. 사도 바울은 보편주의를 전하지 않습니다.

하나님은 그가 만물을 지으셨다는 의미에서 모든 사람의 아버지가 아닙니다. 우리는 이 본문을 문맥 속에서 읽어야 합니다. 하나님은 주 예수 그리스도를 믿고 하나의 믿음과 하나의 세례로 연합된 모든 자의 아버지입니다.

한 분의 하나님, 한 분의 아버지가 계십니다. 아버지는 한 가족과 자녀들을 내포하는 말입니다. 우리 하나님은 그의 가족을 지으시고, 자녀들을 가지고 계십니다. 성부 하나님은 이렇게 하실 수 있는 전능한 분이고 주권을 가진 분이십니다.

우리 본문은 그는 "만유 위에 계시고"라고 합니다. 하나님 아버지는 만유 위에 계십니다. 이것은 한 분 하나님 아버지께서는 만유를 초월해 계시고 주권을 가지고 계신 분이라는 것을 의미합니다. 하나님 아버지 외에 누가 하나님입니까? 세상을 지으시기 전에 이미 하나님 아버지는 타락한 인간으로부터 그의 자녀를 지으시기를 원하셨습니다. 그래서 그는 그리스도 예수 안에서 그의 주권적인 뜻과 기쁨을 따라 그의 자녀들을 택하셨습니다. 여기 이미 하나님 가족의 일치가 있습니다.

우리 본문 6절은 나아가 "만유를 통일하시고"라고 말합니다. 이것은 하나님 아버지는 이 세상을 초월해 계실 뿐 아니라, 이 세상에 내주하신다는 것을 의미합니다. 하나님 아버지는 하늘에 계실 뿐 아니라, 땅에서도 무소부재하십니다. 그는 우리 사이에, 우리 가운데 계시고 역사하십니다. 역사 세계에서 그는 그의 아들 예수 그리스도를 통하여 구원의 계획을 시행하셨습니다. 그는 이 세상에 그의 독생자를 보내셨고 우리의 구원을 완성하셨습니다.

우리의 본문 6절은 더 나아가 "만유 가운데 계시도다."라고 합니다. 하나님 아버지는 만유 가운데 계십니다. 이것은 하나님 아버지는 그의 성령으로 이 세상에 내주하고 계신다는 것을 의미합니다. 우리 하나님 아버지는 산에도 들에도 어느 곳에든 계십니다. 하나님 아버지는 우리에게서 멀리 계시지 않습니다. 그는 항상 그의 성령으로 우리와 함께 계시고 우리 안에 계십니다.

하나님 아버지가 우리 안에 내주하신다는 것은 얼마나 놀라운 복입니까? 한 분 하나님이 계십니다. 그는 우리의 아버지입니다. 그는 만물의 근원이십니다. 이 하나님 아버지께 우리는 양자의 영을 받아 그를 "아바 아버지"라고 부를 수 있게 되었습니다. 성령께서 친히 우리 안에서 우리가 하나님 아버지의 자녀라는 것을 증거해 주십니다. 우리가 하나님 아버지의 자녀이면 우리는 그의 상속자들이요, 그의 아들 예수 그리스도와 함께하는 상속자들입니다.

친애하는 여러분, 우리는 모두 하늘에 한 분 하나님 아버지를 모시고 있습니다. 우리는 모두 하늘에 계시는 한 분 아버지의 자녀들입니다. 우리는 다 그 아버지의 가족에 속합니다. 여러분은 현재 서로 한 가족처럼 살고 있습니까? 여러분은 모두 한 가족 속에 있는 형제자매처럼 사귀며 지내고 있습니까? 한 가족으로서의 일치가 우리의 실제 생활에서 나타나야 합니다.

이제 이 시간의 설교를 마치려 합니다. 그리스도인들의 일치는 삼위 하나님 안에 있습니다. 이 일치는 사람이 생산할 수 있는 것이 아닙니다. 우리 본문 4절에 하나의 몸이 있고 한 분의 성령이 있다고 합니다. 한 몸이 있게 하신 분은 사람이 아니고 삼위 하나님이십니다. 성부 하나님, 성자 하나님, 성령 하나님이 그리스도인들을 하나로 만드십니다. 따라서 삼위 하나님 안에 신자들의 일치가 이미 있습니다.

그렇다면 우리는 그리스도인들의 일치를 위해 아무 일도 할 필요가 없다는 것입니까? 물론 우리는 이를 위해 노력해야 합니다. 우리가 앞서 우리 주님께서 십자가를 앞두시고 하신 대제사장적 기도에서 읽은 것처럼, 그리스도인들의 일치는 우리 주님이 바라시는 것이었습니다. 그는 세상이 그의 교회를 알 수 있도록 모든 그의 백성이 하나가 되기를 위해 기도했습니다. 사도 바울은 소아시아에 있는 에베소 교회에 하나 되기를 힘쓰도록 권고하고 있습니다. 그는 "성령이 하나 되게 하신 것을 힘써 지키라."라고 합니다(3절). 이것은 매우 강한 말입니다. 하나 되는 일을 위해 열성을 다하라는 것입니다.

우리는 교회에서 하나가 되는 일을 위한 노력을 게을리해서는 안 됩니다. 교회 안의 일치를 위해 노력을 아끼지 않아야 합니다. 우리는 우리의 말과 우리의 태도와 우리의 의지와 우리의 힘을 다해 신자들이 하나가 되기 위한 노력을 해야 합니다. 하나님의 말씀이 교회의 일치를 위한 우리의 계속된 노력을 요구하고 있습니다. 우리는 하늘에 계신 아버지의 한 가족이기 때문입니다.

친애하는 여러분, 힘을 다해 그리스도 안에서 우리가 하나 됨을 증거하고 나타냅시다. 먼저 우리 지역교회의 하나 됨을 위해, 다음으로 연대한 교회들이 하나 됨을 위해, 끝으로 온 세상에 있는 그리스도의 교회의 하나 됨을 위해 노력합시다.

조만간 주의 날이 오게 됩니다. 그날 우리는 하나같이 "우리가 즐거워하고 크게 기뻐하며 그에게 영광을 돌리세."라고 하며 노래로 하나님을 찬양할 것입니다(계 19:7). 그날에 그리스도인들이 하나 됨이 완성될 것입니다. 그날에 전 교회가 아버지의 집에서 영원한 영광 가운데 완전한 교제를 즐기게 될 것입니다. 아멘.

32. 불신에 대한 사도의 경고와 권고

성경 봉독: 히브리서 3:1~19
설교 본문: 히브리서 3:12~14

"형제들아, 너희는 삼가 혹 너희 중에 누가 믿지 아니하는 악한 마음을 품고 살아 계신 하나님에게서 떨어질까 조심할 것이요, 오직 오늘이라 일컫는 동안에 매일 피차 권면하여 너희 중에 누구든지 죄의 유혹으로 완고하게 되지 않도록 하라. 우리가 시작할 때에 확신한 것을 끝까지 견고히 잡고 있으면 그리스도와 함께 참여한 자가 되리라."(히브리서 3:12~14)

친애하는 여러분,

사람들은 과거의 역사가 많은 교훈을 주는 것으로 생각합니다. 그래서 사람들은 과거 역사에서 생활하는 지혜를 배우려 합니다. 역사 속에서 사람들의 성공과 실패에 관한 수많은 예를 발견합니다. 그래서 부모는 자녀에게 역사에 나타난 큰 인물들의 전기를 읽도록 권합니다. 많은 설교자도 설교할 때 세상 역사에서 사람들의 성공과 실패에 관한 이야기를 자주 하는 것을 듣게 됩니다. 현재 살아 있는 성공한 사람들의 이야기도 예를 듭니다. 이런 이야기가 흥미롭고 어느 정도 유익이 될 수 있습니다.

 그러나 여러분, 우리는 하나님께서 역사를 이끄시고 지배하심을 믿습니다. 그러므로 하나님의 백성인 우리는 삶의 지혜를 세상 역사에서 찾으려 하지 않아야 합니다. 세상 영웅들에게서 찾지 않아야 합니다. 우리는 계시의 책인 성경에서 삶의 지혜를 찾아야 합니다. 성경이 알려주고 있는 신앙의 인물들에게서 삶의 지혜를 찾아야 합니다. 왜냐하면, 하나님은 성경을 통해서, 또 성경 안의 역사와 인물을 통해서 우리에게 말씀하시기 때문입니다.

 특별히 옛 언약 시대의 하나님 백성의 역사는 곧 교회 역사입니다. 그 역사의 기록에서 우리는 주께서 그의 백성을 어떻게 인도하시고 다루셨는가 하는 사실을 배우게 됩니다. 그의 백성이 범죄하였을 때에 주께서는 그들을 어떻게 징계하시고 구원하셨는지를 알게 됩니다. 이를 통해 우리는 오늘 이 하나님 앞에서 어떻게 살아야 할 것인지를 배우게 됩니다.

 히브리서 3장에서 사도는 언약 백성의 지난날 역사에 언급하면서 모든 시대의 그리스도인을 교훈하고 있습니다. 옛날 이스라엘 백성은 놀라운 역사를 가졌습니다. 그들의 역사에서 출애굽 사건은 가장 위대한 사건이었습니다. 하나님은 그의 언약의 백성을 구원하시기 위해 그의 종 모세를 부르시고 보내셨습니다. 모세는 하나님께서 주신 권위를 입고 파송된 하나님의 종이었습니다. 모세는 하나님의 대변자요, 또한 언약 백성인 이스라엘의 지도자였습니다.

그래서 모세의 입장은 이스라엘의 역사에서 매우 특이했습니다. 이스라엘 백성이면 누구나 그를 잘 알고 자랑스럽게 여겼습니다. 옛날 믿는 유대인 중에 어떤 이들은 그리스도를 두 번째 모세로 보았습니다. 물론 이것은 아주 잘못 본 것입니다.

모세는 그리스도 예수보다 아주 낮은 분이었습니다. 그래서 히브리서를 기록한 사도는 믿는 유대인들에게 3:2~6에서 예수 그리스도가 모세보다 얼마나 더 존귀한 분인지를 설명하고 있습니다.

예수 그리스도는 하나님의 독생자로 아버지 하나님이 맡긴 모든 일을 신실하게 성취하였습니다. 그리스도의 지위는 모든 면에서 모세보다 존귀했습니다. 모세는 하나님의 집의 단순한 종이었습니다. 그러나 그리스도는 하나님의 집을 맡은 분이요, 상속자입니다. 하나님의 집과 모세의 관계는 종의 관계였습니다. 그러나 하나님의 집과 그리스도의 관계는 아들과 상속자의 관계였습니다. 모세는 하나님의 집에서 섬겼으며, 그리스도는 아들로서 집을 다스렸습니다. 모세가 아무리 존귀하다 해도 예수 그리스도에게는 비할 수가 없습니다. 예수 그리스도는 모세보다 훨씬 더 존귀하십니다.

사도가 이 비교를 통해 우리에게 가르치려는 중요한 것은 무엇일까요? 이것입니다. 모세는 그리스도보다 아주 낮은 분이었습니다. 그는 하나님의 대변자에 불과했습니다. 하지만 그의 말을 듣지 않고, 믿지 않았던 자들이 다 광야에서 멸망을 받았습니다. 그렇다면 예수 그리스도는 모세보다 훨씬 존귀하신 분이십니다. 그는 단순한 하나님의 대변자가 아니고, 하나님의 아들입니다. 하나님은 그 아들을 통해 우리에게 말씀하셨습니다. 히브리서 1:1~2에서 "옛적에 선지자들을 통하여 여러 부분과 여러 모양으로 우리 조상들에게 말씀하신 하나님이 이 모든 날 마지막에는 아들을 통하여 우리에게 말씀하셨으니 …"라고 합니다. 하나님은 옛날에 모세를 통해서 말씀하셨지만, 마지막에는 아들 예수 그리스도를 통해서 말씀하셨습니다.

하나님이 마지막으로 주신 말씀은 가장 중한 말씀입니다. 그러므로 우리는 예수님이 주신 말씀을 매우 신중하게 받아들여야 합니다. 하나님의 단순한 대변자인 모세의 말을 듣지 않고 믿지 않았던 자들이 다 광야에서 멸망을 받았다면, 하나님의 아들이 하신 말씀을 듣지 않고 믿지 않는 자들의 받을 벌이 얼마나 크겠습니까? 우리가 하나님께서 마지막으로 주신 말씀, 그의 아들의 말씀에 대해 악한 불신의 마음을 가진다면 참으로 무서운 정죄와 형벌을 받게 될 것입니다.

히브리서 기자는 이스라엘 백성이 하나님의 말씀을 불신하고 실패한 것에 크게 주의를 기울이게 합니다. 그 결과 새 언약 시대에 사는 우리에게 믿음으로 참고 살 것을 권고합니다.

지난날의 언약 백성인 이스라엘 백성의 역사는 하나의 죽은 역사가 아니고, 하나님이 그의 백성을 다루시는 살아 있는 역사입니다. 사도 바울은 고린도 교회 성도들에게 이스라엘 백성의 반역과 형벌에 대한 기록은 "말세를 만난 우리를 깨우치기 위하여 기록되었다."라고 했습니다(고전 10:11).

이제 설교 본문으로부터 "불신에 대한 사도의 경고와 권고"라는 제목으로 복음을 전하고 들으려 합니다. 이에 다음 세 가지 점에 유의하려 합니다.

   1. 불신에 대한 경고
   2. 불신의 치유
   3. 믿음의 인내

1. 불신에 대한 경고

먼저, 사도는 불신에 대해 경고하고 있습니다.

사도는 12절에 이렇게 말합니다. "형제들아, 너희는 삼가 혹 너희 중에 누가 믿지 아니하는 악한 마음을 품고 살아 계신 하나님에게서 떨어질까 조심할 것이요."

이스라엘 역사에서 불신은 언제나 불행과 파멸의 원인이었습니다. 불신 때문에 이스라엘 백성은 하나님의 말씀을 순종하지 않았고 큰 형벌을 받았습니다. 모세는 하나님이 보낸 종으로 하나님을 대신하여 말했습니다. 그러나 이스라엘 백성은 그의 말을 듣지 않고 불순종함으로 그들의 불신을 나타내었습니다. 그 결과, 이들 중 대부분 광야에서 멸망했습니다. 그것이 "광야 교회"의 역사였습니다(행 7:38).

이스라엘 백성은 애굽의 종 되었던 집에서 구원을 받고 홍해를 건넜을 때 하나님의 놀라운 권능을 보았습니다. 그들은 모세를 하나님의 대변자와 그들의 지도자로 인정했습니다. 그러나 그들은 곧, 그에게 불순종하고 불신을 나타내었습니다.

르비딤에 이르렀을 때 마실 물이 없었습니다. 온 이스라엘 백성이 모세와 다투고 불평했습니다. "우리에게 물을 주어 마시게 하라."라고 외쳤습니다. 이때 모세는 "너희가 어찌하여 나와 다투느냐? 너희가 어찌하여 여호와를 시험하느냐?"라고 했습니다. 그래서 그곳 이름을 '맛사'라고 불렀습니다. 이는 '시험'이란 뜻으로 여호와를 시험한 곳이기 때문이었습니다(출 17:1~7).

이스라엘 백성의 불신앙이 가장 크게 드러난 경우가 민수기 14장에 기록되어 있습니다. 모세가 가나안 땅에 정탐꾼을 보냈습니다. 이들은 다 이스라엘 12지파의 수장들이었습니다. 이 정탐꾼들이 정탐하고 돌아왔을 때 정탐 소식을 듣기 위해 가데스에 온 회중이 모였습니다. 그런데 여호수아와 갈렙 외의 모든 정탐꾼은 가나안 땅에 대해 좋지 않게 보고했습니다. 그 땅은 거주민을 삼키는 땅이고 그 땅에 사는 사람들은 거인이어서 그들 앞에 자기들은 메뚜기와 같았다고 했습니다(민 13:32~33).

결국, 이들은 가나안에 들어가 정복하겠다는 생각을 버리자는 것이었습니다. 이들은 하나님이 그들의 조상에게 가나안을 주시겠다고 하신 하나님의 약속의 말씀을 불신하는 자들이었습니다. 이들의 보고를 들은 이스라엘 백성들은 통곡하고 모세와 아론을 원망하고 반항하며 말했습니다. "우리가 한 지휘관을 세우고 애굽으로 돌아가자."라고 했습니다(민 14:4). 이런 백성들에게 하나님은 "이 백성이 어느 때까지 나를 멸시하겠느냐? 내가 그들 중에 많은 이적을 행하였으나 어느 때까지 나를 믿지 않겠느냐? 내가 전염병으로 그들을 쳐서 멸하리라."라고 하셨습니다(민 14:11~12).

이때 하나님의 종, 모세는 하나님 앞에서 이 믿음 없는 백성의 죄를 위해 간절히 기도했습니다. 하나님은 그의 기도에 응답하시어 전 이스라엘을 전염병으로 멸하시는 일을 시행하지 않으셨습니다. 그러나 하나님은 이렇게 말씀했습니다. "내 영광과 애굽과 광야에서 행한 내 이적을 보고서도 이같이 열 번이나 나를 시험하고 내 목소리를 청종하지 아니한 그 사람들은 내가 그들의 조상들에게 맹세한 땅을 결단코 보지 못할 것이요, 또 나를 멸시하는 사람은 한 사람도 그것을 보지 못하리라."(민 14:22~23)

그 시대의 모든 장년은 여호와께서 맹세하신 대로 진영 중에서 다 멸망할 때까지 이스라엘 백성은 가데스 바네아 가까운 곳에서 38년을 지내야 했습니다. 신명기 2:14에 이렇게 기록되어 있습니다. "가데스 바네아에서 떠나 세렛 시내를 건너기까지 삼십팔 년 동안이라. 이때에는 그 시대의 모든 군인들이 여호와께서 그들에게 맹세하신 대로 진영 중에서 다 멸망하였나니, 여호와께서 손으로 그들을 치사 진영 중에서 멸하신 고로 마침내는 다 멸망되었느니라."

애굽에서 나올 때 장성했던 사람 중에서 여호수아와 갈렙 외에는 아무도 하나님이 약속하신 안식의 땅 가나안에 들어가지 못했습니다. 열 사람의 정탐꾼이 하나님을 불신하고 가나안 땅을 악평했을 때 여호수아와 갈렙 둘만 이렇게 바르고 믿음 있는 보고를 했습니다. "우리가 두루 다니며 정탐한 땅은 심히 아름다운 땅이라. 여호와께서 우리를 기뻐하시면 … 그 땅을 우리에게 주시리라 이는 과연 젖과 꿀이 흐르는 땅이니라."라고 했던 것입니다(민 14:7~8). 결국, 이 믿음이 있는 여호수아와 갈렙만 가나안에 들어갈 수 있었습니다.

이것은 하나님의 언약 백성들이 대대로 배워야 했던 귀중한 역사였습니다. 그래서 시편 저자는 그의 세대 사람들에게 역사적 사실을 언급하면서 그들이 조상의 예를 따르지 않도록 이렇게 경고했습니다. "너희가 오늘 그의 음성을 듣거든 너희는 므리바에서와 같이 또 광야의 맛사에서 지냈던 날과 같이 너희 마음을 완악하게 하지 말지어다. 그 때에 너희 조상들이 내가 행한 일을 보고서도 나를 시험하고 조사하였도다. 내가 사십 년 동안 그 세대로 말미암아 근심하여 이르기를 그들은 마음이 미혹된 백성이라. 내 길을 알지 못한다 하였도다. 그러므로 내가 노하여 맹세하기를 그들은 내 안식에 들어오지 못하리라 하였도다."(시 95:7~11)

거의 천오백 년 후 히브리서를 쓴 사도는 그와 같은 시대에 사는 유대인 그리스도인들에게 이전 세대가 가르침을 받은 시편을 인용하고 같은 역사를 언급하면서 같은 경고를 하고 있습니다.

하나님은 그의 백성이 불신할 때 기뻐하지 않습니다. 하나님은 불신앙의 사람들이 가나안의 안식에 들어가는 것을 허락하지 않았습니다. 여러분, 이것이 단지 하나님의 대변자였던 모세로부터 들은 사람들에게 사실이었다면, 그의 아들을 통해 하나님의 마지막 말씀을 들은 사람들에게는 더욱더 분명한 사실이 될 것입니다. 히브리서를 쓴 사도는 그 시대의 사람들에게만 아니고, 오늘 우리에게도 경고하고 있습니다.

우리도 불신한 악한 마음으로 이스라엘의 예를 따르지 않는지 우리 자신을 시험해 보아야 합니다. 우리 본문 12절에 "살아 계신 하나님"이라는 말이 눈길을 끕니다. "살아 계신 하나님"이란 매우 귀한 하나님의 성호입니다. 예레미야 10:10에 "오직 여호와는 참 하나님이시요, 살아 계신 하나님이시요, 영원한 왕이시라."라고 합니다. 사도 베드로는 그리스도에 대한 그의 신앙고백에서 "주는 그리스도시요, 살아 계신 하나님의 아들이시니이다."라고 했습니다.

"살아 계신 하나님"이란 말은 히브리서에서 네 번이나 사용되었습니다(9:14, 10:31, 12:22). "살아 계신 하나님"이란 칭호는 생명이 없는 우상과 전적으로 구별이 됩니다. 우상은 무능합니다. 말하지도 보지도 못합니다. 그러나 우리 하나님은 살아 계신 하나님입니다. 그는 말씀하십니다. 그는 보십니다. 그는 사랑하십니다. 그는 징계하십니다. 그는 벌하십니다. 그는 구원하십니다.

이 하나님은 그의 백성 이스라엘을 종 된 집에서 구원해 내셨습니다. 그의 종 모세를 통해 그의 백성에게 말씀하셨습니다. 그는 믿지 않는 모든 사람은 광야에서 멸했으나, 신실하게 믿는 여호수아와 갈렙은 안식의 땅 가나안으로 인도하셨습니다.

살아 계신 하나님은 그의 아들을 통해 그의 마지막 말씀을 주셨습니다. 불신은 살아 계신 하나님의 무서운 결과가 오게 됩니다. 그러므로 우리는 불신을 경계해야 합니다. 불신은 배교를 초래합니다. 불신은 파멸을 초래합니다. 살아 계신 하나님에게서 떠나는 것이 배교입니다. 불신은 배교라는 궁극적인 결과를 가져옵니다.

불신은 죄로 말미암아 마음이 완고해지므로 생깁니다. 따라서 악화되는 과정의 논리적인 순서는 먼저 죄를 짓는 것입니다. 죄를 지으면 다음으로 마음이 완고해집니다. 마음이 완고해지면 불신에 빠집니다. 불신에 빠지면 배교를 하게 됩니다.

불신과 배교를 피하기 원합니까? 먼저 범죄하는 일을 피해야 합니다. 이것은 쉽지 않습니다. 그 이유는 본문 13절이 지적하는 대로 죄의 유혹 때문입니다. 죄는 사람을 유혹합니다. 죄가 죄의 정체를 그대로 가지고 우리에게 온다면 죄는 무서운 결과를 가져오기 때문에, 우리는 쉽게 그것을 미워하고 피할 수 있습니다. 그러나 죄는 그 섬뜩함과 무서운 결과를 결코 드러내지 않습니다. 죄는 언제나 우리에게 간교하게 순간적인 이익을 제공하고 접근합니다. 밝은 미래를 약속하면서 접근합니다.

우리는 옛 낙원에서 일어난 타락의 실화에서 죄의 유혹에 대해 잘 알고 있습니다. 에덴 낙원에 금지된 나무의 열매가 있었습니다. 마귀는 그 아름답고 순결한 여자 하와를 유혹했습니다. 마귀는 그 열매를 따 먹으라고 했습니다. 따 먹으면 눈이 밝아 하나님과 같이 될 것이고 미래가 밝으리라고 했습니다. 이 얼마나 교활하고 거짓된 말이요 약속이었습니까?

죄의 유혹은 오늘도 변하지 않았습니다. 죄는 여러분을 유혹합니다. 이 유혹은 또한 마음을 완고하게 하는 힘을 가지고 있습니다. 처음에 우리는 죄에 놀라고 움칠하게 됩니다. 그러나 우리가 거듭 죄를 범하면 차츰 놀라지 않게 됩니다. 마음이 완고해지고 죄에 대한 감각이 마비됩니다. 완고해진 마음은 결국 불신과 배교로 이끌어 가게 됩니다.

친애하는 여러분, 모세에게 들은 사람 대부분이 그들의 불신과 배교 때문에 광야에서 멸한 사실을 다시 기억하시기 바랍니다. 그리스도는 모세보다 존귀합니다. 말세에 하나님은 아들의 육체로 우리에게 나타나셨고 그의 마지막 말씀을 주셨습니다. 모세보다 크신 하나님의 아들에게서 마지막 말씀을 들은 여러분이 죄로 완고해지고 불신과 배교 가운데 산다면 그 정죄와 심판은 더욱 클 것입니다.

32. 불신에 대한 사도의 경고와 권고

광야에서 멸망한 사람들은 어떤 분들이었습니까? 그들은 유월절 양의 고기를 먹은 사람들이었습니다. 홍해와 가데스에서 하나님의 이적적인 사건들을 보았던 사람들입니다. 그들은 또한 육신을 따라서는 아브라함의 자녀들이었기 때문에 약속의 자녀들이었습니다. 그러나 그들은 불신 때문에 광야에서 멸하였습니다. 가나안의 안식에 들어가는 것이 허용되지 않았습니다.

친애하는 여러분, 이 역사에 신중한 주의를 기울이기 바랍니다. 불신 때문에 언약의 자녀들이 약속의 땅을 잃었고 광야에서 멸했습니다. 하나님의 은혜가 이런 실패의 길을 막고, 여러분을 믿음 가운데 보존해 주시기를 바랍니다.

2. 불신의 치유

둘째로 불신에 대한 치유를 생각합니다.

우리는 죄악이 관영한 세상에 살고 있습니다. 이스라엘 백성들은 광야에서도 죄를 피할 수 없었습니다. 광야에서는 그 주변에 매력을 가진 것이나 유혹할 만한 것들이 없었습니다. 그들이 광야에서 범한 죄들은 거짓된 환상에서 오게 되었습니다.

그러나 우리는 다른 세상에 살고 있습니다. 우리 주위에는 우리의 감성적 욕망을 자극하는 수많은 것들이 있습니다. 죄는 속이는 성격이 있습니다. 겉으로 매우 매력적이지만 안으로는 더럽습니다. 죄는 이익을 약속하지만, 가차 없이 파멸로 이끕니다. 우리가 이 죄악의 세계에서 어떻게 구원을 받을 수 있습니까? 우리가 이런 죄악의 세계에서 어떻게 보존될 수 있을까요?

히브리서 저자는 유대교에 되돌아가려 하고 불신의 위기에 있는 유대인 그리스도인들에게 치유의 길을 알려주고 있습니다. 그는 13절에서 "매일 피차 권면하여"라고 합니다. 죄와 불신과 배교를 피하기 위하여서는 매일 우리는 교회 직분자들의 권면을 들어야 합니다. 우리의 형제자매의 권면을 듣고 받아들여야 합니다. 동료 신자들에게서 멀리 떨어져 생활하는 사람은 여러 방면에서 오는 교활한 시험에 넘어가기 쉽습니다. 우리 그리스도인들은 공적인 모임에서나 개인적인 만남에서 서로 권면함으로 더 안전한 생활을 할 수 있습니다.

예배 시 목사의 설교는 주께서 정하신 가장 효과적인 권면이 됩니다. 그래서 히브리서를 쓴 사도는 10:25에서 이렇게 권고합니다. "모이기를 폐하는 어떤 사람들의 습관과 같이 하지 말고 오직 권하여 그 날이 가까움을 볼수록 더욱 그리하자." 교회에서 예배로 모이는 것은 매우 중요합니다. 오늘날 주일에 한 번 예배에 참석함으로 만족하는 사람들이 많습니다. 이런 분들은 불신에 떨어질 위험한 순간 직전에 있다는 것을 알아야 합니다. 우리는 설교에서 권면을 들어야 합니다. 신자들 가운데는 설교에서 권면, 혹은 경고를 듣고 언짢게 생각하는 사람들이 있습니다.

감사해야 할 일에 오히려 언짢은 마음을 갖는 것입니다. 우리의 파멸을 바라보고 기뻐할 자들이 하는 간사한 말에 귀를 기울이고 좋아해서는 안 됩니다. 여러분은 내 몸의 건강이 심각한 가운데 있는데도 나의 몸의 이상에 대하여 정직하게 말해 주지 않는 그런 의사를 여러분의 가정의로, 주치의로 택하겠습니까? 물론 택하기를 원하지 않을 것입니다. 여러분은 비록 듣기 싫지만, 여러분의 건강에 대한 매우 심각한 상태를 알려주고 치료하는 의사를 고맙게 생각할 것입니다.

우리는 우리가 좋아하지 않는 말을 들을 줄 알아야 합니다. 문제는 "그것이 듣기에 즐거운 것인가, 재미있는 것인가?" 하는 것이 아니라, "그것이 진리인가, 내게 참으로 유익한 것인가?" 하는 것입니다.

친애하는 여러분, 우리는 형제자매로부터 사랑의 권면을 받아들여야 합니다. 권면한다는 것은 쉬운 일은 아닙니다. 권면은 그리스도의 마음을 가진 사람만 할 수 있습니다. 또 그런 사람만 권면을 받아들일 수 있습니다. 우리가 사랑 안에서 서로 권면하고 받아들이게 된다면. 이는 성도의 교제에서 서로 나눌 수 있는 가장 귀한 서로의 봉사가 될 것입니다.

권면의 말을 듣는 순간 바로 화를 내는 분들이 있습니다. 우리는 참아야 합니다. 내가 자신에게서 볼 수 없는 것을 다른 사람이 나를 위해 볼 수 있습니다. 한 형제자매가 내가 볼 수 없는 것을 내게서 발견하고 사랑으로 말할 때, 나는 참고 사랑으로 이것을 받아들여야 합니다. 우리는 서로 의심하거나 거절해서는 안 됩니다. 우리는 사랑 안에서 서로 권면하고 받아들여야 합니다. 사랑 안에서 권면이 우리 형제자매를 돕고 구원하게 됩니다.

우리는 권면의 시간이 영원히 계속되리라 생각지 않아야 합니다. 우리의 본문은 "오늘"이라는 말을 강조하고 있습니다. "오늘이라 일컫는 동안에 매일 피차 권면하여"라고 합니다. 내일은 기회가 지나가 버릴 수 있습니다. 내일은 정죄의 날이 될 수 있습니다. 오늘이 회개의 날입니다. 내일은 심판의 날이 될 수 있습니다. 오늘만 내게 확보되어 있고 내일은 내게 확보되어 있지 않다는 사실을 알아야 합니다.

그러므로 여러분, 우리가 하나님의 음성을 듣고 사랑으로 권면하는 말씀을 듣게 될 때, 완고하지 않아야 합니다. 우리가 하나님의 음성을 들을 때, 죄짓는 것을 그쳐야 합니다. 불신에서 떠나야 합니다. 이스라엘 백성들은 하나님의 음성과 그의 권면을 듣지 않았기 때문에 광야에서 멸했습니다. 그들에게 안식의 땅 가나안에 들어가는 것이 허락되지 않았습니다. 불신과 배교 가운데 살았기 때문입니다.

친애하는 여러분, 오늘이라 일컫는 동안에 하나님의 말씀을 듣고 그의 권면에 감사하시기 바랍니다. 우리가 아직 하나님의 말씀, 하나님의 음성을 들을 수 있는 오늘이 있다는 것을 은혜로 생각하시기 바랍니다.

3. 믿음의 인내

끝으로 믿음으로 인내하는 생활을 해야 합니다.

우리가 하나님 말씀의 권고를 받고 바른길을 알게 되면, 믿음으로 그것을 굳게 붙잡아야 합니다. 약속을 얻고 누리기 위해서 우리는 믿음으로 인내해야 합니다. 무엇이든 잘 시작하는 것이 좋습니다. 그러나 그것으로 충분하지 않습니다. 약속의 상을 받을 소망을 가진 사람은 시작한 그 길을 달리고, 달리고 그 길을 끝까지 달려야 합니다.

우리 본문 14절은 말합니다. "우리가 시작할 때에 확신한 것을 끝까지 견고히 잡고 있으면 그리스도와 함께 참여한 자가 되리라." 여기 말한 "시작할 때에 확신한 것"이란 "우리가 처음 가졌던 확신"이라고 번역할 수 있습니다.

이 히브리서를 쓴 사도는 그리스도인들을 3:1에서 "함께 하늘의 부르심을 받은 거룩한 형제들아"라고 불렀습니다. 우리는 함께 하늘의 부르심을 받았습니다. 그래서 우리는 하늘의 부르심에 참여한 자들입니다. 하늘의 부르심을 받음으로 우리는 세상으로부터 구별되었습니다. 우리는 하늘길에 들어선 형제자매가 되었습니다.

그래서 우리는 하늘의 부르심을 받아 확신을 가지고 아름다운 시작을 했습니다. 그러나 아름다운 시작을 하는 것으로 만족하지 않아야 합니다. 그 시작은 현재에 계속되고, 미래에 계속되어야 합니다.

이스라엘 백성들은 좋은 시작을 했습니다. 그들은 유월절 양을 먹었습니다. 홍해를 육지처럼 건너고 구원을 즐기며 찬양했습니다. 그러나 그들이 좋은 시작을 했지만, 그 후의 생활은 시작과 아주 달랐습니다. 그들은 처음의 확신을 견고히 잡고 살지 않았습니다. 그래서 그들은 광야에서 멸하고 약속의 땅 가나안의 안식을 얻지 못했습니다.

그러면 그리스도인들이 처음 가졌던 확신 속에 견고히 살아가므로 얻게 될 약속의 상이 무엇입니까? 우리 본문 14절은 "우리가 시작할 때에 확신한 것을 끝까지 견고히 잡고 있으면 그리스도와 함께 참여한 자가 되리라."라고 합니다. 그리스도인인 우리에게 약속된 상급은 그리스도와 함께 참여한 자가 되는 것입니다.

"그리스도와 함께 참여한 자"라는 것은 그리스도의 부분이 된다는 말이 아닙니다. 이것은 하늘나라에 그와 함께 참여한다는 말입니다. 여러분, 가나안보다 더 나은 나라가 있습니다. 그 나라는 믿음 안에서 견고히 인내하고 사는 사람들에게 주어지는 흔들리지 않는 나라입니다. 믿음으로 끝까지 견고히 참고 사는 것은 하나님의 은혜입니다. 그의 권능 밖에서는 아무도 믿음으로 참고 살아갈 수 없습니다.

여러분, "우리가 흔들리지 않는 나라를 받았은즉 은혜를 받자. 이로 말미암아 경건함과 두려움으로 하나님을 기쁘시게 섬겨" 하늘의 가나안에 다 들어가기를 바랍니다(히 12:28). 아멘.

32. 불신에 대한 사도의 경고와 권고

33. 배교에 대한 사도적 경고

성경 봉독: 이사야 1:1~9
설교 본문: 히브리서 6:4~8

"한 번 빛을 받고 하늘의 은사를 맛보고 성령에 참여한 바 되고 하나님의 선한 말씀과 내세의 능력을 맛보고도 타락한 자들은 다시 새롭게 하여 회개하게 할 수 없나니, 이는 그들이 하나님의 아들을 다시 십자가에 못 박아 드러내 놓고 욕되게 함이라. 땅이 그 위에 자주 내리는 비를 흡수하여 밭 가는 자들이 쓰기에 합당한 채소를 내면 하나님께 복을 받고, 만일 가시와 엉겅퀴를 내면 버림을 당하고 저주함에 가까워 그 마지막은 불사름이 되리라."(히브리서 6:4~8)

친애하는 여러분,

안식일에 우리는 하나님께 예배드리기 위해 성회로 모였습니다. 우리가 하나님의 백성으로 그의 집에 함께 모여 복음을 듣고 구원의 은사를 감사하며 하나님께 찬양한다는 것은 참으로 아름답고 복된 일입니다. 특별히 많은 교회가 속화되고 배교하는 시대에 우리가 이런 특권을 갖게 되는 것은 더욱 감사한 일입니다.

오늘날 구미 세계에 있는 많은 교회당이 비어 가고 있습니다, 지난날 그리스도인이었던 많은 사람이 신앙생활에 흥미를 잃고 교회를 떠나고 있기 때문입니다. 이런 추세 속에서도 한국교회는 아직 성장하고 비교적 많은 사람이 교회를 찾고 있는 것은 감사한 일입니다.

그런데 문제는 상당수 한국교회가 속된 길을 통해 성장을 찾고 있다는 것입니다. 오늘 많은 사람이 물질적으로 풍요하게 잘 살고, 건강하게 오래 사는 데 관심을 가집니다. 따라서 목사들은 그들이 바라는 것을 채워 주는 데 주의를 기울이고 있습니다. 십자가를 통한 속죄의 복음을 전하기보다는 예수 믿으면 부자 된다, 건강하게 오래 산다는 번영의 메시지를 전하고 있습니다. 이것은 복음의 변조입니다. 복음으로부터의 탈선이요, 배교의 시작이기도 합니다.

오늘 많은 그리스도인이 하나님의 언약의 말씀의 요구를 부담스러워합니다. 이들은 오락의 시대에 살고 있기 때문입니다. 사람들은 될 수 있으면 세상을 즐기면서 쉽게 살아가기를 원합니다. 이것을 아는 목사들은 강단에서 하나님의 언약의 말씀을 선포하기보다는 사람들의 흥미를 끄는 데 초점을 맞추고 있습니다. 상당수 교회가 스트레스를 푸는 오락 장소로 바뀌어 가고 있다는 인상을 받습니다. 여기에서 타락, 배교가 시작되고 있음을 보게 됩니다. 오늘의 교회 현상을 볼 때 주께서 말씀하신 "내가 올 때 믿는 자를 보겠느냐?"라고 하신 말씀을 생각하게 됩니다. 우리는 매우 위험한 시대에 살아가고 있습니다.

여러분, 우리가 주의 참된 교회에 속하고 주의 집에서 영적 유익을 누리고 있음을 주께 감사해야 합니다. 우리에게 어떤 공로가 있어서 이 복을 누리고 있는 것이 아닙니다. 은혜로 하나님께서 그의 교회에 우리를 보존하시고 지켜주시기 때문입니다. 예수 그리스도 안에서 얻은 것을 굳게 붙잡고 살지 않는 한 속화와 타락의 위험은 누구에게나 있습니다. 물론 우리 스스로 진리를 굳게 붙들 수도, 진리 안에 굳게 서 있을 수도 없습니다. 주께서 우리를 붙들어 주셔야 합니다.

그런데 주께서는 우리가 그를 굳게 붙들고 살도록 요구하고 계시는 것도 사실입니다. 어떤 분이 진리의 길에서 벗어나면 그 책임은 주님께 있지 않고, 전적으로 그 자신에게 있습니다. 여러분이 세속적 욕망에 강한 시험을 받고 있다고 느끼십니까? 세상에서 쉬운 길을 걷는데 유혹을 받고 있습니까? 그리스도인의 생활이 너무 딱딱하고 융통성이 없다고 생각할 때가 있습니까? 여러분은 이미 적색 경고를 받고 있습니다. 뒤로 물러가 넘어지지 않도록 주께 기도하고 가진 것을 굳게 잡아야 합니다.

오늘의 성경 본문에서 우리는 우리를 향한 목자적인 경고를 듣고 있습니다. 히브리서 저자는 그리스도인들이 굳게 서 있지 않은 한 언제나 타락의 위험이 있다는 것을 알고 있었습니다. 그는 특별히 히브리 그리스도인들을 크게 염려하고 있습니다. 그들은 유대교로부터 그리스도 교회로 개종했습니다. 상당 기간 그리스도로 말미암은 구원 진리를 깨닫고 즐겼습니다. 그러나 이것을 시기하고 시험하는 자들이 그들의 신앙생활을 허물기 위해 계속 노력하고 있음을 알았습니다. 히브리 그리스도인들에게 쉬운 때가 아니었습니다. 그래서 히브리서 기자는 그들에게 타락, 곧 배교에 대한 경고를 하였습니다. 이 경고는 그때의 히브리 그리스도인들뿐 아니라 오늘 여러분과 저에게도 꼭 같이 주신 것입니다.

이제 본문으로부터 "타락의 위험에 대한 사도의 목자적 경고"라는 제목으로 우리 주 예수 그리스도의 복음을 전하려 합니다. 다음 세 가지 요점을 생각하려 합니다.

1. **타락의 위험입니다.**
2. **타락한 자들은 다시 새롭게 될 수 없습니다.**
3. **믿음으로 견디어야 합니다.**

1. **타락의 위험입니다.**

첫째. 타락의 위험에 관해서 생각하게 됩니다.

그리스도인이 타락할 수 있는가? 달리 말하면, 신앙고백을 하고 세례를 받은 그리스도인이 타락할 수 있는가? 이것은 좀 이상하게 들립니다. 그런데 그리스도인이 타락할 수 있습니다. 우리는 하나님의 선택을 받은 사람은 마침내 구원을 얻게 되고, 전적으로 타락할 수 없다고 믿고 있습니다. 성경에 의하면 선택을 받은 사람들의 수가 정해져 있고, 그들의 구원은 영원으로부터 확실합니다.

하지만, 하나님의 이 선택은 우리에게는 숨겨져 있습니다. 그래서 우리는 이 세상에서 선택을 받은 사람이 누구인지 잘 모릅니다. 우리가 아는 한 가지 사실은 믿음으로 끝까지 견디는 사람들이 하나님의 선택을 받은 자라는 것입니다.

하나님의 자녀로 부름을 받은 우리는 하나님의 말씀에 순종할 의무가 있습니다. 이것은 언약의 백성인 우리를 향한 하나님의 요구입니다. 우리는 그의 말씀을 순종하고 그를 즐거워할 큰 사명이 있습니다. 누구든지 이 요구를 무시하고 멸시할 때 그는 이미 타락의 길에 들어선 것입니다.

전에 신실한 그리스도인이었던 사람이 완전히 타락할 수 있는가 하는 문제는 오랫동안 토론이 되었습니다. 어떤 사람들은 내세, 곧 하늘나라의 능력을 맛본 사람은 결코 타락할 수 없다고 합니다. 타락하는 사람들은 하늘의 것을 결코 맛본 일이 없고, 외식자의 생활을 한 사람들이라고 합니다. 그들은 신앙고백을 했어도 형식적으로 했을 뿐이었다고 합니다. 이분들은 한번 빛을 받은 사람은 결코 망할 수 없다고 말합니다.

그러나 여러분, 하나님의 말씀과 우리의 경험은 이와는 다르게 알려주고 있습니다. 오늘 읽은 성경 본문은 타락의 가능성을 말하면서 경고하고 있습니다. 본문 4절에서 6절까지의 말씀을 조심스레 살펴보시기 바랍니다. 현재의 신자들에게 타락의 위험이 있다고 말합니다. 긴 절의 말씀을 이렇게 짧게 정리해 볼 수 있습니다. "한때 그리스도인이었던 자들이 타락하면 다시 새롭게 하여 회개하게 하는 것은 불가능하다."라는 것입니다.

어떤 사람들은 그리스도인들에 대한 타락을 말하는 것은 단지 가정일뿐이고 실제 가능한 것은 아니라고 합니다. 그러나 하나님은 그의 백성에게 언제나 진지하게 말씀하신다는 것을 알아야 합니다. 하나님은 정말 위험이 없는 데도 경고하시는 분이 결코 아닙니다. 하나님의 경고는 언제나 실제적인 경고입니다.

그리스도인이 굳게 서 있지 않은 한 타락할 수 있습니다. 누구나 타락할 수 있다는 사실은 우리 본문에 관련된 자들에 대한 설명으로부터 분명합니다. 4~5절에 타락한 자들에 관하여 "빛을 받고, 하늘의 은사를 맛보고 성령에 참여한 바 되고 하나님의 선한 말씀과 내세의 능력을 맛보고도 타락한 자들"이라고 합니다. 이것은 무엇을 의미하고 있습니까? 지난날 그리스도인이었던 사람이 타락할 수 있다는 것입니다. 이것을 확인하기 위해서 우리는 본문이 말하는 의미를 바로 알아야 합니다. 타락한 사람이 어떤 사람들입니까?

첫째, "한 번 빛을 받은" 사람이라고 합니다. 여기 한 번은 '단번'을 의미합니다. 그들은 단번에 빛을 받은 적이 있었습니다. 빛을 받는 것은 단번에 일어나는 일입니다. 이것은 무엇을 가리킵니까? 그들이 전에는 어두움 가운데 살았습니다. 그런데 복음의 빛이 그들 마음속에 들어와 빛을 받게 된 것입니다. 이것은 개종할 때 일어나는 일입니다.

나아가 빛을 받는다는 것은 초대교회에서 세례를 기술하는 데 사용되었습니다(Justinus). 세례는 빛을 받은 표입니다. 세례도 단 일 회의 사건으로 반복할 수 없는 것입니다. 이로 인해 개종하고 세례를 받은 사람이 타락할 수 있다는 것은 분명합니다. 세례는 언약의 표요, 인입니다. 세례를 받음으로 언약의 약속에 대한 보증을 받게 됩니다. 그러나 이것이 구원 자체의 보증은 아닙니다. 여러분은 세례를 받음으로 하나님의 언약의 상대가 되었습니다. 언약의 한 상대로서 이제 여러분은 언약의 요구를 따라 살아야 합니다. 그러면 약속된 기업을 받게 될 것입니다. 세례를 받은 사람이 타락할 수 있느냐? 예, 굳게 서 있지 않은 한 타락할 수 있습니다. 언약의 요구를 무시하거나 멸시하면 타락할 수 있습니다.

친애하는 여러분, 이 사실을 알고 하나님의 언약의 요구를 따라 충실하게 살아가야 합니다. 사도 바울은 빌립보서 2:12에 이렇게 권고했습니다. "그러므로 나의 사랑하는 자들아, 너희가 나 있을 때뿐 아니라, 더욱 지금 나 없을 때에도 항상 복종하여 두렵고 떨림으로 너희의 구원을 이루라."

둘째로 4절에 "하늘의 은사를 맛본" 사람이라고 합니다. 하늘의 은사는 복음을 통한 모든 영적인 복, 즉 죄 사함 받는 은혜, 구속의 은혜 등을 가리킵니다. 맛본다는 것은 성만찬과 관련하여 일반적으로 사용되기 때문에 이는 또한 성만찬을 암시할 수도 있습니다. 그러므로 이는 복음과 성례를 통한 하나님의 은사를 경험한 사람들이 타락할 수 있다는 것을 말하고 있습니다. 어떤 사람이 신앙고백을 하고 세례를 받았습니다. 주의 상에서 떡과 포도주를 받고 하늘의 은사를 맛보기도 했습니다. 그러나 이런 분이 타락할 수 있습니다. 어떻게 그럴 수 있습니까? 성경이 말하는 것이 이상하게 생각됩니까? 하지만, 우리 주변에서 우리가 겪어온 경험이 이를 증거하고 있습니다.

셋째로 4절 끝에 "성령에 참여한 바 된" 사람이라고 했습니다. 성령에 참여한 자들이란 성령의 역사와 영향을 받은 사실을 말하고 있습니다. 이들은 성령의 은혜로운 역사를 경험하고 즐긴 일이 있는 사람들입니다. 성령에 참여한 사람들이 타락할 수 있다는 것입니다.

끝으로 5절에 "하나님의 선한 말씀과 내세의 능력을 맛본" 사람이라고 했습니다. 여기 "내세"라고 하는 것은 예수 그리스도의 오심으로 시작된 메시야 시대를 가리키고 있습니다. 예수님이 이 세상에 오셔서 보이신 능력과 권능은 내세(천국)가 왔다는 증조였습니다. 예수님은 귀신을 쫓아내시고, 맹인을 보게 하셨습니다. 못 걷는 사람을 일어나 걷게 했습니다. 히브리 그리스도인들은 하나님의 은혜로운 말씀을 즐겼습니다. 초대교회의 능력을 체험했습니다. 사도 시대에 이런 능력이 성령의 놀라운 사역으로 계속되었기 때문입니다. 그러나 이런 히브리 그리스도인들이 타락할 가능성이 있었습니다. 타락하고 배교할 위험은 매우 실제적이었습니다.

왜냐하면, 이런 타락에 대한 분명한 예가 있었기 때문입니다. 사도행전 8장에 시몬이란 사람에 관한 기록이 있습니다. 빌립이 사마리아에서 복음을 전할 때 이 사람이 말씀을 듣고 믿었습니다. 13절에 이렇게 기록되어 있습니다. "시몬도 믿고 세례를 받은 후에 전심으로 빌립을 따라다니며 그 나타나는 표적과 큰 능력을 보고 놀라니라." 그러나 이 사람은 타락하고 말았습니다. 수십 년 후에 이 시몬(Simon Magus)은 사도적 기독교의 극한 반대자가 되었고 이단의 지도자가 되었습니다. 이런 사실이 한국의 그리스도인들 가운데서도 종종 있었습니다. 여러 사람 가운데 박태선을 들 수 있습니다. 그는 서울 남대문 장로교회 장로였습니다. 그가 크게 타락하고 배교한 사실은 잘 알려져 있습니다.

여러분, 하늘의 은사를 맛본 사람들이 타락할 수 있다는 것은 새로 발견된 이론이 아닙니다. 이것이 옛 언약의 백성인 이스라엘에게 얼마나 분명하게 나타나지 않았습니까? 이스라엘은 홍해에서 세례를 받았습니다. 그들은 유월절 양을 먹었습니다. 그들은 홍해와 광야에서 큰 이적을 보았습니다. 그들은 바위에서 나오는 생수를 마셨습니다. 하늘에서 내리는 만나를 먹었습니다. 그들은 구약 시대의 그리스도인들이었습니다. 그러나 그들 가운데 대부분이 타락하고 배교하여 광야에서 멸했습니다.

히브리서 10:26~31을 보십시오. "우리가 진리를 아는 지식을 받은 후 짐짓 죄를 범한즉 다시 속죄하는 제사가 없고 오직 무서운 마음으로 심판을 기다리는 것과 대적하는 자를 태울 맹렬한 불만 있으리라. 모세의 법을 폐한 자도 두세 증인으로 말미암아 불쌍히 여김을 받지 못하고 죽었거든 하물며 하나님의 아들을 짓밟고 자기를 거룩하게 한 언약의 피를 부정한 것으로 여기고 은혜의 성령을 욕되게 하는 자가 당연히 받을 형벌은 얼마나 더 무겁겠느냐? 너희는 생각하라. 원수 갚는 것이 내게 있으니 내가 갚으리라 하시고 또 다시 주께서 그의 백성을 심판하리라 말씀하신 것을 우리가 아노니 살아 계신 하나님의 손에 빠져 들어가는 것이 무서울진저"라고 합니다.

예수님이 마태복음 7:22~23에서 마지막 날 심판 때에 이런 일이 있을 것을 말씀했습니다. 어떤 사람들이 그에게 나아와 "주여, 주여, 우리가 주의 이름으로 선지자 노릇 하며 주의 이름으로 귀신을 쫓아 내며 주의 이름으로 많은 권능을 행하지 아니하였나이까?" 이때 주께서 "내가 너희를 도무지 알지 못하니 불법을 행하는 자들아 내게서 떠나가라."라고 하실 것이라고 말씀했습니다. 이들은 누구일까요. 분명히 믿고 선지자까지 된, 아니 목사까지 된 사람들입니다. 목사 중에도 거짓 목사가 있을 수 있고, 타락할 수 있다는 것입니다. 이것은 가정이 아닙니다. 단순한 위협이 아닙니다. 하나님은 사람처럼 가정을 사실처럼 말하거나 단순히 위협하는 분이 아니십니다.

친애하는 여러분, 그리스도인이 타락할 수 있다는 것을 아시기 바랍니다. 성경은 연약한 신자들을 아끼고 많은 격려를 하면서도, 스스로 섰다고 생각하는 자들이 넘어지지 않게 엄한 경고도 주고 있습니다. 히브리서 기자를 통해 우리 주님은 실제적인 위험을 경고하고 계십니다. 타락하고 배교할 위험이 누구에게든지 언제나 있습니다.

우리 주변에는 거짓된 교리를 열심히 전하는 사람들이 있습니다. 세상이 끊임없이 우리를 유혹하고 있습니다. 육신의 정욕으로부터 시험이 옵니다. 마귀에게는 휴일이 없습니다. 밤낮 우리 주변에서 활동하고 시험을 주고 있습니다. 그러므로 경계심을 가지고 살아야 합니다. 원수 마귀는 우는 사자처럼 삼킬 자를 찾아 우리 주위를 맴돌고 있습니다. 그래서 베드로 사도는 "근신하라. 깨어라. 너희 대적 마귀가 우는 사자 같이 두루 다니며 삼킬 자를 찾나니, 너희는 믿음을 굳건하게 하여 그를 대적하라."라고 했습니다(벧전 5:8~9).

2. 타락한 자들은 다시 새롭게 될 수 없습니다.

둘째로, 타락한 자들은 다시 새롭게 하여 회개하게 할 수 없다고 합니다.

완전히 타락한 자에게 두 번째 기회가 있느냐? 타락한 자에게 새로운 시작의 가능성이 있는가? 하는 문제입니다. 히브리서 저자는 확실하게 가능하지 않다고 합니다. 6절에 "타락한 자들은 다시 새롭게 하여 회개하게 할 수 없나니"라고 합니다.

여러분, 이것은 심각한 말입니다. 이것은 타락한 자에게 새로 시작할 수 있는 희망이 없다는 것을 의미하는가? 우리 본문은 그렇다고 합니다. 이것은 우리가 이해하기 어렵습니다.

그러나 이 말씀은 하나님의 말씀이니 그대로 받아들일 수밖에 없습니다. 이 말씀을 가볍게 생각해도 안 되고 과장해서도 안 됩니다.

초대교회 교부인 터툴리아누스(Tertullianus)는 세례를 받은 후 죄를 범한 자들에게는 죄 사함도, 회복도 있을 수 없다는 것을 증명하기 위해 이 말씀을 인용했습니다. 그러나 이 해석은 바르지 않은 것으로 압니다. 신앙고백을 하고 세례를 받은 후에도 우리는 아직 부패성을 가진 육체를 가지고 살고 있습니다. 우리 새 사람은 주 안에서 즐거워하지만, 우리 옛사람은 계속 범죄할 수 있는 경향을 가지고 있습니다. 그래서 이생에서 우리가 행한 최선의 행위도 불완전하고 죄로 더럽혀져 있습니다. 이 세상에 사는 동안 우리는 언제나 비참한 죄인이라는 것을 인정합니다. 그래서 우리는 계속 회개합니다.

히브리서 기자가 타락에 대하여 말할 때, 그는 영적으로 후퇴한 생활이나, 일반적인 부족함이나, 인간의 연약성 때문에 범하게 되는 죄나 실패를 말하고 있지 않습니다. 우리는 다윗과 같은 분도 실패한 것을 잘 알고 있습니다. 베드로가 약하게 되어 무려 세 번이나 주를 부인했습니다. 그러나 이들은 다 죄 사함을 받고, 두 번째 기회를 얻었습니다. 부족하다는 것은 타락과 다릅니다. 우리는 다 부족합니다.

그럼 여기 성경 본문이 말하는 타락은 무엇을 의미하는지 6절 마지막 부분 말씀이 잘 밝혀 줍니다. "이는 그들이 하나님의 아들을 다시 십자가에 못 박아 드러내 놓고 욕되게 함이라." 타락한 자들은 예수 그리스도가 하나님의 아들이시고 우리 구속주가 된다는 것을 의도적으로 부인하는 자들입니다.

결과적으로 그들은 예수 그리스도를 십자가에 못 박도록 로마인들에게 넘겨주어 현저히 욕을 보인 유대인들과 꼭 같은 사람들입니다. 이러한 사람들에게는 두 번째 기회가 없다는 것입니다. 예수님 외에 죄인들을 위해 제물이 되어 준 두 번째 구주는 없기 때문입니다. 주 예수 그리스도를 알고 믿었으나, 그로부터 완전히 돌아서고 그를 근본적으로 거절한 죄인이 어디에서 구주를 발견할 수 있겠습니까? 예수 그리스도에게서 떠나고, 그의 말씀을 거절할 때, 두 번째 기회는 있을 수 없습니다. 이들에게 새로운 출발은 불가능합니다. 전적으로 타락하고 새 생명을 버린 자들은 이미 예수를 십자가에 못 박은 유대인들과 같은 자리에 서 있는 자들입니다.

타락한 자들이 단번에 빛을 받은 적이 있습니다. 하늘의 은사를 맛본 적이 있습니다. 세례를 받고 신앙고백을 한 그리스도인일 수 있습니다. 그러나 타락하게 되었을 때 과거는 아무 소용이 없습니다. 다시 새롭게 하고 회개할 수 없습니다. 이것은 공연한 위협이 아닙니다. 성경이 우리에게 가르치고 있습니다. 교회 역사가 또 우리의 경험이 회개하지 않는 자가 이런 상태에 이를 수 있다고 말해 주고 있습니다.

타락, 배교의 결과가 무엇입니까? 본문 8절에서 히브리서 기자는 비유적으로 이를 가르쳐 주고 있습니다. 타락한 자는 가시와 엉겅퀴를 내는 밭과 같다는 것입니다. 결국, 이런 땅은 어떻게 됩니까? 가치 없어 버림을 당하고 저주함에 가까워 결국에는 불사름이 된다고 합니다.

 타락한 자, 배교한 자의 종말은 저주받은 밭, 저주받은 땅과 같이 될 것이라고 합니다. 유대인들은 언약의 백성이면서 주 예수 그리스도 안에 있는 하나님의 은혜를 거절했습니다. 그들은 그리스도를 로마인들에게 넘겨주어 현저히 욕을 보였습니다. 그 결과는 어떠했습니까? 오래지 않아 A.D. 70년에 예루살렘 성이 로마인들에 의해 불탔습니다. 예루살렘 주민 대부분이 비참하게 죽임을 당했습니다. 그것이 또한 역사적인 교훈입니다.

 주 예수 그리스도께서 마태복음 8:22에 친히 이렇게 말씀했습니다. "나라의 자손들이 밖으로 쫓겨나가 슬피 울고 이를 갊이 있으리라." 주 예수님은 이것을 옛 언약의 백성 유대인들을 마음에 두시고 말씀하셨습니다. 이 말씀은 신약시대의 언약의 백성에게도 꼭 같이 주신 말씀입니다. 우리는 이 경고를 신중하게 받아들여야 합니다. 우리 하나님은 소멸하는 불이십니다(히 12:9).

3. 믿음으로 견디어야 합니다.

 마지막으로 그리스도인들은 믿음으로 견디어야 합니다.

우리는 이제까지 경고에 대해서 들었습니다. 그리스도인의 생활에 있어서 부정적인 면에 대하여 들었습니다. 오늘의 설교가 이것으로 끝나면 여러분들에게 큰 격려나 위로가 되지 못할 것입니다. 그러나 아직 설교는 끝나지 않았습니다. 타락한 자들, 배교한 자들에게 하나님의 저주가 있을 것은 틀림이 없습니다.

하지만 여러분, 기쁨으로 하나님의 말씀, 언약의 말씀을 받고 믿음으로 견디는 분들에게는 놀라운 복이 있습니다. 우리 설교 본문 7절에 주목하시기 바랍니다. "땅이 그 위에 자주 내리는 비를 흡수하여 밭 가는 자들이 쓰기에 합당한 채소를 내면 하나님께 복을 받고"라고 합니다.

이것은 비유적 말씀입니다. 여기 땅은 그리스도인들의 마음, 우리의 마음을 가리킵니다. 비는 하나님의 언약의 말씀을 가리킵니다. 비를 잘 흡수하는 땅처럼 우리가 하나님의 언약의 말씀을 잘 받아들여야 합니다. 인간의 마음은 하나님의 말씀을 전적으로 받아들이려 하지 않으려는 본성을 가지고 있습니다. 우리 인간의 부패한 본성은 하나님의 말씀을 전적으로 받아들이기를 좋아하지 않습니다. 인간의 완고한 마음은 하나님께서 하시는 말씀을 거절하려는 경향이 있습니다. 우리 옛사람은 아직 이 세상을 좋아하고 세상과 타협하기를 원합니다.

우리는 하나님의 말씀, 언약의 말씀을 그대로 받고 열매를 맺어야 합니다. 우리 본문은 이런 땅은 "하나님께 복을 받고"

라고 합니다. 이 말씀에 주목하시기 바랍니다. 하나님은 가진 자들에게 더 많은 것을 주십니다. 하나님은 그의 말씀을 잘 받는 자들에게 더 많은 복을 쏟아 주십니다.

하나님의 말씀을 받고 그 가운데 살기 위해서는 이 세상에서 많은 인내를 해야 합니다. 이 세상에는 많은 장애가 있고 끊임없는 시험이 있기 때문입니다. 믿음으로 견디지 않고는 약속된 기업을 받을 수 없습니다. 약속된 기업을 받기 위해 우리는 믿음으로 견디는 생활을 해야 합니다. 믿음으로 견디는 사람들만 참된 하나님의 자녀입니다. 믿음으로 견디는 사람이 하나님의 선택함을 입은 하나님의 자녀입니다. 물론 우리는 스스로 견딜 수 없습니다. 우리가 주님께 순종하기 위해 힘쓸 때, 주께서 우리에게 믿음으로 인내할 수 있는 은혜를 주십니다. 그러므로 하나님의 말씀을 듣고 순종하는 일을 등한해서는 안 됩니다.

그래서 히브리서 기자는 우리에게 구약 시대의 믿음의 영웅들을 따르는 자들이 되라고 권고하고 있습니다. "게으르지 아니하고 믿음과 오래 참음으로 말미암아 약속들을 기업으로 받는 자들을 본받는 자 되게 하려는 것이니라."(12절) 히브리서 11장에서 믿음의 큰 인물들을 많이 들고 있습니다. 지난 시대의 믿음의 영웅들은 하나님의 말씀을 온전히 받았습니다. 그들은 끝이 보이지 않는 신앙의 바다에 항해를 시작했습니다. 그러나 그들은 믿음과 인내로 안전한 항구인 약속한 땅에 이르렀습니다. 성도의 기업을 얻었습니다. 앞서간 신앙의 영웅들인 아벨과 에녹과 노아와 아브라함과 이삭과 야곱과 요셉과 모세와 바락과 삼손과 입다와 다윗과 사무엘과 엘리야와 엘리사와 선지자들을 바라보기 때문에 우리는 누구보다 용기를 얻게 됩니다. 우리는 그들이 하늘의 가나안에 가 있다는 것을 알고, 우리도 거기 있게 될 날이 올 것을 알고 있습니다.

친애하는 여러분, 믿음으로 견디는 은혜가 여러분들에게 있기를 바랍니다. 그래서 여러분 모두, 속화되어 가고 타락, 배교로 나아가는 이 시대로부터 보존되고 약속된 하늘의 가나안의 기업을 받으시기를 바랍니다. 아멘.

34. 예배참석을 위한 사도의 권면

성경 봉독: 히브리서 10:19~39
설교 본문: 히브리서 10:25

"모이기를 폐하는 어떤 사람들의 습관과 같이 하지 말고 오직 권하여 그 날이 가까움을 볼수록 더욱 그리하자."(히브리서 10:25)

친애하는 여러분,

우리 하나님은 광야 같은 삭막한 이 세상에서 우리에게 안식일을 주셨습니다. 이것은 놀라운 하나님의 은혜의 선물입니다. 믿음의 형제자매들이 안식일에 하나님의 집에 함께 모여 예배한다는 것은 매우 복된 일입니다. 그래서 다윗은 일찍이 "형제가 연합하여 동거함이 어찌 그리 선하고 아름다운고!"라고 노래했습니다(시 133:1).

하지만 오늘날 주일 예배에 모이는 신자들의 열심이 점점 식어가는 것을 봅니다. 이런 경향은 동서양 교회가 같습니다. 최근 호주의 예배 참석률을 보면 전체 신자들의 약 20%가 한 주일에 한 번 예배에 참석한다고 합니다. 그다음 약 20%는 한 달, 혹은 일 년에 한 번 교회에 나간다고 합니다. 이들 대부분은 크리스마스 때만 한 번 교회 예배에 참석하는 것으로 보입니다. 나머지 약 60%는 교회에 전혀 나가지 않는 명목상의 신자입니다. 이들은 인구통계 조사할 때만 기독교인이라고 적어 넣는 사람들입니다.

오늘 한국 교회에도 예배에 참석하는 신자들의 열심이 식어가고 있음을 봅니다. 상당수 신자가 주일 예배에 한 번 참석합니다. 지난날에는 주일에 공식으로 두 번 모여 예배를 드렸고, 교인 대부분은 이 두 번 예배에 충실히 참석했습니다. 그러나 오늘날 신자 대부분은 주일에 한 번 예배에 참석합니다. 신자의 20%가 매주 한 번 예배에 출석하는 서양 교회들의 현실이 한국 교회에도 멀지만 않을 것으로 보입니다.

왜 신자들이 오늘날 예배 출석하는 데 대한 관심을 잃어가고 있을까요? 여러 가지 이유를 생각할 수 있습니다. 하지만 가장 중요한 이유는 오늘을 사는 사람들은 물질적인 번영과 넘치는 오락세계 속에 살면서 이상 더 하나님을 필요로 하지 않는 데 있다고 생각됩니다.

여러분, 교회 예배를 등한히 하는 것은 타락의 시작이라는 것을 알아야 합니다. 마귀는 우리가 예배참석을 등한하게 함으로 하나님과 거리를 멀게 하려 노력하고 있습니다. 신자들의 신앙생활 후퇴와 타락은 교회 예배참석을 게을리하는 데서 시작이 됩니다. 그래서 우리는 교회에 예배로 모이는 일과 예배참석에 큰 관심을 가져야 합니다.

오늘 본문으로부터 "예배참석을 위한 사도의 권면"이라는 제목으로 우리 주 예수 그리스도의 복음을 전하려 합니다. 우리는 예배에 충실히 참석하도록 부름을 받고 있습니다.

   1. 우리는 고난 중에 위로를 받을 것이기 때문입니다.
   2. 우리의 싸움에서 용기를 얻을 것이기 때문입니다.
   3. 주의 날이 다가오기 때문입니다.

1. 우리는 고난 중에 위로를 받을 것이기 때문입니다.

먼저, 우리 성경 본문이 우리가 예배에 성실하게 참석해야 할 이유는 고난 중에 위로를 받을 것이기 때문이라고 합니다.

그리스도인들이 이 세상에 살고 있지만, 세상에 속한 사람들은 아닙니다. 그래서 그리스도인들은 처음부터 세상에서 고난을 당했습니다. 이런 그리스도인들은 하나님의 집에서 예배로 모이게 될 때 크게 위로를 받고 고난을 극복할 용기를 얻게 됩니다.

이 사도의 편지를 받은 히브리 그리스도인들은 당시 매우 어려운 형편에 있었습니다. 일찍이 유대인으로 그리스도를 믿은 사람들은 특별히 박해를 더 받았습니다. 처음에 그들은 그들과 같은 민족인 유대인들로부터 박해를 받았습니다. 오순절 이후 예루살렘의 교회는 얼마 동안 크게 부흥했습니다. 많은 유대인이 그리스도 예수를 구주로 영접했습니다. 그러나 곧 그들과 같은 백성인 유대인들에 의해 박해가 일어났습니다.

교회의 집사로 뽑혀 봉사하던 스데반이 유대인들의 돌에 맞아 순교했습니다(행 7장). 사도행전 8:1에서 우리는 이런 말씀을 읽습니다. "그 날에 예루살렘에 있는 교회에 큰 박해가 있어 사도 외에는 다 유대와 사마리아 모든 땅으로 흩어지니라."

우리는 이 히브리서의 편지를 받은 유대인 그리스도인들이 당시 어느 지역 어느 도시에 있었는지 잘 모릅니다. 사도인 저자가 처음에 예루살렘에 있는 유대인 그리스도인들에게 이 편지를 썼을 가능성이 있습니다. 후에 이 편지의 사본들이 여러 지역에 흩어져 사는 유대인 그리스도인들에게 보내졌을 수 있습니다.

어찌 되었던, 유대인 그리스도인들은 스데반 순교 이후 어려운 시기를 맞게 되었습니다. 이 편지를 받은 유대인 그리스도인들은 전에 이미 박해를 받았습니다. 이것은 히브리서 10:32~33의 말씀에서 잘 알 수 있습니다. "전날에 너희가 빛을 받은 후에 고난의 큰 싸움을 견디어 낸 것을 생각하라. 혹은 비방과 환난으로써 사람에게 구경거리가 되고 … "라고 합니다. 이 말씀은 처음 예루살렘에서 시작된 유대인들의 박해를 생각나게 합니다. 믿는 유대인들이 그들의 동족에 의해 받는 박해는 참기 어려웠습니다. 탁월한 유대인 학자인 아돌프 사피르(Adolph Saphir)는 그 박해를 이렇게 소개했습니다. "사두개인들을 좋아한 대제사장 아니니아 아래에서 그리스도인 유대인들은 율법을 범한 죄인으로 박해를 받았다. 그들 가운데 어떤 사람들은 돌로 맞아 죽었다. 이 극단적 형벌이 산헤드린에 의해 자주 가해지지는 않았으나, 그들은 자기들 형제들에게 고난을 주고 치욕 거리로 만들었다. … 그들이 그리스도인 유대인들의 재산을 몰수하는 것은 적은 일이었다. 그들은 거룩한 장소로부터 추방했으며, 불결한 자와 배교자로 취급하였다. 그들이 그리스도의 신앙을 포기하고 자신들의 모임을 포기하지 않는 한 그들은 성전 출입이 허용되지 않았다."

그리스도인 유대인들에 대한 유대인들의 박해는 여기서 그치지 않았습니다. 로마 당국의 박해는 더욱 심했습니다. A.D. 66년에 유대인들이 로마 제국에 대항하여 반란을 일으켰습니다. 이 일이 있기 전까지는 유대인들이 그들의 종교 생활에 자유를 누리고 살았습니다. 당시 로마 제국은 종교 면에는 관대하여 유대교를 인정했기 때문입니다. 하지만 그때에도 그리스도인들만은 로마 제국 안에서 자유가 없었고, 어디에서나 압력을 받고 박해받았습니다. 유대인 그리스도인들은 유대교에 속하지 않은 이상한 종파로 보였기 때문입니다.

이 히브리서 편지를 받은 그리스도인 유대인들은 양편에게서 오는 박해를 견디어야 했습니다. 다시 말하면 그들 자신의 백성인 유대인들에게서 오는 박해와 로마 제국의 관리들에게서 오는 박해를 견디어야 했습니다. 그 시대 그리스도인들에게 로마 제국의 박해가 얼마나 심했는지를 당시 역사가의 기록을 통해 알 수 있습니다. 로마 역사가 타키투스(Tacitus)는 그리스도인들의 죽음은 로마 당국에는 하나의 오락이었다고 전합니다. 짐승의 가죽을 그리스도인들에게 덮어 씌어 개들이 찢게 했다고 합니다. 십자가에 매달고 불을 붙여 밤에 횃불로 사용하기도 했다고 합니다. 히브리서 13:3에서 사도가 "너희도 함께 갇힌 것 같이 갇힌 자를 생각하고 너희도 몸을 가졌은즉 학대 받는 자를 생각하라."라고 한 말을 생각할 때, 그때 그리스도인 유대인들이 받은 박해를 잘 짐작할 수 있습니다.

이제 우리는 당시 그리스도인 유대인들이 참기 어려운 환경 가운데 살았던 것을 상상할 수 있습니다. 그리스도인 유대인들은 그들의 백성과 로마 제국 당국으로부터 버림받은 사람들로 취급을 받았습니다. 이로써 우리는 오늘 여러 나라에서 박해를 받는 그리스도인들을 생각하게 됩니다. 이슬람이 지배하는 중동의 여러 나라, 이란, 이라크, 아프리카 등에서 그리스도인들은 학대와 박해를 받고 있습니다.

이제 우리가 알고자 하는 것은 이 그리스도인 유대인들이 그렇게 어려운 환경에서 어떻게 반응하고 살았느냐는 것입니다. 우리 본문에서 그들은 지난날에 충성스럽게 고난을 견뎠다는 것을 알게 됩니다. 그런데 현재 박해는 더욱 심해지고 있습니다. 그들이 이에 대해 어떻게 반응하고 있습니까? 전에는 그들이 선한 싸움을 싸웠습니다. 그러나 어려운 환경이 오랫동안 계속되어 그들은 피곤을 느끼고 용기를 잃게 되었습니다.

그들 중에 어떤 분들은 교회 예배에 나오는 일을 등한하게 되었습니다. 또 다른 어떤 이들은 교회 예배에 전혀 참석하지 않게 되었습니다. 영적인 피곤은 마음에 의심을 일으키게 됩니다. 그들이 피곤하게 되었을 때, 그들 가운데 어떤 분들은 스스로 자신에 대한 의문을 갖게 되었습니다. 교회에 나가 반드시 예배에 참석해야 하는가? 다른 사람들은 평화롭게 잘 사는데 왜 나는 수난을 당해야 하는가? 이로 말미암아 그들은 어려운 환경에서 벗어날 길을 찾았습니다.

본문에서 "모이기를 폐하는 어떤 사람들의 습관과 같이 하지 말고"라는 말에서 저런 사람들이 상당수 있었던 것을 우리는 알게 됩니다. 모이기를 폐하는 사람들은 교회 예배 참석을 등한한 사람들을 의미합니다. 여기 '폐한다'라는 말은 매우 강한 말입니다. 교회 예배에 참석하는 것을 전적으로 포기하는 것을 의미합니다.

어려운 환경에서 그리스도인 유대인 중 상당수가 교회에 오는 것을 중단하고, 어떤 분들은 유대인들의 회당으로 돌아갔습니다. 참 교회가 아닌 그리스도를 부인하는 거짓 교회로 돌아갔습니다. 이로써 그들은 주 예수 그리스도 안에 있는 구원의 은혜를 버리고 모세와 율법의 세계로 돌아갔습니다. 이것은 배교입니다.

이제 이 히브리 서신을 쓰는 사도는 그리스도인 유대인들에게 교회 예배를 폐하는 그들의 위험을 경고합니다. 교회 예배 참석을 등한하거나 폐하면 수난 가운데 어떤 위로도 받을 수 없기 때문입니다. 우리 설교 본문 앞의 구절들에서 저자는 그리스도께서 그의 백성을 위해 이루신 부요한 축복에 관해 설명했습니다. 특별히 19절에서 "우리가 예수의 피를 힘입어 성소에 들어갈 담력을 얻었다."라고 합니다. 이것은 그리스도의 십자가로 말미암아 우리가 성소에 들어갈 권리를 얻게 된 것을 말합니다. 지성소와 우리 사이를 가리는 휘장이 사라졌습니다. 예수 그리스도를 통하여 우리는 은혜의 보좌 앞에 자유롭게 나아가 하나님 아버지께 간구할 수 있게 되었습니다. 나아가 하늘의 지성소에는 항상 우리의 기도를 들어 주시고 모든 어려움 가운데서도 우리를 지켜 주시는 하나님, 우리의 중보자 예수 그리스도가 계십니다.

교회 안에서는 이 모든 은혜의 복음이 선포되고 있습니다. 교회 예배에서 우리는 삼위 하나님과 교제를 가집니다. 우리는 교회 예배에서 큰 위로를 받고 격려를 받게 됩니다. 교회의 예배에서 "현재의 고난은 장차 우리에게 나타날 영광과 비교할 수 없음"을 우리는 알게 됩니다(롬 8:18).

그러나 유감스럽게도 어려울 때 어떤 유대인 그리스도인들이 교회 예배에 오는 것을 그치고, 어떤 분들은 거짓 교회인 유대인의 회당으로 돌아갔습니다. 이로써 그들은 그리스도로부터 받을 수 있는 참된 위로를 받지 못했습니다. 우리는 오늘날도 박해를 받는 그리스도인들이 왜 토굴이나 가정에서 비밀로 모이는지를 알 수 있습니다. 주께로부터 위로와 힘을 얻기 위해서입니다.

친애하는 여러분, 우리는 매일 매주 위로가 필요합니다. 우리는 이 위로를 교회 예배에서 예배를 통하여 얻을 수 있습니다. 여러분 중에는 혹 현재의 풍요함과 세상의 좋은 것들이 여러분에게 위로를 주고 즐거움을 줄 수 있다고 생각할는지 모릅니다. 그러나 여러분에게 재난이 덮칠 때, 그것이 아님을 알게 됩니다. 위로는 오직 주 예수님에게서만 오게 됩니다. 교회에서 선포되는 복음 설교로부터만 위로는 오게 됩니다. 그러므로 어떤 사람들처럼 예배를 위한 교회의 모임에 등한하지 말기 바랍니다.

2. 우리의 싸움에서 용기를 얻을 것이기 때문입니다.

둘째, 우리는 선한 싸움에서 용기를 얻기 위해 교회 예배에 성실히 참석해야 합니다.

우리 본문에서 사도는 "오직 권하여"라고 합니다. 다시 말하면 서로 권하여 교회의 모임에 성실이 참여하라는 것입니다. 우리가 서로 권하고 격려하는 것은 항상 그리스도인들의 의무입니다. 특별히 어려울 때 우리에게는 서로의 격려가 필요합니다. 그러면 우리가 어떻게 서로 격려해야 합니까? 어디에서 우리가 서로 격려해야 합니까? 가정에서, 혹은 서로 방문함으로 해야 합니까? 물론 우리는 가정에서, 혹은 방문함으로 서로 권면해야 합니다. 우리는 우리 주변 믿는 형제자매들에게 좋은 말만 할 것이 아닙니다. 우리는 때에 따라 사랑 안에서 권면하고 충고해야 합니다. 그리고 우리는 교회 형제자매의 권면과 충고를 감사하게 받아들일 줄 알아야 합니다.

그런데 우리 본문은 특별히 교회의 모임, 예배를 위한 모임과 관련하여 서로 권면할 것을 말하고 있습니다. 왜 우리가 예배 참석을 위해 서로 권면해야 합니까? 교회 예배에서 우리는 하나님의 약속으로 크게 위로를 받을 뿐 아니라, 재난을 만나거나 고난을 겪게 될 때 선한 싸움을 싸울 용기를 얻게 되기 때문입니다. 교회 예배에서 우리는 죄의 생활을 떠나도록 권면을 받게 됩니다. 교회 예배에서 우리는 24절이 말하는 대로 선행을 하도록 격려를 받게 됩니다.

그러나 여기에서 중요한 점은 교회에서 예배로 모이는 일에 피곤해하고, 등한하고, 폐하는 일에 대해 선한 싸움을 싸우도록 권면하고 격려하는 것입니다. 이 편지를 쓰는 사도는 사실상 박해하는 로마제국에 대항하여 선한 싸움을 싸우도록 서로 권면하는 데 큰 관심을 기울이지 않습니다. 오히려 그는 유대인 그리스도인들이 그들의 나태함과 싸우도록 권면하고 있습니다. 유대인 그리스도인들이 그리스도 신앙을 포기하는 배교에 대항하여 선한 싸움을 싸우도록 권면하고 있습니다.

그 시대에 교회 예배는 오늘 우리의 예배와는 매우 달랐습니다. 우리가 가진 고정된 예배의식 순서가 없었습니다. 예배를 위한 모임에서 사람들은 서로 자유롭게 말할 수 있고, 서로 서로 직접으로 권면할 수 있었습니다. 예배에서 예배의 인도자뿐 아니라 일반 참석자들이 말할 수 있었습니다. 예배에 있어서 교제가 오늘의 우리보다 훨씬 개인적이었습니다. 그러나 예배의 주된 부분은 항상 복음 설교였습니다.

박해와 긴장이 있을 때는 우리는 위로뿐 아니라, 영적 위험에 대한 경고와 이 위험과 싸울 격려가 필요합니다. 우리의 연약성 때문에 이것이 필요합니다. 긴장의 때에 우리는 주님과 우리 소망의 고백을 굳게 붙들 신앙의 용기가 필요합니다. 용기는 주님의 선물입니다. 우리가 십자가를 져야 할 때, 설교를 통해 십자가를 질 용기를 얻어야 합니다. 그러므로 우리는 회중의 모임인, 교회의 예배 모임에 충실히 나아와야 합니다.

하나님은 설교로 우리의 신앙에 활력을 주십니다. 위험을 발견하게 하십니다. 우리는 종종 우직하여 무엇이 위험한지 잘 보지 못합니다. 그래서 우리는 계속 설교로 경고받고, 항상 깨어 있어야만 합니다.

따라서 우리는 교회 예배를 놓쳐서는 안 됩니다. 말씀의 봉사로 성령님은 우리의 눈을 뜨게 하십니다. 실제의 환경을 바로 보고 알게 하십니다. 그러므로 우리는 교회의 예배에 참석해야 합니다. 아이들도 예배에 참석해야 합니까? 물론입니다. 우리는 어린아이들이 설교의 내용을 다 이해하는 것을 기대할 수 없습니다. 그러나 그들이 이해하는 몇 마디는 그들의 생활에 큰 보화가 될 수 있습니다. 물론 아이들이 교회 회중에 속한다는 생각 자체가 큰 복으로 이해될 수 있습니다. 그러므로 어린이들도 교회 예배에 참석해야 합니다.

오늘 각종 위험이 사방에서 우리를 위협하고 있습니다. 남녀노소 모두가 그리스도의 교회에서 멀어지지 않도록 경고와 권면이 필요합니다. 우리가 교회 안에 있을 때, 우리는 실상 천국의 바로 앞뜰에 있습니다. 교회의 문은 하늘가는 길의 시작에 있습니다. 하늘의 문은 그 길의 끝에 있습니다. 그러니 교회의 문은 하늘의 성소의 현관입니다. 하늘의 영원한 즐거움에 들어가기를 원하는 분은, 먼저 여기 이 세상에서 교회의 문을 들어가야 합니다. 그러므로 교회의 예배는 매우 중요합니다. 교회에 오는 것과 예배에 참석하는 것은 매우 중요합니다. 교회 예배의 참여가 매주 우리 생활의 프로그램에서 첫 번째가 되어야 합니다.

3. 주의 날이 다가오기 때문입니다.

끝으로 교회의 예배 참여는 주의 날이 가까이 다가오기 때문에 매우 중요합니다.

우리 설교 본문에서 "그 날이 가까움을 볼수록 더욱 그리하자."라고 합니다. 이 말은 이렇게 풀어서 말할 수 있습니다. "너희가 그 날이 가까이 옴을 보고 있으니, 교회에 모이는 것을 위해 서로 권면하라." 주의 날은 빨리 다가오고 있습니다. 그러므로 예배의 참석은 매우 중요합니다.

예수 그리스도는 우리의 구원을 위해 단번에 자신을 드리기 위해 이 세상에 오셨습니다. 그 때문에 우리는 구속 사건의 반복을 기대하지 않습니다. 다시 말하면 그의 탄생, 죽음, 부활, 승천, 오순절 사건 등은 더 반복되지 않습니다. 이 모든 것은 단 한 번씩만 일어나는 사건입니다. 그런데 우리의 구원을 위한 오직 하나의 위대한 사건이 남아 있습니다. 그것은 예수 그리스도의 재림입니다. 그리스도의 재림은 이제 어느 순간에도 일어날 수 있습니다. 우리는 그 사건이 있을 확실한 날짜를 모릅니다. 우리가 아는 것은 그가 밤에 도적처럼 갑자기 오신다는 사실입니다.

그리스도는 오고 계십니다. 그는 갑자기 오십니다. 이 사실은 우리에게 경고합니다. 왜냐하면, 우리는 그가 올 때 그의 교회 안에 신실하게 사는 사람으로 발견되어야 하기 때문입니다. 그리스도가 다시 올 때 그의 말씀을 따라 사는 사람은 복이 있을 것이기 때문입니다.

예수님이 갑자기 다시 오신다는 것은 또한 우리에게 위로가 됩니다. 여러분 중에 신앙 때문에 고난을 겪고 있는 분이 있습니까? 혹 믿음을 위해 어려운 싸움을 싸우고 있습니까? 주의 날이 가까이 오고 있으니 인내하시기 바랍니다. 그가 올 때 고난에서 구원을 받고 싸움은 끝나게 될 것입니다. 이는 우리에게 위로가 됩니다. 그는 속히 오고 계십니다. 그는 "내가 진실로 속히 오리라."라고 하셨습니다(계 22:20).

예수님은 또 말씀하셨습니다. "그 날들을 감하지 아니하면 모든 육체가 구원을 얻지 못할 것이나, 그러나 택하신 자들을 위하여 그 날들을 감하시리라."라고 했습니다. 환난의 날을 감하시고 속히 오시겠다고 하셨습니다. 여러분, 우리는 "그 날이 가까이 온다."라는 말씀 아래 살고 있습니다.

이 말씀은 어려운 환경 속에 살던 그리스도인 유대인들에게 큰 위로였습니다. 이 말씀은 박해를 받는 모든 그리스도인에게 위로가 됩니다. 이 말씀은 또한 우리와 우리 자녀들이 긴장된 환경 가운데 있을 때 위로가 됩니다. 주 예수 그리스도는 그의 택한 자들을 위하여 속히 오시고 계십니다.

지난날 신앙 때문에 고난을 받았던 그리스도인들은 그리스도의 오심을 유일한 구원의 방편으로 바라보았습니다. 그리스도의 재림은 고난과 고통이 가득한 이 세상에서 그리스도인들에게 언제나 구원의 유일한 방편으로 남아 있습니다. 예수님의 재림은 세계의 위기에 대한 영광스러운 해결이 될 수도 있습니다. 지금도 이스라엘 사람들과 그 주변에 있는 팔레스타인 사람들과의 충돌과 투쟁이 계속되고 있습니다. 이 투쟁은 주님이 재림하실 때에야 완전히 해결될 것으로 보입니다.

주님의 날이 빨리 다가오고 있습니다. 이 사실이 교회의 예배에 신실하게 참여해야 할 이유입니다. 주께서 빨리 오고 계십니다. 이 사실이 우리가 주의 오심을 바라보고 살도록 서로 권면해야 할 이유입니다.

우리는 마지막 날들에 살고 있습니다. 많은 사람이 교회 예배에 참여를 등한하거나 폐하는 습관을 지니고 있습니다. 어떤 사람들은 믿음을 전적으로 버리고 있습니다. 우리 대적 마귀가 우는 사자 같이 두루 다니며 삼킬 자를 찾고 있습니다(벧전 5:8). 그의 때가 얼마 남지 않은 줄 알기 때문입니다. 교회의 예배에 신실하게 참여해야 할 때입니다. 이를 위해 서로 권면해야 할 때입니다. 지금이 주 예수 그리스도의 다시 오심을 바라볼 심각한 때입니다. 주께서 속히 오시고 계십니다. 아멘.

35. 주의 강림과 그의 참으심

성경 봉독: 베드로후서 3:1~13
설교 본문: 베드로후서 3:9

"주의 약속은 어떤 이들이 더디다고 생각하는 것 같이 더딘 것이 아니라 오직 주께서는 너희를 대하여 오래 참으사 아무도 멸망하지 아니하고 다 회개하기에 이르기를 원하시느니라."(베드로벧후서 3:9)

친애하는 여러분,

지금으로부터 15년 전 20세기에서 21세기로 넘어오던 날 밤 모든 사람의 마음이 들떠 있었습니다. 21세기가 오면 큰 변화가 오고, 다른 세상이 열릴 것처럼 생각했습니다. 그 후 10년 이상이 지났습니다. 그러나 큰 변화는 없습니다. 오늘에도 하늘과 땅은 그때와 다름이 없습니다. 밤이 지나면 낮이 옵니다. 이 땅 위에 사는 사람들의 삶도 큰 변화가 없습니다. 사람들이 나고, 자라고, 결혼하고, 아들딸 낳고, 늙고 죽습니다. 한 세대가 가고 다른 세대가 옵니다.

세계에도 지난 역사에서 일어난 일들이 반복되고 있습니다. 전쟁과 내란이 끊임없이 일어나고 있습니다. 모든 것이 변함없습니다. 세상 모든 것은 단조롭고 피곤을 느끼게 합니다. 그래서 전도서 기자는 전도서 1:8에 "모든 만물의 피곤하다는 것을 사람이 말로 다 말할 수 없나니"라고 말했습니다.

사람이 이 세상에서 칠팔십 년을 살면서 이런 것을 피곤하게 여기게 된다면, 영원히 살아계시어서 이를 바라보시는 하나님은 더욱더 그러하지 않을까 생각하게 됩니다. 우리는 모두 칠팔십 년 정도 삽니다. 그러나 하나님은 태초부터 계시면서 죄가 들어온 후 이 세상이 진행되는 모습을 보아 오셨습니다.

하지만, 하나님은 이 세상에서 그의 눈을 돌리지 않으십니다. 하나님이 눈을 돌리시면 세상은 혼돈 속에 빠지고 무너지게 될 것이기 때문입니다. 하나님은 한순간도 세상과 관계를 끊지 않고 계십니다. 그는 이 세상을 계속 붙드시고 계십니다. 이것이 하나님의 참으심입니다. 성경은 하나님의 참으심에 관하여 많은 말을 하고 있습니다.

오늘의 설교 본문에서도 이것이 나타납니다. 베드로후서 3장의 내용은 하나님 백성의 미래에 관하여 말하고 있습니다. 곧 예수님의 재림, 마지막 심판에 관하여 말하고 있습니다. 세상에는 예수님의 재림이나 마지막 심판을 우습게 보는 사람들이 있습니다.

어떤 사람들은 주님의 강림에 관하여 이렇게 말하고 조롱합니다. "주의 강림하신다는 약속이 어디 이루어지고 있느냐? 조상들이 잔 후부터 만물이 처음 창조할 때와 같이 그대로 있지 않으냐? 세상에는 늘 같은 일들만 반복하여 일어나고 있지 않은가? 세상에 무슨 변화가 있는가?"라고 합니다.

믿는 우리에게도 주님의 강림 문제에 관해서 종종 이해하기 어려운 점이 있는 것은 사실입니다. 신자들은 주의 강림을 고대했습니다. 주 예수께서 승천하신 후 거의 2천 년 동안 주의 교회는 "하늘에 오르시어 전능하신 하나님 우편에 앉아 계시다, 저기로부터 산 자와 죽은 자를 심판하러 오십니다."라고 고백했습니다. 그러나 주의 강림이 오래 걸리고 있습니다. 예수님은 사도 요한에게 "내가 진실로 속히 오리라."라고 하셨습니다(계 22:20). 그런데 2천 년이 지나도 아직 오시지 않습니다. 그래서 주께서 약속을 지키시는데 더딘 것이 아닌가 생각하기도 합니다. 이런 틈을 타서 지난날 어떤 사람들은 예수님이 오실 날을 예언하고 사람들을 흥분시킨 분들이 있었습니다. 2세기에 몬타누스가 예수님이 페푸자에 강림할 것이라고 선전하여 많은 사람을 그곳으로 모았습니다. 종교 개혁시대에는 호프만이 예수님이 1533년에 스트라스부르에 강림하신다고 선전하고 많은 사람의 이목을 끌었습니다. 지난 이천 년 동안 이런 거짓 예언자들이 계속 나왔습니다.

그런데 우리는 이것을 알아야 합니다. 영원하신 주 하나님은 우리와 다른 시간 세계에 살고 계십니다. 베드로는 이렇게 8절에 말합니다. "사랑하는 자들아, 주께는 하루가 천년 같고 천년이 하루 같다는 이 한 가지를 잊지 말라." 하나님이 에덴동산에서 아담과 하와가 타락한 후 그들에게 우리의 구주인 "여인의 후손"을 언약하셨습니다. 그러나 하나님은 여러 천년이 지난 후에야 약속대로 구주 예수 그리스도를 보내어 주셨습니다.

그러므로 예수님께서 그의 강림을 약속하신 후 2천 년이 지났다고 해서 그가 그의 약속을 이루시는 일에 더디다고 생각해서는 안 됩니다.

이제 본문으로부터 "주의 강림하심과 그의 참으심"이란 제목으로 복음을 전하려 합니다. 이에 다음 세 가지 요점에 주목하려 합니다.

1. 주의 참으심
2. 참으심의 이유
3. 참으심의 끝

1. 주의 참으심

첫째, 참으심을 보여주시는 우리 주님을 생각합니다.

사도 베드로는 주님의 더디 강림하심에 대하여 9절 중간에 "어떤 이들이 더디다고 생각하는 것 같이 더딘 것이 아니라, 오직 주께서는 너희를 대하여 오래 참으사"라고 말합니다. 하나님은 그의 백성을 향하여 참으십니다. 우리를 향하여 참으십니다. 참으심은 우리 하나님의 아름다운 덕 가운데 하나입니다.

하나님의 참으심의 덕은 우리의 구원을 위해 특별한 뜻을 가지고 있습니다. 이 참으심 때문에 하나님은 죄인들인 우리를 향한 진노를 억제하고 계십니다. 다윗은 하나님의 참으심에 관하여 시편 103:8에 "여호와는 긍휼이 많으시고 은혜로우시며 노하기를 더디 하시고 인자하심이 풍부하시도다."라고 했습니다.

하나님의 참으심은 특별히 회개하지 않은 죄인들에게 나타나고 있습니다. 하나님의 참으심으로 죄인들에 대한 그의 진노가 없어지는 것은 아닙니다. 하나님께서 그의 참으심을 통해 그의 진노를 억제하고 계십니다. 심판을 단지 늦추고 계시는 것입니다. 이것은 그의 진노와 사랑 사이의 긴장이라고 할 수 있습니다.

하나님은 아직 죄인을 아끼시고 죄에 대한 마땅한 벌 대신에 분에 넘치는 자비를 베푸시고 계십니다. 이 하나님의 참으심으로 이 세계가 오늘날까지 지속하고 있습니다.

인간 타락 후의 일들을 생각해 보십시오. 에덴에서 여호와 하나님은 아담과 하와에게 선악을 알게 하는 나무와 관련하여 "너희가 그것을 먹는 날에는 반드시 죽으리라."라고 말씀하셨습니다. 이것은 돌이킬 수 없는 하나님의 절대적인 말씀입니다. 아담과 하와는 언약의 말씀을 범한 그 날에 바로 정당한 심판을 받아야 했습니다. 선악과를 따 먹자마자 육신과 영은 죽임을 당해야 했습니다. 그러나 하나님은 그들에게 긍휼과 자비를 베풀어 주셨습니다. 창세기 5:5에 아담은 "구백삼십세를 살고 죽었더라."라고 합니다. 범죄한 후에도 이렇게 오랫동안 살게 하셨습니다. 이것은 하나님의 참으심이었습니다.

하나님은 참으심의 은혜를 타락한 아담의 후손인 인간에게 계속 보여주셨습니다. 하나님은 그의 언약 백성인 이스라엘에게 얼마나 많은 참으심을 보여주셨습니까? 언약 백성인 이스라엘은 하나님의 특별한 은혜를 입은 백성이었습니다. 하나님은 여러 백성 가운데 그의 주권적인 은혜로 그들을 구별하시고 인도해 주셨습니다. 하나님은 그들을 400년 동안의 애굽의 종살이로부터 은혜로 구원해 주셨습니다. 그들을 젖과 꿀이 흐르는 가나안 땅으로 인도해 주셨습니다.

그러나 이스라엘 백성들은 거듭거듭 이런 하나님을 등지고 바알과 아세라 등의 우상을 숭배했습니다. 하나님은 선지자들을 보내어 그들에게 경고하셨습니다. 그러나 그들은 완고한 마음을 가지고 그들을 잡아 가두고 웅덩이에 빠뜨리기까지 했습니다. 여호와께서 이스라엘에게 보인 이런 참으심을 어느 아버지가 그의 자녀에게 나타낼 수 있습니까?

물론 이스라엘 백성의 배반과 불순종 때문에 하나님의 진노가 이따금 나타났습니다. 여러 가지 고통과 재난과 전쟁 등으로 하나님의 진노가 그들에게 나타났습니다. 그들이 약속된 메시야를 거절하고 십자가에 못 박게 내어 준 결과 유대인들은 나라를 잃고 거의 이천 년 동안 세상에 나그네가 되어 멸시와 천대를 받았습니다. 그러나 하나님은 항상 그의 마지막 심판을 늦추어 오셨습니다. 주 하나님은 참으로 자비로우시고 은혜로우시며 노하기를 더디 하십니다.

하나님은 지난날에 놀라운 참으심을 보여주셨습니다. 하나님은 죄악이 가득한 세상에 대하여 참아오셨습니다. 이 세상은 혼란, 긴장, 폭력, 불의로 가득합니다. 이 세상은 정말 시편 2:3에 있는 말씀처럼 "우리가 그들의 맨 것을 끊고 그의 결박을 벗어 버리자."라고 하며 하나님께 도전하고 있습니다. 세계는 즉각 하나님의 공의로운 심판을 받기에 합당합니다. 그러나 주 하나님은 이제까지 그의 자비로 이 세상을 붙들어 오셨습니다. 이는 주 하나님의 무한한 참으심의 결과입니다. 주 하나님은 참으로 세상에 대한 그의 참으심을 보여 오셨습니다.

그러나 여러분, 우리 본문의 말씀은 먼저 세상에 대한 하나님의 참으심에 관하여 말하지 않습니다. 그의 백성에 대한 하나님의 참으심에 관하여 말하고 있습니다. 9절 중반에 "오직 주께서는 너희를 대하여 오래 참으사"라고 합니다. 여기 베드로가 말하는 "너희"는 그가 앞 절과 3:1에서 "사랑하는 자들아,"라고 부른 사람들입니다. 그러므로 이들은 믿는 자들을 가리킵니다. 곧, 주의 교회를 가리킵니다. 여러분과 저를 가리킵니다.

사도 베드로는 주의 교회 성도들에게 "오직 주께서는 너희를 대하여 오래 참으사"라고 말합니다. 여러분, 이 말씀이 무엇을 암시하고 있는지 이해하십니까? 성도들에게, 곧 나에게 하나님께서 참고 있는 숨은 죄가 있다는 것을 알려 주고 있습니다. 우리가 죄를 아직 해결하지 않고 있습니다. 그런데도 하나님은 참고 있으십니다.

우리가 주의 강림에 대한 신앙을 매주 고백합니다. 고백하면서도 죄 가운데 사는 분들이 있습니다. 입으로만 강림을 고백하고 이에 대해 준비는 하지 않는 분들이 있습니다. 그래서 베드로는 이런 분들에 대해 "너희를 대하여 오래 참으사,"라고 합니다. 여러분은 오시는 그리스도를 맞이할 준비를 하고 있습니까?

"너희를 대하여 오래 참으사"라는 말 속에는 오시는 주님을 맞이하는 부끄러운 죄가 우리 가운데 있음을 말해 주고 있습니다. 우리는 우리의 죄를 보아야 합니다. 주 여호와는 우리가 범하고 있는 많은 죄에 대하여 참으십니다. 다행히 주 하나님은 참으십니다.

베드로가 이 편지를 쓴 당시에 소아시아에 어떤 종류의 죄가 지배했는지 우리는 잘 모릅니다. 그러나 우리는 오늘날 교회에, 우리 각인에게 어떤 죄가 있는지 압니다. 주의 얼굴을 진심으로 구하지 않는 죄가 있습니다. 주의 말씀을 진심으로 사모하지 않는 죄가 있습니다. 하나님 말씀의 진리를 알고 즐기려는 것보다 가치 없는 세상의 것을 즐기려는 죄가 있습니다. 하나님의 말씀에 대한 사랑이 식어가는 죄가 있습니다. 남을 속이면서도 이것을 죄로 인정하지 않는 죄가 있습니다. 음란한 마음을 품고 살면서도 이것을 죄로 여기지 않는 죄가 있습니다. 어지간한 죄는 덮어가는 죄가 있습니다. 그래서 주 여호와는 우리에게 "너희를 대하여 오래 참으사"라고 말씀합니다.

 한 걸음 더 나아가 봅시다. 우리는 이 말씀을 우리 개개인에게 하신 말씀으로 읽어야 합니다. "너희를 대하여 오래 참으사" 주 하나님께서 지난날에 여러분에 대하여 참지 않았습니까? 주님은 나를 아껴주시고 참아 주셨습니다. 내가 다른 사람보다 나아서가 아닙니다. 많은 죄와 허물에도 불구하고 주님은 나를 아껴주시고 참아 주셨습니다.

 우리는 모두 우리 자신의 허물을 잘 압니다. 여러분은 지난날 하나님 앞에 참으로 가치가 있는 것만 위해 열심히 살았습니까? 주안에서 자녀를 경건하게 기르기 위해 충분한 노력을 기울였습니까? 물질 중심의 생활을 함으로 자녀들에게 그릇된 모습을 보이지는 않았습니까? 세상에서 말과 행위로 그리스도를 고백하고 보여주면서 생활했습니까? 주 하나님은 나에 대하여 참으셨습니다.

 여러분, 우리는 회개해야 합니다. 회개의 기도를 드려야 합니다. '주님, 주님의 참으심만으로 족하지 않습니다. 저의 죄를 용서하여 주옵소서. 주 예수 그리스도의 흘리신 보혈로 나의 죄를 깨끗이 씻어 정하게 하여 주옵소서.' 회개하며 기도해야 합니다. 주의 참으심이 끝나기 전에 회개하고 기도해야 합니다.

2. 참으심의 이유

둘째, 주 하나님이 우리를 대하여 참으시는 이유가 무엇인지를 봅시다.

왜 주의 오심이 더딥니까? 주의 강림은 심판을 의미합니다. 그럼 왜 하나님의 심판이 더딥니까? 무엇 때문에 주 하나님은 심판을 늦추십니까? 우리 본문에서 "주의 약속은 어떤 이들이 더디다고 생각하는 것 같이 더딘 것이 아니라, 오직 주께서는 너희를 대하여 오래 참으사 아무도 멸망치 아니하고 다 회개하기에 이르기를 원하시느니라."라고 합니다. 이 얼마나 놀라운 복음입니까? 이 얼마나 나에게 기쁜 소식입니까?

여기에서 주 하나님은 왜 지난날에 자기를 대적하는 죄악이 가득한 이 세상에 대하여 참으셨는지, 왜 죄인인 우리를 향하여 참으셨는지 그 이유를 알려 주십니다. 그 이유는 우리가 다 회개하기에 이르기를 원하시기 때문이라고 합니다. 주 하나님이 그의 참으심을 보이시는 이유는 우리를 구원하기 위해서입니다.

아담과 하와가 범죄한 후 주 하나님께서는 바로 벌을 주시지 않았습니다. 그 이유가 어디에 있었습니까? 은혜의 언약을 위한 여유를 만들기 위해서였습니다. 우리를 구원하기 위해 여자의 후손, 곧 우리 구주 예수 그리스도가 오는 일을 준비하기 위해서였습니다. 우리에게 구원의 기회를 제공하기 위해 주 하나님은 참으셨습니다.

하나님은 우리 주의 강림의 날, 대 심판의 날을 늦추고 계십니다. 이는 더 많은 사람이 구원을 받고 하나님의 집이 차도록 하기 위해서입니다. 선택받은 모든 백성이 다 회개하고 돌아오게 하기 위해서입니다. 내가 죄악으로부터 구원을 받도록 하기 위해서입니다.

주 하나님은 오래 참으시고 계십니다. 죄 가운데 사는 우리에게 돌아올 기회를 주시기 위해서입니다. 주 하나님은 아무도 멸망치 않고 다 회개하기에 이르기를 원하십니다. 우리는 9절 끝의 "아무도 멸망하지 아니하고 다 회개하기에 이르기를 원하시느니라."라는 말씀에서 이것을 잘 이해하게 됩니다. 이 말씀은 앞절의 "사랑하는 자들아"라고 교회를 향해서 말한 것과 연관하여 이해해야 합니다.

교회는 하나님 말씀의 약속을 가지고 있습니다. 믿고 회개하는 자에게 구원이 있다는 하나님 약속의 말씀을 가지고 있습니다. 우리 본문이 선택에 관하여 말하고 있지 않은 것에 주목해야 합니다. 선택이란 것은 숨겨져 있는 하나님의 작정입니다. 우리는 내가 선택을 받았다는 확신으로 구원의 확신을 하려 해서는 안 됩니다. 믿음과 회개가 언제나 구원을 위한 필수 요건입니다. 믿고 회개한 사람만이 선택을 받은 자입니다.

그러므로 성경은 계속 우리에게 믿음과 회개를 요구합니다. 이것은 언약의 말씀을 가졌던 이스라엘 백성에게도 마찬가지였습니다. 언약이 포함하고 있는 의미는 선택과 다릅니다. 이스라엘은 하나님의 언약의 말씀을 가진 백성이었습니다. 그러나 모든 이스라엘 사람들이 선택을 받은 사람이 아니었습니다. 모든 이스라엘 사람들이 참 이스라엘에 속해 있지 않았습니다. 이런 근본적인 진리는 신약시대의 언약 공동체인 교회에도 그대로입니다.

우리에게 구원의 확증은 선택에 있지 않습니다. 그것은 믿음과 회개에 있습니다. 믿음과 회개 없이는 아무도 구원을 받지 못합니다. 그러므로 믿음과 회개가 하나님의 구원 언약의 요구입니다.

이것에 비추어서 우리는 본문을 이해해야 합니다. 주 하나님은 언약 공동체인 교회 안에 한 사람도 멸망치 않고, 다 회개하고 구원받기를 원하십니다. 이 목적 때문에 주 예수 그리스도의 강림은 더딥니다. 이 목적으로 주 하나님은 그의 강림의 날, 마지막 심판의 날을 늦추고 계십니다.

주 하나님은 우리에게, 나에게 오래 참으십니다. 우리 가운데 아무도 멸망치 않고, 모두가 회개하고 구원받기를 원하십니다. 구약 시대에 주 하나님은 그의 언약 백성인 이스라엘에게 에스겔 선지자를 통해 이렇게 말씀했습니다. "나의 삶을 두고 맹세하노니, 나는 악인이 죽는 것을 기뻐하지 아니하고 악인이 그의 길에서 돌이켜 떠나 사는 것을 기뻐하노라. 이스라엘 족속아, 돌이키고 돌이키라. 너희 악한 길에서 떠나라! 어찌 죽고자 하느냐?"(겔 33:11) 바로 이 주 하나님이 오늘 여러분에게도 같은 사랑을 나타내고 계십니다. 그는 우리의 구원을 위해 오래 참으십니다.

그래서 주 하나님은 우리가 사는 날도 연장해 주십니다. 주 하나님은 우리가 생각하는 이상으로 그의 심판을 늦추고 계십니다. 이유가 어디에 있습니까? 우리가 모두 회개의 기회를 얻게 하기 위해서입니다. 주 하나님은 "내게 돌아와 구원을 받아라."라고 우리를 부르시며, 참으십니다.

친애하는 여러분, 주 하나님은 우리를 향하여, 나를 향하여 참으십니다. 이는 우리 가운데서 한 사람도 멸망치 않고 회개하기에 이르기를 원하시기 때문입니다. 우리는 이제 왜 주 하나님이 오늘날까지 나를 보존하시고 아껴 오셨는지를 이해해야 합니다.

여러분을 위해 이렇게 간구하는 한 분이 계셨습니다. "주인이여, 금년에도 그대로 두소서. 내가 두루 파고 거름을 주리니, 이 후에 만일 열매가 열면 좋거니와 그렇지 않으면 찍어버리소서."(눅 13:8~9) 우리의 중보자요, 대언자이신 예수 그리스도가 하나님 아버지 우편에서 이렇게 간구하고 계셨습니다.

주 하나님은 우리를 대하여 참으십니다. 이것은 큰 은혜입니다. 그러나 이 은혜는 또한 우리에게 매우 심각한 반응을 요구합니다. 우리가 우리 본문에서 "주께서는 너희를 대하여 오래 참으사 아무도 멸망하지 아니하고 다 회개하기에 이르기를 원하시느니라."라는 말씀을 읽고 구원은 결국 누구나 다 받게 된다고 이해해서는 안 됩니다. 하나님은 너그러우셔서 결국 모든 사람을 다 구원하신다고 이해해서도 안 됩니다. 주 하나님은 회개를 요구하시고, 열매 맺는 생활을 하는 자를 구원하십니다.

우리는 또 "내가 선택을 받았는지 아니 받았는지 모르기 때문에 예수님께 와야 할지 모르겠다."라고 말하지 않아야 합니다. 이것은 매우 어리석은 사람이 하는 말입니다. 예수님께서 마지막 심판에 관하여 하신 말씀들을 잘 살펴보십시오. 선택이 심판의 표준이 된다는 흔적을 어느 곳에서도 발견하지 못합니다. 심판의 표준은 믿음과 순종과 회개입니다.

성경은 정죄를 받는 것은 선택을 받지 않았기 때문이라고 하지 않습니다. 회개하고 믿음으로 순종하지 않았기 때문이라고 합니다. 사람들이 정죄를 받는 것은 하나님의 큰 자비와 그의 참으심을 멸시하기 때문입니다. 하나님의 큰 자비와 참으심을 멸시하고 회개하지 않는 사람들은 그들의 죄의 값을 크게 쌓는 일을 하는 것입니다. 주께서 강림하시는 날에 받을 하나님의 진노를 쌓는 일을 하는 것입니다. 그러므로 우리는 회개해야 합니다. 믿음으로 순종하는 생활을 해야 합니다.

3. 참으심의 끝

끝으로 하나님의 참으심의 끝을 생각하게 됩니다.

주의 강림의 날은 언제가 될까요? 하나님의 참으심이 끝나는 날입니다. 달리 말하면, 예수 그리스도 재림의 날은 하나님의 참으심이 끝나는 때입니다. 주 하나님은 어떤 이들이 더디다고 생각하는 것같이 더딘 것이 아닙니다. 주 하나님께서는 그의 세계를 운행해 가시는데 계획이 있습니다. 하나님은 이 계획을 따라 무엇이든 그의 시간에 정확하게 맞추어서 하십니다. 하나님의 시계는 우리의 시계와 다릅니다. 그러나 하나님의 시계는 뒤로 돌아가는 일이 없습니다.

주 하나님은 그의 약속에 관하여 더디지 않습니다. 오히려 주 하나님은 서두르십니다. 주 하나님께는 천년이 하루 같습니다. 주 하나님은 100년을 순간처럼 보십니다. 하나님이 더딥니까? 아닙니다. 주 하나님께는 예수님이 승천하신 때가 바로 얼마 전입니다.

하지만, 또 주 하나님께는 하루가 천년과 같습니다. 그러므로 우리가 천년이 필요하다고 생각하는 어떤 일을 주님은 단 하루에, 아니 한순간에 하실 수 있습니다. 하나님의 창조 사역을 보십시오. 엿새 동안에 하나님은 하늘과 땅과 그 가운데 있는 모든 것을 다 만드셨습니다.

주님은 그의 약속에 대하여 확실히 더디지 않습니다. 그는 오십니다. 그는 빨리 오십니다. 마지막 때가 되었습니다. 그 징조가 나타나고 있습니다. 사도 바울이 디모데후서 3:1~5에서 말세의 징조를 말했습니다. 말세에는 사람들이 돈을 사랑한다고 했습니다. 자랑한다고 했습니다. 교만해진다고 했습니다. 비방한다고 했습니다. 부모를 거역하며 감사하지 아니한다고 했습니다. 무정하다고 했습니다. 절제하지 못한다고 했습니다. 사납다고 했습니다. 바울은 말세에 이런 고통을 당하는 때가 이르리라 했습니다(딤전 3:1~5). 오늘 이런 징조가 분명하게 나타나고 있습니다. 그의 강림의 때가 다가온 것입니다.

세상은 주의 강림의 날을 향하여 가고 있습니다. 주께서는 더딘 것이 아닙니다. 주께서는 속히 오십니다. 친애하는 여러분, 여러분도 서둘러야 합니다. 주님의 참으심으로 구원된 줄로 여기시기 바랍니다. 자다가 깰 때가 벌써 되었습니다. 이는 이제 우리의 구원이 처음 믿을 때 보다 가까웠기 때문입니다(롬 13:11). 회개해야 합니다. 어두움의 일을 벗고 빛의 갑옷을 입어야 합니다.

주께서 속히 오시고 계십니다. 세상이 끝을 향해 빨리 가고 있습니다. 그러나 우리는 그의 약속대로 의가 거하는 새 하늘과 새 땅을 바라보고 있습니다. 우리는 죄에서 완전히 해방되는 세계를 바라보고 있습니다. 그의 피로 우리를 사신 주 예수 그리스도를 만나는 세계를 바라보고 있습니다. 우리가 그와 영원히 거할 새 세계를 바라보고 있습니다.

친애하는 여러분, 주께서 오실 때 점도 없고 흠도 없는 자로 나타나기 위해 힘을 써야 하지 않겠습니까? 주께서 오십니다. 그는 속히 오시고 계십니다. 오시는 예수를 만날 영광스러운 소망을 가지고, 죄를 회개하고 거룩하고 깨끗한 모습으로 기쁘게 주를 맞이하도록 해야 합니다. 아멘.

36. 주의 재림으로 오게 되는 완전한 부활절

성경 봉독: 요한계시록 20:11~15,
설교 본문: 요한계시록 20:14

사망과 음부도 불못에 던져지니, 이것은 둘째 사망 곧 불못이라.(요한계시록 20:14)

친애하는 여러분,

우리는 매년 우리 주 예수 그리스도의 부활을 기억하는 부활절을 지킵니다. 예수 그리스도의 부활은 우리들의 구속 역사에서 아주 놀라운 사건입니다. 그의 부활은 죽음에 대한 승리였습니다. 죽으신 우리 주 예수 그리스도가 죽은 자 가운데서 다시 살아나셨습니다. 그리고 그는 부활의 첫 열매가 되셨습니다. 우리도 그를 뒤따라 부활하게 될 것입니다. "우리에게 그리스도의 부활은 우리의 부활의 확실한 보증입니다."(하이델베르크 요리 문답 제45 문답, 주의 날 17) 그러므로 부활절은 소망과 기쁨의 날입니다.

우리 그리스도인들은 일요일을 주일(주의 날)이라 부릅니다. 우리가 이렇게 부르는 것은 우리 주 예수 그리스도가 한 주간이 시작되는 첫날에 죽은 자로부터 당당히 살아나셨기 때문입니다. 신약 시대에 주님의 교회는 일곱째 날인 토요일 대신에 일요일을 안식일로 지키게 되었습니다. 어떤 교회 회의가 이렇게 결의해서 지켜진 것이 아닙니다. 하나님의 영원한 작정에 따라 여호와 하나님이 그의 교회에 이런 변화를 가져오셨습니다. 왜 이런 변화를 가져오셨을까요? 그리스도께서 부활하신 날이 그의 교회에 아주 큰 날이었기 때문입니다. 부활 사건은 하나님 백성의 구속이 완성되었다는 위대한 선언이었습니다. 그리스도의 부활은 하나님의 백성이 사망과 지옥에서 영원히 해방되고, 영원한 안식에 들어가게 된다는 증거였습니다. 그래서 주께서 부활하신 날은 그의 백성인 우리에게는 재창조의 날이 되기도 합니다. 주께서 죽은 자 가운데서 살아나셨습니다. 주께서 그의 백성, 그의 교회를 사망과 지옥에서 영원히 구원하셨습니다. 이제 사망과 지옥의 권세가 교회를 이기지 못할 것입니다. 교회는 승리의 공동체입니다. 이 모든 것이 주께서 부활하신 날 나타나게 되었습니다.

여러분, 그리스도의 부활이 없이는 기독교가 있을 수 없습니다. 주님의 교회는 처음부터 주의 부활을 믿고 고백했습니다. 우리는 매 주일 "장사한 지 사흘 만에 죽은 자 가운데서 다시 살아나시며…"라고 고백합니다.

문제는 우리가 이것을 고백할 때에 진심으로 주의 부활을 믿느냐는 것입니다. 많은 그리스도인이 주께서 부활하신 사실을 믿고 고백합니다. 이 부활을 역사적인 사실이라고 믿습니다. 2천 년 전 십자가에 못 박힌 나사렛의 예수가 산 자로 그의 제자들에게 나타나셨습니다. 주의 제자들은 이것을 다른 역사적 사실과 꼭 같이 받아들였습니다. 예를 들면 19세기에 나폴레옹이 이 세상에서 살고, 전제하다 죽었습니다. 역사적 사실입니다. 많은 그리스도인은 예수님이 죽은 자들 가운데서 살아나시고 무덤에서 나오셨다는 역사적 사실을 받아들입니다. 그런데 문제는 많은 그리스도인이 부활을 믿으나 감동하지 않는 데 있습니다. 부활을 인정하나 마음으로 이것을 믿지 않는 데 문제가 있습니다. 부활의 메시지를 들을 때, 라디오나 T.V.에 나오는 뉴스처럼 듣고 있는 것입니다. 이런 신앙은 아무 유익이 없습니다.

부활절의 메시지는 더할 나위 없이 놀라운 것입니다. 이것은 어떤 특별한 일이 일어났다는 정보가 아닙니다. 이는 생명의 메시지입니다. 산 기쁨과 소망을 가져오는 것입니다. 예수님께서 다시 사셨습니다. 그러므로 나도 살아날 것입니다. 예수 그리스도가 죽은 자들 가운데서 다시 사셨습니다. 그래서 나는 영원한 소망을 갖게 됩니다. 부활을 믿는 사람은 언제나 이 사망이 지배하는 세상에서 기쁜 소망의 노래를 부릅니다.

이제 본문 말씀으로부터 "완전한 부활의 날로 이끄시는 재림의 주님"이란 제목으로 우리 주 예수 그리스도의 복음을 전하려 합니다. 여기 세 가지 점에 유의하려 합니다. 첫째, 부활절

의 왕, 둘째, 부활절의 실제, 셋째, 부활절의 축복입니다

1. 부활절의 왕
2. 부활절의 실제
3. 부활절의 축복

1. 부활절의 왕

첫째, 부활절의 왕에 대한 메시지에 주목하려 합니다.

우리가 오늘 읽은 성경 본문에 해설적 제목이 기록되어 있는 것을 보게 됩니다. 이것은 하나님의 말씀이 아니고, 사람들이 본문의 중심내용에 대한 이해를 돕기 위해 붙인 것입니다. 일반적으로 "최후 심판"이란 제목을 붙이고 있습니다. 제가 가진 성경에는 "크고 흰 보좌에서 심판을 내리시다."라고 제목이 붙어 있습니다. 오랫동안 이 부분의 내용이 최후의 심판으로 주장되었습니다. 미켈란젤로 같은 화가들과 조각가들이 이 본문을 따라 최후 심판의 광경을 나타내기 위해 노력했습니다. 성경의 이 부분이 최후의 심판에 관해서 말하는 것은 틀림없습니다. 보편적이요, 세계적인 심판을 말하고 있습니다. 그러나 여기서 최후의 심판을 전적으로 강조하다 보니 이 부분에서 나타나는 하나님의 계시에 참된 뜻이 가려짐을 보게 됩니다.

이 부분의 중요한 뜻이 무엇일까요? 우리 본문의 직접적인 목적은 사망이 어떻게 하나님의 세계에서 처분될 것인지, 그리고 어떻게 부활절이 완전한 승리를 보이는지를 말하고 있는

것입니다. 하나님은 밧모섬에 있는 사도 요한에게 환상 중에 세계역사의 종말을 보여주셨습니다. 하나님의 원수들이 어떻게 파멸하는지를 보여주셨습니다. 사도 요한은 세계역사의 진행을 영상을 보는 것처럼 보았습니다.

요한계시록 13장에서 먼저 사단의 역사를 보게 됩니다. 사단은 용이라 불립니다. 이 용이 자신의 화신인 두 권세를 통해 나타나고 있음을 보게 됩니다. 곧 바다와 땅에서 나오는 두 짐승입니다. 바다에서 나오는 짐승은 적그리스도이고, 땅에서 나오는 짐승은 거짓 선지자입니다.

19장 끝에서 사도 요한은 두 짐승이 완전히 패배함을 보게 됩니다. 사단의 모든 추종자인 적그리스도와 거짓 선지자들이 산채로 유황불 붙는 못에 던져짐을 보게 됩니다. 20장에서 사도는 용, 곧 옛 뱀이요, 마귀요, 사단의 전체 모습을 보게 됩니다. 사단의 이야기는 사단의 파멸을 기술함으로 그치게 됩니다. 용도 그의 추종자들이 이미 던져진 같은 불 못에 던져집니다. 20:10은 이렇게 말합니다. "또 그들을 미혹하는 마귀가 불과 유황 못에 던져지니 거기는 그 짐승과 거짓 선지자도 있어 세세토록 밤낮 괴로움을 받으리라."

하나님이 세계의 완전한 정복자이십니다. 모든 원수가 파멸하게 됩니다. 하나님은 창조 시에 정하신 목표를 향하여 이 세상을 이끌어 가십니다. 그러나 계속 일어나야 할 일이 있습니다. 세계역사의 드라마가 새 하늘과 새 땅의 아름다운 끝남으로 끝나기 전에 한 원수가 파멸되어야 합니다. 파멸할 마지막 원수는 사망입니다.

사망은 독립적인 권세가 아닙니다. 사망은 하나님의 세 원수, 용, 적그리스도, 거짓 선지자가 휘둘러 온 무기입니다. 이들은 사망이란 무기를 성공적으로 휘둘러 왔습니다. 아벨로부터 수많은 사람이 죽임을 당했습니다. 사람들이 사고로 죽고, 살인자들에 의해 죽고, 병으로 죽고, 폭탄이 터져 죽고, 재해로 죽기도 했습니다.

그런데 사도 요한은 이제 사람들에게 많은 고통을 가져오고 세상을 눈물 골짜기로 만든 이 사망이란 무기가 어떻게 파멸되는지를 보게 됩니다. 사도 요한은 이 사망이 파멸되어 장례되는 것을 보게 됩니다. 그는 그 사실을 이렇게 보고 말하기 때문입니다. "사망과 음부도 불못에 던져지니 이것은 둘째 사망 곧 불못이라." 사망의 장례가 가장 엄숙하게 치러짐을 보게 됩니다. 여기 이 사망의 장례는 부활절의 왕이라 불리는 왕이 집행하게 되기 때문입니다. 그가 왕이라는 사실은 11절의 말씀에서 분명합니다. 거기 그는 "크고 흰 보좌와 그 위에 앉으신" 분이라고 합니다.

그 보좌는 크다고 합니다. 이것은 왕의 놀라운 권세를 가리킵니다. 그는 왕 중 왕이십니다. 그는 위대하십니다. 그는 하늘과 땅을 지으신 전능하신 분입니다. 그 보좌는 희다고 합니다. 흰 것은 영광과 거룩을 가리킵니다. 이는 완전한 승리를 의미하기도 합니다.

계시록은 하늘의 보좌로 시작합니다. 계시록 4장을 읽어 보십시오. 그가 하늘의 문이 열려 하늘의 것을 보았습니다. 2절에는 이렇게 기록되어 있습니다. "내가 곧 성령에 감동되었더니, 보라. 하늘에 보좌를 베풀었고 …" 그는 그 보좌 위에 앉으신 이를 보았습니다. 그는 보좌 위에 앉으신 분을 인간의 언어로는 표현할 수 없었습니다. 그의 모양이 벽옥과 홍보석 같고, 보좌 주위에는 녹보석 같은 무지개가 둘려 있었다고 했습니다. 다시 그 보좌를 중심으로 이십사 보좌들이 둘려 있는 것을 보았습니다. 이십사 보좌에는 이십사 장로들이 있음을 보았습니다. 이 이십사라는 숫자는 주의 교회를 상징하고 있습니다. 이는 구약 시대의 열두 지파의 머리들과 신약 시대의 열두 사도들이 신구약 시대 교회의 대표자들이기 때문입니다. 보좌 가운데와 보좌 주위에 네 생물이 있었습니다. 첫째 생물은 사자와 같았습니다. 둘째 생물은 송아지 같았습니다. 셋째, 생물은 얼굴이 사람 같았습니다. 넷째 생물은 날아가는 독수리 같았습니다. 이 네 생물은 하나님이 지으신 모든 피조물을 나타냅니다. 이 생물들은 각기 여섯 날개가 있어 날면서 밤낮 쉬지 않고 보좌에 계신 분의 영광을 위해 노래했습니다. 이 네 생물이 보좌에 앉아 계신 왕에게 영광과 존귀와 감사를 돌릴 때에, 이십사 장로들이 보좌 앞에 엎드려 자기의 관을 드리며 찬양했습니다. 우리는 여기서 온 세계와 교회가 만물을 지으신 전능하신 주 하나님, 이제도 계시고, 전에도 계셨고, 장차 오실 분에게 영광과 존귀를 돌리고 있음을 보게 됩니다. 보좌는 계시록에 계속 언급되고 있습니다. 보좌는 계시록의 중심을 이루고 있습니다.

왕 중 왕의 보좌, 전능자 심판자의 보좌가 있습니다. 왕이신 여호와 하나님은 당황하여 이리저리 다니시는 분이 아닙니다. 그는 완전한 평강을 누리고 계십니다. 세상에 일어나는 모든 것을 알고 계십니다. 그는 세상에 일어나는 모든 사건을 이끄십니다. 세상에 어떤 것도 하나님의 뜻밖에서 일어나지 않습니다. 나라의 흥망과 인간의 생사에 대한 것을 하나님은 다 알고 계십니다. 모든 것이 그로 말미암아 일어나기 때문입니다. 그래서 보좌가 세계역사를 이끌어 가고, 세계역사를 끝까지 다스리십니다.

사도 요한은 세계사의 종말에 다시 보좌를 봅니다. 보좌는 크다고 합니다. 왜냐하면, 그 위에 앉으신 분이 세계역사를 이끌어 가심으로 위엄이 충만하기 때문입니다. 그 보좌는 희다고 합니다. 왜냐하면, 그 위에 앉으신 분은 모든 원수와의 싸움에서 승리하시는 분이시기 때문입니다. 그는 모든 원수를 정복하시고 모든 반대자를 파멸시킨 승리자이십니다. 그는 그리스도요, 그의 아버지의 영광 가운데 나타나는 개선자이십니다.

여러분, 저 "크고 흰 보좌"를 보십시오. 우리는 오늘 공포가 가득한 세상에 살고 있습니다. 전쟁, 테러, 지진, 홍수 등이 끊임없이 일어나고 있습니다. 우리는 고통이 가득한 세상에 살고 있습니다. 병고, 죽음과 슬픔이 가득합니다. 우리는 폭발을 앞둔 화산 위에 살고 있습니다. 그러나 여러분 저 크고 흰 보좌에 앉으신 부활절의 왕, 예수 그리스도를 보십시오. 그가 완전한 승리를 거두실 것입니다. 그가 위대한 부활의 날에 일어난 놀라운 일을 준비하고 계십니다.

2. 부활절의 실제

둘째, 부활절의 실제에 관심을 기울이려 합니다

부활절의 왕은 아리마대 요셉의 동산에서 일어난 사건을 완성하시게 됩니다. 그는 모든 곳에서 사망을 추방하게 될 것입니다. 그는 사망의 세력을 영원히 깨뜨리실 것입니다. 먼저, 피조물 세계에서 사망이 추방될 것입니다. 그런 후에 사망이 인간세계에서 쫓겨나게 될 것입니다.

우리가 읽은 본문 11절을 보면, 사도 요한이 밧모 섬에서 승리의 왕을 보자마자, 그는 땅과 하늘이 그 왕의 위엄 앞에서 피하여 간데없음을 확인했습니다. 우리는 이것을 바로 이해해야 합니다. 주의 종, 사도 요한이 여기서 전 피조물이 파멸된 것을 본 것이 아닙니다. 하나님의 작품은 결코 파멸되지도 소멸하지도 않습니다. 하나님에게서 온 것이 아니고, 하나님의 원수에게서 온 피조물 세계의 어떤 것이 사라지게 됩니다. 사망은 사라져야 합니다.

하나님은 첫 사람 아담에게 창세기 3:17~19에 말씀하셨습니다. "네가 네 아내의 말을 듣고 내가 네게 먹지 말라 한 나무의 열매를 먹었은즉 땅은 너로 말미암아 저주를 받고 너는 네 평생에 수고하여야 그 소산을 먹으리라. 땅이 네게 가시덤불과 엉겅퀴를 낼 것이라. 네가 먹을 것은 밭의 채소인즉, 네가 흙으로 돌아갈 때까지 얼굴에 땀을 흘려야 먹을 것을 먹으리니 네가 그것에서 취함을 입었음이라. 너는 흙이니 흙으로 돌아갈 것이니라."

그때 피조물은 사망의 작업 영역이 되었습니다. 자연 가운데 어떤 것은 살인자의 도구로 변했습니다. 해도 언제나 따스하고 위로가 되지 않았습니다. 강한 태양열은 자연과 사람에게 해가 될 수 있었습니다. 어떤 식물은 독을 나타내기도 했습니다. 어떤 동물은 잔인하게 되어 다른 동물을 해치기도 하고, 사람도 해치게 되었습니다. 이 세상은 큰 공동묘지가 되었습니다. 이런 파괴력은 하나님의 피조물 세계에 갑작스러운 변화가 일어나고 세상의 공동묘지가 더는 죽은 자들을 발견하지 못할 세상 역사의 종말까지 존속할 것입니다. 사도 요한은 세계역사의 끝에 땅과 하늘이 부활절의 왕 앞에서 피하여 간데없이 되었을 때 부활절의 이야기가 완성되는 것을 보게 된 것입니다. 저주가 사라진 것입니다. 죽음이 머물 자리가 없어졌습니다. 땅이 죽은 자를 받아들이는 일을 거절한 것입니다. 공동묘지가 닫힌 것입니다.

3. 부활절의 축복

끝으로 큰 부활의 날의 복에 대하여 주목하려 합니다.

한때 이 세상에는 인자가 그의 머리 둘 곳이 없었습니다. 이제는 인자가 영광을 얻으므로 사망이 쉴 자리를 찾지 못하게 된 것입니다. 이제 사망이 피조물 세계에서 쫓겨나게 되므로 부활절의 왕이 부활절의 최후 가장 큰 일을 행하시게 됩니다. 사망이 인간세계에서 쫓겨나게 됩니다.

피조물들이 구속받았습니다. 구속된 피조물들은 더이상 썩고 냄새나는 시신과 마른 뼈를 받아 쌓기를 원하지 않습니다. 바다가 그 가운데서 죽은 자들을 내어줍니다. 또 사망과 음부도 그 가운데서 죽을 자들을 내어줍니다. 모든 죽은 자가 죽은 자 가운데서 일어납니다. 아담에서 마지막 사람까지, 가인, 아벨, 노아와 홍수 가운데 멸한 사람들, 구약 시대의 모든 성도와 그들의 원수들, 사도들과 신약 시대의 모든 성도가 다 죽은 자들 가운데서 일어납니다. 죽은 자들 가운데서 일어나 모든 사람이 부활절의 왕 앞에 나타나게 될 것입니다

저 큰 부활의 날에 "생명책"이 열릴 것입니다. 이 책에 영원하고 참된 생명을 누릴 수 있는 자들의 이름들이 기록되어 있습니다. 이 책은 물론 하나님께서 친히 쓰신 것입니다. 이 책이 생명은 하나님의 은사요, 은혜로 주어진 것이란 사실을 보여 줄 것입니다.

그러나 영생과 인간의 행위 사이에는 어떤 관계가 있습니다. 생명책을 펼 때 다른 책들도 함께 펴지게 됩니다. 이 "책들"도 "생명책"처럼 하나님께서 친히 쓰신 것입니다. 그러나 한 사람, 한 사람이 다 이 책들의 저자가 된다고 말할 수 있습니다. 이 책들에는 사람들의 모든 행위가 기록되어 있습니다. 우리가 태어날 때부터 죽을 때까지의 생활이 그 책들에 기록되어 있는 것입니다. 우리 생애에 대한 상세한 자서전이라 할 수 있습니다. 평생토록 한 모든 말이, 모든 행위가 거기 기록되어 있습니다. 이 두 책이 각 사람의 영원한 미래를 결정 지울 것입니다. 어떤 사람이 영생에 들어가기도 하고 거절당하기도 할 것입니다. 12절에 "그 보좌 앞에 책들이 펴있고 또 다른 책이 펴졌으니 곧 생명책이라 죽은 자들이 자기 행위를 따라 책들에 기록된 대로 심판을 받는다."라고 했습니다.

저 위대한 부활의 날에 하나님을 섬긴 자들과 섬기지 않은 자들 간에 차이가 분명하게 나타날 것입니다. 이 세상에서는 모든 사람의 운명이 같은 것으로 보입니다. 신자나 불신자나 다 죽어 무덤에 묻히게 됩니다. 그러나 큰 부활의 날에 사망이 영생으로 부름을 받은 사람들을 계속 붙들 수는 없습니다.

사망이 하나님의 창조 세계에서 쫓겨나게 됩니다. 우리는 아직 이에 대해 상상하기 어렵습니다. 왜냐하면, 이 피조물 세계에서 우리는 아직 가시와 엉겅퀴, 부패와 심한 오염을 보기 때문입니다. 매일 공동묘지에는 무덤의 수가 늘고 있기 때문입니다. 그러나 여러분, 위대한 부활의 날이 곧 오게 될 것입니다. 이때 이 세상은 장례를 거절하게 될 것입니다.

사망이 우리에게서 추방을 당하게 됩니다. 그런데 우리는 이것을 생각하기 어렵습니다. 우리는 스스로 건강하다고 느낍니다. 그러나 사망은 항상 우리 가까이에 있습니다. 사망은 거리에서도 들에서도 나를 쫓고 있습니다. 사망은 비행기 안에서도 내 곁에 있습니다. 그러나 여러분, 곧 땅이나 바다나 모든 곳이 안전하게 될 것입니다.

저 큰 부활의 날에 책들이 펴지게 될 것입니다. "생명책"에 하나님은 여러분의 이름을 기록하셨습니다. 이것은 얼마나 놀라운 사실입니까? 여러분의 생명은 오직 예수 그리스도 안에 있는 은혜로 얻게 되었습니다. 거기 다른 책이 있습니다. 이것은 여러분의 책입니다. 여러분이 여러분의 자서전의 저자입니다. 잠시 이 책의 한 장 한 장을 넘겨보십시오. 여러분은 무엇을 기록했습니까? 여러분의 생애가 예수 그리스도의 보혈에 의한 구원을 노래하는 아름다운 시로 나타나 있습니까? 모험으로 가득한 이야기입니까? 읽기에 부끄러운 호색적인 기록으로 가득 차 있습니까? 여러분은 이 책을 오랫동안 썼습니까? 혹은 얼마 전에 썼습니까? 두꺼운 큰 책이 다 아름다운 책은 아닙니다. 저 큰 부활의 날에 왕 앞에 여러분이 스스로 심판을 하게 될 것입니다. 그 날에 각인은 영생, 혹은 영원한 사망 어느 것이 기다리고 있는지를 알게 됩니다.

잠시 여러분의 생의 녹음테이프를 돌려 보십시오. 여러분이 이생에서 말한 것이 어떠했는지를 들어보십시오. 무엇을 했는지를 생각해 보십시오. 여러분 생활의 책을 부활의 주이신 그리스도 앞에 놓으시고 자신의 피로 그의 자서전을 쓰신 그리스도에게 교정을 요구하십시오. 큰 흰 보좌에 앉으신 승리하신 그리스도가 여러분을 그가 자신의 피로 사신 영생에 참여하게 해 주실 것입니다.

큰 부활의 날의 복은 먼저 부정적입니다. 사망이 피조물 세계, 인간세계에서 쫓겨나게 됩니다. 이제 사망이 불못에 던져집니다. 사망이 죽음을 당합니다. 마지막 원수가 파멸합니다.

큰 부활의 날의 복은 무엇보다 긍정적입니다. 우리의 설교본문은 막간(intermezzo)입니다. 하나님 원수들의 파멸과 새 하늘과 새 땅 중간에 있습니다. 계시록 21장에서 사도 요한은 새 하늘과 새 땅을 보게 됩니다. "또 내가 새 하늘과 새 땅을 보니 처음 하늘과 처음 땅이 없어졌고 바다도 다시 있지 않더라."라고 합니다.

큰 부활의 날은 새 예루살렘, 거룩한 도시로 인도하게 됩니다. 이 세상에서 도시란 언제나 사단의 장중에 있다는 인상을 줍니다. 가인의 도시, 바벨론 도시 같은 모든 도시는 세속 문화의 중심이요, 죄의 중심이었습니다. 그러나 큰 부활의 날의 왕은 사단을 추방하고 온 세계를 거룩한 성, 새 예루살렘으로 만드십니다. 이제 이 도시는 동산으로 나타나게 됩니다. 역사의 시초에 에덴동산이 있었습니다. 그리고 역사는 동산으로 끝이 납니다. 그 동산에서는 하나님과 및 어린 양의 보좌에서 생명수의 강이 시작되어 생명수가 흘러나옵니다. 강 좌우에는 생명 나무가 있어 열두 가지 열매를 맺되 달마다 그 열매를 맺음으로 일 년에 열두 번의 수확을 하게 됩니다(22:2).

이 큰 부활의 날에 기쁜 환성이 있습니다. 사망이 불못에 던져졌습니다. 주께서 참으로 다시 일어나셨습니다. 주께서 다시 일어나셨습니다. 아멘.

책 소개

본서는 개혁교회 건설을 위해 평생 헌신하신 고 허순길 박사님의 유고 설교집(상권)입니다. 이 책의 제목과 설교문 선별은 박사님께서 생전에 정해 놓으신 그대로입니다. 서문은 박사님의 의중이 잘 담긴 다른 설교집(『구속사적 구약 설교』와 『구속사적 신약 설교』, SFC, 2005)에 나오는 서문을 그대로 옮겨다 놓았습니다.

본서에 실린 설교 세 편(12, 15, 17장)은 다른 설교집(『구속사적 구약설교』와 『교회 절기 설교』)에 실린 설교 본문과 제목과 내용에 있어서 유사한 부분이 있지만, 본문 수정, 주석, 적용에서 다른 점이 있어 실었고, 한 편(4장)은 본문과 주석은 같지만, 적용이 달라 실었습니다.

한국개혁교회 목사들과 후배 목사들의 요청으로 박사님께서 직접 이전에 전달하신 설교를 모아 책으로 내고자 상당 기간 준비하셨습니다. 이 설교집이 생전에 출판되지 못해 아쉽지만, 주님의 품에 들어가시기 전에 한국 개혁교회 회원들이 세운 출판사, 셈페르 레포르만다에 원고를 넘겨주어 출판하도록 하셨습니다.

박사님께서 생전에 늘 열망하신 대로, 이 설교집을 통해서 삼위 하나님이 영광을 받으시고, 또 삼위 하나님을 바르게 알고 사랑하고 섬기고자 하는 형제자매님들에게 풍성한 위로를 주시기를 기도합니다.

2018년 8월

한국개혁교회 목사 일동